匡亚明 主编 中国思想家评传丛书

马端临评传

王瑞明 著

南京大学中国思想家研究中心

南京大学出版社

中国思想家评传丛书

《中国思想家评传丛书》序

匡亚明

伟大的中华民族在长达五千年连绵不断的曲折发展过程中,像滚滚东流的长江那样,以磅礴之势,冲破了重重险阻,奔腾向前,现在更以崭新面貌,雄姿英发,屹立于世界民族之林。这是人类历史上的一个奇迹。产生这一奇迹有诸多原因,其中十分重要的一点,就是我们勤劳、勇敢、智慧的各族人民,在长期的生产活动、社会活动、思维活动和对外交往以及抗击外来侵略过程中,逐渐创造、积累、发展了具有以生生不息的内在思想活力为核心的优秀传统思想文化。这是一种伟大、坚强的精神支柱,是我们民族凝聚力和生命力之所在,是历史留给我们所有海内外炎黄子孙引以自豪的无价之宝。

当然,和各国各种不同传统思想文化一样,在中华民族的思想文化传统中,也是既有精华,又有糟粕,因而全盘肯定或全盘否定,不对;一知半解、信口开河或裹足不前、漠然置之,也不对。郑重而严肃的态度应该是对它进行实事求是的科学的研究和分析,取其精华,弃其糟粕,继承和弘扬这份瑰宝,振兴中华,造福人类。人类历史发展的连续性,就是在不断去粗取精、继往开来和改革创新过程中实现的。继往是为了开来,开来不能离开继往。民族虚无主义和复古主义,都是违背历史发展的辩证规律的。

现在我们国家正处在一个新的继往开来迈向四化的关键时刻。继往就是继民族优秀传统之往,开来就是开社会主义现代化建设之来。对中国传统思想文化从广度和深度上进行系统研究,实现去粗取精的要求,正是继往开来必须完成的紧迫任务。我认为这是中国各族人民,首先是文化界、学术界、理论界义不容辞的光荣职责。但面对这一时间上长达五千年,内容上涉及人文科学、自然科学等各个领域的传统思想文化,将从何着手呢?毛泽东同志早在 1938 年就说过:"从孔夫子到孙中山,我们应当给以总结,承继这一份珍贵的遗产。"[①]这是很有远见而又切合实际的英明建议。从孔子到孙中山这两千余年是中国历史上思想文化最丰富的时期,如果总结了这段历史,也就基本上总结了五千年传统思想文化的主要内容。当然,基本上不等于全部。孔子以前和孙中山以后的情况,可以另行研究。因此,我认为首先最好是在时间上从孔子开始到孙中山为止,方法上采取《中国思想家评传丛书》的形式作为实现这一任务的开端。这就是从这段历史的各个时

---

① 毛泽东《中国共产党在民族战争中的地位》,《毛泽东选集》第 2 卷,人民出版社 1952 年版,第 522 页。

期、各个领域和各个学科(包括文、史、哲、经、教、农、工、医、政治等等)有杰出成就的人物中,遴选二百余人作为传主(一般为一人一传,少数为二人或二人以上合传),通过对每个传主的评述,从各个侧面展现那些在不同时期、不同领域中有代表性人物的思想活力和业绩,从而以微见著、由具体到一般地勾勒出这段历史中中国传统思想文化的总体面貌,揭示其积极因素和消极因素的主要内涵,以利于开门见山、引人入胜地批判继承、古为今用,也为进一步全面系统地总结中国传统思想文化打下基础。自从毛泽东同志提出上引建议后,半个世纪以来,不少专家学者已从各个方面做了许多工作,但对全面完成这个任务来说还远远不够,还要在深度和广度上继续努力。作为"抛砖引玉",本《丛书》只是这个继续努力所应完成的工作的一部分。《丛书》凡二百部,约四千万言,自 1990 年开始陆续出版,争取十到十五年全部出齐。

《丛书》所以用"中国思想家评传"命名,主要是考虑到中国传统思想文化中的核心是生生不息的内在思想活力,而历史事实也反复证明,凡是在各个不同时代不同领域和学科中取得成就者,大多是那些在当时历史条件下自觉或不自觉地认识和掌握了该领域事物发展规律的具有敏锐思想的人。他们取得成就的大小,取决于思想上认识和反映这些规律的程度如何。思想并非先验之物,它所以能反映和掌握这些规律,主要是通过社会实践和对前人思想成果的借鉴和继承。思想一旦形成,反过来在一定程度上又对实践起决定性指导作用。韩愈说的"行成于思,毁于随"①,列宁说的"没有革命的理论

① 韩愈《进学解》,中华书局《四部备要》东雅堂本《韩昌黎全集》卷十二第 3 页。

就不会有革命的运动"[①],这些话,虽所处时代和所持立场不同,所要解决的问题的性质也不同,但就认识论中思与行、理论(思想的高度概括)与实践的关系而言,确有相通之处,即都强调思想对实践的指导意义和作用。因此我们以"中国思想家评传"命名,就是力图抓住问题的核心,高屋建瓴地从思想角度去评述历史人物,以便对每个传主在他所处时代的具体情况下,如何在他所从事的领域中,克服困难,施展才华,取得成功,做出贡献,从思想深处洞察其底蕴。历史上各个时代富有思想因而能在有关方面取得成就的人,直接阐述自己思想观点的论著虽亦不少,但大量的则是其思想既来自实践(包括对前人、他人实践经验的吸取)、又渗透在自己创造性实践之中,集中凝聚在他自己的业绩和事功上,而没有留下论著。另一些人却只留下著作而无其他功绩,对这些人来说,他那些有价值的著作就理所当然地是他的伟大业绩和事功。如果论述一个人的思想而不联系他的业绩(包括著作),必将流于空洞的抽象;同样,如果只讲一个人的具体业绩而不结合他的思想活动,又必将成为现象的罗列。评价思想和评价业绩,两者不应偏废。而不断在实践中丰富和深化的思想活力则是经常起主导作用的因素,强调这个因素,引起人们的正视和反思,正是我们的主旨和目的。当然,思想和思想家,思想家和实践家,都是既有区别又有联系的不同概念,忽视这一点是不对的。《丛书》的重点则是放在两者的联系和结合上。至于如何使两者很好联系和结合而又着意于剖析其思想活力,各占多少篇幅或以何种方式表达,则自当由作者根据传主的具体情

① 列宁《怎么办》,《列宁选集》第1卷,人民出版社1976年版,第241页。

况创造性地作出妥善安排。

自从人类历史上产生了马克思主义，不仅全人类解放和发展有了划时代的明确方向，学术研究也有了更严密的科学方法，即辩证唯物主义和历史唯物主义的世界观和方法论。根据这一科学方法，在研究和总结中国传统思想文化，特别是联系到《丛书》的撰著时，我认为下列几点应特别引起重视。

一、坚持实事求是的原则。实事求是是贯串在马克思实际活动和理论研究中的主线，离开了它也就离开了马克思主义。只有切实掌握了客观情况，才能得出正确的认识和判断。前者为“实事”，后者为“求是”，二者相结合，就叫实事求是。事不实则非夸即诬。为了弄清情况，就必须对情况的本质与现象、整体与局部、真与伪、精与粗，作出区别、梳理和取舍，这样才能掌握情况的实质，达到“实事”的要求；然后进一步加以分析研究，找出事物本身固有的真相而非主观臆测的假象，并验证其是否符合人民利益和人类历史前进方向，是否反映科学、技术、文化、艺术的发展规律，这样才能得出正确的认识和判断，达到“求是”的要求。实事求是是治学的基本功夫，是对每个传主的功、过、是、非作出公正评价的必要前提。不论古今中外，对历史人物过高或过低的不公正评价，大都由于未能认真坚持实事求是原则的缘故。

二、坚持批判继承的原则。马克思主义学说就是批判的学说，而批判是为了继承、发展和创新。这就需要我们在实事求是的基础上，既要继承发扬传主业绩和思想中的积极因素，又要批判清除其消极因素。凡传主业绩和思想中体现了诸如爱国主义、民主意识、科学见解、艺术创造和艰苦奋斗、克己奉公、追求真理的精神，即在符合历史前进要求的“立德”、“立功”、“立言”诸方面有显著成就等积极因素者,必须满腔热情地加以继承和弘扬,并紧密结合当前社会主义建设实际,使之深入人心,蔚然成风;凡反映有诸如封建迷信、专制独裁、愚昧落后、丧失民族尊严和违背科学进步等消极因素者,必须以历史唯物主义的观点加以批判,清除其一定程度上至今尚起作用的消极影响,而消极因素经过彻底批判后可转化为有益的教训;凡积极因素和消极因素相混者,更当加以认真清理和扬弃,既发扬其积极因素又摒弃其消极因素。我们力求一点一滴、切实认真地探索各个传主思想和业绩中珍贵的积极因素,使之成为全国各族人民正在从事的继往开来伟大历史工程的组成部分。

三、坚持“百花齐放”、“百家争鸣”的原则。“百花齐放”和“百家争鸣”,是发扬学术民主、促进学术繁荣的正确原则和巨大动力。前者强调一个“齐”字,后者强调一个“争”字,是表示学术上平等、民主和自由的两种不同状态;前者突出的是统一与和谐,后者突出的是区别与争论;两种状态又统一于不断地相互促进和相互补充、转化的持续发展提高过程之中。“百花齐放”、“百家争鸣”的原则体现在撰著评传时,应从“齐放”和“争鸣”出发,综合中外各个时期对有关传主的不同评价,吸取符合客观存在的对的东西,摒弃其违反客观存在的不实的东西,然后创造性地提出经过自己独立思考的、赶前人或超前人的一家之言。同时,对整个《丛书》而言,也有个共性、个性又统一又区别的问题。这就是一方面作者应把“实事求是”、“批判继承”和“百花齐放”、“百家争鸣”这几点作为大家的共性(统一与共识);另一方面,对每部评传的立意、结构和行文(文体、文风和文采等),则主要是作者的创造性思维劳动和雅俗共赏的文字表达艺术的成果，是彼此的个性(区别)，不宜也不应强求一律。评传作者都有充分自由去发扬这一个性，力求在对每一传主的评述中探索和展示其积极因素，使之和正在变革中国面貌的伟大社会主义建设实践融为一体，丰富其内容，促进其发展，而不是仅仅停留在对传主思想业绩的一般性诠释上。

我认为，以上三点大体上可以表达《丛书》所遵循的主要指导思想，但也不排除用其他思想和方法得出的有价值的研究成果。

感谢所有关心和支持《丛书》工作的单位和个人，特别感谢《丛书》的名誉顾问和学术顾问。他们的热情关心、支持和指教，使《丛书》工作得以顺利进行。更要感谢所有承担评传撰著任务的老中青学者，他们都以严谨的治学态度，作出了或正在作出对学术，对民族，对历史负责的研究成果。没有他们的积极合作，《丛书》工作的开展是不可能的。《丛书》副主编和中国思想家研究中心、南京大学出版社，在制定《丛书》规划，约请和联系国内外学者，审定书稿以及筹划编辑出版等方面，克服重重困难，做了大量工作，他们的辛勤劳动是《丛书》能按预定计划出版的必要前提。

现在《丛书》开始出版了，我作为年逾八旬的老人，看到自己迫于使命感而酝酿已久的设想终于在大家支持合作下实现，心情怡然感奋，好像回到了青年时代一样，体会到“不知老之将至”的愉悦，并以这种愉悦心情等待着《丛书》最后一部的问世；特别盼望看到它在继承中华民族传统思想文化的珍贵遗产方面，在激励人心、提高民族自尊心和爱国主义思想方面，在促进当前建设有中国特色的继往开来的社会主义现代化物质文明和精神文明的历史性伟大事业中,能起到应有的作用。我以一颗耄耋童心,默默地祝愿这一由一批老中青优秀学者经长年累月紧张思维劳动而作出的集体性学术成果能发出无私的熠熠之光,紧紧伴照着全民族、全人类排除前进道路上的各种障碍,走向和平、发展、繁荣、幸福的明天!

热诚欢迎国内外同仁和各界人士不吝赐教,以匡不逮。是为序。

1990年10月7日

内容简介

马端临是宋元之际著名史学家,他为谋求治国安民之术,探讨会通因仍之道,讲究变通张弛之故,以杜佑《通典》为蓝本,完成明备精审之作《文献通考》。《文献通考》是中国古代典章制度方面的集大成之作,体例别致,史料丰富,内容充实,评论精辟。本书为论述马端临生平业绩,对其时代背景、家庭出身、政治理想、经济意向、史学思想、治史方法,共分九章分别进行解说,最后对其《文献通考》文献学成就、写作旨趣及历代评议作了简介,如实反映了马端临的真实面貌与史学成就。

A Brief Introduction

Ma-Duanlin was a famous historian in Southern Song and Yuan Dynasty. He lived in the war that destroyed his country and family. In order to find the methods of administering the country and people, and study the evolutionary Tao of history, Ma-Duanlin initiated *Cyclopaedia of Institutions* (*Tong Dian*) by Du-You to write his great work *A Critical History of Institutions* (*Wen Xian Tong Kao*). In fact, Ma-Duanlin was a wise scholar. *A Critical History of Institutions* is a great work about Chinese ancient institutions. It is full of special regulations, many materials and substantial contents. Its comment is important. It tries to find origins and laws of facts, answer questions and affirm reforms. This biography, divided into nine chapters, expounds the times, family, methods of researching history, thought of politics, economy and history, analyses *A Critical History of Institutions*. It described Ma-Duanlin's real life and his achievement in study of historiography.

目　次

A CRITICAL BIOGRAPHY OF MA-DUANLIN

CONTENTS

前　言

马端临(1254—1340)生长在南宋末期,在蒙古军步步紧逼下,他和广大沦陷区的民众一样,困守家园,甘于寂寞。他的成长,除家学渊源与自我勤奋外,灾难深重的人民的呻吟与呼唤,成为他潜心学术最重要的动力。南宋朝廷的倾覆给予马端临以极大震撼,他立志以著书立说的方式来倾诉民众的心声,表达他对治国安邦的历史经验的探寻。

南宋朝廷之所以倾覆,祸根由来已久。南宋建立之初,高宗赵构就宠信秦桧,权奸当政的局面从此开始。一个秦桧死,而百个"秦桧"生,韩侂胄用事,"内蓄群奸,至指正人为邪、正学为伪，外挑强邻，流毒淮甸。”[①] 接着史弥远擅权，“专任憸壬”[②]，窃弄威福。史弥远死后，其党羽虽清除尽净，继任的郑清之仍胡作非为，轻挑兵端，其子弟仗势作恶，“招权纳贿，贪冒无厌”。不久，史嵩之为相，以“谲诈贪婪，狠愎残名”而臭名昭著。理宗赵昀在位四十年，迭用权奸，其中贾似道罪恶弥彰，“一时正人端士，为似道破坏殆尽。”[③] 马端临的父亲马廷鸾就是受他排斥，挂冠而去的。度宗赵禥十年之政，葬送在贾似道手中。这些权奸犯罪作恶的手法是一致的：颠倒是非，混淆黑白，排斥善良，贪赃枉法，军政不修，武备松弛，这些弊端带来国破家亡，哀鸿遍野。

如何清除这些弊端，使之不遗患于子孙后代，使子孙后代得以安居乐业？这是马端临梦寐以求的心愿。因此他在兵荒马乱中，镇定自如，殚精竭虑，在浩如烟海的文献中披沙拣金，探讨治国安民之术。这是马端临编写《文献通考》的目的。他在前人著述的基础上有继承，更有超越，司马光《资治通鉴》“详于理乱兴衰，而略于典章经制”，马端临《文献通考》则详于典章经制以补其不足；杜佑《通典》“纲领宏大，考订该洽”，但“节目之间，未为明备”，“去取之际，颇欠精审”，马端临发扬其优点，改正其缺点，力求完成明备精审之作，有人称之为“具有一定的人民性倾向”，是适当的。

马端临《文献通考》体例别致，史料丰富，内容充实，评论精辟。有人认为此书“无别识通裁”，这是对《文献通考》存在

① 《宋史》卷四〇《宁宗纪四·赞曰》，中华书局，1977 年版。
② 《宋史》卷四一四《史弥远传》。
③ 《宋史》卷四七四《贾似道传》。

误解,长期以来,影响广泛,这是应予纠正的。《文献通考》是一部有特色的史书,其特色有四:承前启后,推陈出新;层次井然,有条不紊;内容丰富,重点突出;史实确凿,论证精辟。其旨趣在谋求治国安民之术,探讨会通因仍之道,讲究变通张弛之故,力求完成明备精审之著。其突出的特点是史料无比丰富,所引史料,连篇累牍,曲折起伏,错综复杂,五彩缤纷;其史料取舍有一定之规,行文中多有说明。作为一部中国古代典章制度史,节目明备,去取精审,保存丰富完整的第一手史料,特别是大幅度地引用一些重要史料,避免断章取义之嫌,保存了史料的完整性。不同于类书的庞杂散漫,较之类书则显得类别更明确,内容更具体,绝不可将《文献通考》等同于类书。其与类书最大的差别在马端临所写的许多按语,在《文献通考》中起到画龙点睛的作用,可称为全书的灵魂,或追本溯源,或融会贯通,或比较异同,或纠谬正误,或独抒己见,或推陈出新,思路清晰,文字简练,不枝不蔓,成为《文献通考》一大特色。从这部著作中,体现出马端临父子史学造诣较高,他们运用综合分析、比较异同、纠谬正误、弥补疏失、以疑传疑等方法以治史,成绩卓著,他们特别擅长于比较异同,通过比较,明确了许多艰深的问题,发掘出许多极其隐蔽的谬误。《文献通考》是马氏父子两代人心血的结晶,反映了他们那个时代的许多特色。

《文献通考》的许多特色表明,马端临在中国古代典章制度史的研究方面有所建树,有所创新,有所超越,从而在宋元之际树立了其不可动摇的史学家地位。马端临的史学思想的特点是实事求是,追本溯源,释疑解惑,肯定变革,评论是非,通裁别识,多能言人所未言,见人所未见。他探索治国之本,认为治国安民,重在恤民,主张减轻盘剥,对侵渔百姓的官吏深恶痛绝,这是其通裁别识的核心意义所在。马端临通裁别识之论内容丰富,多少带有民主的色彩,如反对学校钳制言论、控制思想。马端临独到的见解颇多,如他指出"以无而为法",不可读作"无为之法";"国服为息"之"息",既非生息之"息",亦非休息之"息",而应从立官之本意在洞察民之隐微、济其缺乏来理解"息"。马端临思路活跃而广阔,思考周密而审慎,他多从群体审视个体,从个体一生言行考察其片断言行,以大驭小,不以偏概全,立论公允而少有偏颇。他堪称为"通儒"。他所强调的"通",一为"会通",从历代典章经制的演变得失中,明确何去何从;二为"变通",从历代治乱兴衰的原因中,扬长避短,避恶行善,历史不会倒退,知时识势为要。

马端临未辜负时代的使命。《文献通考》这一巨著值得充分肯定。

但他作为儒家之一员,以三纲五常为天经地义,把天象与人事相联系,其思想上天人感应的迷雾较浓,相信天命,无法摆脱时代局限与阶级局限。对一些重大的历史问题,认识不够明朗,如以智愚或公私来划分历史阶段,虽有可贵之处,却不免留下许多遗憾或缺陷。对此,我们应实事求是评析,然而不可苛责古人。

第一章　马端临生活的时代

马端临，字贵与，号竹洲，饶州乐平（今江西省乐平市）人，生于南宋理宗宝祐二年（1254），卒于元代顺帝至元六年（1340）①。在其八十七年的人生旅程中，大半生活在元代，南宋灭亡时，他已二十五岁，视元代为异族统治，以宋代遗民自居，念念不忘其故国热土。

北宋在"靖康之难"中覆灭，在风声鹤唳中建立南宋的赵构（高宗）在心理上有一个致命的缺陷，既畏惧金军南下侵吞其江山，又担心武将跋扈篡夺其皇位。秦桧乘机而入，为所欲为，无

① 马端临卒年，有三说：一、1323 年说。但泰定二年（1325）端临偕子志仁、甥费山尚校刊《文献通考》，故此说欠妥。二、1334 年说，惜论据不足。三、上海古籍出版社 1987 年出版的《乐平县志》所载《故隐君尚志先生马公行述》推定为至元六年（1340），较为可信，今从之。

恶不作,诬杀战功显赫的岳飞。为岳飞平反昭雪的赵昚(孝宗)虽有“聪明英毅”之誉,终难成就中兴之业。其后继各帝多庸碌无能,在位四十年的赵昀(理宗),尊重儒术,怠于政事,权奸肆虐。整个南宋,权奸当道,贤良不容,百姓苦难,社会矛盾尖锐。马端临生长在兵荒马乱的环境里,时代的惊涛骇浪虽未能使他投笔从戎,人民的苦难呻吟却震撼了他的心灵,迫使他肩负着沉重的时代使命,从历史的长河中探索治国安民的甘露清泉。他怀着失望与悲愤,埋首著书,以遂其志,其遗民心态虽随着元朝政治策略的变化而有所变化,但他终未仕元,为元朝而效力。

第一节　昏君奸臣祸国殃民

北宋末年,政治腐朽,时局动荡,赵佶(徽宗)让位于其长子赵桓(钦宗)。钦宗初当政,能正王黼、朱勔等奸臣之罪,有所作为,但“乱势已成,不可救药”[①],特别是无决心、无方法抗击金军的侵扰,不信任抗战派将领李纲,终遭“靖康之难”,汴京被金军洗劫一空,徽、钦二帝被虏北去。钦宗的九弟赵构身任河北兵马大元帅,在京外执勤,出而建立南宋政权。南宋之初,对主和误国的李邦彦、吴敏、蔡懋、李棁、宇文虚中、郑望之、李邺等一一处罚,颇能收拾人心。金人在“靖康之难”后,立张邦昌为帝,称大楚,是金人卵翼下的傀儡政权。而赵构的南宋朝廷竟然对“张邦昌及应干供奉金国之人,一切不问”[②]。这就表明南宋政权建立之初,就对金政权态度极其暧昧,也显

① 《宋史》卷二三《钦宗纪·赞》,中华书局,1977年版。
② 《宋史》卷二四《高宗纪一》。

示这位新皇帝的复杂心理：如不抗金，“靖康之难”必然再现于临安（今杭州）；如抗金，取得彻底胜利，必然出现骄兵悍将而难以驾驭，难免有“陈桥兵变”之类的意外事故发生；迎归二帝，皇位的归属更是难以解决的问题。正是在这种复杂的心理驱使下，他在抗战派与投降派之间左右摇摆，南宋政权建立之初，以抗战派李纲为尚书右仆射兼中书侍郎；以投降派黄潜善为中书侍郎，以其同伙汪伯彦同知枢密院事；原以黄潜善兼御营使，旋改命李纲兼御营使。既任命李纲为尚书左仆射兼门下侍郎，又听信张浚言，收回成命。这种事例很多，如太学生陈东拥护李纲，坚持抗金，在“靖康之难”前，在汴京掀起过声势浩大的群众运动。赵构即位，即召陈东至行在，不久依从黄潜善之计，杀害了陈东。再如张邦昌甘当金人走狗，出卖民族利益，罪大恶极，民愤极大，不得不赐以一死。但朝令夕改，出尔反尔，建炎三年（1129）二月下诏录用张邦昌亲属，还派人持张邦昌写给金人约和的遗稿去乞和①。与此同时，“降德音，赦杂犯死罪以下囚，放还士大夫被窜斥者，惟李纲罪在不赦，更不放还。”②这是采纳黄潜善的策略“罪纲以谢金人”，即为讨好金人，不惜加罪李纲。李纲因坚持抗金而得罪，陈东因拥戴李纲抗金而被杀；对投降派言听计从，充分说明赵构已由摇摆不定变为与投降派同流合污了。

黄潜善取代李纲充当尚书左仆射兼门下侍郎，汪伯彦为右仆射兼中书侍郎，投降派把持朝政，并不能消除金军的侵扰焚掠，金军焚扬州，掠高邮，犯通州，民怨沸腾。赵构为釜底抽薪，将

① 《宋史》卷二五《高宗纪二》。
② 《宋史》卷二五《高宗纪二》。

黄潜善、汪伯彦一同撤职。为进一步做表面文章以收拾人心，"赠陈东、欧阳澈承事郎，官有服亲一人，恤其家。"①其后每经过镇江时，或祭陈东墓，或赐陈东家金，直至绍兴四年(1134)十月，赵构次平江(今苏州)，加赠陈东、欧阳澈秘阁修撰，官其子孙二人，各赐田十顷。欧阳澈以普通百姓的身份也因坚持主张抗金与陈东同遭杀害。对于杀害忠良的罪行，不能说赵构没有觉察或悔悟；对广大人民群众的威力，不能说赵构没有感受和认识。当金军追踪赵构，步步进逼，入越州(今绍兴)，陷明州(今宁波)，破定海(今舟山市)，袭击赵构的御舟，赵构之所以脱逃，得力于李颖士领导的乡兵的支援；南宋之所以能定都临安，得力于红巾军、八字军在抗金前线的浴血奋战。金军渡长江，攻城掠地，屠洪州(今江西南昌)、潭州(今湖南长沙)，但难以在江南立足。尤其是归路被堵截，深入江西的金军取道荆门军(今湖北荆门市)北归，为牛皋击败；从建康府(今江苏南京)撤退的金军，为岳飞大败于静安镇；韩世忠驻军镇江，屡次切断金军归路。金人为改换策略、转变手法，在建炎四年(1130)立刘豫为帝，国号齐，以代原立的张邦昌的大楚国，作为与宋的缓冲；同年十月，金人更派遣秦桧南归以为其内应。

秦桧是南宋奸臣中的巨奸。他两据相位，历时十九年，一时忠臣良将诛锄略尽，无辜遭受秦桧诬陷的人家很多，"几陷五十三家，罗织之狱。"②南宋高宗赵构之所以纵容秦桧胡作非为，其目的在缓和宋金矛盾，企图通过秦桧与金人的特殊关

① 《宋史》卷二五《高宗纪二》。

② 魏了翁《鹤山大全文集》卷五五《致堂先生胡公斐然集序》，四部丛刊本。

系来实现宋金和解。

秦桧自楚州金将挞懒军中归于涟水军(今江苏涟水县)丁禩水寨之次月,即任命为礼部尚书。绍兴元年(1131)二月,距其南归仅四个月,秦桧即任参知政事;半年后,以秦桧为尚书右仆射、同中书门下平章事兼知枢密院事。升迁如此迅速,舆论大哗。在各种压力下,秦桧罢相四年。绍兴六年八月,命秦桧权参决尚书省、枢密院事;四个月后,以秦桧为枢密使;一年后,提为尚书右仆射、同中书门下平章事兼枢密使。金兀术分四道进攻,入东京(今河南开封),河南诸州相继沦落,陕西州县官纷纷投降,专主和议、金人的奸细秦桧得到大显身手的机会,受到赵构的特别器重,绍兴十一年六月,加特进,进尚书省左仆射、同中书门下平章事兼枢密使,掌握军政大权。金军对南宋侵犯愈急,秦桧的升迁愈快,这是由于秦桧能仰承金人鼻息、顺从金人意旨办事。秦桧有"南自南,北自北"(或作"南人归南,北人归北")的主张,即宋金分疆而治,一南一北,各自为政,这既是金人侵略南宋的阴谋,也正符合宋高宗苟且偷安的阴暗的政治盘算。

秦桧为金人效犬马之劳,独揽朝政,排斥异己,打击抗战派,遭到吕颐浩为首的一些人的反击。与秦桧同朝为相的吕颐浩,以黄龟年为殿中侍御史、刘棐为右司谏,将秦桧连同其狐群狗党一一驱逐出朝,大快人心。但为时不久,金主吴乞买死,其弟挞懒主和,给秦桧东山再起的机会。他见朝臣中反对议和的人多势众,为骗取信任,巩固权势,要求皇帝给予他独断专行之权,他说:"臣僚畏首尾,多持两端,此不足与断大事。"他以"畏首尾,持两端"来封臣僚反对议和之口,接着提出:"若陛下决欲讲和,乞专与臣议,勿许群臣议。"这是要扫除议和的所有阻力。这样，与秦桧同在相位的赵鼎与参知政事刘大中因反对议和皆罢官。赵鼎被贬，其门人故吏皆被罗织；赵鼎死，闻其死而叹息者亦加以罪，说明秦桧对抗战派的打击防范极其严厉。枢密院编修官胡铨上疏，要求斩秦桧以赎罪，引起轩然大波，许多赞同胡铨意见的官员，或排斥出朝，或贬责荒远，其中对胡铨意见表示赞同的陈刚中，竟被折磨而死。秦桧将胡铨案作为典型案例以震慑朝野上下，屏塞人言，压制舆论，禁写野史，焚弃旧档，采取各种手段来显露淫威。

秦桧为实现金人意图，残酷杀害忠良。金兀术杀其领三省事宗磐及左副元帅挞懒后，绍兴十年(1140)分四道进犯，入东京，取南京(今河南商丘)，陷西京(今洛阳)，趋永兴军，来势汹汹。然在抗金前线，捷报频传，张俊克亳州(今安徽阜阳市)，王胜复海州(今江苏东海县)，王俊遣统领官辛镇大败金兵于长安，韩世忠、岳飞皆捷报频传，尤其是岳飞克郾城(今河南郾城县)，几获兀术。秦桧竟胆大包天、丧心病狂地力主班师，勒令岳飞还行在，刘沂中返镇江，刘光世回池州(今安徽贵池市)，刘锜退太平(今属安徽宣城地区)，即全面撤军。为了彻底扑灭抗金斗争，在秦桧一手操纵下，兴岳飞之狱，杀岳飞、岳云父子及张宪。这一冤案使将士寒心，闻者流涕，这是南宋自杀性的自毁长城。

秦桧骄横，可谓无法无天，皇帝的动静亦在其监视之下，其“察事之卒”布满京城，严禁百姓对他的议论，稍有风声，即大肆追捕；皇帝的权力被架空，“郡国事惟申省，无一至上前者。”这完全是皇帝放纵他独揽和议大权、依恃他办理与金交涉的必然结果，也可说是皇帝恐金心理的必然反应。秦桧在皇帝的放纵、依恃下，无恶不作，任意搜刮民脂民膏，贪污受贿,“开门受赂,富敌于国,外国珍宝,死犹及门。”[①]他霸占田地无数,仅所占永丰圩即为田九百五十余顷。这些罪恶,加深了阶级矛盾,从根本上摧毁了抗金的实力。秦桧破坏抗金斗争的罪恶,正如王夫之所指出的:

> 宋自秦桧持权,摧折忠勇,其仅免于死亡者,循墙而走,不敢有所激扬,以缓国家他日干城之用;诸帅老死,而充将领者皆循文法、避指摘之庸才;其士卒则甲断矛挠,逍遥坐食,抱子以嬉,视荷戈守垒之劳,如汤火之不可赴;其士大夫则口虽竞而心疲,心虽愤而气苶,不肖者耽一日之娱嬉,贤者惜生平之进止,苟求无过,即自矜君子之徒,谈及封疆,且视为前生之梦。[②]

秦桧是时代的罪人,国家的蟊贼,民族的败类,人民的公敌。他在政治、军事上的破坏极其严重,在社会、道德上的影响极其深远,使南宋政权丧失了民心,等于从根本上摧毁了南宋赖以立国的根基,失去了群众的拥戴和信赖,泯灭了南宋中兴的希望。

赵构在投降派的包围下不能自我解脱,变成了投降派的头目。秦桧死后,全国一片谴责声,把议和投降的罪责完全归咎于秦桧,寄希望于赵构来改变局势,赵构有诏曰:“讲和之

① 《宋史》卷四七三《秦桧传》,以上未注出处的,皆同此。

② 王夫之《宋论》卷一一《孝宗》。

策，断自朕志，秦桧但能赞朕而已，岂以其存亡而定议耶？”①这就清楚地表明，屈膝讲和，妥协投降，是由赵构决定的，主动权在皇帝，不能因秦桧的死改变和与降，赵构无拨乱反正之才，难以担当中兴之任②。

南宋最有才能的皇帝当推赵昚（孝宗）。他登帝位不久，即追复岳飞原官，官岳飞孙六人，退还岳飞田宅，为岳飞立庙于鄂州（今武汉市武昌），名其庙曰忠烈，赐其谥曰武穆，嗣追封岳飞为鄂王。对陷害岳飞的奸臣秦桧的爪牙，进行清洗。赵昚的魄力、见识、才能远远超过赵构。他重视蠲租免税，诏戒监司、州县，不得于常赋外追取于民。淳熙十三年（1186），免贫民丁身钱之半。一再戒饬监司、守令劝农，以劝农的勤怠定赏罚。乾道六年（1170）二月，诏谕大臣“均役法，严限田，抑游手，务农桑”，对恢复和发展社会经济，采取了许多得力的措施。孝宗对水利极为重视，永丰圩之废，应视为为广大百姓消除水害的一大壮举。永丰圩长期为权贵霸占，其本身旱涝保收，其附近民田则受其害，涝时无法排泄，旱时乏水灌溉，旱涝之灾皆不可逃避，民间的苦难如今得到解救。更值得注意的是对民间的灾荒的赈济能早作准备，如淳熙九年（1182）七月，出南库钱30万缗付浙东提举朱熹备振粜。未雨绸缪之举是明智的。

孝宗的最大的失误在于用人不当，他明知朱熹是人才，但未能重用。早知王淮“倾邪不正”，却任命为右丞相兼枢密使，纵容他利用职权，包庇贪污犯唐仲友。朱熹以大无畏的精

① 《宋史》卷三一《高宗纪八》。

② 《宋史》卷三二《高宗纪九·赞》：“高宗恭俭仁厚，以之继体守文则有余，以之拨乱反正则非其才也。”

神，再三揭发检举唐仲友的罪恶：投机倒把，强买强卖，畜养亡命，胡作非为；伪造官会（纸币），营私舞弊；贪赃枉法，贿赂公行，“公然请嘱，每事皆有定价，多至数千缗。”唐仲友终因罪恶昭彰而被罢官。朱熹因此得罪了与唐仲友有关系的一些官员，王淮的女儿是唐仲友的弟媳，盘根错节，朝廷布满其爪牙，朱熹说：“臣伏为今者按唐仲友，遂与宰相、侍从、台谏皆有妨嫌。”①王淮提升为左丞，与监察御史陈贾、吏部尚书郑丙狼狈为奸，联合攻击朱熹，朱熹不能继续担任浙东提举，更难以立足朝廷。从而反映孝宗即位之初，虽锐志恢复，因用人不当，无法实现其初衷。

赵扩（宁宗）在位三十年，当其即位之初，以朱熹为焕章阁待制兼侍讲，在任仅仅两个月，以上疏忤韩侂胄罢官，右丞相赵汝愚力谏，不听；台谏、给舍交章挽留，亦不听。朝政为韩侂胄所把持，韩侂胄因拥戴宁宗即位有功，受到信任和重用，乘传导诏旨接近皇帝的机会，窃弄威福，其手法与秦桧是一致的，也是从排斥异己开始。吏部侍郎彭龟年上疏，言韩侂胄假托声势，作威作福，乞黜之以解天下之疑。上疏人彭龟年因此而罢官，奸臣韩侂胄反而进一官。韩侂胄拉帮结派，假借“御笔”任命自己的亲信为监察御史、殿中侍御史，控制言路，朝臣因言韩侂胄之罪而得罪者达数十人。捏造“伪学”之罪将赵汝愚、朱熹门下知名之士一网打尽；继改“伪学”为“逆党”，被诬为伪学逆党而得无辜之罪者达59人，正人君子无一幸免。韩侂胄擅权十四年，“威行宫省，权震朝宇内。”寡廉鲜耻者，百般献媚，尊他为恩府、恩使、恩父。“群小阿附，势焰熏灼”。韩侂

① 朱熹《朱文公文集》卷一九《又乞罢黜状·贴黄》，四部丛刊本。

胄利用群小为恶，以吴曦为腹心，掌握禁旅，出入内阁，轻蔑王室，阴谋多端。吴曦为迎合韩侂胄的旨意，“潜通于虏，乘时为奸。”① 在毫无准备的情况下，对金发动进攻，每战必败。在金军攻蜀时，吴曦叛，奉金人命称蜀王。当韩侂胄暗中与无耻叛变的吴曦勾勾搭搭、妄图进行更严重的祸国殃民的阴谋时，被义愤填膺的义士所诛杀。韩侂胄的罪恶滔天，民愤极大，“自兵兴以来，蜀、汉、淮之民死于兵戈者，不可胜计，公私之力大屈。”② 他给公私带来的损失极大。他因轻启兵端，惹怒金人，嘉定元年(1208)金人索其首，南宋政府也公然开棺取其首以献。

继韩侂胄而把持朝政的是史弥远，他因拥戴宁宗之侄赵昀(理宗)即帝位而有大功，恃功骄横。他在宁宗朝任相十七年，在理宗朝又任相九年，“翦伐忠良，浊乱海内”共计二十六年。理宗在南宋诸帝中在位时间长达四十年之久，尊重儒术，表彰朱熹注《四书》，“后世有以理学复古帝王之治者，考论匡直辅翼之功，实自帝始焉。”③ 理宗不再重复过去的为“奸党”立碑、颁“伪学”之禁，有其开明处。但有贤相李宗勉、崔与之、吴潜而不能用，使兵连祸结，境土日蹙，尤其在中年正当有为之时，“嗜欲既多，怠于政事，权移奸臣。”奸臣史弥远的侄儿史嵩之“本不知兵，矜功自侈，谋身诡祕，欺君误国”，竟提升为兵部尚书，继而拔为右丞相兼枢密使。台谏论史嵩之之罪：“无父无君，丑声秽行，律以无将之法，罪有余诛。”请求皇帝对他“削官远窜”。史嵩之死，而丁大全继，也是秦桧式的奸臣。一个

① 《鹤山大全文集》卷四十《广安军和溪县安少保丙生祠记》，四部丛刊本。

② 《宋史》卷四七四《韩侂胄传》。

③ 《宋史》卷四五《理宗纪五·赞》。

秦桧在前,百个秦桧在后,“一桧死,百桧生。”①国家生机被扼杀殆尽,民族正气遭到窒息。丁大全与马天骥把持朝政,时阎贵妃有宠,有人在朝门写上八个大字“阎马丁当,国势将亡。”丁大全贬放贵州,仍继续作恶,招游手,立将校,纵仆隶淫虐军民。丁大全最终溺死藤州(今广西藤县)。接着,贾似道成为大害。

贾似道的姐姐被选入宫,得理宗宠爱而为贵妃,凭恃这一层关系,贾似道无所顾忌,嫖娼妓,斗蟋蟀,玩古董,花天酒地,肆行威福,尤其是大买公田,浙西田亩值千缗者,均以四十缗买之;数稍多,支付银绢;再多则给予度牒(僧尼凭证)或告身(官员委任状)。名曰买田,实则抢夺。奉行不力的官吏,即加弹劾,因此各地官吏务以买田多为功。包恢知平江,监督买田事,至以肉刑逼迫百姓卖田。官吏从中舞弊多端,造成许多百姓家破人亡,社会矛盾加剧,民心背离。

贾似道于宝祐四年(1256)任参知政事,次年加知枢密院事,蒙古兵来犯,他带兵驻防汉阳,即军中拜右相。理宗死,度宗(赵禥)又为其所立,大权在握,飞扬跋扈,敲诈勒索,成为贪官污吏的总头目,有人评曰:“本朝权臣稔祸,未有如似道之烈者。”②使南宋陷入万劫不复境地的就是贾似道。度宗尊他为太师,地位愈高,气焰愈嚣张,为害愈大。有人向他献救危三策:一镇汉江口岸;一城荆门军当阳县之玉泉山;一从峡州(今湖北宜昌)宜都而下联置堡寨,且守且耕。贾似道对这样重要的解救危急之策竟不闻不问。咸淳十年(1274)七月,度

① 《宋史》卷三八七《王十朋传》;王十朋:《王忠文公文集》卷二《轮对札子》之二,四部丛刊本。

② 《宋史》卷四七四《贾似道传》,“本朝”指宋朝。

宗死去，奉遗诏即帝位于柩前的赵显，年仅四岁，由太皇太后谢氏临朝听政。南宋形势急转直下，蒙古军大会于襄阳(今湖北襄樊市)，为从湖北突破长江防线，一军攻武汉附近之阳逻堡，夏贵率兵力守，武定军都统制王达战死。蒙古军转而以偏师乘雪天渡青山矶，再攻阳逻堡，都统制刘成率定海水军在激烈的战斗中壮烈牺牲，此一军事要地失守。此后，回天无术，汉阳军(今武汉市汉阳区)以城降，鄂州城破。蒙古军入黄州(今湖北黄冈市)、蕲州(今湖北蕲春)、江州(今江西九江市)、安庆，贾似道束手无策，随南宋溃军以单舸奔扬州，故相江万里赴水死，沿江制置大使赵溍、知镇江府洪起畏、知宁国府赵与可、知隆兴府吴益，皆弃城逃遁。南宋政权岌岌可危，诏天下勤王，江西提刑文天祥、湖南提刑李芾等响应号召，起兵勤王，但大势已去，常州、平江府降，湖北沙市城破，湖北江陵与湖南岳州(今岳阳)、常德一带皆降，罪责难逃的贾似道被杀于漳州贬所，在漳州木绵庵，他死于押送他的会稽县尉郑虎臣刀下。朝中大臣如吏部尚书丁应奎、左侍郎徐宗仁、参知政事陈文龙、左司谏陈孟虎、监察御史孔应得纷纷逃遁，南宋朝廷土崩瓦解。德祐二年(1276)二月，诏谕郡县向蒙古军投降。是年五月，丞相陈宜中逃往福州拥立赵昰为帝，后二年四月，昰卒于碙洲。陆秀夫复立卫王赵昺，苟延残喘三年，在元军紧逼下，陆秀夫负昺投海死，南宋政权结束。

南宋政权的颠覆，是皇帝昏庸、权奸肆虐的结果。秦桧之后之所以产生许多秦桧式的人物，即所谓“一桧死，百桧生”，权奸肆虐，难以阻遏，是封建君主专制造成的，因为君主专制为权奸肆虐清除了各种阻力，能与权奸抗衡的力量多已摧残殆尽。岳飞、陈东、欧阳澈惨遭杀戮，解除了忠君武将的威慑与爱国群众的监督，杜绝了忠君爱国的言路；赵汝愚、朱熹及其门人陆续斥逐，更为昏君奸臣排斥异己、一意孤行准备了条件；而皇帝昏庸、政治腐朽是权奸产生的温床。

马端临的父亲马廷鸾对权奸用事极为痛恨。理宗宝祐三年（1255）召试馆职，时外戚谢堂、厉文翁，内侍卢允升、董宋臣跋扈，马廷鸾在试策中强调“强君德，重相权，收直臣，防近习”的重要，这不失为制止权奸肆虐的有效途径，充分反映了他的远见卓识与不同流合污的坦荡心态。丁大全妄图拉拢他，他不为所动；贾似道显赫时，他从不亲近攀附，而且请求皇帝“遏恶扬善以顺天，举直错枉以服民”。敢言直谏，疾恶如仇，其锋芒所指即为恶贯满盈的权奸贾似道。马廷鸾于度宗咸淳五年（1269）正月任参知政事兼同枢密院事，同年三月升为右丞相兼枢密使。权奸专政，时局危难，马廷鸾见朝中麻木不仁的现象非常严重，个人难以有所作为，孤掌难鸣，他痛心疾首地九次上疏辞职。他在给皇帝辞呈中语重心长地说：

> 臣死亡无日，恐不得再见君父。然国事方殷，疆圉孔棘。天下安危，人主不知；国家利害，群臣不知；军前胜负，列阃不知。陛下与元老大臣惟怀永图，臣死且瞑目。①

这是对权奸罪恶的揭发、控诉，也是对昏庸君主的呼唤、哀求，更表白他在权奸把持朝政下无可奈何的悲观情绪，他以个人的“死亡无日”，暗示南宋的灭亡迫在眉睫。他忧国忧民，满怀

① 《宋史》卷四一四《马廷鸾传》。

忧伤,绝望地回到乐平老家。

第二节 百姓挣扎于水火之中

南宋政权建立以后,人民苦难日益加深。赵构南逃时,所经之处,人民惨遭屠戮,“车驾所过一路,则一路罹其灾,所过一州一县,则一州一县罹其灾。”[①]人民生活在水深火热之中,一方面是昏君无辜屠戮,一方面金军大肆蹂躏,金军在江淮一线长期进行拉锯战;跟踪赵构,渡过长江,战火蔓延江南,烧杀虏掠,一再屠城,百姓如草芥,毫无保障。汉奸政权伪楚、伪齐,助纣为虐,对百姓犯下不可饶恕的罪孽;蒙古军的蹂躏,更将百姓推入水深火热之中。百姓为逃避战火,背井离乡,成为衣食无着的流民,流民问题成为南宋一大社会问题。绍兴十八年(1207)十二月,赈济明(今浙江宁波市)、越(今浙江绍兴市)、秀(今浙江嘉兴市)、润(今江苏镇江)、徽(今安徽黄山市)、婺(今浙江金华市)、饶(今江西上饶地区)诸州流民,赈济流民的工作量很大,稍一拖沓,就发生人命关天的大事。乾道元年(1165),就发生了绍兴流民多死的惨案。百姓死于战火与兵役,苦于赋税与差徭。南宋赋税最可怕的是预借,有借及二三年者,更有借及六七年者[②]。苛捐杂税,逼使百姓家破人亡的事屡见不鲜,如绍定五年(1232)五月,蕲州进士冯杰,本

① 徐梦莘《三朝北盟会编》卷一三六,建炎四年正月三十日。上海古籍出版社1987年影印本。

② 王十朋《王忠文公文集》卷四《除知湖州上殿札子》之二及《宋史》卷四三七《真德秀传》。

儒家，都大坑冶司抑为铲户，诛求日增，杰妻以忧死，其女继之，弟大声因赴愬死于道路，杰知不免，毒其二子一妾，举火自经而死。这类惨案不是个别的。许多百姓家破人亡，是贪官污吏造成的。江淮、荆襄诸路都大提点坑冶吴渊，“籍人家赀以数百万计，掩为己有。其弟潜违道干誉，任用非类。”①吴渊、吴潜兄弟贪赃枉法，罪恶昭著，受到惩治。大多数贪官污吏则逍遥法外，蜀帅余玠聚敛罔利，玠死，其子尽窃帑庾之积以去。贪官污吏中的小吏贱胥，也乘火打劫，无孔不入。陆九渊说：“今日为民之蠹者吏也，民之困穷甚矣，而吏日以横。”②县吏乡胥，接近百姓，营私舞弊的机会多，对产税推割之不时，输纳销注之不谨，重摧白取，胆大妄为。其上级视而不见，“漫不之省，书字纸尾，承符者持去；所至鸡犬一空，拘累其人，旬月不得脱，号诉若罔闻知，今岁甫了，来岁如故，甚者不家破身逃不已。”③吏胥横行无忌给百姓带来的是家破身逃与死亡。

南宋与北宋相比，地域版图缩小，郡县人口减少，官吏反而增多，开支反而浩大。宝祐四年（1256）九月，监察御史朱熠言：

> 境土蹙而赋敛日繁，官吏增而调度日广。景德、庆历时以三百二十余郡之财赋，供一万余员之奉禄；今日以一百余郡之事力，赡二万四千余员之冗官，边郡则有科降支移，内地则欠经常纳解。④

---

① 《宋史》卷四一《理宗纪一》。
② 陆九渊《陆九渊集》卷七《与陈倅》二，中华书局 1980 年版。
③ 欧阳守道《巽斋集》卷七《送梁主簿序》，四部丛刊本。
④ 《宋史》卷四四《理宗纪四》。景德（1004—1007）、庆历（1041—1048），为北宋真宗、仁宗年号。

除皇帝、官吏吮吸民脂民膏之外，还有队伍庞大的豪强地主压迫剥削百姓。豪强兼并之家，乘兵荒马乱之机，与官吏勾结，大肆兼并田地。

> 二广之地，广袤数千里，良田多为豪猾之所冒占，力不能种；湖北路平原沃壤，十居六七，占者不耕，耕者复相攘夺，故农民多散于末作；淮西安丰军田之荒闲者，视光、濠为尤多，包占之家，与吏为市。故包占虽多，而力所不逮。[1]

大面积包占田地，大量官田很容易为豪强所包占。没官田产，或以得罪，或以户绝，朝籍于官，暮入势家[2]。这些官田，有的是豪强挟恃权势以贱价买得，有的尽为“猾吏隐匿，顽民冒占”。这种情况，北宋已较普遍，南宋则尤为严重。失掉田地的农民无以为生，被迫“多散于末作”，出现有力者无田可耕，有田者无力以耕。大量农业人口脱离田地，是南宋百姓苦难的关键，也是南宋政治、经济、军事、社会无可救药的根源。大量土地抛荒，江、淮、湖、广抛荒的土地最多。绍兴二十六年(1156)闰十月，命离军人愿归农者，人给江、淮、湖、广荒田百亩，复其租税十年。荒田多，豪强地主势力膨胀快。豪强地主除大肆兼并田地外，规避赋役，习以成风。

---

① 徐松辑《宋会要稿·食货》六之二九。安丰军，今安徽霍邱县西；光，今河南潢川县；濠，今安徽凤阳。

② 《宋会要稿·食货》六一之五四。

两浙诸州，自建炎中残破之后，官司亡失文籍，所有苗税元额不登，盖为兼并隐寄之家，与乡村保正、乡司通同作弊，隐落官物，至有岁收千亩之家，官中收二三顷者；有岁收千斛之家，官无名籍者。[①]

根据规定，品官之家，不得请佃官产，以防止权势请托，实际上，“今乃多用诡名冒占，有数十年不输颗粒者。”[②] 浙西所管营田官庄中的肥饶之处，多为州县公吏与形势之家通同管占，不行输纳租课。一般没有什么权势的地主，则以高利贷盘剥农民：

今闾里富民，乘贫者乏无之际，出息钱以贷之。俟其收获，责以谷麦。贫者寒耕熟耘，仅得斗斛之收，未离场圃，已尽为富室夺去。彼皆编户齐民，非有上下之势、刑罚之威，徒以富有之故，尚能蚕食细民，使之困瘁。[③]

“细民”所出息钱，一般是一岁之隔，用米四斗以偿斗米之债。高利贷者往往利上取利，转利为本。靠借贷度日的贫苦农民，日子越来越艰难。

在豪强兼并者的行列中，有一支不可忽视的势力，即“包山林，跨阡陌”的僧户。南宋的陈淳对僧户作过定量分析：“举一州之产而七分之，民户居其一，而僧户居其六。”又说：“以六

---

① 《宋会要稿·食货》六一之一〇。
② 《宋会要稿·食货》六一之三〇至三一。
③ 《宋会要稿·食货》四之一八。

分僧户言之，上寺岁入以数万斛；其次亦余万斛，或数千斛；其下亦六七百斛或三五百斛；虽穷乡至小之院亦登百斛。”民户中上等富户岁谷以千斛计者绝少；其次数百至百斛者亦不多见；类皆三五十斛[①]。寺院经济恶性膨胀，其手段不外托名修庙建塔，或托名迎神禳灾，以避祸邀福，实际是威胁捐献，穷家小户必索百文或五十文为香钱，无一户得免；在城镇公然“拦街觅钱，担夫贩妇，拖拽攘夺，真如白昼行劫，无一空过者”[②]。更有甚者，僧户手握钱谷大权，麇聚奸凶，掠夺民财，毒打村民，村民有拾其界内一根枯枝者，则诬为斫坟林而加以毒打；有牛马羊豕食其界内一叶青草的，则妄指为践坟庭，而把牛马羊豕夺归己有。

遭受层层压迫剥削之苦的南宋农民，一遇自然灾害，更是无法生存。高宗绍兴三年(1133)至绍兴七年，五年间就有三年久旱不雨。绍兴十四年(1144)，江、浙、闽水灾。高宗晚年几乎年年有灾，绍兴三十二年(1162)四月，淮水暴溢数百里，湮没庐舍，人畜死者甚众；这一年夏天，还有飞蝗为灾。孝宗时期，水旱交加，隆兴元年(1163)，两浙、江东大水，旱蝗，成都地震；隆兴二年，江东、浙西、两淮皆有水灾。乾道六年(1170)，两浙、江东西、福建水旱；七年，湖南、江东西路旱；八年，隆兴府(今江西南昌市)、江州(今江西九江市)、筠州(今江西高安市)、临江(今江西樟树市)、兴国军(今湖北大冶、阳兴)大旱，四川水；九年，浙东、江东西、湖北旱。灾情越来越严重，受灾面积越来越广泛，淳熙三年(1176)，京西、湖北诸州、兴元

---

① 陈淳《北溪全集》第四门卷二三《拟上赵寺丞改学移贡院》，四部丛刊本。

② 《北溪全集》第四门卷二三《上赵寺丞论淫祀》。

府(今陕西南郑县)、金(今陕西安康市)、洋州(今陕西洋县)旱,绍兴府、台(今浙江临海市)、婺州(今浙江东阳市)水;淳熙八年,江、浙、两淮、京西、湖北、潼川(今四川三台县)、夔州(今重庆市奉节县)等路水旱相继;淳熙十年(1183),福、漳、台、信(今江西上饶市)、吉州(今江西吉安市)水;京西(今湖北襄樊市、河南洛阳、郑州一带)、金、澧州(今湖南澧县)、荆门、兴国、广德军(今安徽广德县)、江陵(今湖北荆州市属)、建康(今南京)、镇江、绍兴、宁国府(今安徽宁国县)旱;次年,江东、浙西诸州水,福建、广东、吉、赣州、建昌军(今江西南城县)、兴元府、金、洋旱。其后,在理宗淳祐十二年(1252)六月,严、衢(今浙江衢州市)、婺、台、处(今浙江丽水市)、上饶、建宁(今属福建南平市)、南剑(今属福建三明市)、邵武(今福建邵武市)大水。在度宗咸淳七年(1271)三月,和州(今安徽和县)、无为(今安徽无为县)、安庆、平江府、吉州大饥;六月"诸暨县大雨、暴风、雷电,发米赈遭水家。瑞州民及流徙者饥乏食,发义仓米一万八千石,减直赈粜。"①此外还有绍兴府等处发生饥荒。

在频繁的自然灾害袭击下,许多百姓成为饥民。从朝廷安民工作而言,赈饥成为刻不容缓的重要举措,稍有疏忽,即成为社会不安定的诱因。乾道四年(1168)五月,"以邛州安仁县荒旱,失于蠲放,致饥民扰乱,守贰、县令降置追停有差。"②为防止饥民起义,朝廷遣官四处赈济,但广大农村,鞭长不及,"田野之民,食糟糠,此诚可悯。"王炎亲睹"山居之民,尽掘蕨根而食;向在临湘为县,亦是水灾,滨江之民,尽掘大蕨根而食

① 《宋史》卷四六《度宗纪》。
② 《宋史》卷三四《孝宗纪二》。

之”[①]。蕨根、榆皮、野草，并非取之不尽、用之不竭，“饥殍千百辈，上山争采薇，采薇有时尽，讵能救长饥。”[②]等待饥民的是死亡。洪适上札子报告众目所见到的惨象：“城外饥民死者盈川，群目所视。”[③]另有札子云：“小民艰食，或有携妻子赴井同死者；或聚众强籴而相杀伤者；或有逢县尉而持刃拒抗，致宪司传以为贼，而出兵掩捕者。”[④]或自杀，或他杀，更多的是饿死、冻死，“近而京辇，米斗千钱，民无可籴之资，何所得食，固有饿而死者，有一家而数人毙者。远而两淮、荆襄，米斗数千，强者急而为盗，弱者无以自活，官给之粥，幸有存者；而无衣无褐，不堪隆冬，或以冻死。”[⑤]所谓“强者急而为盗”指为求免于一死，铤而走险，聚众起义。南宋有钟相、杨么、周十隆、李冬至二、余胜、彭友、田政等的起义，还有所谓“海盗”黎盛犯潮州，朱聪犯广州、泉州，这些壮举皆被一一镇压，这条求生之路被严密堵塞。

广大农民求生不可得的苦难，马端临耳闻目睹，在思想感情上是有所震动的，因此，在《文献通考》中的田赋、职役、征榷、市籴诸考中较多而真切地反映了宋代百姓生的挣扎与死的呻吟。这也正是促使他发奋撰写《文献通考》的动力所在，他立志以会通因仍之道，变通张弛之故，寻求治国安民之术，避免国家重蹈宋朝“万劫不复”的境遇，防止百姓生灵涂炭、走投无路。

---

① 王炎《双溪集》卷二《答凌解元书》，四部丛刊本。
② 洪迈《野处类稿》附集外诗《送杨简迁国子博士》。
③ 洪适《盘洲文集》卷四八《再缴韩彦古札子》乾道元年五月廿五日。
④ 《盘洲文集》卷四六《奏旱灾札子》，四部丛刊本。
⑤ 袁燮《絜斋集》卷一《轮对陈人君宜达民隐札子》。

第三节　元初“遗民”心态管窥

在南宋政局危急之际，度宗死，其子赵显年仅四岁，即位于柩前，其母称皇太后(全皇后)。由太皇太后(即理宗谢皇后)临朝听政。孤儿寡母当政仅四五个月，长江防线突破，元军在湖北阳逻堡渡江，势如破竹，德祐元年(1275)正月，元军占领江州(今九江市)；二月，夺取饶州(今上饶地区)；十一月，攻取抚州。

元军除在江西、湖北、湖南等地挺进外，其主力部队在安庆、池州、镇江、宁国府、隆兴府、和州、建宁、临江军、江阴军、太平州、嘉定、无锡、滁州、西海州、东海州、平江府、安东州等地横冲直闯。常州屠城，临安已危在旦夕，朝臣纷纷逃遁。礼部侍郎陈景行、权礼部尚书王应麟、权吏部尚书丁应奎、左侍郎徐宗仁、同签书枢密院事黄镛、参知政事陈文龙与常楙、左司谏陈孟虎、监察御史孔应得等，都逃跑了。德祐二年(1276)正月，小皇帝赵显上表乞降：

> 宋国主臣显谨百拜奉表言：臣眇然幼冲，遭家多难，权奸(贾)似道背盟误国，至勤兴师问罪。臣非不能迁避以求苟全，今天命有归，臣将焉往。谨奉太皇太后命，削去帝号，以两浙、福建、江东西、湖南、二广、两淮、四川见存州郡，悉上圣朝，为宗社生灵祈哀请命。伏望圣慈垂念，不忍臣三百余年宗社遽至陨绝，曲赐存全，则赵氏子孙，世世有赖，不敢弭忘。[①]

---

① 《宋史》卷四七《瀛国公》。

就在小皇帝上表乞降的当夜，丞相陈宜中逃走，张世杰、苏刘义、刘师勇带领兵马各奔东西。临安的南宋朝廷虽已由新的元朝封府库、收图书、纳符印，南宋朝廷土崩瓦解，但赵姓政权尚在延续中，陈宜中立赵显之兄赵是于福州，后二年四月，赵是殂于硇洲；陆秀夫等复立赵显之弟赵昺，后三年沉海。祥兴二年（1279）南宋政权覆灭。从此，马氏家族就成了南宋之遗民。

马端临生活在元代的时间长达五十余年。他对元代的民族歧视政策极为反感。元朝统治者把全国人分为四等，第一等蒙古人，第二等色目人，第三等汉人，第四等南人。马端临属于第四等，地位最低，苦难最多。法律规定：蒙古人打汉人，汉人不得还手；汉人殴伤蒙古人可致杀身之祸。又规定：汉人、南人不得聚众畋猎和迎神赛会、集会结社，夜间禁止通行；还禁止私藏兵器。在这一藉口下，民间的菜刀之类刀具多被没收了。第四等南人的生活自由被剥夺得所剩无几了。作为儒士的马端临，特别感受到所谓“七匠八娼九儒十丐”的羞辱，一向尊为四民之首的儒士，遭受严重歧视，鄙视为娼妓之下、乞丐之上，实在亘古未有。被奚落的儒士，不仅社会地位大幅下降，而且生计无着，更可怕的是生命没有保障。蒙古军在战争中，大肆屠杀或掠夺，将大批俘虏变为奴隶或驱口，幸免一死的儒士沦为驱口。蒙古人重视畜牧业，大臣别迭等言：“汉人无补于国，可悉空其人以为牧地。”他们将大批农田改作牧地，出现农耕与畜牧的尖锐矛盾，这是先进的生产方式与落后的生产方式之间的矛盾。在这类矛盾中，马端临的遗民心态反映了其明确的倾向性，坚持重儒，反对轻儒；坚持进步，反对落后;坚持自由,反对奴役。

元朝初年,曾与马廷鸾同朝为官的留梦炎,在南宋官至左丞相,投降元朝后,任吏部尚书,邀马端临出仕,马端临“以亲疾力辞之”[①]。这种“力辞”的态度有所缓和或改变,与元政权的汉化进程联系在一起。力主汉化的耶律楚材,是契丹皇室后裔,自幼学习儒家经典,知识广博,跟随成吉思汗东征西讨;继成吉思汗之后的拖雷(监国)、窝阔台(太宗)得到耶律楚材的大力辅佐,他以儒家思想为主导,陈时务十策曰:信赏罚,正名分,给俸禄,官功臣,考殿最,均科差,选工匠,务农桑,定土贡,制漕运,因切于时务,皆被采纳施行。这一系列有利于经济恢复和发展的措施,取得了显著的成效。耶律楚材多次制止蒙古军在攻城掠地时屠杀无辜百姓的野蛮行径,把大批奴隶、驱口收为国家编户;反对横征暴敛、高利盘剥,推行轻徭薄赋的政策,与民休息;将大量牧地恢复为农田;反对蒙古诸王功臣“分土裂民”。这些措施,初步扭转了战争所造成的残破局面,提高了蒙古贵族对农业生产重要性的认识。

耶律楚材最主要的功绩在文化建设方面,他不断向窝阔台讲解孔孟之道。他说:“天下虽得之马上,不可以马上治。”这就是说以武力占领天下,必须运用汉族传统的统治方法来治理。这就要重视汉族的传统文化,尊重儒士。为解决儒士的生计问题,有十路征收课税使、编修所、经籍所等职位、机构的设置。耶律楚材非常强调选用儒士的重要,他说:“制器者必用良工,守成者必用儒臣,儒臣之事业,非积数十年殆未易成也。”他辅佐窝阔台三十余年,官至中书令。窝阔台曾询问

① 《乐平县志》卷二八《艺文志·马端临传》,清乾隆本。

耶律楚材，为什么说“孔子之教可行，儒者为好人？”耶律楚材答曰：“君父教臣子，亦不欲令陷不义。三纲五常，圣人之名教，有国家者莫不由之，如天之有日月也。”①这些话不仅解除了窝阔台的疑惑，更坚定了蒙古统治阶级的重儒政策。为了切实实行重儒政策，大量选用儒士，于是有所谓“戊戌选”，即1238年的科举考试，考取4030人，其中前已沦入奴籍的有上千人，这批人通过这次考试取得“儒户”的身份，获得优免赋役的特权，其地位得到改善，不仅不再在娼妓之下，儒户的负担远远轻于民户、军户、站户、匠户、灶户。在耶律楚材的创导下，建立国子学，各地兴学成风。

蒙古统治者由轻儒转变为重儒，保留了一些儒生的生命，湖北名儒赵复就是这样逃脱兵燹之灾的。赵复，字仁甫，德安（今湖北安陆）人，蒙古军攻下德安，他成了俘虏，俘虏中的儒道释医卜之士受到保护，赵复被视为一位非凡的人才，护送至燕京（今北京）。赵复的理学说教打破了燕京知识界的沉寂，引起官方注意，杨惟中与姚枢协助建立太极书院，立周子（敦颐）祠，以二程（颢、颐）、张栻、杨时、游酢、朱熹六人“配食”；选取他们的遗著八千余卷以供学者阅读，为赵复传道、授业、解惑创造了必要的条件。赵复在北方高举理学大旗，与旧的词赋、传注学派相抗衡，打开了新的局面。赵复在北方传播理学，最大的成就是培养出大批学有所成的学者，著名的有许衡、刘因。他们为推动元代教育事业的发展建立了不朽的功勋。

忽必烈即位，更加重儒，更加重视汉族文化的学习，授许

① 《元史》卷一四六《耶律楚材传》，中华书局，1976年。

衡国子祭酒，以其弟子王梓等为各斋斋长。元朝的国子监长期掌握在他们手里，对元朝理学的发展起了很重要的作用，其中许衡的带头作用最不可忽视。许衡在学理上秉承赵复所教导的“存天理，灭人欲”之说，在生活上遵循赵复所传授的安贫乐道精神，他洁身自好，实践了理学家的人生准则，关心现实，服务政治，与徐世隆定朝仪，与刘秉忠、张文谦定官制，与郭守敬等新制仪象圭表，修《授时历》。阿合马领尚书六部事，专横跋扈，贪赃枉法，许衡敢于揭发其罪恶，虽受到阿合马的排挤，不得不辞官而去，却表明儒士的刚正不阿与儒术足以兴国安邦。因此，忽必烈坚信儒术，选用大批儒士，姚枢成为忽必烈的得力助手，忽必烈询以治道，他答以修身、力学、尊贤、亲亲、畏天、爱民、好善、远佞。为适应“必行汉法，乃可长久”的要求，忽必烈即位之初即“劝农桑，抑游惰，礼高年，问民疾苦”。在中央设司农司，使垦辟种艺之业比以前增长数倍。忽必烈最突出的成就是发展少数民族地区生产力，实现元朝大一统局面。其晚年虽趋向消极保守，但其一生重儒的成就值得肯定：“世祖度量弘广，知人善任，信用儒术，用能以夏变夷，立经陈纪，所以为一代之制者，规模宏远矣。”①信用儒术是元世祖忽必烈在中国历史上取得重要成就的重要保证。

忽必烈去世后，元统治者照旧信用儒术。元仁宗延祐四年（1317），元朝访贤特使王寿衍举荐马端临任乐平慈湖书院山长，翌年改任浙江衢州（今浙江衢州市）柯山书院山长；至治二年（1322），赴浙江台州（今浙江台州市）路任教授，仅三个月即告老还乡。马端临的这段经历，是在元朝重儒和汉化的影

① 《元史》卷一七《世祖纪十四》。

响下的一种反应，但马端临并未因此丧失其“遗民”身份，因为出任山长或教授，并未违背其生活的理想，与儒家传统“有教无类”相吻合，何况其教育的对象多属汉族子弟，而且大多属“南人”；随着蒙古人的汉化程度日深，理学的理论与实践日益普及，民族矛盾有所缓和，马端临的逆反心理亦有所缓和。当然这个变化是有限的，种族歧视政策依然存在，元朝官吏普遍“轻视学舍，厌鄙儒生”，故国情深的马端临很快恢复了其“遗民”生活，恢复了其“遗民”心态。

马端临甘于以“遗民”身份终其一生，一生默默地从事学术研究，对此起决定作用的虽然是他自己，但其父马廷鸾的作用可谓举足轻重。马廷鸾的父亲马灼以教书为生，马廷鸾继承父亲衣钵，二十岁在家乡当“童子师”。马廷鸾曾师从吴蕊。吴蕊字与权，乐平人，著有《宝训警览》，马廷鸾为之作序：“是书也，述天人，推性命”，又云：“萃古今之精英，为治乱之龟鉴”。可见吴蕊的才识与气度不凡，他曾以“立足有余地，举头无愧天”训马廷鸾①。马廷鸾受到了良好的教育。考取进士，由池州教授、史馆校勘、枢密院编修官、国史院编修官，最后官至右丞相兼枢密使。因权奸贾似道当政，“国事方殷，疆圉孔棘”，回天乏术，辞职回乡，过了十七年的隐居生活，著有《六经集传》、《语孟会编》、《楚辞补记》、《洙泗裔编》、《读庄笔记》等书，对马端临展示了一条富于生活意义的道路，对马端临专心致志于著书立说起了深刻的潜移默化的作用，使马端临唾弃功名利禄，立志做一名无愧于天地、无愧于祖宗的学者。

马端临在《文献通考·自序》中说：“窃伏自念业绍箕裘，家

① 《碧梧玩芳集》卷一二《吴氏宝训警览序》，四库全书本。

藏坟索，插架之收储，趋庭之问答，其于文献，盖庶几焉。”接着说：“考制度，审宪章，博闻而强识之，固通儒事也。”他以“考制度，审宪章”为自己责无旁贷的天职，这一天职的天地无限广阔，任其驰骋，任其发挥聪明才智，没有心思于仕途；他以“通儒”自许，以“通儒”自乐，他乐于走昔日通儒走过的道路，创昔日通儒创过的业绩。他称颂司马迁为良史，其《史记》是中国古代史书中的典范，其书“纪传以述理乱兴衰，八书以述典章经制，后之执笔操简牍者，卒不易其体”。他以《史记》为自己写史的典范、奋斗的目标、前进的规矩。他按其父的规定，对各种体例的史书，皆进行深入研究，作出较公正的评论，他认为断代史，虽“无会通因仍之道”，但有其不可泯灭的价值，即“自足以该一代之始终”；评司马光《资治通鉴》，“详于理乱兴衰，而略于典章经制”。其所以有详有略，不是由于司马光才智不如人，而是由于“编简浩如烟埃，著述自有体要”，不可能两全其美。这是通情达理之论。马端临确可称为“通儒”而无愧。“通儒”与“遗民”形成一体，集于一身，相辅相成，相得益彰。“通儒”是以爱国恤民为心的，“遗民”正守此心而不渝，这是符合马廷鸾的遗志与遗愿的：

> 麦秀渐渐禾黍新，清宵梦断泣遗民。
> 只怜肝脑输宗社，不负当年第一人。①

这里的“泣”与“怜”充分表达了马廷鸾的思想与感情；“不负当年第一人”更把自己的思想凝固在过去的时标上，不顾星移斗

① 《碧梧玩芳集》卷二四《十一月十二夜梦南冠旧友感泣有赋》。

转而忠贞不移。貌似顽固不化,实是对历史的虔诚、对祖业和传统的尊敬。马端临继承父志,以著述报国来编织其“遗民”生活,给后人留下了《文献通考》这部不朽的著作。

第二章　马廷鸾与马端临

马端临一家生活在改朝换代的宋元之际，战争频仍，赋役繁重，人民流离失所，无辜死亡者不计其数，他的一家，由于祖母及父母克服许多艰难困苦，以“勤谨和俭”保家。他的父亲马廷鸾在政治上忠直敢言，主张“强君德，重相权，收直臣，防近习”；强调“念邦本而以公灭私，严边备而思患预防”的重要。他誓不与权奸为伍，交结多忠义之士。其政治思想从主流而言是积极进取的，但“浊世狂澜”无法挽回，不免有遁世之念，终于隐居十七年而谢世。马廷鸾的隐居生活是充实的，学术造诣较深，素持朴学，手不释卷，“把卷欣将贤圣对，凭栏遮断古今愁。”以读书消愁，以读书为乐，特别重视对子侄辈的教育，认真细致地以比较读书法指引马端临治学，完成《文献通考》的编撰。是书是马廷鸾与马端临父子心血的结晶，从是书的指导思想到编写体例，以及一些具体问题的处理，都贯穿着父子的辛勤劳动与深思熟虑，是书是中华历史文献中的一部名著，是马廷鸾实践其座右铭的硕果。

马廷鸾的座右铭是："留有余不尽之巧以还造化，留有余不尽之禄以还朝廷，留有余不尽之财以还百姓，留有余不尽之福以还子孙。"这"四留"正体现其先师"立足有余地，举头无愧天"教诲的精神实质。马廷鸾带领马端临谨遵这一教诲，为人、理家、处世、治学，最后完成《文献通考》以还造化、还朝廷、还百姓、还子孙，无愧天，无愧地，无愧于其祖宗与后代。

第一节　"勤谨和俭"与"四留"

马端临的家世。

马端临高祖"盘山翁"，无兄弟。曾祖"和公"，兄弟五人。祖辈马光、马灼兄弟二人。

父亲马廷鸾本来是马灼之子，过继给马光。马廷鸾兄弟三人。绍定元年(1228)其父谢世，其兄九岁，其弟四岁，马廷鸾七岁。"母抱群雏，家徒四壁，画荻而教，采梠而食。"衣食艰难，难以顾及三个孩子，其姑妈将四岁的弟弟抱去，代为教养。哥哥过早地担起家庭的重担，"率诸弟以学，鸡初鸣，琅琅诵书史，白首不衰，家故穷空，以开门授徒为业，昧爽危坐，阅文卷，商题评，寒暑不辍。"姑妈抚育弟弟九年，送回家，随两个哥哥读书，马廷鸾回忆弟弟归来后的往事："俾学我旁，束书授徒，负箧从兄，简编之乐，弦诵之声，或鸡三号，或夜参半，忘食已晡，燃薪欲旦。"夜以继日，废寝忘餐，兄弟互教互学，互相帮助，彼此提携，其兄为成全两位弟弟，自己作出了较大的牺牲，"有场屋之夙负，而本无进取之心；有科第之壮图，而本无官职之念。"他放弃对科举的向往，打消对功名的追求，并非庸碌无能而无远见卓识，马廷鸾悼念其兄曰：

> 吾尝评兄山林而怀天下之事，畎亩而深当世之忧，箪瓢捽茹而有爱人及物之志。使其官高则首公尽瘁不为劳，使其家肥则解衣推食不为吝，使其遭时致身则捐躯蹈患不为难。[①]

其兄虽为平民，但关心国家大事，有爱人及物之志，有思想基础能做到首公尽瘁、解衣推食、捐躯蹈患，可惜他没有官职、权势，没有机遇、条件，“位不足以满其德，势不足以行其志”，报国无门。当马廷鸾任宰相时，其兄针对当时“冗僚卑官，材谞困滞”，对马廷鸾寄以厚望：“汝司人物而弗能稍稍振拔之欤！”希望他选拔才能，整顿吏治。尤其是其兄对他所说的“吾姑以课子平粜为事，是亦为政矣。”[②] 在平凡的工作中念念不忘“为政”之责，给马廷鸾与马端临以极其深刻的教育与启迪。

马廷鸾的外祖父“官薄不显于时，名声不昭于人”，也是一位默默无闻的人物。但有真才实学，“经芳传馨”，不仅其诸子诸孙受其经学熏陶，而且“斯文雨露，自叶流根，独能沾溉其外孙，超取显仕”。马廷鸾认为自己官至丞相与外祖父的教诲有关。他认为自己未能有所作为，感慨万千：“材薄时艰，于国无补，诵赋(《看青堂赋》)中‘邦家柱石’之语，面热而汗下也。士生斯世，岂能自为材哉！”[③] 马廷鸾记住外祖父的教诲，在政

---

① 《碧梧玩芳集》卷二〇《祭先兄提干文》。

② 《碧梧玩芳集》卷二〇《祭亡弟总干文》及《祭先兄提干文》。

③ 《碧梧玩芳集》卷一四《题外祖看青堂赋手稿后》。

治上既不能成为“邦家柱石”，转而求之于学术，努力于学术。外祖父的《看青堂赋》使他受到激励、劝勉与鞭策。

南宋灭亡带来深重的灾难，引发了马廷鸾许许多多思考，“当本朝倾覆，中华沦陷，悲宗社之陵夷，愧祖风之轶坠，悼往谋之不臧，伤后咎之谁执。”[①] 他对南宋灭亡百感交集，有悲，有愧，有悼，有伤，在这些复杂的情感思绪中，有一种潜意识，他把国家民族的深重灾难当成是对自己的责难，是对自己失职的追究。既往不咎，国既不可救，当尽力治家。马廷鸾云：“吾家三世以推梨逊枣为习尚，以易衣并食为活计，以同肝共胆为命脉。”接着他特别指出其家传统美德中最珍贵的是友爱和睦，“惟是友睦一事，乃吾家万全良药。”[②] 马家世代相传、共同遵守的立身处世的一些美德，总括为“勤谨和俭”四字，制为四印[③]。并为文论述此四字足以继承家庭的传统，保持家庭的荣誉，发扬家庭的美德，其精神实质在于家人人人严格要求自己，勤于行事，谨于思虑，和以待人，俭以处世，不愧于天地人，不愧于子子孙孙。马廷鸾有“四留”铭座右：“留有余不尽之巧以还造化，留有余不尽之禄以还朝廷，留有余不尽之财以还百姓，留有余不尽之福以还子孙。”[④] 这“四留”与“勤谨和俭”四字是一脉相承、一脉相通的；“四留”有所发展，有其精华，那就是把个人、家庭与造化、朝廷、百姓、子孙联系在一起，即保家必须不忘天地自然、国家民族、人民群众、子孙后代，眼

---

① 《碧梧玩芳集》卷一六《书二侄分关后》。

② 《碧梧玩芳集》卷一六《书二侄分关后》。

③ 《碧梧玩芳集》卷一五《题四印五章后》：“先人往年侍亲，官游盱江，一日叔父驰书为言，欲以勤谨和俭为保家四印，先人欣然是之，因为发明其义成五章。”

④ 《乐平县志》卷一〇《杂记》，乾隆本。

光更远大，视野更广阔。这与其师的教导不无关系。他以举人身份参加进士考试，所为文，知举监试稍推许，议置前列，但有不同意见，由于徐霖（字景说）的极力推许，“遂叨首选，待试亲策。”马廷鸾从此与徐霖建立师生之谊，往来密切。徐霖为人正直，忠心为国，时史嵩之为相，专权固位，植党欺君，弃贤任佞，公论切齿。徐霖刚考上进士即上书揭发史嵩之的罪恶，深受器重，不久史嵩之事败，徐霖提升很快，参详省试院，负选拔人才之责[①]。对马廷鸾的影响最深，与其“四留”思想息息相关的是其师吴蕊“立足有余地，举头无愧天”的训诲[②]。

马廷鸾的“四留”思想的形成与实践，其妻成为贤内助。徽州婺源张氏女二十三岁与马廷鸾结婚，生育六男三女，六男即端复、端临、端履、端蒙、端颐、端益。

马端临在六兄弟中排行第二，其母“性刚劲而实俭慈，常以佛课自律”。所谓“佛课自律”即以慈悲为怀规范自己的言行，与其家所奉行的“勤谨和俭”不谋而合。由于佛教文化渗透其家庭生活，无论处于承平或遭遇世变，皆能随时制宜，随遇而安。马廷鸾称赞其妻治家有方：

> 当承平时，菅菽水奉余慈亲，抽簪珥嫁余孤妹，儿诗书，女桑麻，勤粗警细，履盈保冲，鱼轩象服，不为荣。晚逢世变，西移东趋，寄安托危，规深虑密，荒原野薮，不为忧悲。[③]

---

① 《碧梧玩芳集》卷一五《题徐径畈赠诗帖后》。

② 《碧梧玩芳集》卷一二《吴氏宝训警览序》，参阅本书第一章第四节。

③ 《碧梧玩芳集》卷一九《鲁国夫人墓铭》。

马端临的母亲通情达理，善于应变，处事周到，思虑缜密，无急功近利之心，无懈怠苟且之意，不求荣华，不慕富贵。马廷鸾深识其妻的品德，惊叹："是岂薄夫荣而羞子贵者耶!?"他肯定其妻"进退之际，系念深矣。"马端临的母亲待人处世都能体现勤恳、谨慎、和睦、俭朴的特点，为贯彻这些特点坚强而刚劲，是一位典型的那一时代的贤妻良母。

正是在这位贤妻良母的辅佐下，马廷鸾能安心而顺利地引导儿辈热爱学习，勤奋读书。马廷鸾有诗示诸儿：

惠子五车书，彼富吾何慊。滔滔岁峥嵘，濯濯木荏苒。
前荣悼虚夸，新儒就退敛。东邻有硕师，簦笈孰云远。
斯文岂终穷，小子宜黾勉。寒檠炷老膏，此兴复不浅。①

书中的智慧是世上最可贵的宝藏，在漫长岁月的千变万化中，寻师访友是很重要的事，中华传统文化是取之不尽用之不竭的，青年学子应加倍努力，夜以继日，不可懈怠。马廷鸾要求儿辈的事，他早已养成习惯，一生以读书为乐，"闲日诗书真足味，薰天富贵只飞灰。"② 他以吟诗诵书为人生最大乐趣，视"薰天富贵"如"飞灰"，其心胸开阔，意境旷达，有诗曰：

① 《碧梧玩芳集》卷二二《用大莱临川诗韵示诸儿》。
② 《碧梧玩芳集》卷二三《和南塘叔赏芙蓉韵》。

世事真如此，劳生何所知。功名蚁行磨，意气鹊栖枝。

于芳歌偏好，归来赋足师。达人宁自苦，天乐更无疑。①

世事多沧桑，功名难有为，归隐却是法，达人自得乐。“天乐”不可能从天而降，必须支付代价，特别是在国亡家破的危险中，如何保持人的尊严、独立的人格、自由的思想、纯洁的灵魂，就要有操守，马廷鸾喻之为“直节”，他吟竹曰：

霜竿操尚特幽奇，直节端如正士姿。
高拂九霄无曲处，古来惟有老天知。②

马廷鸾对竹的称颂，表达了其“直节”的情怀，更体现其赤诚的爱国心。马廷鸾在《苦雨》一诗中，有耐人寻味的诗句：“长潸旧国山河泪，细滴孤臣禾黍心。”祖国破碎的山河泪流不止，点点滴滴落在无依无靠的臣民不屈不挠的心坎里。马廷鸾的心胸中充满爱国激情，其爱国思想与保家思想完全一致，保家之心愈真诚，爱国之志愈强烈。

马廷鸾真诚、强烈的保家爱国思想，具体表现于其言行、道

① 《碧梧玩芳集》卷二三《次赵二车韵》。

② 《碧梧玩芳集》卷二四《题赵君画竹》，序云：“与可知竹，子瞻知与可，知与可斯知竹矣。知者无他，知其直而已。故子瞻之节每似之。仆于苏仙无能为役，而以与可望王孙，无枉其节云。”

德、文章中。他反对权奸误国，誓不与贾似道同流合污；崇尚忠贞，对李庭芝在军事、政治上的业绩极为敬佩，有“戎功盖四方”的赞扬，还称颂李庭芝“真儒无敌，中国有人”[①]，爱憎分明。其家乡遭受残酷压迫剥削时，有一位清正廉洁的宣抚到来，对贪官污吏给予迎头痛击，“劾罪如章，执吏于狱，诛其尤无良者。”然后取得了明显的效果：“呻吟者息，流亡者归，骏奔者鼠遁自屏；而吾民始克相持以生，相弥以宁，如执濯水，如蛰震霆。”[②]马廷鸾为挽救南宋政治的颓败与局势的危难，殚精竭虑，在他执笔写的《求言诏》里指出：“惟言路之宏开，为新政之急务”，他还指出无所不可言，“上而朕躬之愆违，次而朝政之得失，外则边陲之利害，下而田里之戚休”，言路极其广阔。在他离开朝廷，“老病吾今业已衰”的时候，马端临赴京应试，他一面祝福，一面嘱咐：“此行蹇谔论邦国，莫为区区杏苑诗。”[③]马廷鸾以“蹇谔”（即忠直敢言）嘱咐马端临，其政治思想是积极进取的。其召试馆时，即以强君德、重相权、收直臣、防近习为要；为将作少监时，论贡举三事，主张“严乡里之举，重台省之覆试，访山林之遗逸”；言及荒政时，认为“宜蠲除被灾州县租赋之不可得者”；为起居舍人时，言太史当谨书灾异，建议朝廷“翕受敷施，以壮人才之精神；虚心容纳，以植人言之骨干。念邦本而以公灭私，严边备而思患预防”。同知枢密院时，向皇帝献计“培命脉，植根本，崇宽大，行忠厚”。又言：“恢大度以优容，虚圣心而

① 《碧梧玩芳集》卷一一《回荆阃李端明庭芝启》及《答两淮李制使庭芝启》。

② 《碧梧玩芳集》卷一七《益国赵公生祠记》，《乐平县志》卷二七《艺文·赵宣抚生祠记》，乾隆本。

③ 《碧梧玩芳集》卷二三《二儿就试》。

延伫,推内恕以假借,忍难行而听纳,则情无不达,理无不尽,奸人破胆,直士吐气,天下事尚可为也。"①在天下事极其不可为的关头,马廷鸾认为只要能采取断然的措施,使"奸人破胆,直士吐气",天下事尚有可为。其忧国忧民之心,深受其同时代忧国忧民的文天祥的理解与景仰②。马廷鸾既有入世的抱负,又有出世的情怀。他在《可隐斋记》中明言:

> 今夫士生斯世,固将以为斯世也。豪杰之士,志气方刚,耳后生风,鼻端出火,视功业可弹指取。而山哀浦思,林惭涧愧,于我何有。台上之笑有时而弱,千乘之君、车中之谋有时而蹶。大国之将斯人,倘终隐则何以夸当年而耀后世哉!③

从这段表述中可知马廷鸾的出世的情怀远不如入世的抱负强烈或旺盛。但当种种迹象表明"浊世狂澜挽不回"时,使他不免消极悲观,他唱出:"我有长波一归艇,枕书春睡兴悠哉!"④五十二岁时写有一诗:

① 《宋史》卷四一四《马廷鸾传》。
② 《文天祥全集》卷七《马右相廷鸾》(北京市中国书店1985年版):"恭惟某官,得圣人之和,抱王佐之学,高山蓄泄,有润泽万物之功;太极浑涵,无运用四时之迹。自颙昂缙绅之日,已雍容庙堂之风。告后惟良,有谋猷则顺于外;敬王如我,非仁义不陈于前。其出处不可瑕疵,其喜怒未尝形色。龙潜羽翼,栽培不世之风云;鳌禁丝纶,酝酿后来之鱼水。先帝留之为宰辅之备,主上待之以师傅之尊。径迈群公,遍登两社,或主东厅之典故,或参西事之经营,邺侯之迹大奇,安石之名愈重。"对马廷鸾赞誉备至 。
③ 《碧梧玩芳集》卷一七《可隐斋记》。
④ 《碧梧玩芳集》卷二三《癸酉春暮钟信甫寄诗次其韵》。

流年何必共君参，九琐青山老一庵。
试检乐天诗集看，明年半百又加三。
羊肠路险百千转，云梦胸吞八九宽。
豆饭芋羹才足欲，水边林下即心安。①

他在生活上没有奢望，没有贪饕，他心安于“水边林下”，并非逃避现实，而是带着他所面临的问题在圣贤书中找解决的办法，“把卷欣将贤圣对，凭栏遮断古今愁。”② 从马廷鸾政治思想的主流而言并非消极出世的，他“素持朴学”③，他最恨浮浅之学。

世间义理尽无涯，桃李春风总一家。
最恨一般浮浅学，卖花担上漫看花。④

他所强调的“义理”虽并非包罗万象，能春风化雨的不仅仅是一个儒家，但阐明儒家哲理的义理之学，确有其丰富的内涵，经过诸儒的努力，成为人们生活的守则、言行的指南，“挹先儒淳固质实之余风，服《大学》离经辨志之始教，于以寻关洛之绪言，而惩荆舒之陋习焉。已而勉斋之记壹是皆以治心修身为本，蒙斋之记三致意于正谊明道之言，是皆大儒先生之格大训，后学无复措一辞

① 《碧梧玩芳集》卷二四《示程介夫》。
② 《乐平县志》卷三二《艺文·老学楼》，乾隆本。
③ 《碧梧玩芳集》卷一《随龙转四官辞免奏状》。朴学，此处指朴质之学、性命之学、义理之学，与清代乾嘉朴学有异。
④ 《碧梧玩芳集》卷二四《题张氏勤有堂》。

矣。”[1]勉斋指黄榦，蒙斋指袁甫，这些大儒先生对儒家教导作了很好的提炼与总结，赋予活力，使马廷鸾、马端临父子得以确立其治心修身、正谊明道的准绳，保家爱国，正己治学，不心猿意马，在学术上终于有成。马廷鸾的夙愿“丈夫整顿乾坤了，黄帽青鞋归去来”[2]，虽未能如愿以偿，如果把培育和引导马端临走上治学之道，完成《文献通考》作为“整顿乾坤”的一部分工作的话，他的夙愿应该说并未完全落空。

第二节　马廷鸾的学术造诣

马廷鸾甘贫力学，知识广博，学术造诣颇深。通六经，著有《六经集传》。六经，指《诗》、《书》、《礼》、《乐》、《易》、《春秋》。通过对六经的钻研，使他具有较高的学术素养，如读郑东卿《易卦疑难图》，他说：“此书本五行卦气之说，而象数义理出焉，无朱子发之琐碎、戴师愈之矫伪，读之时有会心者，必宿儒所著。”[3]说明他在易学上不仅能了解其书主旨所在，而且能通晓这一研究领域的得失，识别诸书之优劣；他欣赏此书无琐碎、矫伪之弊，读之时有“会心”处，更证实他在易学研究上已积累不少心得体会，视《易卦疑难图》的作者郑东卿为易学研究方面的知音同调。

马廷鸾对文学的造诣也很深，对具有楚地文学特色、方言

---

① 《碧梧玩芳集》卷一七《庐山白鹿洞书院兴复记》。

② 《乐平县志》卷三二《艺文·盘园》，乾隆本。

③ 《文献通考》卷一七六《经籍三·先君曰》，朱子发（1072—1138）名震，世称“汉上先生”，精于《周易》，著有《汉上易传》。戴师愈，先后任湘阴、南康主簿，《麻衣道者》，乃其所撰。

声韵、风土人情的《楚辞》颇有研究，著有《楚辞补记》一书。宋人对《楚辞》的研究成果有洪兴祖与朱熹的著作，洪兴祖《楚辞补注》十七卷，对汉代王逸《楚辞章句》一一加以疏通证明，并作补注，多所阐发，在《楚辞》诸注中，堪称善本。王逸与洪兴祖两书详于训诂，未得意旨，朱熹为弥补其缺失，特著《楚辞集注》八卷，《辨证》二卷，《后语》六卷。马廷鸾对这些成果仍感不足，有《楚辞补记》之作。

《论语》、《孟子》的注本很多，马廷鸾有《语孟会编》之作。

此外，尚有《洙泗裔编》、《读庄笔记》等书。

马廷鸾以三十二年的时间研读《庄子》。他先后读过林竹溪、吕吉甫之全解，汤东涧之略说，唐成玄英之义疏，还以武林褚道士所荟萃诸家之说作为参考，刻苦钻研。他说："余每读其书，则必择其不乖戾于吾说者，时时为之钩玄撮要，而余之所未达者则释而不推。不推谁其比忧，亦庄生说也。虽然，人皆企其为欢欣之乐，吾独慨其多幽忧悲咤之怀。"①他读《庄子》时，"未达者则释而不推"，但对"不乖戾于吾说者"则作认真细致地研究，即所谓"钩玄撮要"，从探索精微中提出独到的见解，"吾独慨其多幽忧悲咤之怀"。老庄的哲理对马廷鸾一生是起到潜移默化作用的。

中国历史悠久，古代典籍无比丰富，一个人精力有限，加上兴趣爱好等种种原因，未能读遍所有的书，并非罕见。马廷鸾在五十岁以后始读《仪礼》。一个偶然的机会，一天在一堆旧书中见到景德（1004—1007）中官本《仪礼疏》四帙，正经、注语皆标起止，条目清晰，而疏文列其下。古有明经学究、专门

① 《碧梧玩芳集》卷十二《读庄笔记序》。

研究《仪礼》的学者,童年就学习《仪礼》,反复背诵,烂熟于胸。自王安石改革科举考试,提倡新经《三经新义》,学风大变,许多读书人,包括马廷鸾在内,都不读《仪礼》了。马廷鸾既得此书,“不敢付之茫昧幽冥,将寻访本书传抄,庶几创通大义。”他因年事已高,恐枉费时间精力而难以有成,有所顾虑,其长子端复告以家有监本《仪礼经注》,可取而合编在一起以利学习。马廷鸾欣然接受这一意见,亲自编辑整理,分为九帙,还参考朱熹《礼书》及其门人高弟黄、杨诸家续补之编,分章析条,题要其上,以为完书。完成这一工作后,他极为满意,抚而叹曰:

> 兹所谓《仪礼》者欤,韩昌黎之云,岂欺我哉!其为书也,于奇辞奥旨中有精义妙道焉,于纤悉委曲中有明辨等级焉,不惟欲人之善其生,且欲人之善其死,不惟致严于冠婚朝聘乡射,而尤严于丧祭。后世徒以推士礼而达于天子以为残阙不可考之书。徐而观之,一士也,天子之士与诸侯之士不同;一大夫也,下大夫与上大夫不同,等而上之,固有可得而推者矣。周公之经,何制之备也;子夏之传,何文之奇也;康成之注、公彦之疏,何学之博也!小子识之。[①]

马廷鸾领悟到《仪礼》的“奇辞奥旨”,不仅指导人“善其生”,而

---

① 《碧梧玩芳集》卷十二《仪礼本经注疏会编后序》,四库全书本。《乐平县志》卷二五《艺文·仪礼本经疏会序》,乾隆本。前者开宗明义曰:“予生五十八年,未尝读《仪礼》之书”,后者则曰:“予生五十年,未尝读《仪礼》。”后者误脱较多,此处引文据前者。

且指导人“善其死”。马廷鸾对是书的经、传叹为备、奇；对东汉郑玄（康成）的注、唐代贾公彦的疏，评为“博”，反映了他研究《仪礼》的成就。

马廷鸾学术成就最突出的当推史学。他对历史上争论已久的问题能提出自己独到的见解，如封建、郡县之争，虽唐代柳宗元《封建论》已有定论，而宋代仍争论不休。在胡宏（五峰）、苏轼（东坡）、苏辙（黄门）与朱熹（文公）议论的基础上，马廷鸾不满足于前人之说，对历史上封土建侯之事进行考察，得出这样简要的认识：

> 愚按禹会涂山，执玉帛者万国；传夏、商及周文、武之间，止千七百余国。盟津之会，虽曰八百诸侯，然未尝有以名字自见者，曾不如庸、蜀、羌、髳、微、卢、彭、濮之犹以其号自见者，何也？异时周家所资以藩屏王室者，皆周所自封之诸侯，而古诸侯无所存者，如奚仲之后为薛，皋陶之后为六、蓼，仅见于春秋时，此所谓古诸侯也。然皆小国寡民，凛不自保于强大之间，而终以见灭耳。①

马廷鸾非常重视柳子厚的《封建论》，紧接上文，强调“势”之必然：“柳子厚言封建非圣人意也，势也。资以灭夏者，汤不得而废；资以灭商者，武王不得而废也。苏黄门言，商周之初，上古诸侯棋布，天下植根深固，是以新故相继，势如犬牙，数世之后，皆为故国，不可复动，是则然矣。”但是，他在承认“势”的

① 《文献通考》卷二六〇《封建考一·先公曰》。

必然的前提下，认为封建、郡县并非截然可分；封建与郡县有区别，区别在一公一私。他以公歌颂封建，而以私指责郡县。其言曰：

> 今以当时事势推之，所谓古诸侯者，土地、人民，其存余几亦何不可废、不可动之有！武王、周公定周之初，封建可也，郡县亦可也。圣人之心以公而不以私，封建则世守其国家，而以天下之地与天下为公；郡县则更易其守令，而以天下之权为一人之私，公私之分，而享国之久近存焉耳。①

享国之久近，他是以夏、商、周与秦、隋，五代相比较而言，言之成理，可谓一家之言。他权衡诸家之说，力排众议，而主张"封建，良法也"之说：

> 封建、郡县之说，古今一大议论也。论封建者至胡氏而详；论郡县者至苏氏而尽；朱文公又反覆明备，且有以处封建、郡县之间。然论秦之趣亡，无择于封建、郡县者，是知秦恶之浮于桀、纣也。谋秦之所以存而欲其续六国之祀以为封建，是不知秦之不可与为汤武也。汉高帝除秦乱而兴，犹不欲立六国后，况以责之秦乎？封建，良法也，亦曰有《关雎》、《麟趾》之意，然后可以行《周官》之法度耳。东坡、五峰二公之论相为矛盾，而皆未免有遗论也。谓封建

① 《文献通考》卷二六〇《封建考一·先公曰》。

可以御戎狄乎？千八百国尚存，而犬戎入周室矣。谓郡县可以息篡弑乎？三十六郡甫置而赵高弑二世矣。论封建者至朱文公治体之说而止，论郡县者至苏黄门随势之说而止。①

马廷鸾之所以肯定封土建侯为良法，主要是从其心目中的"公"与王化(王者德化)出发，所谓《关睢》、《麟趾》之意，其意在"王者之化"或"王者之风"，"王者之风，文王之所以教民也。"即"以是经夫妇，成孝敬，厚人伦，美教化，移风俗。"② 但在马廷鸾心目中，封土建侯这一良法却是不合时宜的。西汉文帝十一年(前169)贾谊上疏："陛下即不定制，如今之势，不过一传、再传，诸侯犹且人恣而不制，豪植而大强，汉法不得行矣。"又说："今陛下力制天下，颐指如意，高拱以成六国之祸，难以言智。苟身无事，畜乱，速祸，孰视而不定；万年之后，传之老母弱子，将使不宁，不可谓仁。"文帝采纳贾谊之计，"徙淮阳王武为梁王，北界泰山，西至高阳，得大县四十余城。"③ 马廷鸾对贾谊上疏所献之计进行评论：

谊之意甚勤，而谋甚忠矣。虽然，此不过以亲疏为强弱耳。疏者难防，亲者可倚图也。然今日之疏，

① 《碧梧玩芳集》卷二一《封建郡县》。

② 《毛诗正义》卷一之一《诗序》及孔颖达疏。《诗序》又曰："是以《关雎》乐得淑女以配君子，爱在进贤，不淫其色，哀窈窕，思贤才，而无伤善之心焉，是《关雎》之义也。"《关雎》之诗，以《麟之趾》为应。

③ 《文献通考》卷二六五《封建考六》，"速祸"，《资治通鉴》卷一五《汉纪七》作"宿祸"。

本前日之亲；今日之亲，又他日之疏也。不以德义相维，而专以亲戚相制，岂得为万世之良策乎？亲以宠偪，则又如之何？高皇帝立诸子，一传文帝，而高帝诸子已足为文帝忧，帝又专以大城名都畀其子孙，将不复为后人忧乎？[①]

马廷鸾对贾谊"忠谋良策"之不以"德义相维"，而以"亲戚相制"表示否定，实际是否定封土建侯之可恃，特别是"连城数十，地方千里"的诸侯，"缓则骄奢易为淫乱，急则阻其强而合从以逆京师"。武帝元朔二年(前 127)，主父偃鉴于"古者诸侯地不过百里，强弱之形易制"，特提出削弱诸侯王势力的推恩法，"愿陛下令诸侯得推恩分子弟以地侯之"，为汉武帝所采用。马廷鸾指出："主父偃之说，即贾谊众建诸侯之遗意也。然众建则自上令而行之，为俭为吝；推恩则本下情而行之，为恕为仁。"[②] 封土建侯，虽方法有异，不论"为俭为吝"或"为恕为仁"，由于时移势异，弊端丛生，终难以维持下去。景帝后二年(前 142 年)省列侯就国。马廷鸾说：

初封列侯，犹有君国子民之意，故文帝遣列侯就国之诏，谓其居长安无由教训其民也。景帝既不令诸侯王治事，故亦省彻侯之国，盖事权皆在其相，所谓侯国者与郡邑无异矣。[③]

---

① 《文献通考》卷二六五《封建考六》。
② 《文献通考》卷二六六《封建考七·先公曰》。
③ 《文献通考》卷二六七《封建考八·先公曰》。

马廷鸾尊重历史事实，他承认“所谓侯国者与郡邑无异矣”。他对封土建侯的认识历程，大致是：古之诸侯国多，后之诸侯国少；封建，郡县非截然可分，又可分为一公一私；封建，良法也；封建，以“亲戚相制”之不可恃；侯国与郡邑无异。从这一认识历程可见马廷鸾对封土建侯的积极思考；从其思考变化中，反映了封土建侯的逐渐消亡。这种历史观，在他对节度使演变的看法上，反映得最清晰了：

> 呜呼！宇宙之为天下裂，岂一朝一夕之故哉！太宗初置沿边节度使。天宝十载，分西北十节度，大率以其兵防边耳，固未尝有世袭之节度也。自安史乱而后，河北三镇有世袭之节度，然犹未有东南之世袭节度也。自黄巢乱而后，东南遍海内皆为世袭节镇矣。五代十国皆节镇之流裔而并合者也。自宣武并河中、魏、博、淄、青、成德、泽州而为梁；自河东据潞州而为晋；然后吴以淮南，越以镇海，闽以威武，楚以武安、静江，南汉以清海，岐以凤翔、邠宁，蜀以两川，而燕之卢龙、荆之荆南亦并出焉。①

马廷鸾以节度使这一具体制度说明“宇宙之为天下裂”非一朝一夕之“故”。他把节度使的演变分为三个时期：从唐太宗初置节度使，至唐玄宗天宝十年(751)，以兵防边而设节度使，非世袭，此为第一期；安史之乱以后，河北三镇有世袭节度使，东南地区节度使仍非世袭，此为第二期；黄巢起义以后，节度使都

① 《文献通考》卷二七六《封建考十七·先公曰》。

是世袭的,此为第三期。马廷鸾从节度使设置的范围、节度使的职能、特权变化来划分其演变阶段，线索分明，各期有各期的特点，颇具史才史识。马廷鸾的“宇宙之为天下裂，岂一朝一夕之故”的思想，使他能系统地探讨历史发展的脉络，由于时代的局限，他尚难以找到科学的历史发展规律，但他的非一朝一夕之“故”的思想给予马端临以深刻影响，马端临的《文献通考》将中国历史划分为三代以前、三代和秦汉以后三个阶段，三代以前为官天下，三代是家天下，官天下是公，家天下是私，以公私划分阶段，这是与马廷鸾的史学思想一脉相承的。

马廷鸾的史学思想以实事求是为最突出。在历史人物评价方面,对名声不好、被一般人否定的人物,他敢于据理力争,以还其历史真貌,如对于苏秦,既不否认其“大言佞语”之非,更充分肯定其议论之凿凿精实：

> (苏)秦说六国,凡言其形势甲兵之盛与其主之贤,容有辩士大言佞语,至于论六国与秦相交之利害,则皆凿凿精实,无一语妄。至于说赵语中有曰：明主外料其敌之强弱,内度其士卒贤不肖,不待两军相当,而胜败存亡之机固已形于胸中矣,岂掩于众人之言而以冥冥决事哉！此数言者,自孔子、孟子以仁义告时君之外,如欲陈当世利害之实,孰逾于此,又岂可以辩士废哉！其说赵、魏、楚三国,必有数语及人臣过计,窃意此三国者必有大臣阴主事秦之说,是以及之。又其余国之君,率皆唯唯听命,楚王独能以其国之安危利害与之深谋,则威王之所以自谋其国

者，亦可谓操危而虑深矣。倘非传其子怀王，则张仪岂得售其术而至六千里为雠人役哉！[①]

苏秦兄弟三人，皆游说诸侯以显名，长于权变之术。而苏秦被反间以死，天下共笑之，讳学其术，多蒙恶声。司马迁在《史记》中为之立传，指出“其智有过人者”[②]，究竟有何过人之处，语焉不详。马廷鸾则具体指出：“至于论六国与秦相交之利害，则皆凿凿精实，无一语妄。”又说：“明主外料其敌之强弱，内度其士卒贤不肖，不待两军相当，而胜败存亡之机固已形于胸中矣。”视苏秦是孔、孟之后，无与伦比的人才，超过司马迁对苏秦的评价，令人感到并无夸大失实之处。

马廷鸾有不少史学见解不同于前人。欧阳修认为国家最大的祸患是宦官之祸。马廷鸾认为欧阳修这一见解不够全面，主要是针对唐宋而言。他认为女祸大于宦官之祸，他说：

以古今大势论，则女祸深矣。少女子能蛊惑人主以亡国，老女子能崇长外戚以亡国。三代之亡国皆由此物矣。周之东迁以褒姒，周虽不亡于此，已衰于此矣。秦后始有宣太后、穰侯之专，庄襄悦美姬以易其宗。汉高帝起于闾阎，吕氏初无功于王业也，而汉初诸人之论，每以为吕氏雅故本推毂高帝就天下，又谓吕后与高帝共定天下，是以诸吕之心自谓与诸刘等，惘然有取而代之之意，而后动于恶。中间霍氏

① 《碧梧玩芳集》卷二一《苏秦》。

② 《史记》卷六九《苏秦列传》。

> 拥昭立宣,阴妻邪谋,特觉之早耳,而终不免新莽之乱焉。曹魏之见篡于司马氏也,一再废杀,专以母后为之主。及晋武帝平吴之后,耽惑女宠,杨贾实召五胡乱华之祸。天下既为南北矣,齐陈以女色亡,元魏以淫后亡,隋文帝起外戚以篡周,唐高祖主外戚窃宫嫔以取隋,太宗宠武才人开聚麀之丑,子孙歼焉。禄山之起,为太真妃也,唐虽未亡于此而已衰于此矣。河朔失而劲兵亡,东南虚而蛮祸起,非权舆于天宝末乎?朱梁以女宠开子祸而亡,后唐庄宗以刘后杀功臣、勒军赏而亡,皆女子之为也。①

马廷鸾以雄辩的史实说明女祸之深,令人无可置疑。马廷鸾痛恨女祸,他认为皇帝是否亲妇人决定其国之治乱,“人主亲贤士大夫之时多,亲妇人女子之时少,则天下治矣。”② 这一思想为马端临所继承,《文献通考》特录魏文帝黄初元年(220)诏曰:“妇人与政,乱之本也。自今以后,群臣不得奏事太后,后族之家不得当辅政之任,又不得横受茅土之爵。以此诏传之后世,若有违背,天下共诛之。”③ 曹丕禁妇人与政,决心极大,引起马端临的重视。马端临沿此思路,极力否定武则天曰:“武后假圣绪之说,狐媚其君。及其窃位,则复以其所自著所谓《臣范》者同之六籍,以易《老子》。夫麀聚之丑、牝晨之

① 《文献通考》卷二五一《帝系考二·先公曰》。《碧梧玩芳集》卷二一《吕后》将“五胡乱华”误作“五季乱华”;将“秦后有宣太后、穰侯之专”作“秦氏有宣太后、穰侯之专”,改“后”为“氏”,较顺。

② 《碧梧玩芳集》卷二四《题杨妃唾壶图·附记》。

③ 《文献通考》卷二五一《帝系考二》。

祸,岂足以垂世立范乎!”①马端临父子的女祸说,虽有根有据,言之成理,持之有故,但难免夹杂有封建的男尊女卑及封建的正统观,这是时代的局限,无可厚非。马廷鸾对这一历史现象的关注,可谓出于历史责任感,并非无病呻吟,无的放矢。

马廷鸾的历史责任感,还体现于他向往清明的政治、痛恨压迫剥削。他认为汉文帝“恭俭节用,而民租不收者,五十余年,此岂后世可及”②。文景之后的武帝,行“厉民之政”,马廷鸾多所指责:

其一,武帝元光六年(前129),初算商贾。马廷鸾曰:“武帝承文景富庶之后,即位甫一纪耳,征利已至于此。然则府库之积其可恃哉!兴利之臣不知为谁,时郑当时为大司农,以他日荐桑弘羊、(东郭)咸阳、孔仅观之,益可疑也,政使非其建白亦任奉行之责矣。汉人多言汲郑,其实当时非黯比也,黯奋不顾身,以折功利之冲,当时乃荐掊刻之人以济武帝之欲,乌得并称哉!”③

其二,武帝元狩四年(前119),置盐铁官。马廷鸾说:“孔仅、咸阳所言,前之属少府者,其利微;今改属大农,则其利尽。此聚敛之臣饰说以盖其私也。”④

其三,武帝元鼎四年(前113),行告缗之令。马廷鸾说:“按告缗之令至是行之五年矣。武帝之聚敛,正为征伐计也。得马息遂不告缗,此汉之所以犹愈于秦也。”并认为“后世厉民

---

① 《文献通考》卷二九《选举考二·按语》。
② 《文献通考》卷一《田赋考一·先公曰》。
③ 《文献通考》卷一四《征榷考一·先公曰》。
④ 《文献通考》卷十五《征榷考二·先公曰》。

之政一行，则与国俱弊，无可哀救"①。

其四，武帝元封元年（前110），置均输官。马廷鸾说："今按桑大夫均输之法，大概驱农民以效商贾之为也。然农民耕凿则不过能输其所有，必商贾懋迁乃能致其所无。今驱农民以效商贾，则必释其所有，责其所无，如贤良文学之说矣。"②

以上四则评论，说明马廷鸾对汉武帝的经济措施初算商贾、置盐铁官、行告缗令、用均输法，皆给予否定，对掊刻之政与聚敛之臣批评严厉，重本抑末的思想跃然于其字里行间。

马廷鸾对汉武帝不仅清算其经济上的罪恶，而且对其政治上的残暴亦作了揭露。武帝元封五年（前106），以名臣文武欲尽，下诏求贤曰："盖有非常之功，必待非常之人"，诏下无人应者。为此，马廷鸾评武帝云：

> 汲黯常谏帝曰："陛下求贤甚劳，未尽其用，辄已杀之。以有限之士，供无已之诛，臣恐天下贤材将尽，陛下谁与共为治乎？"帝笑曰："有才不肯尽用与无才同，不杀何施？"盖至是名臣文武欲尽，则黯之说十余年而遂验矣。帝徒知杀之之易，而不知招之之难也，无怪乎诏下而无有应举者。虽然，帝于是春秋高而血气亦浸定矣。③

---

① 《文献通考》卷十九《征榷考六·先公曰》。

② 《文献通考》卷二〇《市籴考一·先公曰》，"贤良文学之说"指反均输之法，其言曰："今郡国有均输与人争利，散敦厚之朴，成贪鄙之行，是以百姓就本寡而趋末众。夫末修则人侈，本修则人懿，懿则财用足，侈则饥寒生。愿罢均输以进本退末。"

③ 《文献通考》卷三六《选举考九·举官·先公曰》。

汉武帝杀尽贤材，残暴成性，老而不悔，至死不改，动摇了班固对汉武帝的溢美之辞，班固所谓“遂畴咨海内，举其俊茂，与之立功”，以及“号令文章，焕然可述，后嗣得遵洪业而有三代之风”云云，显然是隐恶扬善。司马光则较有分寸评曰：“孝武穷奢极欲，繁刑重敛，内侈宫室，外事四夷，信惑神怪，巡游无度，使百姓疲敝，起为盗贼，其所以异于秦始皇者无几矣。”但接着说，汉武帝“无亡秦之失而免亡秦之祸”，由于他“尊先王之道，知所统守，受忠直之言，恶人欺蔽，好贤不倦，诛赏严明，晚而改过，顾托得人”[①]，不免有失偏颇。陈亮纠正其失，认为“雄才大略”的汉武帝比“天下第一帝”秦始皇还凶恶，他说秦皇不像汉武杀大臣、杀骨肉；秦皇不像汉武行幸之烦、求利之惨、用刑之酷[②]。对武帝缺失，比较而言，司马光认识不足，陈亮则剖析较深刻，马廷鸾虽无全面评价之意，所言仅是就事论事，已足以反映武帝缺失之严重，抓住了其要害。马廷鸾不因袭旧说，独立不惑，有所创新，为治史者所罕见。

马廷鸾对中国历史上的许多典章制度极为熟悉，评述多要言不烦，一语破的。如评唐代选格，认为宽严失中，“盖严则贤愚同滞，宽则贤否混淆，亦法使之然也。”[③] 唐代宗大历六年(771)，元载为宰相，奏凡别敕除文武六品以下官，乞令吏部、兵部无得检勘，从之。马廷鸾指出其中原因：“史称(元)载纳贿除吏，恐有司之驳正也。”接着指出其流毒曰：“然近世庙堂除官超资越格，惟意所为，有司亦曷尝敢问，是唐之法令犹

① 《资治通鉴》卷二二《汉纪十四·班固赞·臣光曰》。

② 《陈亮集》卷二〇《汉论·武帝朝》，增订本，中华书局，1987年。

③ 《文献通考》卷三七《选举十·先公曰》。

存耳。”[①]唐宋人事制度上这一弊端确不可等闲视之。唐代宗时，国子监成，以鱼朝恩行内侍监判国子监事，马廷鸾极不以为然，他说：“以薰腐之余而列之熊羆之士、不二心之臣之上，岂惟章甫逢掖羞之，介胄之夫亦以为辱矣。”[②]国子监之任当用名儒，而以宦者领之实属不当，这一意见确有其道理。

马廷鸾凭其丰富的历史知识、高超的史学造诣，为史学发展作出了贡献。大致可分为三方面：

一为评论是非。东汉献帝初平四年（193）十月，太学行礼，献帝到永福城门临观其仪，赐博士以下有差。马廷鸾认为这是不合时宜之举，他的理由是：“试士，科选也；观礼，文字也，天下承平行之可也。是时奸凶乱朝，杀戮宰辅，诸侯据地，戕虐王臣，盗贼未平，道路不通，国家岌岌有危亡之形，而献帝方为此举，何其不知务。汉祚至此时已如日薄桑榆，如人迫耄荒，乃不自哀而哀耆儒之不遇邪！”[③]由微而知著，国家岌岌可危，有许多重大问题亟待处理而不去处理，把宝贵的时间浪费在观礼上，不知时务到了这种程度，成为亡国之君不足为奇，这一评论具有典型意义。

二为补充说明。北魏崔亮创“停年格”，即举官时，以年资长短为任用标准，这种选官制度优劣如何，很难判断。马廷鸾指出，崔亮曾论述其本旨：“今日之选，专归尚书，以一人之鉴照察天下，刘毅所云一吏部、两郎中而欲究鉴人物，何异以管

① 《文献通考》卷三七《选举考十·先公曰》。

② 《文献通考》卷四一《学校考二·先公曰》。“章甫逢掖”典出《礼记·儒行》，孔子答鲁哀公问：“丘少居鲁，衣逢掖之衣；长居宋，冠章甫之冠。”后据此以“章甫逢掖”称士人。

③ 《文献通考》卷四〇《学校考一·先公曰》。

窥天而求其博哉!”又说:“羽林入选,武夫倔起,而不解书计,唯可彍弩前驱,指踪捕噬而已。”武人至多,官员至少,无官可授,因而有“停年格”之立。司马光《资治通鉴》竟将崔亮这一段重要论述删去,叶适等人在论述古今得失时,对“停年格”之所以立的理由又未加深考,不免引起误解,马廷鸾为消除误解所作补充说明极有价值。①

三为纠谬正误。西汉惠帝即位,令郡国诸侯王立高庙,有诏立“原庙”之说。原,重也,先已有庙,今更立之,故云“重”也。马廷鸾指出这是错误的:

> 成周之制,不惟镐京有庙,岐周、洛邑皆有焉。于周受命,自召祖命,是岐周有庙也;盖岐是周之所起,有旧庙在焉。周公城洛邑,祀文王,是洛邑有庙也,盖营洛而特为庙焉。先王立庙未有无故者,亦未尝立两庙于京师。②

马廷鸾的史学思想丰富多彩,但非完美无瑕。如对商鞅即抱有偏见,王安石认为商鞅未可轻,马廷鸾则说:“商鞅何人也?车裂之以狥之人也,鞅而不可轻,则孰可轻也。”③以商鞅遭车裂之祸而全面否定之,非史学家应有的态度。马廷鸾还有顽固的因果报应观念。西晋惠帝即位,尊杨皇后为皇太后,后父杨骏受遗诏辅政。贾后不肯以妇道事太后,又欲干预

---

① 《文献通考》卷三六《选举考九·先公曰》。
② 《文献通考》卷九二《宗庙考二·天子宗庙·先公曰》。
③ 《碧梧玩芳集》卷二一《魏文侯·商鞅》。

政事，而为杨骏所抑，乃启帝作诏，诬杨骏谋反，诛之，夷其族。马廷鸾评此事曰："（晋）武帝（司马炎）身创大业，且智力足以得天下而无以保妻子，何也？司马氏三世以来，强人之母以废人之子，夺人之国，宜有斯报矣。"[①]所谓"司马氏三世以来"云云，指司马懿（178—251）为曹操父子所重用，曹芳即位时，他以太傅与丞相曹爽同辅政，为独揽魏国朝政，杀曹爽。代魏称帝、建立晋朝的司马炎即为其孙。司马懿既"强人之母以废人之子"篡夺曹氏天下，其后人之互相残杀，"宜有斯报"。善有善报、恶有恶报之说，虽属荒谬，古人多以此劝戒人避恶行善，家喻户晓，不可以此责备马廷鸾。马廷鸾对史实理解深刻、对史事分析透辟，在评论是非得失中多能独抒己见，言人所未言，成一家之言，不失为有卓越见解的史学家，其史学衣钵为其子端临所继承并得到较多的发展。

第三节　马廷鸾教子有方

马廷鸾重视教育。齐高帝诏立国学，马廷鸾极为重视，他评述此事："齐高帝即位之初，求直言。崔祖恩以为，人不学则不知道，此逆乱之所由生。"但国学建立不久，因齐高帝之死而废学，他对此极为不满。叶适有"空设学校未足以得人才"之论，马廷鸾认为这是为废学者开脱罪责[②]。兴办教育，人人有责，宋代有官办的州县之学，更早有民办的乡党之学；宋代书院很多，以白鹿洞、石鼓、应天府、岳麓四大书院为最著名，"其

---

① 《文献通考》卷二五一《帝系考二·先公曰》。

② 《文献通考》卷四一《学校考二·先公曰》，"先公曰"有四处，参阅其二及其三。

田土之锡，教养之规，往往过于州县学”。所谓“教养之规”，中国自古早已形成条理，“自敬其德而至于明其德，明其德而至于广其心，广其心而至于固其道”，这是“学之本”；“自威仪孝弟之自修，而达于师旅、狱讼之讲习，自师旅、狱讼之讲习，而极于车马、器械之精能”，这是“学之事”；“自烈祖之鉴其诚，而至于多士之化其德，自多士之化其德，而至于远夷之服其道”，这是“学之功”[①]。即以道德修养为本，以能力培养为事，以教导感化为功。宋代的教育就是在这一轨道上运行的，宋代教育以进德修业为学，以学为教化之源[②]，形成了马廷鸾完善的教育思想。隋文帝仁寿元年(601)，诏以天下学校生徒多而不精，唯简留国子学生七十人，太学四门及州县学并废。刘炫上表切谏，不听。马廷鸾感叹：“刘炫上表言学校不宜废，而帝不纳，由其不学故也。”因此而引起“盗贼群起，经籍道息，而炫亦以饥死，哀哉!”[③] 这一惨痛的历史教训，说明废学校，失去教育的功能，就会招致无穷之祸，从而证实教育为致治之本。

为使教育实现其致治之本的功能，即应在本、事、功三方面下功夫。马廷鸾对马端临的教育，就是从这三方面着手的，而以道德修养为本，他欣赏喻书为“药”之论：

> 噫！聚书难，读书尤难。昔金华潘公作《磨镜

---

① 《文献通考》卷四六《学校考七·江陵项氏枝江县新学记》。

② 参阅王瑞明《论宋代教育的主旋律》，《华中师范大学学报》(人文社会科学版)1998年第4期。

③ 《文献通考》卷四一《学校考二·先公曰》。

> 帖》,朱文公亟称之。其说曰:"仆自喻为昏镜,喻书为磨镜药,当用此药揩磨尘垢,使通明莹彻而后已。"此名言也。世间解读书者几人,焦烂于利欲之场,没溺于燕安之中,萧绎、宋遵贵之徒皆是也。厄吾书者岂必郢城之烟,砥柱之水哉!(李)叔翔有大雅资,冥搜而力讨,饫览而厚藏,虚心涵泳,切己体察,其必有以知之者矣。[①]

马廷鸾视金华潘公磨镜说为至理名言,以书为磨镜药,常用此药揩磨尘垢,使通明莹彻,不焦烂于利欲之场,不没溺于燕安之中。这是正心诚意通俗而形象的说法。一代宗师朱熹认为"学莫先于正心诚意",如果"意有不诚,心有不正,身有不能,而天下国家不可得而治也。"[②] 由个人的意诚心正而形成群体的忠孝节义,这是宋代教育思想的核心。对国家尽忠,对父母尽孝,对夫妻尽节,对朋友尽义,正视现实人生,面对时代需要,"共其职,勤其事,心乎国,心乎民。"[③] 要做到这一步,必须清除"尘垢",以史为鉴,以书为药,找出自己有一些什么"尘垢",一一加以"揩磨",然后始可为国为民,尽职尽责,勤谨踏实,不浪费光阴,不虚度年华,这就是"通明莹彻"境界。马端临父子正是在这一境界中,始得以完成巨著《文献通考》,将历

---

① 《碧梧玩芳集》卷一七《李氏儒富庄记》,《乐平县志》卷二七《艺文·儒富庄记》。此处引文据前书,与后书互有异同,如"当用"后书作"常用";"焦烂"后书作"浸烂";"宋遵贵",后书作"宋导贵";"冥搜"后书作"冥探"。

② 《朱文公文集》卷一五《经筵讲义》。

③ 《陆九渊集》卷二三《白鹿洞书院讲义》,中华书局,1980年版。

代典章制度串通起来，以明其演变过程，以展示“会通因仍之道”；并通过“融会错综，原始要终”以找出“变通张弛之故”，这是“通明莹彻”的具体体现。

马廷鸾为使马端临达到“通明莹彻”境地，重视基本功的训练，最重要的手段是一字不苟精神的培养。汉昭帝“令民得以律占租卖酒升四钱”。刘攽释“租，即卖酒之税也”。马廷鸾不以为然，据他的见解：“按租字，古时恐以为钱货所直之名。”① 他考虑的范围比较广阔，他的根据是《汉书》卷二四下《食货志》所载贾谊谏曰：“法使天下公得顾租，铸铜锡为钱，敢杂以铅铁为它巧者，其罪黥。”颜师古注曰：“顾租，谓顾庸之直，或租其本。”再如汉丞相诸葛亮劝农讲武，作木牛流马运米集斜谷口，治斜谷邸阁，息民休士三年而后用之。所谓“邸阁”作何解？马廷鸾释曰：“邸阁者，仓廪之异名欤，魏晋以来多称之。”② 邸阁即仓廪，并非臆断。

马廷鸾在解释字句辞语中，最可贵的是能加以引申，给予马端临以启发诱导，活跃其思路，开拓其视野。从东汉的举官之制，可知孝廉一科，“滥吹”特甚，于文墨小技尚未能精通，固无问其实行，虚在其位，名不副实。左雄上言：“郡国孝廉，古之贡士，出则宰民，宣协风教。若其面墙，则无所施用。”面墙，如面向墙而一无所见，喻不学无术。因此，他提出对策：“请自今孝廉年不满四十，不得察举，皆先诣公府，诸生试家法，文吏课戕奏，副之端门，练其虚实，以观异能，以美风俗。”③ 涉及

① 《文献通考》卷一七《征榷考四·先公曰》。

② 《文献通考》卷二五《国用考三·先公曰》。

③ 《后汉书》卷六一《左雄传》及《文献通考》卷二八《选举考一》。

公府、端门,马廷鸾说:

> 公府,三公府也。端门,太微垣左右执法所舍,即御史府,犹近世御史台。覆试进士之法也,试之公府,而覆之端门,此所以牧守不敢轻举,而察选清平也。是法也,胡广首驳其非,帝不从。既行而广出为济阴太守,首坐缪举之罚,盖公正之法,庸回者之所不便也。左伯豪在当世风节刚劲,举(左)雄虞诩也,雄所举者周举也;观举雄者与雄所举者,雄之为人可知矣;得雄之为人,雄之为法可知矣。范史推其效验至于倾而未颠,决而未溃,皆仁君子心力之所为,而陈蕃、李膺之徒,皆在雄法中所得之人,其坐缪举者胡广辈尔。[①]

这里不仅解释公府、端门,更言及左雄之为人与左雄之为法。东汉冲帝即位,尚书令左雄议改察举之法,因孔子有"四十不惑"之言,所以他主张限年四十以上儒者试经学,文吏试章奏,遭到胡广反对。左雄的意见被皇帝采纳。胡广与左雄之争,孰是孰非,马廷鸾的判断是由此及彼,由表及里,"观举雄者与雄所举者,雄之为人可知矣;得雄之为人,雄之为法可知矣。"举荐左雄的虞诩,是一位颇有作为的人物,以"志不求易,事不避难"自许,刚正不阿,"诩好刺举,无所回容,数以此忤权戚,

---

① 《文献通考》卷二八《选举考一·先公曰》,参阅《文献通考》卷三四《选举考七·徐氏曰》:"雄立此法之后,济阴太守胡广等十余人皆坐缪举免黜,唯汝南陈蕃、颍川李膺、下邳陈球等三十余人得拜郎中,自是牧守畏栗,莫敢轻举。"据《后汉书》卷六一《左雄传》,其下尚有:"迄于永熹,察选清平,多得其人。"被省略。

遂九见谴考，三遭刑罚，而刚正之性，终老不屈。”临死时，谓其子恭曰：“吾事君直道，行己无愧，所悔者为朝歌长时杀贼数百人，其中何能不有冤者。”[①] 左雄所举荐的周举，清公亮直，劾奏贪猾，表荐公清，由尚书迁司隶校尉，拜谏议大夫、光禄大夫，方欲以为宰相，病卒[②]。虞诩有知人之明而举左雄，左雄有知人之明而举周举，虞诩、周举皆国之忠良。马廷鸾对左雄的评论是正确的。左雄，字伯豪，敢言直谏，极力主张选贤用能，“柔远和迩，莫大宁人，宁人之务，莫重用贤，用贤之道，必存考黜。”非常重视“考黜”，务求真才实学之“贤”。官至尚书令、司隶校尉。他提醒皇帝，“时俗为忠者少，而习谀者多”，“历世之患，莫不以忠正得罪，谗谀蒙倖者，盖听忠难，从谀易也。”劝告皇帝应“听忠”而切勿“从谀”。左雄有虞诩之刚正，周举之亮直。左雄改检举之法，使“牧守畏栗，莫敢轻举”，推荐人材，一定要慎重其事，因此而效果显著，“察选清平，多得其人”。对茂才异行者，则不拘年龄。左雄之法不失为改进孝廉的良法。马廷鸾的推断不误。

马廷鸾为了启发诱导马端临好好研究史学，想了许多办法，举了许多实例，可谓无微不至。汉武帝建元元年(前 140)诏举贤良方正直言极谏之士。马廷鸾说：

> 此行(董)仲舒之言也。卫绾特使之书奏耳。建白大义，岂绾所能辨哉！武帝年未二十而奋然知所

① 《后汉书》卷五八《虞诩传》。

② 《后汉书》卷六一《周举传》，称其“性侔(伯)夷、(史)鱼，忠逾随(会)、管(仲)，前授牧守，及还纳言，出入京辇，有钦哉之绩，在禁闱有密静之风。”

> 决择如此，可谓英主矣。然辕固以老而见弃，庄助以容悦以见录，仲舒虽殷勤三策而不能引以自近也，以举贤良一事考之，帝终身之得失皆可推矣。[①]

马廷鸾告诉马端临，要见微知著，要从汉武帝举贤一事评定其一生得失。汉武帝亲策问以古今治道，对者百余人。董仲舒对曰："夫人君莫不欲安存而恶危亡，然而政乱国危者甚众，所任者非其人，而所由者非其道，是以政日以仆灭也。"针对"教化不立而万民不正"，董仲舒提出："故南面而治天下，莫不以教化为大务。"具体措施是："立太学以教于国，设庠序以化于邑，渐民以仁，摩民以谊，节民以礼。"行教化，美习俗，兴太学，置明师，必先养士而后始有贤材可求、英俊可得[②]。把"养天下之士，数考问以尽其材"作为立国、治国、救国、爱国的根本的董仲舒，其为人"进退容止，非礼不行"，可谓贤良方正直言极谏之士，但不容于朝，因言灾异被认为犯了"刺讥"之罪，罪当死，虽得到赦宥而免一死，但董仲舒心头的创痛难以平服，他"恐久获罪，疾免居家。至卒，终不治产业，以修学著书为事"[③]，可见其戒慎恐惧心态。以"廉直"著名的辕固，汉武帝以贤良征召，"诸谀儒多疾毁固，曰'固老'，罢归之。"与其同时应征的公孙弘，侧目而视固，固曰："公孙子，务正学以言，无曲学以阿世！"[④]辕固对公孙弘的认识深刻，他确是"曲学以阿

① 《文献通考》卷三三《选举考六·先公曰》。
② 《汉书》卷五六《董仲舒传》。
③ 《史记》卷一二一《董仲舒传》。
④ 《史记》卷一二一《辕固生传》。

世”之徒，“其性意忌，外宽内深”，无功而封侯、居宰相位，“诸常与弘有隙，无近远，虽阳与善，后竟报其过。杀主父偃，徙董仲舒胶西，皆弘力也。”①汉武帝知贤良方正直言极谏之士的重要，是其英明处；但不容贤良方正直言极谏之士在身边工作，则为其最大缺失。马廷鸾所谓“以举贤良一事考之，帝终身之得失皆可推矣”，这话是有道理的。

马廷鸾对马端临最重要的启发诱导是比较读书法的传授。马廷鸾指导马端临以比较法读书，以比较法从事史学研究。古人早已运用此种方法治学，朱熹在《朱子语录》中明白昭告：“读《论语》，须将精义看一段，次看第二段，将两段比较，孰得孰失，孰是孰非；又将第三段比较如前。又总一章之说而尽比较之，其间须有一说合圣人之意，或有两说、有三说、有四五说皆是，又就其中比较疏密，如此便是格物。”把比较作为“格物”的重要手段、方法。有比较始有鉴别，比较法极其重要，马廷鸾非常认真地运用这一方法教导马端临。论及汉代均输法时，马廷鸾说：

> 太史公《平准书》云：“令远方各以其物贵时商贾所转贩者为赋而相灌输。”此说疑未明。班孟坚采其语曰：“令远方各以其物如异时商贾所转贩者（为赋）而相灌输。”此说涣然矣。盖作“如异时”三字，是谓驱农民以效商贾之为也。东莱吕氏尊迁抑固，是以

① 《汉书》卷五八《公孙弘传》。“意忌”，师古释曰：“多所忌害也。”参阅《资治通鉴》卷一九《汉纪十一》：“董仲舒为人廉直，以弘为从谀，弘嫉之。胶西王端骄恣，数犯法，所杀伤二千石甚众。弘乃荐仲舒为胶西相；仲舒以病免。”

取书而不用志语。然义理所在,当惟其明白者取之,是以《通鉴》取志语云。[①]

马廷鸾认为桑弘羊的均输法,“大概驱农民以效商贾之为也”。他将《史记·平准书》与《汉书·食货志》两书有关记载进行比较,一则指出“此说疑未明”,一则指出“此说涣然矣”。其所以由“未明”而变为“涣然”,在改“贵时”为“如异时”,突出了“驱农民以效商贾之为也”的意思。吕东莱(即吕本中)因“尊迁抑固”舍“涣然”之言而采“未明”之说,这是没有道理的,司马光《资治通鉴》则是采“涣然”之言[②]。通过四部书的对照比较,揭示一条著书立说的重要原则:“然义理所在,当惟其明白者取之”,此处“义理”指道理,道理明白,决定采用;道理不明白的,绝不可采用。这个原则不可违背。

运用比较法,能了解异同,掌握特点,发现问题,解除疑难。马廷鸾指出:“古今志天文者,述天官星之名义,大略皆同《两朝志》,亦出入晋隋二史。但此能言其去极若干度,某宿若干度为异耳。”[③] 通过比较始知其“异”,通过比较始知孰明孰未明,孰是孰非。汉武帝置博士弟子员一事,马廷鸾也作过一番比较:

---

① 《文献通考》卷二〇《市籴考一·先公曰》,原漏“为赋”二字,今据《汉书》卷二四下《食货志》,以“(为赋)”补入。所言“东莱吕氏”指其《东莱大事记》,因反复引用,故省略。

② 《资治通鉴》卷二〇《汉纪》十二,武帝元封元年,“令远方各以其物如异时商贾所转贩者为赋而相灌输。”

③ 《文献通考》卷二七八《象纬考一·北极紫微宫·先公曰》,《两朝志》指《宋两朝天文志》。

> 按《汉书》此条有博士弟子通一艺以上者补文学掌故缺，又有吏百石通一艺以上者补卒史，恐是两样人。温公《通鉴》析为二端。《东莱大事记》殊未明。武帝崇儒兴学，只是好名。当时文学布在州郡，极留滞，故（公孙）弘请选用之为学官，而复补卒史及郡国备员，意轻可知。①

通过《汉书》、《资治通鉴》、《东莱大事记》三书的比较，只有《资治通鉴》一书"析为二端"，他据此认为掌故与卒史"恐是两样人"，虽出言审慎，不敢肯定，其实其意向很清楚，掌故的品秩低于卒史，因此他有"意轻可知"之语②。马廷鸾的许多精辟观点、见解、议论，莫不从比较中得来，而以之传授马端临，指导马端临运用比较法以追本溯源，由表及里。如马廷鸾论及《温公书仪》时说："温公此书，专本《仪礼》，其大者莫如婚丧。婚礼，妇见舅姑条下注：'若舅姑已殁，则有三月庙见之礼'，此《仪礼》说也。"接着又说："丧礼，卒哭而祔，亦《仪礼》说也。"将司马光《书仪》与《仪礼》比较而知其所本，并由此而认识到司马光的"诚笃之学"曰："大概温公诚笃之学，尝答许奉世秀才

① 《文献通考》卷四〇《学校考一》。

② 《资治通鉴》卷一九《汉纪十一》元朔五年六月有夹注曰："兒宽以射策为掌故，功次补廷尉文学卒史。苏林曰：卒史秩六百石。臣瓒曰：《汉注》，卒史秩百石。师古曰：瓒说是。余谓掌故，掌故府之典籍者也。以兒宽自掌故补卒史推之，则掌故之品秩从可知也。"在正文"吏通一艺以上者，请皆选择以补右职"下注曰："吏，谓百石以上及比百石以下也。右职，谓中二千石、二千石之卒史也。"

书云：'自幼诵诸经，读注疏，以求圣人之道，直取其合人情物理目前可用者从之'，此其大指也。"①由其书的本源而求其学的大指，这是比较法的升华。

比较法是治史的基本方法，治史而不知运用比较法，则寸步难行，特别在鉴定史料时，对校、本校、他校皆不能离开比较法。马端临在其父耳提面命、循循善诱下，不仅了解比较法的重要，而且能身体力行、较熟练地运用比较法来解决问题。可以说，《文献通考》是马氏父子运用比较法完成的典型巨著。

《文献通考》上许多历史事件的特点都是通过比较法找出来的。宋承唐制，行上供、送使、留州之法。马端临通过比较，认为这种分天下财赋为三的办法，唐宋各有特色。唐出于私，"唐之法起于中叶之后，盖版籍隳废，体统陵夷，藩方擅财赋以自私而朝廷不知；人主又多好殖私财，节镇刺史往往取经常之赋，以供内府之所进奉。"宋则出于公，"宋之法立于承平之时，盖抚民以仁，驭吏以礼，而人主未尝有耽欲黩货之事。"为了进行比较，涉及的范围是广泛的，马端临继承、发展了其父的比较法。

唐代开元十七年(729)，国子祭酒杨玚上言，入仕诸色出身每年有二千余人。韩愈《赠张童子序》："天下之以明二经举，得升于礼部者岁不下三千人，谓之乡贡；又第其可进者属之吏部，岁不及二百人，谓之出身。"另据《唐登科记》所载，虽唐之盛时，每年礼部所放进士及诸科未有及五七十人者。马端临比较了这三个数字的差异外，进而比较唐宋进士入仕的差异，"唐士之及第者，未能便解褐入仕，尚有试吏部一关"；

---

① 《文献通考》卷一八八《经籍考十五》《温公书仪一卷·先公曰》。

“而宋则一登第之后，即为入仕之期”。唐难宋易，唐缓宋速，唐少宋多，通过比较，得出结论：“宋之以进士入仕者，其冗当数倍于唐”，纠正了南宋淳熙九年（1182）与唐代开元年间（713—741）进士数目相当的错误说法①。

同一事物在不同时代，不通过比较难以明其差异、特点。马端临将五代与唐的贡举相比较，得出两个结论，一为五代每年所取进士，其数仅及唐盛时之半；二为三礼、三传、学究、明经诸科，五代所取反数倍于盛唐之时。其原因为：诸科在承平之时，士鄙其学而不习，国家亦贱其科而不取；五代之所以数倍于盛唐，由于“丧乱以来，文学废坠，为士者往往从事乎帖诵之末习，而举笔能文者固罕见之，国家亦姑以是为士子进取之途”②。五代诸科取人多于进士的这一弊端，一直持续到宋初。在比较中不仅知其然而且更知其所以然，知其来龙去脉。马端临未辜负其父苦口婆心的教导。

第四节 《文献通考》：父子心血的结晶

《文献通考》是马廷鸾与其子马端临共同撰写的。马廷鸾指导马端临撰写《文献通考》极为认真细致、严肃负责，在《文献通考》中，凡马廷鸾指导意见皆冠以“先公曰”，全书“先公曰”共有三十八处之多，《学校考一》“先公曰”有三处，《学校考二》有“先公曰”四处。“先公曰”不仅给马端临释疑解惑、分析矛盾、探讨特点、指导治史方法，而且更展示撰写《文献通考》的

① 《文献通考》卷二九《选举考二·按语》。
② 《文献通考》卷三〇《选举考三·按语》。

体例原则，马廷鸾的“宇宙之为天下裂，岂一朝一夕之故哉”之说，成为马端临观察历史的重要指导思想。马廷鸾的史才、史识、史德多为马端临所继承。

马廷鸾指导马端临从事史学研究极为耐心细致，如关于“南唐设科举，既而罢之”一事，马廷鸾说：

> 按《五代通录》，自梁开平至周显德，未尝无科举。而偏方小国兵乱之际，往往废坠。如江南号为文雅最盛，然江文蔚、韩熙载皆后唐时中进士第；宋齐邱、冯延巳仕于南唐，皆白衣起家，为秘书郎。然则南唐前此未尝设科举，科举昉于此时耳，顾以江文蔚一言罢之。如以文蔚之言“前朝进士，公私相半”为讥，则文蔚亦前朝进士也。然明年以徐铉建言，复置科举，暨我朝开宝中，唐之为国不一二年将亡，而犹命张佖典贡举、放进士，可悲也已。①

五代时期实行科举，但偏方小国因兵荒马乱而未实行。南唐科举，时兴时废。这一段话是教导马端临对史事的叙述，重过程，重变化，重细节，重特点，而且还要写出自己的认识或感受。马端临在《文献通考》中所写按语多遵循其父示范写出，如《选举考四》“宣和八年嘉王楷考在第一，不欲令魁多士，升次名王昂为首”条下，马端临有一条按语：

① 《文献通考》卷三〇《选举考三·先公曰》“自梁开平至周显德”，指五代时期(907—960)年。“我朝”指宋朝，“开宝中”指宋太祖开宝年间(968—976)。

> 太宗时，李昉、吕蒙正之子御试入等，上以势家不当与孤寒争进，黜之。颜明远等四人以见任官举进士，上惜科第不与，特授近蕃掌书记，盖惟恐权贵占科目以妨寒畯也。今亲王得以为状元。又按端拱二年有中书堂后官及第，上夺所授敕牒，勒归本局，诏今后吏人无得应举。盖惟恐杂流取名第以玷选举也。今阉宦与其隶皆得以登甲科，盖至是祖宗之良法荡然矣。[①]

马端临在按语中说明北宋为防止"权贵占科目以妨寒畯"，同时"惟恐杂流取名第以玷选举"，对科举极为审慎。南宋发生"阉宦与其隶皆得以登甲科"，这就意味着科举随政治腐朽而腐朽，随道德沦丧而沦丧。这里不仅简明扼要地对北宋科举与南宋科举的差异变化作出鲜明对比，而且还将其变化差异的原因暗示于不言中，一则暗示五代兵荒马乱、分崩离析，科举缺乏一贯性、普遍性；一则暗示北宋科举与南宋科举大相径庭，北宋审慎，南宋草率。将以上所引父子两段话相对照比较，可看出其文风近似，文字简练，在勾画五代、宋代科举演变过程时，皆寓有言外之意以外，父子的感情变化若出一辙。马廷鸾最后感叹"可悲也已"，马端临亦步亦趋，最后以"盖至是祖宗之良法荡然矣"作结，其惋惜之意，跃然纸上。

马端临的立场、观点与其父是一致的。对汉文帝除民之田租一事，马廷鸾说："文帝除民田租税，后十三年，至景帝二年，始令民再出田租，三十而税一。文帝恭俭节用，而民租不

① 《文献通考》卷三一《选举考四·按》。

收者至十余年,此岂后世可及。”[①] 马廷鸾对汉文帝的“恭俭节用”表示钦佩,认为后世帝王望尘莫及,无可与之比拟的。他主张轻徭薄赋、恤民疾苦的思想,为马端临所继承,马端临肯定后唐明宗与后周世宗是“粗为有志于爱民重农者”,[②] 与五代十国那些以用兵争强为事的人物大不一样。马端临标榜“爱民重农”的重要,他认为理财之道应是“可以裕国而不至困民”的[③],他反对刻剥生民[④],反对轻施滥酷之刑[⑤],反对“根连株逮而诛锄之于后”[⑥];主张仁政,他说:“仁而延,暴而颠,信哉!”[⑦] 这些话出于马端临之口,也合乎马廷鸾之意。

马端临按照其父为之制订的规矩撰写《文献通考》,严格满足其父的要求。马廷鸾强调应在纷繁的历史事件中理出头绪,找出原因。西晋惠帝(司马衷)时惠羊皇后(献容)三次废而复立,马廷鸾分析其原因为:

> 自司马懿废齐王芳,司马昭弑高贵乡公,而皆假太后以为言,既以此得成篡矣,讵意其后改易诏书,黜亮升骏者,后为之也;伪立文字,弑武、悼,杀愍、怀者,后为之也。彼羊后区区一放废妇人,囚处宫闱,何预世事,而今日复,明日废,纷纷未已,何邪? 奸人

---

① 《文献通考》卷一《田赋考一·先公曰》。
② 《文献通考》卷四《田赋考四·按》。
③ 《文献通考》卷二〇《市籴考一·按》。
④ 《文献通考》卷十九《征榷考六·按》。
⑤ 《文献通考》卷一六七《刑考六·按》。
⑥ 《文献通考》卷一六三《刑考二·按》。
⑦ 《文献通考》卷二五七《帝系考八·按》。

常惧有假之以举事如前之为者，是以一人复之，则一人废之，至辱于非类而后已。哀哉，谁实基之？[①]

羊后易为“奸人”所利用以制造事端，这是三废三立的原因所在。马廷鸾强调原因的分析的重要，马端临紧紧抓住这一要领来写按语，应该说，马端临是竭力完成了其父的这一要求的。如对官贵吏贱的问题，马端临摆出了演变过程，成周之制，无官贵吏贱之分；秦弃儒崇吏，西汉因之；西汉后期元帝、成帝至东汉之初，儒渐鄙吏。吏之可鄙的原因，马端临认为是：儒与吏互相攻击、诋毁，“儒自许以雅而诋吏为俗”，“吏自许以通而诮儒为迂”，“而上之人又不能立兼收并蓄之法，过有抑扬轻重之意，于是拘谫不通者一归之儒，放荡无耻者一归之吏”。吏之被视为“放荡无耻”，马端临一针见血地指出：“后世为胥吏者作奸犯科，不自爱重，放纵于义理之外，故为世所轻，而儒者尤耻与为伍。”[②]这是告诉人们，吏之被轻，是其自作自受造成的，这是根本原因。

综观《文献通考》中马端临的“按”中绝大多数在分析原因。为什么范蔚宗《东汉书》叙诸王止于和帝？马端临按：“盖自孝和以后，殇、冲、质三帝皆早世，安、顺、桓三帝皆无子，惟灵帝二子：皇子辩、陈留王协。辩嗣位为董卓废而杀之；立协，是为献帝。献帝六子，其二为曹操所杀；建安十七年，封熙为济阴王，懿为山阳王，邈为济北王，敦为东海王。然是时政在曹氏，天下三分，虽有封爵之名，而实无所谓土地租食矣；

① 《文献通考》卷二五三《帝系考四 · 先公曰》。

② 《文献通考》卷三五《选举八 · 按》。

既封，后九年魏始受禅，四王皆降为列侯云。”[①]再如西汉孝文之时，封疆求其大，东汉则否，为什么有此差异？马端临解释："盖孝文之时，分封之大小可以验国势之强弱；显宗之时，分封大小不过系租入之丰俭。国势则宗藩强而皇子弱，殊非强干弱枝之远虑；租入则兄弟丰而诸子俭，乃见先人后己之公心。然亦可以知封建一事，至东汉之初，名存实亡，故诸侯王土地之大小，初无系于理乱安危之大势哉！”[②]另外如宋齐之制，诸王之为刺史者，立长史以佐之，既而复立典签以制之。然大概多以童稚之年，膺方面之寄，而主其事者则皆长史、典签也。为什么宋齐王室多死于长史、典签之手？马端临答曰："当时之居此职者，皆轻躁倾险之人，或假之以称乱，或卖之以为功，其情虽异，而构祸则同。童孺无知，骈首横死于锋镝鸩毒之下，至誓不愿生帝王家，及乞为奴以纾死而不可得，哀哉！”[③]以上几例按语虽无枝蔓烦琐之嫌，文字毕竟多了一点，但无法删削。许多按语，在可能范围内，文字极为简练，如释宋之通判："艺祖之设通判，本欲惩五季藩镇专擅之弊。”[④]

马端临在《文献通考》中所写按语是其书的精华。马端临通过“按”来抒发自己的见解，不少见解非常精辟，言人所未言；通过“按”介绍各家之说，指出典章制度的来龙去脉，历史事件的演变过程，同一事件在不同时期的差异或特点；历史人物的成败得失，显赫一时的帝王将相，不免尚有罪恶或过

① 《文献通考》卷二六八《封建考九·按》。
② 《文献通考》卷二六八《封建考九·按》。
③ 《文献通考》卷二七二《封建考十三·按》。
④ 《文献通考》卷六三《职官考十七·按》，艺祖，语出《尚书·舜典》，后代用以指开国皇帝。此处指宋太祖赵匡胤。

失，大多是就事论事，具体问题进行具体分析。特别是对一些错综复杂的历史现象，以划分阶段的办法加以论述，要言不烦，一目了然。史料的取舍，他是有选择原则的，往往在“按”中加以说明。最值得注意的是在“按”中纠谬正误、拾遗补缺、释疑解惑、剖析是非、指点门径。马端临的“按”是其父“先公曰”的继承和发展，集中了父子两代人的智慧，在《文献通考》中起到画龙点睛的作用，多有鉴古以警世之意。

《文献通考》是马氏父子两代人的心血结晶，对许多历史问题的处理，虽不能说事事精当，但他们力争以信传信、以疑传疑，这是极其审慎的态度，书中颇多存疑、当考之处，即令是较有把握的问题，唯恐万一有失，他们也较客观地表示自己的意见并非尽善尽美、确定无疑。如汉宣帝元康元年(前65)立皇考庙一事，胡致堂(胡寅)认为“既名其所后为父母，则不得名其所生曰父母矣”。马廷鸾则认为“愚按胡氏之说，辩则辩矣，而施之宣帝之世则不可”。由于“昭帝崩，亡嗣，宣帝以兄孙为叔祖后者也，不得其所后之父而父之，则何以称其所生之父乎？”[①]如不能对所继承的人尊之为父，怎么能称颂他的生父呢？这是说，名实虽有异，“实”以“名”扬。唯恐考虑不周，特加上“当俟通儒而质之”。这种虚怀若谷的胸怀，戒慎恐惧的态度，完全为马端临所继承，这是其书成功的有力保证。马端临在介绍李淑等《三朝宝训》与《三朝训鉴图》时，认为陈振孙《直斋书录解题》与王明清《挥麈录》的有关说法“殊不相吻合”，他进而指出：“《挥麈录》所言，禁中刻本，且有绘图，则似即此《三朝训鉴图》十卷之书。然直斋以此书为庆历、皇祐时

① 《文献通考》卷九五《宗庙考五·先公曰》。

所修纂，则又与《挥麈录》所谓仁皇初年傅母辈侍上展玩之语深不合矣。”最后，仿效其父的笔调加上一句：“当俟考订精者质之”①。马端临在《文献通考》中引用的史料无比丰富，都经过其精心考订、严格甄审、反复鉴定、细致筛选，仍感不可能做到天衣无缝、无懈可击。

著书难，写史尤难。马端临对郑樵之写《通志》而自命不凡，“讥诋前人，高自称许”，深不以为然，对其人其书进行了一番评论：

> 然夷考其书，则氏族、六书、七音等略，考订详明，议论精到，所谓出臣胸臆，非诸儒所得闻者诚是也。至于天文、地理、器服，则失之太简，如古人器服之制度至详，今止樽罍一二，而谓之《器服略》可乎？若礼及职官、选举、刑罚、食货五者，则古今经制甚繁，沿革不一，故岐公《通典》之书五者居十之八。然杜公生贞元间，故其所述止于唐天宝。今《通志》既自为一书，则天宝而后，宋中兴以前，皆合陆续铨次，如班固《汉书》续《史记》武帝以后可也。今《通志》此五略，天宝以前则尽写《通典》全文，略无增损；天宝以后，则竟不复陆续；又以《通典》细注称为己意附其旁，而亦无所发明，疏略如此，乃自谓虽本前人之典，而亦非诸史之文，不亦诬乎？②

---

① 《文献通考》卷二〇一《经籍考二十八·按》。
② 《文献通考》卷二〇一《经籍考二十八·按》。

这一评论是公允的。一般认为郑樵《通志》精华在二十略，马端临对二十略进行具体分析，指出天文、地理、器服失之太简；礼及职官、选举、刑罚、食货五略，照抄《通典》，略无增损；天宝以后，南宋以前应补充的未补充；将《通典》细注据为己有，掠人之美。但他肯定其氏族、六书、七音等略"考订详明，议论精到"。其《艺文略》是宋以前图书分类目录，建立比较健全的三级分类法，是郑樵的独创，他从辨章学术、考镜源流的角度出发，剖析流别，至为纤悉，精详周密，别开生面。其《校雠略》是校勘学的开山之作，给后世学术界以许多启示，如《秦不绝儒学论》二篇，对秦始皇焚书坑儒一事，促使人们重新思考，再作评价，恢复历史真相，具有积极意义。又如《求书之道有八论》指出找书的八个途径，给予后人的启示也极大。尤其是《昆虫草木略》为其他史书所无[①]。《通志》虽有许多创新，但问题确也不少，因袭旧的纪传体体例，照抄前人著作甚多；对著名史家司马迁、班固多所贬抑，这是不应有的态度。马端临指出："夹漈讥司马子长全用旧文，间以里俗，采摭未备，笔削不遑。又讥班孟坚全无学识，专事剽窃，自高祖至武帝七世，尽窃迁书，不以为惭。"郑樵对古人求全责备，对自己却是"高自称许"，其实其书有许多"不堪检点"之处。马端临从而得到教训，"然则著述岂易言哉！"[②]把著书立说视为一项艰巨的任务，这一认识极其宝贵，因为视其易则不免疏忽大意，疏谋少略，浅见薄识；视其难则必认真细致，深稽博考，思虑周密。马廷鸾对马端临撰写《文献通考》的要求从严从难，马端临心领

---

① 参阅张舜徽《中国文献学》，中州书画社 1982 年版，第 252 页。

② 《文献通考》卷二〇一《经籍考二十八 · 按》。

神会，对自己亦能切实做到从严从难，凡遇互相矛盾之处，皆不轻易放过。

马端临父子是以戒慎恐惧、兢兢业业的态度来撰写《文献通考》的。如关于"九献之礼"，杜佑《通典》尝采经传及注疏之说，条陈九献之说，过于简略，且与杨复《天子祭礼》之说"小异"[①]，难定是非，特标明以引起注意。再如《三朝契丹传》所言自幽州迤北至辽宋所都中京、上京道里，与《五代史·四夷附录》所载胡峤所述也稍有"小异"，马端临"故并录之，以俟参考"[②]。这样的例子不在少数。马端临善于继承，如崇元署一官，唐创之以司道教，而必属之宗正司者，盖唐以老氏为始祖，则崇其教者，亦以为尊祖宗之事也。杜佑写《通典》，必追本溯源，"凡唐所创之官，而前代所无者，则必叙其所掌之事，以通之于前代。"管理道教的崇元署虽创之于唐，但为管理释道二教建立官司非始于唐，后魏有仙人博士，北齐有昭元寺之类。马端临继承杜佑的这一方法，追本溯源，以"宋所创之官而通之于唐"。不容忽视的是马端临在继承中有发展，以崇元署一官而言，他就将唐宋的变化作了比较："然唐则专主以一官，而其品秩稍卑。宋虽不专置官，而常以宰相贵官兼之。"[③] 在继承中有发展，是马端临史学思想的闪光点。

马端临之所以在继承中有发展，其史学思想中之所以出现闪光点，其光源来自马廷鸾的精心培育与马端临的艰苦奋

① 《文献通考》卷九六《宗庙考六·按》，杨复《天子祭礼》之书，原策划人为朱熹，朱熹未写成，以授其门人黄榦，黄榦未竟之业由杨复完成。按语中"信斋之说"即指此书，信斋即杨复也。

② 《文献通考》卷三四六《四裔考二十三·按》。

③ 《文献通考》卷五五《职官考九·按》。

斗。马廷鸾对“封建”的认识,经历了曲折的思考过程,提出了“公”与“私”的概念。马端临在其父已取得的研究成果上,将中国历史划分为三代以前、三代和秦汉以后三个阶段。这种划分阶段的办法,并非把复杂的历史简单化,而是运用其丰富的历史知识,对复杂的历史进行高度的概括。宋代科举变化多端,经马端临高度概括,眉目清楚。宋代科举,原试词赋,熙宁变法,专用经义取士,此后虽有经、赋并行之时,士无不习经义,但经拙而赋工,经少而赋多,则成为一定之规。马端临区分为几个阶段,而且分别标出若干年,泾渭分明:

> 熙宁四年始罢词赋,专用经义取士,凡十五年。至元祐元年复词赋,与经义并行。至绍圣元年复罢词赋,专用经义,凡三十五年。至建炎二年又兼经赋。……至建炎、绍兴之间,则朝廷以经义取士者且五六十年,其间兼用诗赋才十余年耳。然共场而试则经拙而赋工;分科而试,则经少而赋多,流传既久,后来所至场屋,率是赋居其三之二,盖有自来矣。①

历史上无论多么复杂、变化多端的问题,在马端临笔下都可呈现清晰的轮廓,条理井然。将马端临的“按”与其“先公曰”相比较,不难发现其父子在思路、文风以及遣词立意诸方面近似之处与一脉相承的关系。马廷鸾一些思想意识,存在着明显的时代局限性,也不同程度地反映在马端临身上。天人感应的思想,在马廷鸾身上,可谓根深蒂固,他说:“史表称彗星见于秦。

① 《文献通考》卷三二《选举考五·按》。

愚按《春秋》终鲁哀公之十四年，而麟获于鲁。《左传》终于鲁哀公之二十六年，明年而彗见于秦，天人之理，何其昭昭也。秦人亡二周，灭六国，包举宇内，并吞八荒，废井田，开阡陌，扫除先王之典籍，彗之为祸烈矣。"① 马廷鸾深信彗星出现，预示大祸临头。这一观念为马端临所接受，在《文献通考》记载其父这段话的后几行，为证实其父见解之准确无误，他特从《汉书·天文志》上"夫天运三十岁一小变，百年中变，五百年大变"这一大段中挑选出："始皇之时，十五年彗星四见，久者八十日，长或竟天，后秦遂以兵内兼六国，外攘四夷，死人如乱麻。"② 这类天人感应的记载，马端临在《文献通考》中颇多征引，如王莽地皇四年(23)，汉兵起南阳，至昆阳，王莽遣王寻、王邑带领诸郡兵号称百万围昆阳城数重，军势甚盛。昼有云气如坏山堕军上，这即是"营头星"，占曰："营头之所堕其下，覆军流血三千里。"果然，王莽军大败云云③。马端临对此无疑是肯定的。《宋史》所书流星飞星之变无月无之，而《四朝志》甚至有一月而四五见，或同日而数流者。在这种情况下，何以占而不验？洪迈认为这是由于"星历之学无传"造成的，马端临则认为："夫其记载之冗杂如此，则其占验之茫昧固宜矣。"④ 如此为占而不验辩护，近似强词夺理。马氏父子这类缺失的出现，无可否认，但瑕不掩瑜，我们不可因此而贬抑马氏父子共同撰写的《文献通考》史料价值及其在中国史学史上有如里程碑的功绩。

---

① 《文献通考》卷二八六《象纬考九·先公曰》。

② 《汉书》卷二六《天文志》，《文献通考》卷二八六《象纬考九·孛彗》所引此段文字有遗漏，"内兼六国"遗漏"内"；"死人如乱麻"遗漏"乱"字。

③ 《文献通考》卷二四九《象纬考十七》。

④ 《文献通考》卷二九二《象纬考十五·按》。

第三章　马端临的政治思想

马端临反对复古倒退，崇尚简易之政，反对烦扰百姓，主张恤民疾苦、轻徭薄赋、宽厚和睦，肯定变法图强。对熙宁新法，多所辩护，对青苗法征钱、取息、抑配三弊，一一加以驳正，称免役法为“救时之良策”。虽对王安石的工作作风有所非议，指责他“不察时宜，不恤人言”，但新法失败的原因是多方面的，不能归咎于王安石一个人。马端临谋求治国安邦之心甚切，欣赏宋初仁政，厌恶严酷之法，痛恨根连株逮多杀人。欲实现清明之政，事在人为，一切工作必须任用得人，重荐举，重贤才。马端临主张改革人事制度，改革科举，广开门路，不问出身，唯才是举。他认为苏轼所说“古者不专以文词取人，故得士为多”是有道理的，肯定苏轼“吏人出官之法”为良法。“爱民重农”是马端临政治思想的核心，他有志于儒家传统“助人君，顺阴阳，明教化”的实践，“游心于六经之中，留意于仁义之际。”无意于道家“清虚以自守，卑弱以自持”之术，对法家的“明罚勅法，刻薄少恩”也不苟同。他赞扬直言极谏，其求实、务实的精神是不朽的。

第一节　知时识变通古今

马端临学识广博，史学造诣较深，通贯古今，其《文献通考》三四八卷，共分二十四考，将历代典章制度串通起来，以明其演变过程；同时从演变过程中，找出历代治乱兴衰的原因，总结历史经验教训。如论秦亡的原因，班固认为是“销锋镝，弛武备”所致，附和这一意见的人不少，马端临则不以为然，“然愚以为秦之亡，非关于兵弛也。当时尽吞六雄，威震六合，彼胡越僻在裔夷，岂能为纤介之害，而发百万之师以戍之；骊山阿房之役，又复数十万健卒壮士，虚耗于无用之时，糜烂于不切之役，盖侧目倒戈相挺而并起者皆秦兵也。”对项羽尽坑秦卒二十余万人之事，马端临评曰：“夫此二十万人者，即十余年前王翦、王贲等将之以横行天下，诛灭六雄者也。国有兴废，而士心之勇怯顿殊，异哉！”对这个奇异的问题，马端临的想法是“所谓寡助之至，亲戚叛之者欤！”① 对历史上的一些问题，重新审视、思考、讨论，对史学思想的活跃与发展所起的积极作用不可低估。其书涉及的问题复杂，言经济制度的有田赋、钱币、户口、职役、征榷、市籴、土贡、国用八考；言国家政权机构的有选举、学校、职官三考；言社会、政治等级礼制及与

① 《文献通考》卷一四九《兵考一·按》。

此有关的乐制共有郊社、宗庙、王礼、乐四考；言国家暴力工具的有兵、刑二考；言文化思想的有经籍考；言历代国家组织形式的有帝系、封建二考；言天文、地理的有象纬、物异、舆地三考；言周边少数民族的有四裔考。内容丰富，叙述详尽，考订精当，论证平允，特别是时间跨度大，网罗众说，纷纷纭纭，林林总总，赖其卓越的驾驭能力，精心梳理，细致排比，纲举目张，层次井然。清朝乾隆戊辰（乾隆十三年，1748）十二月重刻《文献通考》序文，充分肯定其史学成就："朕惟会通古今，该洽载籍，荟萃源流，综统同异，莫善于《通考》之书。其考核精审，持论平正；上下数千年，贯穿二十五代，于制度张弛之迹、是非得失之林，固已灿然具备矣。"乾隆皇帝之所以认为《文献通考》在史学领域称得上"灿然具备"，因为它"诚考据之资，可以羽翼经史，裨益治道"。不仅有学术价值，而且可为政治提供有益的指导。这一评价是切实合理的。

马端临《文献通考》是成功之作。由于马端临刻苦学习、认真钻研、戒骄戒躁、精益求精，以"通儒"自许，以"考制度，审宪章，博闻而强识之，固通儒事也"自勉自励，他实现了自己的追求与理想，不愧为"通儒"。他凭其通儒的智慧，清楚地认识到"《诗》、《书》、《春秋》之后，惟太史公号称良史"。司马迁《史记》以纪、传述理乱兴衰，以八书述典章经制。马端临奉之为自己著作的典范；班固《汉书》而后，断代为史，马端临认为其最大的毛病是无会通因仍之道，不可取；至司马光作《资治通鉴》，取千三百余年之事迹、十七史之纪述，萃为一书，使"开卷之余，古今咸在"，避免了断代为史的毛病，但其书详于理乱兴衰，而略于典章经制，马端临认为这一弊端的出现，不是由于司马光才智有所不逮，而是因为"编简浩如烟埃，著述自有体要，其势不能以两得也”。通过比较研究、潜心钻研、冷静思考，他将史事分作“相因”与“不相因”两类：“窃尝以为理乱兴衰，不相因者也；晋之得国异乎汉，隋之丧邦殊乎唐，代各有史，自足以该一代之始终，无以参稽互察为也。典章经制，实相因者也；殷因夏，周因殷，继周者之损益，百世可知，圣人盖已预言之矣。爰自秦汉以至唐宋，礼乐兵刑之制，赋敛选举之规，以至官名之更张，地理之沿革，虽其终不能以尽同，而其初亦不能遽异，如汉之朝仪、官制本秦规也；唐之府卫、租庸本周制也。”[①]马端临认为各个朝代的理乱兴衰没有继承性，是“不相因”的；而各种典章经制则是一脉相传，是“相因”的。他慨叹：“不相因者，犹有温公之成书；而其本相因，顾无其书。”本相因的典章经制之书，流传于世的只有杜佑《通典》一书。马端临在肯定其书“纲领宏大，考订该洽”，“凡历代因革之故，粲然可考”之后，论述其不足云：“然时有古今，述有详略，则夫节目之间未为明备，而去取之际颇欠精审，不无遗憾焉。”他所感到遗憾的地方，具体来说：古代因田制赋，《通典》将田赋析之于田制之外；古代任土作贡，《通典》将贡杂于税法之中；再如选举与铨选不分，“叙典礼则经文与传注相汨，叙兵则尽遗赋调之规。”天文、五行、艺文，历代各有志，而《通典》竟付缺如；历代有封建王侯表、帝系及后妃、皇子、公主之名氏封爵，《通典》也遗漏了。因此，马端临认为《通典》不能称之为集大成之作。他以《通典》为蓝本，取其所长，补其所短，《通典》节目之间未为明备，他力求节目明备；《通典》去取之际颇欠精审，他重视去取精审。使《文献通考》成为实实在在的通贯古今之作，具

① 《文献通考·自序》。

体反映了马端临丰富的通贯古今的历史知识和治史的才能。

马端临凭其丰富的历史知识与治史才能，对《周礼》一书洋洋洒洒写出按语二千余字。开头指出："《周礼》一书，先儒信者半，疑者半。"他如何解决《周礼》信疑参半的问题呢？他说："其所以疑之者，特不过病其官冗、事多、琐碎而烦扰耳。"他对《周礼》言三代之法，深信不疑。叶适早有定论："盖《周礼》六卿之书，言周公之为周，其于建国、设官、井田、兵法、兴利、防患、器械、工巧之术咸在，凡成、康之盛，所以能补上世之未备而后世之为不可复者，其先后可见，其本末可言也。于是儒者莫不为欣然自喜，以为可以必行而无疑矣。虽然，使先王之治所以必不行，而后世謏闻寡见之君，因遂以经为不可尽信者，其必自是书始矣。"[①] 马端临对叶适之论，作了重大补充，信其为三代之法，只可行于三代之时，他说："盖《周礼》者，三代之法也。三代之时，则非直周公之圣可行，虽一凡夫亦能行之；三代而后，则非直王莽之矫诈、介甫之执愎不可行，而虽贤哲亦不能行。"原因是三代之时，"盖以私土子人，痛痒常相关，脉络常相属，虽其时所谓诸侯、卿、大夫者，未必皆贤，然既世守其地，世抚其民，则自不容不视为一体；既为一体，则奸弊无由生，而良法可以世守矣。"这是解释三代之时始可行三代之法的关键所在。但自封土建侯一变而为郡县，"而所以治其民者，则诿之百官、有司、郡守、县令。为守令者率三岁而终更。"如果是有作为官员，想为民造福，需要岁月了解土俗民情，制订有针对性的策略，待稍有眉目，任期已满；如果是疲懦贪鄙的官员，"则视其官如逆旅传舍，视其民如飞鸿土梗，发政施令不过授成于吏手；既授成于

① 《水心别集》卷五《周礼》，见《叶适集》第三册，中华书局，1983年，第703页。

吏手，而欲以《周官》之法行之，则事烦而政必扰，政扰而民必病，教养之恩惠未孚，而追呼之苛娆已极矣。”这是解释三代以后不能行三代之法的症结在此。通过一些具体事例的剖析，马端临得出结论：“《周礼》所载，凡法制之琐碎、烦密者，可行之于封建之时，而不可行之于郡县之后。必知时适变者，而后可以语通经学古之说也。”①知时适变，通经学古，反映了马端临研究《周礼》所达到的高超的思想境界。

马端临评述《周礼》，足以反映其政治蓝图的，是“简易阔略”。一则说：“独与百姓交涉之事，则后世惟以简易阔略为便，而以《周礼》之法行之，必至于厉民而阶乱。”二则说：“是以后之言善政者必曰事简。夫以《周礼》一书观之，成周之制未尝简也，自土不分祚，官不世守，为吏者不过年除岁迁，多为便文自营之计，于是国家之法制率以简易为便。”所谓“简易”，即官吏清廉，不烦扰百姓。如果政治腐朽，官吏贪婪，“或则屈法，或则滥刑，或因公以逼私，或缘事以行虐，使民受弊甚于蠹焉。”众所周知“蠹盛则木空，吏贪则民弊”②，这就违反简易之政了。吕蒙正曾总结简易之政的直接效益在延续统治寿命，“古者以简易治国者，享祚长久；崇尚清静，实宗社无疆之休也”③。简易与清静紧密相联。这一政治蓝图的实现，必须有一个过程，即“磨以岁月”。他以子产治郑的经过为例：

---

① 《文献通考》卷一八〇《经籍考七·按》，《周礼》一书，汉代初出，称《周官》，为别于《尚书·周官》，特称《周官经》，自刘歆以后称《周礼》。研究《周礼》者，多从文献学角度立论；近年有从考古学角度着手的，别开生面。但马端临的研究，其思想境界，不同凡响。以下引文皆同此，不另注。

② 《续资治通鉴长编》卷三二淳化二年九月庚子，上海古籍出版社1986年。

③ 《续资治通鉴长编》卷三四淳化四年十月丙午至十一月丙寅。

> 昔子产听郑国之政，其所施为者，曰都鄙有章，上下有服，田有封洫，庐井有伍，此俱《周官》之法也。然一年而舆人诵之曰："孰杀子产，吾其与之！"三年而诵之曰："子产而死，谁其嗣之？"按郑国土地偏小，其在后世则一郡耳。夫以子产之贤智，而当一郡守之任，其精神必足以周知情伪，其念虑必足以洞察得失，决不至如后世承流宣化者之以苟且从事也。而周制在当时亦未至尽隳，但未能悉复先王之旧耳；然稍欲更张，则亦未能遽当于人心，必俟磨以岁月，然后昔之谤讟者转而为讴歌耳。

这是对其政治蓝图——简易之政的借题描绘，"都鄙有章，上下有服"，欲达此目的，事先必周知情伪，洞察得失。贤智如子产，稍欲更张，最初亦未能得人心，经过三年奋斗，始转"谤讟"为"讴歌"。"得人心"成为简易之政不可或缺的内涵。马端临藉评论《周礼》之机，称颂子产之后，紧接着笔锋一转，评王安石曰：

> 况贤不及子产，所涖不止一郡，且生于千载之后，先王之制久废，而其遗书仅存，乃不察时宜，不恤人言，而必欲行之乎，王介甫是也。介甫所行，变常平而为青苗，诿曰："此《周官》泉府之法也。"当时诸贤极力争之，苏长公（苏轼）之言曰："青苗虽云不许抑配，然其间愿请之户，必皆孤贫不济之人家，若自有赢余，何至与官交易。此等鞭挞已急，则继之逃亡；逃亡之余，则均之邻保。"苏少公（苏辙）之言曰："出纳之际，

吏缘为奸，法不能禁，钱入民手，虽良法不免非理费用；及其纳钱，虽富民不免违限。受责如此，则鞭笞必用，而州县多事矣。”是皆言官与民赊贷之非便也。

王安石打着“《周官》泉府之法”的旗号推行青苗法，马端临指责他“不察时宜，不恤人言”，这是就其工作作风而言，并非全盘否定熙宁新法。“常平”是籴粜之法；“青苗”是赊贷之法。春秋时代，官府对百姓，实行过赊贷，这种办法曾推行于郑、宋、齐列国，谓之善政，传为美谈；为什么推行于熙宁、元丰年间(1068—1085)就出现问题？马端临分析其原因为：

盖郑、宋、齐列国也，其所任者罕氏、乐氏、陈氏，则皆有世食禄邑，与之分土而治者也。介甫所宰者天下也，其所任者六七少年，使者四十余辈，与夫州县小吏，则皆干进徇时之徒也。然非郑、宋、齐之大夫尽贤，而介甫之党尽不肖也。盖累世之私土子人者，与民情常亲，亲则利病可以周知，故法虽繁而亦足以利民。暂焉之承流宣化者，与民情常疏，疏则情伪不能洞究，故法虽简而犹惧其病民也。[1]

马端临认为赊贷之法，行于郑、宋、齐列国之所以利民，因官与民情常亲，亲则利病可以周知；青苗之法行于熙丰之时，其所以病民，因官与民情常疏，疏则情伪不能洞究。这是说“亲”是构成简易之政的重要因素，因为它可保证官民一致，上下相

① 《文献通考》卷一八〇《经籍考七·按》。

知。在阶级社会,时而出现能缓和阶级矛盾的人物,上述郑国子产即为一例,他“为人仁爱人,事君忠厚”,孔子与他有“兄弟”之谊[1]。相反,“疏”则会破坏简易之政,造成官民隔阂、对立,矛盾尖锐化,使简易之法“病民”。王安石推行的青苗法病民之处在行法不得其人,法定取息二分,实有八分之息,即息外有息,包括“诡名冒请、卖牓子、散甲状、支交子折足钱(川中交交子一贯,折为足钱,民间只换得九百二三十文)、除头子钱、减克升合、量收出剩”等,凡经手人都要从中捞点油水,或者“请时谷贱,纳时米贵,所出息钱,约三四分”;更严重的到期要还钱,“稽迟则追呼,差误则取抄,枷锢笞箠,道路相望,鸡犬牛羊,贱鬻于市,甚者彻屋卖田,以偿其欠。”[2] 这是被歪曲了的青苗法。马端临清醒地认识到“介甫之党”并非尽不肖,按规定办事的大有人在,如鲜于子骏遵奉朝廷“不得抑配”之令推行青苗法,他的辖区无人请领青苗钱[3];再如郑獬贴出告示,明白宣布青苗钱凭自愿借贷,好几个月无一人来申请借贷,常(今江苏常州市)、润(今江苏镇江)、苏、秀(今浙江嘉兴市)类皆如此[4]。这种现象相当普遍。马端临通过亲和、疏离说,深入一层说明简易之政必须依法办事,正确执法,不可节外生枝加害于民;强迫命令,疏离百姓,不了解下情,即不可能推行简易之政。

马端临对《周礼》的探讨是深刻的,其深刻的程度远远超过了宋代名儒。宋儒深入研究《周礼》的成绩显著,马端临极

---

① 《史记》卷四二《郑世家》云:声公五年,孔子闻子产死,泣曰:“古之遗爱也!”

② 吕陶《净德集》卷三《奏乞权罢俵散青苗一年以宽民力状》。

③ 秦观《淮海集》卷一六《鲜于子骏行状》。

④ 郑獬《郧溪集》卷一二《乞罢青苗法状》。

为重视,在《文献通考·经籍考七》中有详细介绍。朱熹认为《周礼》博大精密,后世皆以《周礼》非圣人书,但朱熹指出:“其间细碎处虽可疑,其大体直是非圣人做不得。”在朱熹心目中,《周礼》从总体来说,确属圣人书。苏辙说:“言周公所以治周者莫详于《周礼》,然以吾观之,秦汉诸儒以意损益之者众矣,非周公之完书也。”朱熹与苏辙的认识大体是一致的。胡宏(五峰)的认识则不一样,他从《周礼》立官设职之异而断定《周礼》是刘歆伪作:“谨按孔子定书《周官》,六卿、冢宰掌邦治、统百官、均四海者也。今以刘歆所成《周礼》考之,太宰掌建邦之六典,夫太宰统五官之典以为治者也,岂于五官之外更有治典哉!则掌建六典,歆之妄也。”为证实这一论断的确凿可信,他说:“古之君国子民者以义为利,不以利为利,故百乘之家不畜聚敛之臣,与其有聚敛之臣,宁有盗臣。”继而述天官有宰夫,考郡县都鄙之治,乘其财用之出入,凡失财、用物、辟名者诛之;其足用、长财、善物者赏之。又说:“夫君相守恭俭,不尚末作,使民务本,此足用长财之要也;百官有司谨守其职,岂敢逾越制度,自以足用、长财为事。”接着指出刘歆之妄:“若刘歆之说,是使百官有司不守三尺,上下交征利,惟剥其民以危亡其国之道,非周公致太平之典也。”最后说:“太宰之属六十有二,考之未有一官完善者,则五卿之属可知矣,而可谓之经,与《易》、《诗》、《书》、《春秋》配乎?”

宋儒研究《周礼》有所突破者,当推叶适。叶适对《周礼》的内容有比较完整的认识与理解,他说:“今夫《周礼》之书,尝一用之矣,非惟不足以治而乃至于乱。”我们应该做的事是“修身以应变,酌古以御今”;而且应该认识到“古之治天下,必辨其内外大小之序,而后施其繁简详略之宜”。时移势异,古法不可行于今世，叶适说：

> 三代之时，自汉、淮以南皆弃而不有，方天下为五千里，而王之自治者千里而已，其外大小之国千余，皆得以自治。其正朔所颁，礼乐征伐自天子出，朝会贡赋，贤能之士入于王都，此其特大者也；而其生杀废置犹不能为小者，天子皆不预焉。而天子之自治，亦断然如一国，不能如秦、汉之数郡；又有贤圣而为之臣，皆久于其官而不去。其为地狭，为民寡，而治之者众。始之以勤，终之以无倦，行之以诚，故其米盐靡密无所不尽，而官内之隐可以悉布之书而无媿。

三代地狭、民寡、臣贤、事简，后来发生极大变化：

> 今也包夷貊之外以为域，破天下之诸侯以为州县，事虽毫发，一自上出，法严令具，不得摇手。而无圣贤为之臣，其臣不能久于其官而遽去，而又有苟简诈伪之心焉。乃欲其米盐靡密无所不尽，以求合于《周礼》之书；而又易其大者，将以复井田、封建之旧；其论所以高而难行，人情不安而至于乱也。①

在古今对比中，除地有狭广、民有寡众、臣有贤不肖、事有繁简之别外，古者“始之以勤，终之以无倦，行之以诚”，今则“有苟简诈伪之心焉”。对《周礼》不可行于今日的原因的分析，叶适

① 《水心别集》卷五《周礼》，《叶适集》第3册，中华书局，1983年，页703—704。

与马端临的认识有不少相通之处，马端临的认识较全面、高明，在叶适所说的无贤臣、不能久任、人情不安之外，马端临补充了“疲懦贪鄙”之官发号施令不厌其烦，“事烦而政必扰，政扰而民必病，教养之恩惠未孚，而追呼之苛娆已极矣。”使叶适的“人情不安”有了具体内容。马端临从政治倾向、思想内涵来研究《周礼》，超越《周礼》而得出“知时适变”的原则，比叶适对《周礼》的认识水平提高了一个层次。

叶适在《周礼》研究上，虽不如马端临高瞻远瞩，思虑周密，但两人的政治思想是极其近似的，马端临的“知时适变”，与叶适的“因时施智，观世立法”①，如出一辙；马端临的简易之政，不烦挠百姓，与叶适的“古人未有不先知稼穑而能君其民，以使协其居者”②的理想、轻徭薄赋的主张、不敢病民③的意图若合符节。马端临反对一般儒者复井田之制的主张，这与叶适完全一致。马端临认为：“自秦废井田之后，后之君子每慨叹其主不能复三代之法以利其民，而使豪强坐擅兼并之利，其说固正矣。”马端临认为“后之君子”中“斟酌古今，究竟利病”最为确实的当推叶适，叶适认为“井田之制虽先废于商鞅，而后诸侯亡、封建绝；然封建既绝，井田虽在，亦不能独存矣”，井田是不能脱离封土建侯之制而独立存在的。马端临在叶适认识的基础上，加以引申，指出只有在周知田土肥瘠、民口众寡、其民务农的勤怠，其民之或长、或少、或为士、或为商、或为工，然后在田土授受之际，始可以无弊。马端临与叶适一样反对复古倒退。马端

---

① 《水心别集》卷二《民事下》，《叶适集》第3册，页657。

② 《宋元学案》卷五四《水心学案》、《习学记言》。

③ 《水心文集》卷一《上宁宗皇帝札子三》，《叶适集》第1册，页8。

临在叶适所说的井田之法,“琐细烦密”,今不可行的启发下,作出结论:“欲复封建,是自割裂其土宇,以启纷争;欲复井田,是强夺民之田产,以召怨讟。”[①]这一反复古、反倒退的思想,为马端临的政治蓝图充实了内容。

第二节　改革弊政轻赋税

马端临政治蓝图中的简易之政的内涵非常丰富,其中最具进步意义的是去民疾苦的改革思想。

赵宋政权建立之初,为防止分裂割据的再现,为巩固其政权,在实行中央集权制中,为了“稍夺其权,制其钱谷,收其精兵”,政权机构叠床架屋,臃肿庞大,政事混乱,政令不一,统治阶级内部争权夺利,执行政令的要害部门不能协调,“日有驳正,争论纷纭”。司马光提出裁并精简机构的建议,其目的在使“政事归一,吏员不冗,文书不繁,行遣径直”。这是要解决中书取旨、门下覆奏、尚书施行之间的矛盾。马端临对此极为赞赏:“温公所言以三省同取旨为是,盖主于合也。”司马光的三省合一说具有极其鲜明的针对性。元丰(1078—1085)时,王珪为首相,蔡确为次相。蔡确奏乞以首相兼门下侍郎,次相兼中书侍郎,使奏事取旨皆由次相,而首相不得参预。这实际是为夺王珪之权。如照此办理,中书与门下两省之对立成为必然之势,正如马端临所云:“为中书长官者,执造命之说,而必摈门下使不得预取旨之权;门下长官者,执审覆之说,而必驳中书已取旨之事,则两省之分,所以使之自为仇敌矣。”唐朝以

① 《文献通考》卷一《田赋考一·按》。

中书门下为政事堂,宋朝沿袭此制,两省已合一,马端临指出:“其实两省属官既各有司封驳者,则都省共同奏事取旨施行,事有不当而后省留黄缴驳,乃不易之法。”已合一的两省,不能遵循此不易之法,元丰三年(1080)至元丰五年(1082)改革官制。马端临对新官制有所不满:“今元丰改官制,既以中书门下同平章事为左右仆射,参知政事为中书门下侍郎、尚书左右丞矣,而复以左仆射兼门下侍郎,右仆射兼中书侍郎,则是既自有佐官而复以长官兼之,赘尤甚矣。”[①]马端临反对政权机构不合理的设置,反对机构臃肿、官冗,反对政事堂内部的互相干扰,其改革思想已显露端倪。

马端临改革弊政的思想,具体反映于他对熙宁新法的态度上。马端临对熙宁新法虽有指责,也有表扬;虽有否定,也有肯定。总的倾向是要求改革弊政以去民疾苦、顺民心。他肯定助役法为良法,但因执行者皆“苛刻小民”,不免给良法带来一些不良的后果。助役法之所以终成为“良法”,因为它革除了差役之弊。差役之法对人民危害极为严重,马端临引用三司使韩绛之言:

> 害农之弊,无甚差役之法,重者衙前,多致破产;次则州役,亦须重费。向闻京东有父子二丁,将为衙前,其父告其子云:“吾当求死,使汝曹免冻馁。”自经而死。又闻江南有嫁其祖母及与母析居以避役者。

为逃避衙前之害,父亲自经,祖母改嫁,母亲析居,这是典

① 以上引文,皆见《文献通考》卷五〇《职官考四·按》。

型的例证,反映了百姓血泪控诉的声音。司马光更指出衙前严重破坏社会经济发展,使“民益困乏,不敢营生,富者反不如贫,贫者不敢求富”。如果多种一株桑、多置一头牛,蓄二年之粮,藏十匹之帛,即被视为富室,就要充当衙前,倾家荡产之祸迫在眉睫[①]。本来规定:家产满三百千或二百贯者始够服役条件,但官吏临门调查家产时,“杯杵匕筯,皆计资产。”一般百姓之家,只要能勉强生活下去,把锅碗坛罐等生活用品统计起来,都会达到所规定的资产限额,并非什么真正的上户,“至有家赀已竭,而逋负未除;子孙既没,而邻保犹逮。”这是知谏院吴充所反映的民间疾苦。宋神宗阅内藏库奏,“有衙前越千里输金七钱,库吏邀乞,逾年不得还者。”这件事使宋神宗极为震惊,极为伤心,决定改革役法[②]。

实行助役法的过程,就是打击兼并势力、裁取豪户、宽优穷困百姓的过程,马端临特引司农寺言:“今立役条所宽优者皆村乡朴蠢不能自达之穷氓,所裁取者乃仕宦兼并能致人言之豪右。”这是实情。原来不服差役的豪强兼并之家,按助役法规定要出钱;实行助役法,使官吏难以营私舞弊,“差役五年之费,倍于雇役十年所供。”[③]雇役即助役,或称募役、免役。助役钱大大低于服差役时所受的盘剥,助役法取代差役法,使“脱身于公”的“力田之民”回到生产岗位;实行助役法,节约了劳力,开封一府罢衙前830人,畿县放乡役数千,这对整个

① 以上引文,见《文献通考》卷一二《职役考一》。

② 《文献通考》卷一二《职役考一》,马端临所搜集的衙前之害的资料极为丰富,他还写了五条按语。

③ 《栾城集》卷四一《三论分别邪正札子》,同书卷三七《三论差役事状》指出“小民被差充役,初参上下费钱有至一二十千者。”

社会生产而言注入生机，使农业生产的恢复和发展有了有力的保证。熙宁四年（1071），宋神宗询问百姓，“皆以免役为喜，盖虽以出钱而复其身，无追呼刑责之虞。”马端临非常重视这一情节，认为“复其身”是问题的要害所在，因为“农民在官，贪吏狡胥，百端蚕食，比之雇人，苦乐十倍”①。农民为官府服役，除遭受“蚕食”折磨之苦外，脱离生产，离乡背井，生命没有保障，这是差役法致命的弊端。文彦博不顾这一弊端，单纯从豪强地主利益出发，反对变法，宋神宗斥其妄：“更张法制，于士大夫诚多不悦，然于百姓何所不便。”这是清醒的话，文彦博竟敢反驳：“为与士大夫治天下，非与百姓治天下也。”针对这一谬论，马端临评其失曰：

> 潞公此论失之。盖介甫之行新法，其意勇于任怨，而不为毁誉所动。然役法之行，坊郭品官之家尽令输钱，坊场酒税之入，尽归助役，故士夫豪右不能无怨，而实则农民之利。此神宗所以有“于百姓何所不便”之说，而潞公此语与东坡所谓“凋敝太甚，厨传萧然”云者，皆介甫所指以为流俗干誉不足恤者，是岂足以绳其偏而救其弊乎！②

马端临赞同宋神宗对新法的评估，“实则农民之利”。他不仅肯定助役法有利农民，而且肯定王安石之行新法，“勇于任

① 苏轼《东坡奏议集》卷四《大雪论差役不便札子》。

② 《文献通考》卷一二《职役考一·按》“潞公”，指文彦博，他于嘉祐三年（1058），出判河南、大名、太原等府，封潞国公。干誉，追求名誉。

怨”，有魄力，有气度，有胆有识，不为流俗干誉者所动摇。更可贵的是指出了流俗干誉之言亦不足以绳偏救弊，这一思想认识远远超越宋儒之上，宋儒无一例外地只言新法之弊病，而不责反新法者之过失。

助役法之所以争论不休，因为助役法确实存在问题，但问题出在行法之人身上。为了防灾备荒，原规定在实际应收的助役钱之外，加收百分之二十的“宽剩钱”，群臣坚决反对，多次提出质疑责难，宋神宗多次下诏禁戒，皆无效，王安石坚持不改，留下隐患，利于“聚敛小人乘此增取”，造成“雇役加多，而岁入比前增广”。马端临对此有按语：

> 熙宁之征免役钱也，非专为供乡户募人充役之用而已。官府之需用，吏胥之廪给，皆出于此。及其久也，则官吏可以破用，而役人未尝支给，是假免役之名以取之，而复他作名色以役之也。为法之弊，一至此哉！①

征收的助役钱，没有用在助役上；官府之需用，吏胥之廪给，都靠这笔钱；修葺桥道廨舍，购置什物之类，官吏可以破用。助役钱给百姓带来沉重负担，主要是因为实行新法的官吏，良莠不齐，吏治问题，未从根本上解决。助役法本身无可厚非，当时有人非难助役法“掊敛民财，十室九空，钱聚于上，而下有钱荒之患”②。这可从两方面加以解决：一方面以布帛米谷折纳役钱；另一方面取消

---

① 《文献通考》卷十二《职役考一·按》。

② 《东坡奏议集》卷三《辩试馆职策问札子》。

宽剩钱。助役法与差役法比较,“民宁受免役之苛索,而终不愿差役者,率天下通古今而无异情。驱迟钝之农人,奔走于不习知之政令,未受役而先已魂迷,既受役而弗辞家破;输钱毕事,酌水亦甘,不复怨杼轴之空于室矣。”[①] 差役法使受役者家破,助役法使人“输钱毕事,酌水亦甘”。两者优劣,昭然若揭。

马端临为说明差役与助役的优劣,根据宋代情况,上溯历代役法沿革:“差役,古法也,其弊也,差设不公,渔取无艺,故转而为雇。雇役,熙宁之法也,其弊也,庸钱白输,苦役如故,故转而为义。义役,中兴以来,江浙诸郡民户自相与诸究之法也,其弊也,豪强专制,寡弱受凌,故复反为差。”马端临作出鉴定:“盖以事体之便民者观之,雇便于差,义便于雇,至于义而复有弊,则未如之何也已。”马端临又从周代的比长、里宰、闾胥,至汉代的三老、亭长、啬夫,以及隋代的乡正的或设或废;唐宣宗知乡职之不易为,故有轮差之举,“自是以后,所谓乡亭之职,至困至贱”,说明“贪官污吏非理征求,极意凌蔑”,代代有之,非宋代所独有;义役,便于雇役,亦有“豪强专制,寡弱受凌”之弊。经过几番比较、反复权衡,明确肯定助役(雇役)为“救时之良策”:

> 其所以必行雇役者,盖虽不能使充役之无费,然官自任雇募之责,则其役与民不同,而横费可以省;虽不能使官吏之不贪,然民既出雇募之费,则其身与官无预,而贪毒无所施;此其相与防闲之术,虽去古义远甚,然救时之良策,亦不容不如此。[②]

① 王夫之《宋论》卷六《神宗》。

② 《文献通考》卷十三《职役考二·按》。

从历史考察,得知助役法的出现,是历史发展的必然,是经过长期摸索而找到的一种办法,“不容不如此”,别无他法。

在熙宁新法中,助役与青苗引起争论最激烈。宋神宗死,哲宗继位,太皇太后高氏听政,陆续起用司马光、吕公著、范纯仁等,试图全盘推翻新法,所谓“革新法之病民者如救眉燃,青苗、助役其尤也。”这称为“元祐更化”。但在实际操作中,“诸贤虽号为革新法,而青苗、助役之是非可否,胸中盖未尝有一定之见。”这里“诸贤”指反对新法诸臣,“诸贤之是熙宁而主雇募者居其半,故差雇二者之法杂然并行;免役六色之钱仍复征取。”元祐(1086—1094)、绍圣(1094—1098)诸臣表面上反对新法,实际上仍在实行新法,“观元祐之再行青苗,复征六色役钱,则知兴利之途,虽君子不能尽窒之。观绍圣之青苗取息、役钱宽剩,皆止于一分,则知言利之名,虽小人亦欲少避之。”这一观察的结果,耐人寻味,“君子”理应不言利,亦不能闭塞“兴利之途”,照旧行青苗、免役;“小人”虽嗜利,亦欲稍避“言利之名”,不得不将宽剩减半,只取一分。马端临虽未填平“君子”与“小人”之间的鸿沟,至少可说缩短了两者间的差距,或者说两者间并无根本的利害冲突。马端临与其前辈和同时代人比较,他对新法肯定的多、否定的少。面对历史的真相,马端临为青苗钱作出了公正的辩护:

> 青苗钱所以为民害者三,曰:征钱也,取息也,抑配也。今观条例司所请,曰:随租纳斗斛,如以价贵愿纳钱者听,则未尝专欲征钱也;曰:凡以为民,公家无利其入,则未尝取息也;曰:愿给者听,

则未尝抑配也。[1]

马端临作出这一辩护后,附带说明:“盖建请之初,姑为此美言以惑上听而厌众论;而施行之际,实则不然也。”所谓“惑上听”、“厌众论”之说,不免有臆断之嫌。其实,马端临明知法规是一回事,施行则是另一回事,施行新法的人未按照新法规定办事。马端临根据新法规定条文,新法实施具体情节,朱熹、苏轼、苏辙等各家议论,百姓疾苦所在,他认为新法并非不可行:

> 要之,以常平之储,贵发贱敛,以赈凶饥,广畜储,其出入以粟而不以金,且不取息,亦可以惩常平积滞不散、侵移他用之弊,则青苗未尝不可行(晦菴之说如此)。以坊场扑买之利,及量征六色助役之钱以资雇役,所征不及下户,不取宽剩,亦可以免当役者费用破家之苦,则助役未尝不可行(二苏之说如此)。

当然,朱熹、苏轼、苏辙对青苗、助役主观上作了修订,然后始认为可行。变法之时,反变法之声甚嚣尘上,由于变法与反变法两大势力各执一词,各走极端,马端临客观地以为“介甫狠愎,不能熟议缓行,而当时诸贤又以决不可行之说激之”[2]。这里将新法失败的责任从王安石身上分出一部分给反变法的“诸贤”。宋儒几乎一致否定新法,而且众口一词称王安石为

---

① 《文献通考》卷二一《市籴考二·按》,前引文为本卷另一处按语,所谓“六色役钱”指向当役户、坊郭户、官户、女户、单丁户和寺观户分别所征收的役钱。

② 《文献通考》卷二一《市籴考二·按》,前引朱熹、二苏之说同此。

“拗相公”，把他说成是与天下为敌的人物，“天变不足畏，祖宗不足法，人言不足恤”；把新法失败的过失全部推到他一人头上。王安石在宋儒心目中是一名罪大恶极、祸国殃民的人物。马端临以“诸贤又以决不可行之说激之”来澄清史实，“激之”者亦罪责难逃。这不是对王安石个人的偏爱，而是从历史发展的必然趋势出发，对变法的钟情，对革新的倾心。马端临运用对比法说明取息的青苗法亦不乏优越性：

> 熙宁初，王介甫秉政，专以取息为富国之务。然青苗则春散秋敛，是以有赊贷之息；市易则买贱卖贵，是以有贸易之息。至于和买，则官以钱买民之细绢而已，息钱从出，盖当时言利小人如王广廉辈以千钱配民，课绢一匹，其后匹绢令输钱一千五百，是假和买䌷绢之名，配以钱而取其五分之息，如明道所言，可见其刻又甚于青苗矣。①

拿青苗与和买相比，青苗取息二分，和买取息五分，显然青苗优于和买。特别是青苗法的制定，主要是为打击私家高利贷，宋代私家高利贷“息不两倍则三倍”②。青苗法取息低于高利贷。穷苦百姓在高利盘剥下，往往失去仅有的一点财产，甚至连妻室子女亦难以保全。青苗法使百姓摆脱高利盘剥之苦，这是值得肯定的。

---

① 《文献通考》卷二〇《市籴考一·按》。明道，指程颢(1032—1085)。

② 《欧阳文忠公全集》卷五九《原弊》，参阅王瑞明《宋代政治史概要》，华中师范大学出版社，1989年，页207注③。

马端临对新法的评价,多能实事求是,不是采取全盘否定的态度,这是极其可贵的。户马、保马法施行之初,受到百姓欢迎,这在宋人文集、笔记中难以见到,在《文献通考》中却有记载:熙宁五年(1072)所行者,户马也;元丰七年(1084)所行者,保马也。“皆是以官马责之于民,令其字养。户马则是蠲其科赋,保马则是蠲其征役。”“户马之将行也,王介甫以为京畿百姓投牒愿应募者已千五百户;保马之将行也,霍翔以为禹城一县愿应募者为马已四百四十八。”其中原委,马端临认为:“盖法行之初,民皆乐从,初非官府抑逼。”“民皆乐从”确属实情,民之所以乐从,是为了藉此以摆脱繁重的赋役,马端临说:“当时科赋、征役必是繁重,故苟有一役于官而得以自免,则亦不暇详虑却顾而靡然从之。”这一分析极为得当。保马法之所以病民,那是以后的事,“及其久也,马之毙者赔偿不訾,且奉行之吏,务为苛峻,于是数之少者增之,期之宽者促之,始重为民病矣。”① 问题出在“奉行之吏,务为苛峻”。保马法如此,保甲法亦如此,保甲法之所以害民,“言有害者,则曰贪污之吏,并缘渔猎,足以困百姓。”而且是有禁不止,保甲法实施过程中,“吏之为奸者,则虽加之禁戢,而不能止。”② 正是由于新法在执行过程中病民、害民、困民,马端临始有所抨击,他所抨击的是并缘渔猎的贪污之吏、务为苛峻的聚敛小人;他对王安石及其新法有所不满,主要因其“刻核亟疾之意多,惨怛忠利之意少”,也是针对其病民、害民、困民立言。这就充分显示马端临政治思想的核心在爱民重农。

---

① 《文献通考》卷一六〇《兵考十二·按》。

② 《文献通考》卷一五三《兵考五·按》。

五代十国时期，战乱频繁，争城夺地，马端临细心地认识到李亶、柴荣的“爱民重农”。“其间唐明宗、周世宗粗为有志于爱民重农者。有如农务未开而受理词讼；征科既足而追会科敛，皆官吏奸贪之情，为闾里隐微之害。而天成、显德之诏敕，丁宁禁切之于倥偬日不暇给之时，而能及此，可谓仁矣。”[①]马端临以“爱民重农”为“仁”，他以此为尺度考察历代政治的是非得失，而以“爱民重农”主要的表征就是轻徭薄赋。马端临在《文献通考·田赋考一》中，把注意力集中在人民的疾苦上，除引述“什一之数”与“九等之差”外，还引用《论语·颜渊》“哀公问于有若”一段，专论加赋的问题；又以此问于孔子，孔子答曰：“薄赋敛，则人富。”马端临据此以论证轻徭薄赋的重要，他以隋文帝为典型，开皇时(581—600)“户口岁增，库藏皆满”。这并非厚赋敛的结果，他说：“夫酒榷盐铁市征，乃后世以为关于邦财之大者，而隋一无所取，则所仰赋税而已。然开皇三年，调绢一疋者减为二文；役丁十二番者减为三十日。”继而在开皇九年“以江表初平，给复十年，自余诸州免当年租税。十年，以宇内无事，益宽徭赋；百姓年五十者输庸停放”。开皇十二年诏：“河北、河东今年田租三分减一，兵减半，功调全免。”但隋文帝营缮征伐未尝废，赏赐有功并无所爱。接着提出问题：“夫既非苛赋敛以取财，且时有征伐以糜财，而赏赐复不吝财，宜用度之空匮也，而何以殷富如此？”这是历史上长期不得其解的问题，即所谓“史求其说而不可得”。马端临得解

① 《文献通考》卷四《田赋考四·按》，唐明宗即李亶，周世宗即柴荣，天成(926—930)，显德(954—960)。前者为后唐明宗年号；后者为后周太祖、世宗、恭帝共用的年号，此处指周世宗时期。

其说，他说这是隋文帝“躬履俭约”的结果，这是“利国之良规”，这是暗合圣贤之道的。相反，他对北宋末期蔡京怂恿徽宗竭天下以自奉之事大加鞭挞：“后之谈孔、孟而行管商者乃曰：‘苟善理财，虽以天下自奉可也。’而其党遂倡为‘丰亨豫大，惟王不会’之说，饰六艺、文奸言以误人国家。”[①]他将躬履俭约的隋文帝与穷奢极侈的宋徽宗相比，一轻徭薄赋，一巧取豪夺，虽同为封建帝王，剥削的程度有异，其形象大不一样。马端临肯定桑弘羊的盐铁之征、酒酤、均输、舟车之算是理财良法，其所以称之为良法，理由是：“若盐铁，则取之山泽也；若酒酤、均输、舟车之算，则取之商贾逐利者也。盖山海天地之藏，而商贾坐笼不赀之利，稍夺之以助县官经费，而不致尽倚办于农田之租赋，亦崇本抑末之意。”[②]这一历史经验为王安石所继承，乃有“不加赋而上用足”之举，即不加赋于农民，本崇本抑末之意，适当加赋于兼并之家，适当加赋于工商逐末者；此外，兴修水利，发展生产，包括煮海、采山、铸钱，流通货币、管理货币[③]。马端临为“不加赋而上用足”发掘出一层新的内涵，即“俭约”，扩大而言之，即节流。不节流，巧取豪夺必误国。

马端临对历代赋税制度进行比较之后，认为杨炎两税法“虽非经国之远图，乃救弊之良法”。两税法之所以为“良

① 《文献通考》卷二三《国用考一·按》，丰、亨、豫、大，出于《周易》《丰》卦：“《丰》：亨，王假之；勿忧，宜日中。”丰盈硕大，亨通，有德君王可达到丰盈硕大境界；不必忧虑，应如太阳位居中天一样保持强烈的光芒。

② 《文献通考》卷一九《征榷考六》最后小结。昔太史公论桑弘羊之善理财，以为民不加赋而上用足。

③ 关于“不加赋而上用足”，参阅王瑞明《宋代政治史概要》，页215—217。

法”,好在以田定赋,因为“赋税必视田亩,乃古今不可易之法”。不遵循此“不可易之法”,势必造成贫富不均,“历代口赋,皆视丁中以为厚薄。然人之贫富不齐,由来久矣,今有幼未成丁,而承袭世资,家累千金者,乃薄赋之;又有年齿已壮,而身居穷约,家无置锥者,乃厚赋之,岂不背缪。”两税法正好解决贫富不均之弊,“两税之法,人无丁中,以贫富为差,尤为的当。”两税法虽良、虽善,但执法者乃掊刻之吏,弊端就难以避免,“立法之初,不任土所宜,输其所有,乃计绫帛而输钱;既而物价愈下,所纳愈多,遂至输一者过二,重为民困,此乃掊刻之吏所为,非法之不善也。”①

马端临既注意各代立法之何以为善,何以为不善;还注意如实揭露掊刻之吏的罪恶,更大力挞伐横征暴敛的君王。唐德宗之“刻剥生民”②,宫市之不顾“义理之是非,生民之休戚”③,都遭到他严厉的谴责。对唐代“捉钱”之事,马端临称之为“无艺甚矣”④。对种种横征暴敛进行口诛笔伐之余,更展示正反两方面的必然结局以警世人。唐末黄巢大起义之后,后梁开国,“外严烽候,内辟汙莱,厉以耕桑,薄其租赋,士虽苦战,民则乐输,二纪之间,俄成霸业。”这是说,欲成“霸业”,必须“厉以耕桑,薄其租赋”。后唐取代后梁,“峻法以剥

① 《文献通考》卷三《田赋考三·按》。
② 《文献通考》卷一九《征榷考六·按》。
③ 《文献通考》卷二〇《市籴考一·按》。
④ 《文献通考》卷一九《征榷考六·按》:“捉钱之事,惟唐有之,盖以供诸司公用之费,虽曰官出本钱,令其营运纳息,非凿空之横敛,及其久也,民利非假官之势,则不请本钱,白纳利息;官利于取民之财,则所征利息数倍本钱,而其为无艺甚矣。”无艺,无限度也。

下，厚敛以奉上”，不三四年，以致颠陨。这是说，峻法厚敛的结果是“颠陨”。通过正反两方面的实例，说明“赋敛轻而邱园可恋也”与“赋役重而寰区失望故也”。赋敛轻重关系到民心得失与政治清浊，关系到百姓死活，这一重要情节为《资治通鉴》所不载，洪迈极为慨叹，认为忽略一条重要龟鉴。马端临从洪迈《容斋随笔》中发现这一问题，极为珍视。后唐吏部尚书李琪的上疏，引起马端临注意，他认为其疏“叙述历代劝农宽征生聚之事，辞简而义备”。李琪上疏提到“魏徵独劝文皇力行王道，由是轻徭薄赋，不夺农时，进贤良，悦忠直。天下粟斗直两钱。自贞观至于开元，将及九百万户，五千三百万口，垦田一千四百万顷。比之近古，又多增加。是知救人瘼者，必重敛为病源；料兵食者，以惠能为军政。”①重敛为病民的根源。

宋代重敛病民。马端临《文献通考·田赋考》以宋代赋税为中心，进行考索，旁征博引，突出以下三点内容：

其一，赋税名目繁多。租税征收包括谷、帛、金铁、物产四类。谷的种类有七：粟、稻、麦、黍、穄、菽、杂子，这七项中各有很多小项。布帛丝绵下，又分为十小项，即罗、绫、绢、纱、絁、紬、杂折、丝线、绵、布葛。在物产中，包括六畜、齿革、翎毛、茶盐、竹木、麻草、刍菜、果药、油纸、薪炭、漆蜡。民间所有，搜刮一空，巨细无遗。

其二，苛捐杂税刻毒。五代很多苛捐杂税在宋代照旧征收。南唐李氏，在江西一路，税苗数外，倍借三分，宋代沿袭这一办法，因此有“沿纳”之名。五代酿酒则有曲引钱，食盐则输盐米，供军须有鞋钱，入仓库则有废钱。正税每石加盐米四

---

① 《文献通考》卷三《田赋考三·引李琪上疏》。

斗，蔑米二斗八升二合；一石正税，非三石不可了纳。这种盐蔑米，是南唐的横赋，它一直延续到南宋。有人认为只有饶州个别地区有盐蔑米，马端临指出："此赋之未减者，非独饶州而已。"南宋时，苛捐杂税增加很多名目，比北宋初年多出好几倍，也多于汉唐好几倍。对经总制、月桩、板帐等钱，马端临大发议论。不少人以为这些杂税，是"取办州县，所敛不及民"，马端临指出：此"与掩耳盗钟之见无异"，乃自欺欺人之谈。其所以成为民害，马端临分析："虽曰增征商之羡余，减出纳之贯陌，但不量州军之力，一例均抛，而额之重者不可复轻，督迫之余，州县遂至别立苛横之法。"这些"苛横之法"无一不加害于民。①

其三，支移折变害民。《田赋考四》论及公田之赋、民田之赋、城郭之赋、杂变之赋、丁口之赋后，解释支移、折变曰："其输有常处，而以有余补不足，则移此输彼，移近输远，谓之支移。其入有常物，而一时所须，则变而取之，使其直轻重相当，谓之折变。"凡不愿负担"支移"之劳的，可交"道里脚钱"；崇宁(1102—1106)时，每斗脚钱五十六钱，"反复纽折，数倍于昔，农民至鬻牛易产，犹不能继"。折变，花招百出，"既以绢折钱，又以钱折麦；以绢较钱，钱倍于绢；以钱较麦，麦亿于钱。展转增加，民无所诉。"绍兴二年(1132)左司谏吴表臣言："诸州折变有至数倍者"。由于仓吏与经管官吏狼狈为奸，民户直接交纳赋税，受到百般刁难，或已交而不给钞、不销簿，不得已托付揽纳户代理，"民有倍称之出，官受滥恶之物"。中饱了贪官污吏。"往时有大吏，为郡四年，多取斗面米六十万斛，及钱百余

① 《文献通考》卷一九《征榷考六·按》。沿纳，早已成为杂税的名称，自唐以来，民计日输赋外，增取他物，亦称沿纳。

万缗。”秦桧当权时期，秦桧密谕诸路暗增民税七八，“故民力重困，饥死者众，皆桧之为也。”[①]常赋暗增，民不聊生。

马端临对宋代赋税问题，洞察秋毫。他在《田赋考五》特立“预借”一项，预借是非法的。嘉定五年(1212)臣僚有言：“今预借之弊，在在有之，而江西特甚。”一般预借一二年，更有甚者，福建泉州“诸邑二税，尝预借至六七年”[②]。宋代全国通行二税，或称两税，但与唐代两税法不同。唐代两税法，计产征税，以实物为主，其实质是地税与户税，分夏秋两征。宋代两税，则是地税，一般是亩输一斗，后改为夏税纳钱，秋税纳米；按规定，宋代两税由主户承担，没有土地的客户则不交两税。实际上，法定的交税人、特别是豪强地主将他们应交的税额千方百计转嫁到自耕农、半自耕农、佃农头上，赋税负担严重不公。南宋孝宗淳熙七年(1180)夏大旱，知南康军(今江西星子县)朱熹应诏上封事：“今日民间，特以税重为害。”宋代两税额一般不重，其所以“税重为害”，是由于赋税不均及两税之外的巧取豪夺。照朱熹的建议，解决的办法是：“惟有核兵籍，广屯田，练民兵，乃可以渐省列屯坐食之兵，损省州县供军之数，使州县事力渐舒，然后可以禁其苛敛，责其宽恤，庶几穷困之民得保生业，无流徙之患。”[③]马端临之所以引用朱熹的这段话，因为朱熹抓住解决问题的要领。南宋的兵费浩繁，“国家之费，莫大养兵”，养兵之费，十倍于往日，兵之冗极矣，天下

① 《文献通考》卷五《田赋考五》，参阅王瑞明《从〈田赋考〉看宋代田制与赋税问题》，《文献通考研究》，中州古籍出版社，1994年出版，页8—12。

② 《宋史》卷四三七《真德秀传》。

③ 《文献通考》卷五《田赋考五》。

之财,耗于供军者什八。"[1]朱熹所提出的"核兵籍,广屯田,练民兵"不失为是解穷困之民于倒悬的有效手段,是"禁其苛敛"的釜底抽薪之计。

赋税问题在宋代是一个牵一发而动全身的敏感问题。马端临非常正视这一敏感问题,但他不否认北宋的"仁厚之泽"超过汉、唐。北宋田亩之所以"赋租所不加者十居其七",马端临说是"盖祖宗重扰民,未尝穷按,故莫得其实"。这是说,宋代全国垦田面积实际数字,不是官府无能力了解到,而是"重扰民"未去调查落实。此一统治思想具体体现在垦田起税之争上。宋代荒田多,特别是京、襄、唐、邓有很多未开垦之地,至治平、熙宁间(1064—1077),相继开垦,"然凡百亩之内,起税止四亩,欲增至廿亩,则言者以为民间苦赋重,再至转徙,遂不增。"[2]马端临说北宋"仁厚之泽"超过汉、唐,是根据宋代"赋租所不加者十居其七"而言。其实宋代租赋超过汉唐[3],成为社会矛盾的焦点,成为农民起义的导火线。[4] 因此朝廷视增赋为大事,因为民苦重赋则逃亡,民逃亡则田地抛荒、铤而走险,赋税无着,政权危殆。凡是田地抛荒之处,如欲复垦,主要靠轻赋招徕百姓。北宋太宗时期,天灾相继,民多转徙,招诱虽勤,逋逃未复。至道元年(995)六月诏曰:"应州县旷土,并

① 洪适《盘洲文集》卷六四《试馆职策题》。

② 《文献通考》卷四《田赋考四·按》。

③ 李焘《续资治通鉴长编》卷三七《至道元年五月丁卯》有宋代赋税"两倍于唐室"之说;另据《建炎以来系年要录》卷二六《建炎三年八月辛酉》有"本朝二税数,视唐增至七倍"。

④ 参阅王瑞明《"等贵贱,均贫富"试释》,《华中师院学报》1984 年第 1 期。宋代土地问题不若赋役问题之严重。

许民请佃为永业，仍蠲三岁租，三岁外输二分之一。”对劝民垦田有功的州县官吏，有赏。马端临评此诏曰：“至道之诏，劝诱之词意恳切。”[①]恳切的“劝诱之词”具体是指轻赋，成为宋代劝诱垦荒的重要法宝。“自荆南（今湖北荆州市）、安（今湖北安陆市）、复（今湖北仙桃市）、岳、鄂、汉、沔（今陕西勉县）汙莱弥望，犹昔户口稀少，且非土著，皆江南狭乡百姓，老耄携幼远来请佃，所籍田亩宽而税赋轻也。”为使“田畴尽辟，岁收滋广”，决不能“恐以增税”[②]，这是长期实践经验的总结。为轻赋而采取的方田均税等措施虽失败，但轻赋毕竟是鼓励垦荒、恢复农业生产、发展经济、减轻人民疾苦、缓和社会矛盾的关键措施。陆游非常明白此中道理：“今日之患，莫大于民贫；救民之贫，莫先于轻赋。若赋不加轻，别求他术，则用力虽多，终必无益；立法虽备，终必不行。”[③]比陆游晚生五十三年的真德秀，与陆游一样，也认为“救民之贫，莫先于轻赋”[④]。真德秀所说的“轻赋”，包括：抛荒田不收“秋苗”；种杂粮的，不可作为熟田收“苗米”。轻赋的程度极其有限，即令如此，也可减少饥荒逃亡或田地抛荒，缓和社会矛盾。宋儒的这一远见卓识，与赋税重轻决定百姓祸福的大量史实，使马端临非常重视轻赋，只有轻赋才能使国富民安，这一思路在其《田赋考》中体现得比较清晰，这是马端临《文献通考》总结出的一条重要的历史经验或教训，当然也构成了马端临政治蓝图的总体框架。

---

① 《文献通考》卷四《田赋考四·按》。

② 《文献通考》卷五《田赋考五引臣僚言》。

③ 陆游《渭南文集》卷四《上殿札子》之七。四部丛刊本。

④ 真德秀《真文忠公文集》卷六《奏乞蠲阁夏税秋苗》。四部丛刊本。

第三节 恤民疾苦反滥刑

马端临长期生活在民间，对民间疾苦了解甚深，特别是宋元之际，兵荒马乱，人人自危，欲保全身家性命亦非易事。“自中原陷没，东南之民，死于兵燹、疫疠、水旱，以至为兵、为缁黄及去为盗贼，余民之存者十无二三；奸臣虐用其民，诛求过数，丁盐䌷绢，最为疾苦，愚民宁杀子而不愿输，生女者又多不举。”① 他同情民众疾苦，强烈要求改变这种局面，谋求治国安邦之心甚切。

秦以暴政亡。秦始皇共有十八子，“扶苏以下十七人俱为胡亥所杀，胡亥复为赵高所杀，皆不得良死。嗟乎，威震四海，功加五帝，而身殁未几，子孙歼焉。”简直不能与周朝相比拟，“彼文昭武穆之苗裔，分茅胙土，与国咸休者数百年而未艾也。”马端临通过对比，得出“仁而延，暴而颠”的结论②。马端临没有否定秦始皇的历史功绩，承认他“威震四海，功加五帝”，但其建功立业的手段过于“暴”以致转瞬即“颠”。而周文王积善累德，“笃仁，敬老，慈少”，在其治理下，“耕者皆让畔，民俗皆让长”，农业发展，民风纯朴，国力增强。武王在文王的基础上灭殷，大行分封，“散鹿台之财，发巨桥之粟，以赈贫弱萌隶。”③ 大得民心，其子孙享国数百年，这是“仁而延”的实

---

① 《文献通考》卷一一《户口考二》引绍兴八年尚书刘大中奏。

② 《文献通考》卷二五七《帝系考八·按》。分茅胙土，即分封诸侯，以白茅裹着泥土授予被封者，象征土地和权力的授予。文昭武穆，指周文王，周武王。按古代宗法制度，宗庙或墓地排列有一定之规，左昭右穆，后泛指家族的辈分。

③ 《史记》卷四《周本纪》。

证。马端临在叙述商鞅变法行什伍之法时,对周之“仁”与秦之“暴”又作了比较:

> 秦人所行什伍之法,与成周一也。然周之法则欲其出入相友,守望相助,疾病相扶持,是教其相率而为仁厚辑睦之君子也。秦之法一人有奸,邻里告之;一人犯罪,邻里坐之;是教其相率而为暴戾刻核之小人也。①

同一种法规,两种手段,产生两种截然相反的政治后果,一为君子,一为小人;一为“仁厚辑睦”,一为“暴戾刻核”。马端临所向往的是仁厚辑睦之君子,他欣赏周文王礼下贤者、行善有德;周武王济贫救弱、振兵释旅。如能继往开来,在漫长的历史长河中,就会形成秀丽的景象,即“百姓各安其生”。马端临把注意力集中于宋初,宋初完成统一大业,结束分裂割据,使人民得以安居乐业,上下给足。马端临分析其成因曰:

> 宋兴,而吴、蜀、江南、荆湖、南粤,皆号富强,相继降附,祖宗因其畜守以恭俭简易。方是时,天下生齿尚寡,而养兵未甚蕃,任官未甚冗,佛老之徒未甚炽,外无夷狄金缯之遗,百姓各安其生,不为巧伪放侈,故上下给足,府库羡溢。

可惜这种景象难以持久,破坏这种景象的消极因素是:“户口

① 《文献通考》卷十二《职役考一·按》。

岁增，兵籍益广，吏员益众，佛老夷狄耗蠹中国，县官之费，数倍昔时，百姓亦稍纵侈，而上下始困于财矣。”[①] 宋代冗官、冗兵、冗费，造成上下穷困，使马端临所崇尚的仁政与“上下给足”变成幻影。

马端临认为统治者最不仁的是与民争利，无限制地扩大特权。他说：

> 孟献子曰：“畜马乘不察于鸡豚，伐冰之家不畜牛羊，百乘之家不畜聚敛之臣。”言公卿士夫既俸廪不当与民争利也。汉列侯封君食租税，岁卒户二百，如千户之君则二十万，可谓富矣；而复效富人广畜田园，如田蚡以外戚为相，奉邑鄃食收多而且治宅田，诸第田园极膏腴之类是也。汉时亦未曾为之制。至晋武诏王公以国为家，京城不宜复有田宅，欲为之限，得古意矣。然所谓城中有往来之地，近郊有刍藁之田，则似《王制》所谓汤沐之地，且所限止于京城；则王戎所谓园田水碓周遍天下者，固未尝为之限，何邪？[②]

对公卿士夫与民争利的问题，不立法加以严格禁止；间或有所限制，其限制的范围极为狭窄。那些享有俸廪的人物，不仅大量占有财物、田园、宅第，而且大量占有奴婢。奴婢有官私之

① 《文献通考》卷二四《国用考二》。

② 《文献通考》卷六五《职官考十九·按》，王戎（234—305），字濬冲，好清谈，为“竹林七贤”之一，西晋惠帝时，官至尚书令、司徒，贪吝好货，广收八方园田，积钱无数。

分,“今按豪家奴婢,细民为饥寒所驱而卖者也。官奴婢,有罪而没者也。民以饥寒至于弃良为贱,上之人不能有以赈救之,乃复效豪家兼并者之所为,设法令其入奴婢以拜爵复役,是令饥寒之民无辜而与罪隶等也!况在官者十余万人,而复税良民以养之,则亦何益于事哉!”① 马端临不仅为无辜之民等同于罪隶洒下同情之泪,而更对“上之人”与“豪家”表示极大的愤恚。有些封建君主明知道问题的严重性,对奴婢占有问题有所限制,如汉哀帝有“诸侯王奴婢二百人,列侯公主百人,关内侯吏民三十人”的规定,但这类数字规定,并不能解决实际问题。宋太祖开宝四年(971)有诏:“诸郡民家有收买到男女为奴婢,转将佣雇以输其利者,并令放免;敢不如诏旨者,决杖配流。”宋真宗天禧三年(1019)有诏:“自今掠卖人口入契丹界者,首领并处死;诱致者同罪。未过界者决杖黥配。”宋初这两则诏令说明买卖奴婢现象的严重,奴婢之源不易堵塞。靖康之后,陷于金人者,帝子、王孙、宦门、士族之家,尽没为奴婢,被迫劳作,他们每人一月支稗子五斗,令自舂为米,得一斗八升,用为馔粮;岁支麻五把,令缉为裘。此外更无一钱一帛之入。男子不能缉者,则终岁裸体。天寒地冻之日,“虽时负火得暖气,然才出外取柴归,再坐火边,皮肉即脱落,不日辄死。”② 马端临对奴婢在生死线上挣扎的细节了解较深入、较真切,对百姓的种种疾苦无不关怀备至。《周官·太宰》以九赋敛财贿。九赋指邦中、四郊、邦甸、家削、邦县、邦都、关市、山泽、币余,马端临认为其中有重复的负担,不应加之于民,“然

---

① 《文献通考》卷十一《户口考二奴婢·按》。
② 《文献通考》卷十一《户口考二》引洪迈《容斋随笔》。

关市即邦中之地也,山泽即四郊以下之地也,一地而再税之可乎?关市即邦中之人也,山泽即四郊以下之人也,一人而再税之可乎?"[①] "再税"、"倍征"之弊,易于觉察;有一些极其隐蔽的弊端,马端临凭其政治敏感、恤民疾苦的责任心、与丰富的知识,亦能洞察秋毫,如后汉明帝永平五年(62)作常平仓,马端临据《后汉书·刘般传》说:

> 显宗欲置常平仓,公卿议者多以为便。(刘)般对以为常平外有利民之名,而内实侵刻百姓。豪右因缘为奸,小民不得其平,置之不便,帝乃止。然则岂后来卒置之欤。般所言者,后世常平之弊。常平起于孝宣之时,盖至东汉而其弊已如此矣。[②]

"常平"之所以常不平,因"豪右因缘为奸",故"外有利民之名,而内实侵刻百姓。"在豪右贪吏操纵下,任何便民之举皆一变为"侵刻百姓"之害。对均输、市易、和买,马端临均一一加以评论,其论"五均"曰:"按古人立五均以均市价,立泉府以收滞货,而其时买卖,皆所以便民也。"后人则运用此便民之法以取息于民。马端临慨叹:"噫,古人之立法,恶商贾之趋末而欲抑之;后人之立法,妬商贾之获利而欲分之。"[③]"抑商"是为便民,"分商"是为利己,或曰利于统治阶级。其论折帛和买曰:

---

① 《文献通考》卷二三《国用考一·按》。

② 《文献通考》卷二一《市籴考二·按》。

③ 《文献通考》卷二〇《市籴考一·按》。古人设五均官管理市场,平定物价,《逸周书·大聚》:"市有五均,早暮如一。"

“按折帛元出于和买，其始也则官给钱以买之；其后也则官不给钱而白取之；又其后也，则反令以每匹之价折纳现钱而谓之折帛。倒置可笑如此，则官价之不给久矣。”[①] 马端临将和买变成折帛的“可笑”过程展示于人，目的在说明被统治者的可悲处境，任人宰割，任人愚弄，无法解脱，无法自救。每当积欠日多，矛盾尖锐之时，统治者为粉饰太平，收拾人心，有蠲贷赈恤之举。马端临总结其规律云：“盖征敛之法本苛，逋欠之数日多，故蠲贷之令不容不密。”频烦的蠲贷之令所反映的是征敛之法的苛酷。征敛苛酷，苛酷的征敛之法本身已失去任何转圜的余地，不具备调节的功能，只能靠蠲贷来实现调节的机制。马端临说：

> 汉以来始有蠲贷之事。其所蠲贷者有二：田赋一也，逋债二也。何三代之时，独不闻有所蠲贷耶？盖三代之所以取民，田赋而已，贡助彻之法虽不离乎什一，然往往随时随地为之权衡，未尝立为一定不易之制。[②]

值得注意的是马端临认识到什一之赋，不是固定不变的，随时随地进行斟酌，“既随时斟酌而取之，则自不令其输纳不敷而至于逋悬，既无逋悬，则何有于蠲。”可见“蠲贷”是对征敛之法失去权衡机制的一种补救，是对定额税赋的一种调节。定额税赋开始于秦汉，而且税外有税，取民愈重则蠲贷愈多，马端

① 《文献通考》卷二〇《市籴考一·按》。
② 《文献通考》卷二七《国用考五·蠲贷·按》。

临详述其演变过程云：

> 秦汉而下，赋税之额始定，而民不敢逋额内之租；征敛之名始多，而官复有税外之取。夫如是故上之人不容不视时之丰歉、民之贫富而时有蠲贷之令，亦其势然也。由唐以来，取民之制愈重，其法愈繁，故蠲贷之令愈多，或以水旱，或以乱离，改易朝代则有所蠲，恢拓土宇则有所蠲，甚至三岁祀帝之赦亦必有所蠲，以为常典。①

名目繁多的“税外之取”，使民穷财尽。蠲贷是民穷财尽的必然反映。正由于民穷财尽，始以水旱蠲，以乱离蠲，以改朝易代蠲，以恢拓土宇蠲，以祭祀之礼蠲。所谓“蠲”，是敲骨吸髓后的假慈假悲，马端临触及到了蠲贷的阶级实质。到了宋代，蠲租免税空前频繁。马端临说：“宋以仁立国，蠲租已责之事，视前代为过之，而中兴后尤多。州郡所上水旱、盗贼、逃移、倚阁钱谷，则以诏旨径直蠲除，无岁无之，殆不胜书。”② 特别是宋仁宗统治的40余年间，对蠲贷工作抓得较紧，天圣六年(1028)有诏：“百万以上，岁中除十之八者，升陟；不及百万，而岁中悉除者，录其劳；过期者劾其罪。”这一年蠲236万。嘉祐四年(1059)蠲3216万，其余或千万，或数百万，“推是以知四十余年之间，以恩释者多矣，然有司或务聚敛，有尝以恩除而

① 《文献通考》卷二七《国用考五·蠲贷·按》。

② 《文献通考》卷二七《国用考五·小结》。

追督不舍者,朝廷知其弊,下诏戒饬。"[①] 诏令不行,有禁不止,吏治败坏,自宋神宗、哲宗嗣位以后,"恩贷指挥,多被有司巧为艰阂,故四方皆有'黄纸放,白纸收'之语。"皇帝对此竟听之任之,"未尝峻发德音戒饬大臣令尽理推行。"[②] 这时的皇帝无真心实意推行蠲贷。宋朝"祖宗旧法",凡州县催理官物,已及九分以上,谓之"破分",诸司即行住催,版曹亦置不问。由是州县得其赢余以相补助,贫民些小拖欠亦得迁延以待蠲放。这一公私两便的"破分法"在南宋孝宗时亦被破坏,从此,"尽刷州县旧欠以为隐漏,悉行拘催,于是民间税物豪分铢两,尽要登足。"破坏"破分法"的曾怀以此进身,遂取宰相。而"生灵受害,冤痛日深"[③]。马端临指出破坏"破分法"的曾怀是"刻剥小人"[④]。他对宋仁宗、英宗的振恤之政极为推崇,誉为"其德厚矣",并作了详细介绍:

仁宗、英宗一遇灾变,则避朝变服,损膳撤乐,恐惧修省,见于颜色;恻怛哀矜,形于诏令;其德厚矣。灾之所被,必发仓廪赈贷,或平价以粜,不足则转漕他路粟以给;又不足则诱富人入粟,秩以官爵;灾甚则出内藏或奉宸库金帛,或鬻祠部度僧牒,东南则留发运司岁漕米或数十万或百万石济之。赋租之未入、入未备者,或纵不取,或寡取之;或倚格以须丰

① 《文献通考》卷二七《国用考五》,原文在蠲贷数后省去"缗"字。

② 《文献通考》卷二七《国用考五·引苏轼语》。

③ 《文献通考》卷二七《国用考五·引朱熹〈戊申封事〉》,参阅《朱文公文集》卷一一《戊申封事》。

④ 《文献通考》卷二七《国用考五·按》。

年，宽逋负，休力役；赋入之有支移折变者省之；应给蚕盐若和籴及科率追呼不急妨农者罢之；薄关市之征，鬻牛者免算。利有可与民共者不禁，水乡则蠲蒲鱼果蓏之税；民流亡者关津毋责渡钱，过京师者分遣官诸城门赈米，所至舍以官第，为淖糜食之；或赋以闲田，或听隶军籍，老幼不能自存者听官司收养；因饥役若厌溺死者，官为瘗埋，祭之；厌溺死者，加赐其家钱粟。蝗为害则募民捕，以钱若粟易之，蝗子一升易菽粟三升或五升。诏州郡，戒长吏，存拊其民，缓缧系，省刑罚，饥民劫囷窖者薄其罪。[①]

马端临对宋仁宗、英宗时期的赈恤之政，无论巨细，网罗无遗，供粟帛，宽逋负，休力役，罢科率，特别对流民"赋以闲田，或听隶军籍"，而且将"缓缧系、省刑罚"亦列为安抚灾民的重要措施，反映他对人民的疾苦，关切之至，他更关切历代减轻人民疾苦的种种具体措施。

隋文帝为减轻人民疾苦所做的工作较为突出。开皇九年(589)，"以江表初平，给复十年；自余诸州，并免当年租赋。"开皇十二年诏："河北、河东今年田租三分减一，兵减半，功全免。"所谓"给复"，即免除徭役。晋武帝太康元年(280)，平吴，将吏渡江，复十年；百姓及百工复二十年。北魏孝文帝太和二十二年(498)，有给复三十年或十五年之举，但所涉及面是狭窄的，"诏以穰人首归大顺，始终若一者，给复三十年，标其所

① 《文献通考》卷二六《国用考四·赈恤》。

居曰归义乡；次降者，给复十五年。”[①]在中国古代史上，“给复”十年以上者并不多见。唐高祖武德元年（618）即位，诏：“义师所过，给复三年；其余给复二年。”唐太宗即位，给复天下一年。唐代著名君主皆不若隋文帝之体恤民情。开皇十四年（594）关中大旱，民饥。隋文帝遣左右视民食，得豆屑杂糠以献，为之流涕。他不仅洒几滴同情泪，而且有实际行动救助灾民，“不御酒殆将一期；乃帅民就食于洛阳，敕斥候不得辄有驱逼男女参厕于仗卫之间；遇扶老携幼，辄引马避之，慰勉而去；至艰险之处，见负担者，令左右扶助之。”[②]马端临对此极为重视，列为赈恤之政的重要内容。

宋代在赈恤之政方面做出成绩的当推富弼。庆历八年（1048），河北、京东西大水，大饥，人相食。时知青州富弼，“择所部丰稔者五州，劝民出粟，得十五万斛，益以官廪，随所在贮之。择公私庐舍十余万区，散处其人，以便薪水。”特别是开放山林河泊之利以予民，“山林河泊之利，有可取以为生者，听流民取之，其主不得禁。”鼓励各级官吏为救灾尽心尽力。凡活五十余万人。其所以取得如此巨大的成绩，一为“散处其人，以便薪水”，二为开放山林河泊，广开谋生之路。普遍采用的救灾办法，很少注意到广开谋生之路，只聚民城郭，煮粥食之。这容易出现问题：饥民相聚，易生疾疫；粥少人多，争粥互相蹈籍死，或连日不得食而饿死。相形之下，富弼的办法受到称

① 《魏书》卷七下。

② 《文献通考》卷二六《国用考四·赈恤》。唐太宗认为：“开皇间大旱，隋文帝不许赈给，而令百姓就食山东。”

赞,“天下传以为法”,马端临亦认为其法“简便周至”[①]。宋代在救灾赈恤方面有所建树的,尚有赵抃之在会稽等等。

中国自古对荒政素有讲究。禹十年水,汤七年旱,而天下无菜色者,说明其荒政之得法。及至成周,更对荒政作出系统总结,有散利、薄征、缓刑、弛力、舍禁、去几等十有二条[②]。这是宋人经常提到的救灾办法,为司马光、吕本中所津津乐道。救灾赈恤,有规可循,凡尽职尽责的官吏,都可能使灾民度过难关,转危为安,减少死亡,重建家园。马端临对荒政作了深入研究,对各种议论兼容并蓄。曾巩《救灾议》曰:“夫饥寒饿殍之民,而与之升合之食,无益于救灾补败之数,此常行之弊法也。今破去常行之弊法,以钱与粟一举而赈之,足以救其患、复其业。”使农修其畎亩,商得治其货贿,工得利其器用,闲民得转移执事,一切得复其业,而不失其常生之计。司马光上疏曰:“若斗斛数少不能周遍者,且须救土著农民,各据版籍,先从下等次第赈济,则所给有限,可以豫约矣。”吕本中将荒政分为四等,“先王有预备之政上也;使李悝之政修次也;所在蓄积有可均处,使之流通,移民移粟,又次也;咸无焉,设糜粥,最下也。”李悝(约前455—前395),魏文侯相,废除世卿世禄,提倡耕作,实行平籴。其平籴法,“丰年收之甚贱,凶年出之赈饥”,列为第二等。马端临论述赈恤之政,最后引用朱熹与王淮书:“大抵朝廷爱民之心,不如惜费之甚,是以不肯为极力救民之事。”[③] 朱熹的这一见解,可视作马端临研究赈恤之政的

---

① 《文献通考》卷二六《国用考四·赈恤》。

② 阮元校刻《十三经注疏·周礼注疏·大司徒》,中华书局影印本,1980年。

③ 《文献通考》卷二六《国用考四·赈恤》。

小结，因为在漫长的封建社会，荒政赈恤之所以难见成效，正是由于朝廷敷衍塞责，“爱民”不如“惜费”，往往出现“人相食”的惨剧。

我们的祖先，经历过苦难的岁月，生命没有保障，除多死于自然灾害外，或死于酷刑，或死于暴政。马端临为此痛心疾首，对秦以诽谤、祝诅治罪，表示极大的愤慨：“古者，庶人谤，商旅议。夫子曰：‘天下有道，则庶人不议’，则诽谤，古所有也。周公曰：‘小人怨汝、詈汝’；又曰：‘否则，厥口诅祝’。晏子曰：‘人民苦病，夫妇皆诅。虽其善祝，岂能胜亿万人之诅。’则祝诅亦古所有也，然未尝以此罪人。至秦之立法，则犯此二者，皆坐以大逆而诛夷之。”汉朝未废除此二法，而且以此二法“诬害忠鲠，倾陷骨肉”[①]。马端临对此深恶痛绝。继而论及汉朝肉刑云：“孝文既除肉刑，外有轻刑之名，内实杀人。斩右趾者又当死；斩左趾者笞五百，当劓者笞三百，率多死。”[②]自西汉文帝立法，以笞代劓刵，笞数多，亦可杀人；后虽减笞数，定箠令，然笞者犹不免于死，遂以笞为死刑，其不当死者则不复笞之。马端临根据《汉书》之《宁成传》与《何并传》所提供的案例，说明汉代“死刑至多，而生刑反少”。至东汉，“自建武以来，虽屡有省刑薄罚之诏，然上下相胥，以苛酷为能；而拷囚之际，尤极残忍。”其残忍之状，马端临描绘云：“楚王英坐反诛，其所疏天下名士，有会稽太守尹兴名，乃征兴诣廷尉狱。其功

① 《文献通考》卷一六三《刑考二·按》。

② 马端临引《汉书》卷二三《刑法志》张苍、冯敬奏。师古曰：“斩右趾者，弃市，故人多死（亦作‘故人于死’）；以笞五百代斩左趾，笞三百代劓。笞数既多，亦不活也。”参阅《文献通考》卷一六三《刑考二》。

曹陆续、主簿梁宏、驷勋等及掾史五百余人诣洛阳诏狱就拷，诸吏不堪楚痛，死者大半；唯续、宏、勋掠拷五毒，肌肉消烂，终无异词。戴就仕郡仓曹掾，刺史欧阳参奏太守成公浮赃罪，遣部从事按之，收就于钱塘县狱，幽囚拷掠，五毒惨至。"在严刑拷掠下，死者二三百人。所谓"掠拷五毒，肌肉消烂"，"幽囚拷掠，五毒惨至"，都是惨绝人寰的酷刑。经受这种酷刑的是"反形未具"的尹兴与"为人诬以赃罪"的成公浮以及所株连的一些人，案情未明，"而乃穷极惨酷如此，则罪情稍重而不肯诬服者，拷死于狴犴之下，盖不可胜计矣。"① 当东汉献帝建安(196—220)中，议恢复肉刑，孔融反对，马端临认为"肉刑固不必议复矣"，但不可废刑，他提出："曷若斟酌笞数，使其可以惩奸而毋至于杀人，乃合中道。"② 为维护社会治安，为巩固统治，为惩"奸"，不可不保留刑罚，马端临坚决反对行肉刑、用酷刑以杀人。

中国古代的刑罚，随着时代前进，虽不断有所改善，但行罚之人，往往轻重其手，操生死之权。马端临为此向"中道"申诉、质疑：

> 魏晋以下，笞数皆多，笞法皆重。至唐而后，复有重杖痛杖之律，只曰一顿而不为之数；行罚之人，得以轻重其手，欲活则活之，欲毙则毙之。夫生之与死，箠楚之与刀锯，亦大有间矣。今重杖痛杖之法，

---

① 《文献通考》卷一六三《刑考二·按》。

② 《文献通考》卷一六四《刑考三·按》。

乃出入乎生死之间，而使奸吏因缘为市，是何理也？①

刑法的改革，有许多曲折以为阻碍，有许多假象以为迷惑。《资治通鉴》记载唐开元二十五年(737)，大理少卿徐峤奏："天下断死刑五十八人。大理狱院，由来相传杀气太盛，鸟雀不栖，今有鹊巢其树。"百官称贺。马端临驳斥其妄：

当时李林甫方用事，崇奖奸邪，屏斥忠直，监察御史周子谅以弹牛仙客杖死殿庐；太子瑛、鄂王瑶、光王琚失宠被谗，无罪同日赐死；皆是年事也，其为滥刑也大矣，而方以理院鹊巢为刑措之祥，何邪？②

唐朝开元年间，全国断死刑者不少，"其为滥刑也大矣"，无罪而"赐死"，其刑之滥，不仅主要用以镇压人民，而且成为统治阶级内部互相倾轧的重要手段。因此而有宋代的"诏狱"之兴，以之泄私怨，杜忠言。"滥酷之刑，至于轻施"，有其不可告人的政治秘密，马端临揭露其秘密云：

凌迟之法，昭陵以前，虽凶强杀人之盗，亦未尝轻用。自诏狱既兴，而以口语狂悖者皆丽此刑矣。诏狱盛于熙丰之间，盖柄国之权臣，藉此以威缙绅。祖无择之狱，王安石私怨所诬也；郑侠、苏轼之狱，杜

① 《文献通考》卷一六六《刑考五·按》。

② 《文献通考》卷一六六《刑考五·按》。

> 绝忠言也；世居之狱，则吕惠卿欲文致李士宁以倾王安石；陈世儒之狱，则贾种民欲文致世儒妻母吕以倾吕公著；至王安石欲报吕惠卿而特勘张若济之狱；蔡确欲撼吴充而特勘潘开之狱。其事皆起于纤微，而根连株逮，坐累者甚众，盖其置狱之本意，自有所谓。故非深竟党与，不能以逞其私憾；而非中以危法，则不能以深竟党与。此所以滥酷之刑，至于轻施也。①

轻施滥酷之刑，是为排斥异已、打击异己、消除异己，更多的是为镇压人民。自诏狱兴，“口语狂悖”者受凌迟之刑，遭殃最多的是平民百姓。宋代统治阶级内部各派政治势力之间，以诏狱作为争权夺利的手段，事起于纤微，根连株逮，打击一大片，给予政敌以致命创伤。这种现象的出现，与政治腐败、主昏臣暗密切相关。最凶残的莫过“根连株逮”。

马端临以汉代宦官之祸、党锢之狱分析“根连株逮”产生的原因：一为主昏政乱，以殊死为轻典；一为宦官专横，草菅人命。“至于根连株逮坐死者不可胜计，虽曰主昏政乱，凶珰得以肆其威虐，然亦有由来矣。盖汉家之法，以殊死为轻典；而治狱之吏，则以深竟党与为能事。”②汉代狱吏“以深竟党与为能事”与宋代诏狱的“深竟党与”是合节拍的。马端临对这种杀气腾腾的节拍，认为将招致亡国之祸。他说：“愚尝考之，

① 《文献通考》卷一六七《刑考六·按》。昭陵，指仁宗。诏狱，由皇帝派人审讯所定之狱，宋初，官员犯法，由御史台或开封府大理寺审讯。仁宗后，始有诏狱，自此轻施滥酷之刑。

② 《文献通考》卷一六四《刑考三·按》。

汉自冲、质而后，政日以圮，其敝盖原于人主昏庸，戚阉相继秉政，纪纲日乱，刑罚不中，而国随以亡，其咎不在刑轻也。”刑轻不会亡国，相反，只有刑重才会引发土崩瓦解。马端临经过长期研究，再三思考，总结出这样的历史教训：

> 自古人主之淫刑嗜杀者，如汉之孝武，唐之则天，宠用张汤、义纵、王温舒、周兴、来俊臣之徒，恣为威酷，然不旋踵而以法诛之；盖二主亦知人之不可多杀，特不能胜其好杀之心，而至于用此曹，旋觉其非，而诛之以谢天下。张而能弛，故不至亡其国。桓、灵之昏庸，岂足以语此。以昏庸之主，而复欲其行严酷之法，则土崩瓦解之势当如亡秦，亦不待建安之末而汉鼎始移矣。①

马端临在这里为“人主”指明政治方向、途径，更为“人之不可多杀”，为拯救千百万无辜生灵发出大声呼吁，为“胜其好杀之心”给予训斥或抨击，为昏庸之主行严酷之法提示警戒。马端临的政治蓝图，经纬分明矣。

第四节 广开门路选贤能

中国自古讲究选贤任能之道。古代贤君舜之所以能把国家治理好，由于他有知人之明，任用得人。皋陶立用人之法，“在知人，在安民”，这是至理名言，得到禹的赞美：“知人则智，

---

① 《文献通考》卷一六四《刑考三·按》。

能官人,能安民则惠,黎民怀之。能知能惠,何忧乎驩兜,何迁乎有苗,何畏乎巧言善色佞人?"① 能知人始能安民、惠民。

马端临非常强调知之明重要。他引用苏轼的话:"古之欲立非常之功者,必有知人之明。"但苏轼把"知人之明"神秘化:"道可讲习而知,德可勉强而能,惟知人之明不可学,必出于天资。如萧何之识韩信,岂有法之可传者;以诸葛孔明之贤,而短于知人,故失之于马谡;而孔明亦审于自知,故终身不敢用魏延。"马端临紧接着说:"我仁祖之在位也,事无大小,付之于法;人无贤不肖,付之公议。事已效而后行,人已试而后用。"这里所谓"法"、"公议"、"效"、"试",是"知人之明"的重要依据,是对苏轼神秘说的抨击与纠正。如无"知人之明",而又不求之于"法"、"公议"、"效"、"试",那是非常危险的。马端临发出警告:"今无知人之明,而欲立非常之功,解纵绳墨以慕古人,则是未能察脉而欲试华佗之方,其异乎操刀而杀人者几希矣。"② 无知人之明用人,等于操刀杀人。这一比喻形象,深刻而发人深省。

宋儒为做到"知人之明",公认的准则是德才兼备,以德为重。李觏说:"才乎才,有德以为功,无德以为乱。"③ 古人对于"德",不仅要求表现于言行,而且要求植根于心思,形成真真实实的公正、廉洁、诚挚、坦荡。范仲淹以德行、政事、言语、文学四科为选才准则,④ 他认为这四者是互相融会贯通的,

① 《史记·夏本纪》。驩兜,传说中的恶人,被舜放逐到崇山,见《书·舜典》。有苗,古部族名,西徙以前,当分布在长江中游以南一带,见《书·禹贡》。

② 《文献通考》卷三七《选举考十·按》。

③ 《直讲李先生文集》卷二〇《潜书八》。四部丛刊本。

④ 《范文正公集》卷五《推委臣下论》。四部丛刊本。

只要能做到一二条，就符合条件了。司马光的选才准则也是四条，“取士之道，当以德行为先；其次经术；其次政事；其次艺能。”[①] 司马光的四条与范仲淹的四条基本上是一致的，都以德行为先。德才兼备的人才难得，司马光主张，理想人才难得时，可选用有德而才稍弱的“君子”，而不可用有才而缺德的“小人”，当以“德”驾驭“才”。“德者，掌也；才者，指也；掌亡则指不可用矣。”[②] 知人困难，容易为言貌所迷惑，王安石特别提醒人们不可以言貌取人。[③]种种迷惑人的假象是可以排除的，是可以做到“明”的。为此，王安石提出四点擦亮眼睛的办法：一查访，广泛听取意见，不能只“听私于一人之口”；二考察，“欲审知其德，问以行；欲审知其才，问以言；得其言行，则试之以事。”言行俱佳，德才兼备，尚须有解决实际问题的能力；三试用，试用期不宜太短，“必至于期年，所访一二十事，则其人之贤不肖审矣。”不能以一二事论优劣；四培养，人才离不开教育陶冶，“亦教之养之，取之任之有其道而已”[④]。玉不琢，不成器。宋儒对“知人之明”有较深入的研究，找出了具体准则，破除了神秘说。

有知人之明，明知其贤，举而荐之，让贤能者有机遇发挥其才德以安民、惠民。宋儒以举荐人才为天职。李觏说：“举

① 《司马温公文集》卷一九《论举选状》。四部丛刊本。

② 《司马温公文集》卷七〇《才德论》。

③ 《王文公文集》卷二七《性说》：“以言取人，孔子失之宰我；以貌，失之子羽。此两人者，其成人也，孔子朝夕与之居，以言貌取之而失。”

④ 《王文公文集》卷一《上皇帝万言书》，刘敞《公是集》卷三一《上仁宗辨邪正》，亦强调博采众议为知人之明的重要依据。

者贤，则所举贤；举者不肖，则所举不肖。”① 贤者所举荐的都是贤者，这是不错的，范仲淹举荐的富弼、欧阳修、苏舜钦，欧阳修举荐的曾巩、王安石、苏洵、苏轼、苏辙，司马光举荐的刘恕、刘攽、范祖禹、程颐，都是才德兼备，在安民、惠民方面有所建树的人才。但宋代在举荐人才方面有许多限制，“宋时虽有辟法，然白衣不可辟；有出身而未历任者不可辟。其可辟者复拘以资格，限以举主。”许多人才被排斥或遭埋没，这种情况非始于宋代，马端临说：“自隋时海内一命之官，并出于朝廷，州郡无复有辟署之事。士之才智可效一官者，苟非宿登仕版，则虽见知于方镇岳牧，亦不能稍振拔之，以收其用。”到了唐代，这种局面有了很大的转变。马端临津津乐道：

至唐则仕者多由科目矣。然辟署亦时有之，而其法亦不一，有既为王官而被辟者，若张建封之辟许孟容，李德裕之辟郑畋，白敏中之辟王铎是也；有登第未释褐入仕而被辟者，若董晋之于韩退之是也；有强起隐逸之仕者，若乌重允之于石洪、温造，张博之于陆龟蒙是也；有特诏智略之士者，若裴度之于柏耆，杜慆之于辛谠是也。而所谓隐逸智略之士，多起自白衣。刘贡甫言：“唐有天下，诸侯自辟幕府之士，唯有才能，不问所从来，而朝廷常收其俊伟以补王官之缺，是以号称得人。”盖必许其辟置，则可破拘挛以得度外之士；而士之偶见遗于科目者，亦未尝不可自

① 《直讲李先生文集》卷二一《庆历民言·裁举》。

效于幕府,取人之道所以广也。①

拓宽取人之道,大开入仕之门,唯有才能,不问出身,这是唐朝“号称得人”的原因,既不同于隋,也有异于宋,深得马端临的首肯,而且形成其人才思想的重要内容。

马端临的人才思想,可称道者约有三端:

一、反对年劳之法。选用人才,不可论资排辈,不可循规矩,蹈绳墨。马端临叙述“年劳”的出现云:“年劳之说,自西汉以来有之矣,然未尝专以此为用人之法。至崔亮之在后魏,裴光庭之在唐,则遂以此立法矣。”年劳之法,利于庸碌者循规蹈矩、逐级升迁;不利于贤能者脱颖而出。马端临感叹不已。实行年劳之法,“庸碌者便于历级而升,不致沉废;挺特者不能脱颖以出,遂至邅回”。邅回,即遭遇周折。为什么让“挺特者”邅回,而将年劳之法“传之后世,踵而行之,卒不可变”?马端临认为这是习惯势力使然,“盖守法之事,庸愚皆能之;知人之明,则贤哲亦不敢以此自诡故也。”② 大家习惯于照章办事,有“知人之明”的人也不敢为推荐人才负责、担当风险。按“年劳”定升迁,既省事,又可避免犯错误,不影响自己的功名利禄。西晋时,以吏部尚书执用人之柄,山涛、王戎相继居是职,马端临说:“二人虽贤否不同,而皆有知人之鉴。”后来居是职者,则皆无“知人之鉴”,只能“唯取年劳,不简贤否”。可见行年劳之法者,多为无“知人之鉴”者流,以之应付差事、得过且过,“苟非作奸擅权、固位植党者,其于用人,亦不过谨守资格,

① 《文献通考》卷三九《选举考十二·按》,辟,征召也。

② 《文献通考》卷三七《选举考十·按》。自诡,诡,责也;引以为己责。

以为寡过之地。”[1]

二、注重实际业绩。马端临对魏晋南北朝的九品中正制极为不满。“盖乡举里选者,采毁誉于众多之论。而九品中正者寄雌黄于一人之口。”[2] 九品中正是由个别人物信口雌黄产生的,并非像乡举里选那样广泛征求意见、比较优劣。马端临认为:“九品中正之官设于州县,是即乡举里选之遗意。然未仕者居乡有履行之善恶,所谓品也;既仕者居官有才能绩效之优劣,所谓状也。品则中正可得,而定状则非中正可得而知。今欲为中正者,以其才能之状著于九品,则宜其难凭。要知既入仕之后,朝廷自合别有考课之法;而复以中正所定之品目,第其升沉,拘矣。况中正所定,又未必允当乎!”[3] 要解决“允当”的问题,马端临突出的主张是注重实际业绩,其“考课之法”所追求的是惠民之政与治国之绩。马端临反对说空话、说假话,更反对“导谀纳谄之言”。汉文帝诏有司举贤良文学士,对策者百余人,晁错名列前茅,他所对言的是:“五帝神圣,其臣莫及。陛下神明,德厚不下五帝,执事之臣,莫能望清光。陛下不自躬亲而待不望清光之臣,臣窃恐神明之遗也。”很显然,这是阿谀奉承的话。马端临评曰:“大概皆导谀纳谄之言,殊辜帝孜孜访求之本意。”[4] 而贾山对汉文帝所言:“愿少弛击狐伐兔之事,而讲求立经陈纪之计。”马端临特别欣赏,认为“诚为至当之论”。马端临认为讲真话的才是正直的人、真正

① 《文献通考》卷三六《选举考九·按》。
② 《文献通考》卷二八《选举考一·按》。
③ 《文献通考》卷三六《选举考九·按》。
④ 《文献通考》卷三三《选举考六·又按》。

的好人。“夫所谓贤良方正者,取其能直言极谏以劘切上躬耳。”[①] 真正的“贤良方正”,能与最高统治者坦言相告,切磋砥砺,不考虑个人生死得失。

三、广开仕进之途。中国古代选士最重要的制度是科举。科举制度出现以前,早已有乡举里选,汉代州郡岁举秀才孝廉,上于公府,称为贡举,魏、晋、宋、齐,累有更易。隋文帝开皇七年(587),设志行修谨、清平干济二科,炀帝开始置进士科。唐因隋制,增置秀才、明法、明字、明算。宋朝为科举建立了一套较周密的规章。宋人特别推重由皇帝亲自主持的制举,“取由朕,弃由朕。”但制举、科举存在许多弊端。宋初考试重诗赋,王安石变法,罢诗赋,代之以经义,其后或诗赋、经义并行;或又罢诗赋、用经义,但中选者多凭死记硬背与舞文弄墨,不少少年也能“金榜题名”[②]。有的往往不是靠真才实学,而是靠营私舞弊。宋景德二年(1005)十二月,礼部贡院言:“昨详进士所纳公卷,多假他人文字,或用旧卷装饰重行,或为佣书人易换文本。”[③] 不少人夹带书籍进考场。此外,马端临还指出另有一弊:“况有博闻强记如巽岩者,聚诸家奇僻之书,掇其可以为论题者抄为一编,揣摩收拾,殆无所遗。然则浅学之士,执此以往,亦可哆然以贤良自名,而有掇巍科之望矣。科目取人之弊,一至于此。”宋仁宗即位八年而以制策取士,一举而得富弼,人多以此夸“制科得人”,马端临则说:

---

① 《文献通考》卷三三《选举考六·按》。

② 《续资治通鉴长编》卷二五《雍熙元年十一月》,建州进士杨亿为秘书省正字,时年十一。此外,抚州进士晏殊年十四,越州进士刘少逸年十三,大名府进士姜盖年十二。

③ 《续资治通鉴长编》卷六一《景德二年十二月》。

“以富公异时之德业如许，然应制科之初，倘不求其文而习焉，则亦未必能中选。”制科并不能考查到富弼思想素质“蕴蓄抱负”①。

如何改革科举，众说纷纭。马端临最重视朱熹与项安世的意见。朱熹尝欲罢诗赋而分诸经、子、史、时务之年，他说：“治经者类皆舍其所难，而就其所易，仅窥其一而不及其余。若诸子之学，同出于圣人；诸史则该古今兴亡治乱得失之变，皆不可阙者，而学者岂能一旦尽通。”为使学者全面掌握“诸子之学”，尽通“古今兴亡治乱得失之变”，则当分科分年考试，“若合所当读之书而分之以年，使之各以三年而共通其三四之一。”项安世则认为科举之外，应有法以求豪杰、抑侥倖，所谓侥倖者，“其才不应得而冒欲得之之谓也。”他认为不应让“科目”限制用人的手脚，他说：“自太平兴国以来，科名日重，实用日轻，以至今二百余年，举天下人才一限于科目之内。”取士完全靠“科目”，明知其弊而甘受其弊，“习之既久，上不以为疑，下不以为怨，一出其外而有所取舍，则上蓄缩而不安，下睥睨而不服，共知其弊，而甘心守之。”唐之取士，并非尽出于“科目”，他罗列一连串姓名以说明：有上书而得官，有隐逸而召用，有出于辟举，有出于延誉的。马端临对朱熹、项安世的意见认为确实可行，他说：“取士之弊，人人能言之。然晦菴、平甫二公之说，则不废科目之法，而自足以救科目之弊，其说犹为确实可行云。”②

① 《文献通考》卷三三《选举考六·按》，巽岩，李焘（1115—1184），字仁甫，号巽岩。巍科，科举考试名列前茅者称巍科，犹言高第。

② 《文献通考》卷三二《选举考五·按》。

马端临充分认识到科举弊端严重,应在"科目"之外另辟选人的途径。他肯定苏轼"吏人出官之法"为良法。苏轼上言:"京东西、河北、河东、陕西五路,盖自古豪杰之场,其人沈鸷勇悍,可任以事。然欲使治声律、读经义,以与吴、楚、闽、蜀之士争得失于毫厘之间,则彼有不仕而已。"因此提出"为五路之士,别开仕进之门"。这是有历史经验作为根据的。汉朝"郡县秀民推择为吏,考行察廉,以次迁补,或至二千石,入为公卿"。他更总结出古之所以得士为多的原因,就在于"不专以文词取人",举例云:"黄霸起于卒史,薛宣奋于书佐,朱邑选于啬夫,丙吉出于狱吏;其余名臣循吏由此而进者不可胜数。"唐自中叶以后,"方镇皆选列校以掌牙兵,是时四方豪杰不能以科举自达者皆争为之,往往积功以取旄钺。"根据这些宝贵经验,苏轼要求皇帝"使五路监司、郡守共选士人以补牙职,皆取人才心力有足过人而不能从事于科举者,禄之"。马端临对苏轼的这一意见,完全赞同:"此五路人士既拙于文词,多不能以科目发身,则立试吏之途以收拾之,亦良法也。"①这不仅解决了"拙于文词"的五路人士的入仕问题,也为解决"州县小吏"的出路带来一线希望。

为广开门路选贤能,仅为"州县小吏"谋出路是不够的,主要应排除"蔽贤"之弊。汉武帝元朔元年(前128)诏令中提到"进贤受上赏,蔽贤蒙显戮,古之道也"。马端临特别提到蔽贤之罪列入法律条文一事,他说:"齐桓公内政之法与汉高皇、孝武二诏,俱为举贤设也。观其辞旨,皆以为人才之遗佚,咎在公卿之蔽贤,至立法以论其罪。"后世竟将蔽贤论罪的立法一

① 《文献通考》卷三五《选举考八·按》。

笔勾销,其中原因,马端临指出:“盖古之称贤能者皆不求闻达之士,而后世之干荐举者皆巧于奔竞之人。”[①]巧于奔竞之人破坏了正常的荐举法规、秩序。马端临特别欣赏那些“不求闻达,不应辟举”之士,他说两汉士大夫“明方术、善技艺”而做到大官的不在少数,然他根据《汉书·方术传》所载,“终身肥遁,不求闻达者甚多,有不应辟举者,有变姓名不知所终者”,他认为这些人是“真贤士”。这些真正的贤士与后世之“以一伎自名,而奔走形势之涂,以干名狥利之阶者”形成极大的反差[②]。他对“内耻于习业之未精,外诱于荣途之可慕,其坐学之日自不容不久”[③]的人士也极表同情。他对儒、道、法三家皆引《汉书·艺文志》分别加以评介:儒家者流“助人君,顺阴阳,明教化”,但“惑者既失精微,而辟者又随时抑扬,违离道本”。道家者流“秉要执本,清虚以自守,卑弱以自持,此君人南面之术也”,但“放者为之,则欲绝去礼学,兼弃仁义,曰独任清虚,可以为法”。法家者流,“信赏必罚”,但“刻者为之,则无教化,去仁恩,专任刑法,而欲以致治,至于残害至亲,伤恩厚薄。”[④]从这些引文中,说明儒、道、法三家各有所长,皆可用其长而得实效;但操之不当,或“惑”,或“放”,或“刻”,皆可为害。马端临不顾这一公允之论,视儒家以外诸家之说皆为异端,他说:

① 《文献通考》卷二八《选举考一·按》。
② 《文献通考》卷三五《选举考八·按》。
③ 《文献通考》卷四二《学校考三·按》。
④ 《文献通考》卷二〇八《经籍考三十五》,同书卷二一一《经籍考三十八》,及同书卷二一二《经籍考三十九》。

> 自夫子没而异端起。老、庄、杨、墨、苏、张、申、商之徒，各以其知舛驰，至孟子始辞而辟之。然观七篇之书，所以距杨、墨者甚至，而阔略于余子何也？盖老、庄、申、商、苏、张之学，大概俱欲掊击圣人，鄙尧笑舜陋禹，而自其说胜。老、庄之蔑弃仁义礼法，生于愤世嫉邪，其语虽高虚可听，而实不可行，料当时亦无人宗尚其说，故邹书略不及之。苏、张之功利，申、商之刑名，大抵皆枉寻直尺，媚时取宠，虽可以自售，而乡党自好少知义者亦羞称之。故孟子于二家之说，虽斥绝之，而犹未数数然者，正以其与吾儒旨趣本自冰炭薰莸，游于圣门之徒，未有不知其非者，固毋俟于辩析也。独杨朱、墨翟之言，未尝不本仁、祖义、尚贤、尊德，而择之不精，语之不详，其流遂至取于无父无君，正孔子所谓似是而非，明道先生所谓淫声美色易以惑人者，不容不深锄而力辩之。①

马端临指责“老、庄之蔑弃仁义礼法”；又抨击苏、张之功利，申、商之刑名“枉寻直尺，媚时取宠”；最后揭示杨朱、墨翟之言的“似是而非”。这是因评介墨子而引发的议论，不免有偏激之嫌。随着时代的发展，宋代儒家吸收释道理论而有理学的出现。宋统治者指出“儒者耻言理财”之非，肯定“阜民裕国”之是，是法家思想的吸收与运用②。事实上，法家、道家思想在马端临生活的时代，发挥着其不可取代的历史作用。在这

① 《文献通考》卷二一二《经籍考三十九·按》。
② 参阅王瑞明《宋儒风采》第一章第三节，岳麓书社，1997 年。

一事实面前，马端临的“异端”之说，使其人才思想受到局限，阻碍其人才思想的发展。但马端临的人才思想，有其不可掩盖的晶亮点：

其一，以除民疾苦为才。汉昭帝始元六年(前91)诏有司问郡国所举贤良文学民所疾苦，议罢盐铁、榷酤。马端临认为以讨论民间疾苦的办法来考验人才，较之“上下姑相应以义理之浮文者”要切实，要好得多。因为这样做“有益于人国”①。他视解除民间疾苦的能力为人才的突出标志。

其二，长吏应有用人权。两汉二千石长吏皆有用人权，所用之人，多取管属贤士之有才能操守者。因此，“乃能知闾里之奸邪，黔庶之休戚，故治状之显著常必由之。”后世长吏没有用人之权，为防止结党营私，有“三互法”的颁布，规定凡婚姻之家及幽冀两州人士不得交互为官，“而与郡守、县令共治其民者，则皆凶恶贪饕、舞文悖理之胥吏，大率皆本土人也。”② 长吏无权组织自己如意的班子，权力的行使，就会受到意外的掣肘。

其三，宗文鄙武招大祸。拓跋氏起自云朔，据有中原，建立魏朝，主要是靠武力，“兵戎乃其所以为国也。”魏孝文帝诏军士自代北部落来者皆以为羽林、虎贲，后来吸取汉族文化，宗文鄙武，马端临评其失曰：“自孝文定鼎伊洛，务欲以夏变夷，遂至矫枉过正，宗文鄙武，六镇兵卒，多摈弃之，有同奴隶，边任浸轻，裔夷内侮，魏之衰弱，实肇于此。”当时征西将军张彝，不仅不能对“宗文鄙武”之举加以劝阻，反而火上加油，“复

① 《文献通考》卷三三《选举考六·按》。

② 《文献通考》卷三九《选举考十二·按》。

欲排抑武人,不豫清品。"[①] 用人必须公正,切忌偏轻偏重。

其四,言事官应重名节。言事官多以"好异利口"为人所厌恶。马端临认为不可因此废其官。他说:"以立异为心,以利口为能,此谏官之所以使人厌也。况处多事之时,运筹决胜,其机贵密,其发贵果,尤不宜使好异利口者喋喋其间。然欲遂从而废其官则过矣。昔司马温公言:'凡择言事官,当以三事为先:第一,不爱富贵;次则重惜名节;次则晓知治体。'此乃名言。"[②] 司马光重惜名节,敢言直谏,嘉祐六年(1061)指出:每下诏书,必以劝农为先,但农民赋役繁重,苦不堪言,"然则劝农者,言也;害农者,政也。"[③] 马端临认为言事官不可废,他非常推崇司马光,他的思想倾向非常明确:言路必须畅通,下情必须上达,人民疾苦必须减轻。

马端临的人才思想,以除民疾苦为核心。以上四点之所以发出晶亮,无一不与除民疾苦紧密相关。

---

① 《文献通考》卷一五一《兵考三·按》。参阅《魏书》卷六五《张彝传》,其次子仲瑀上封事,求铨别选格,排抑武人,不使预在清品。由是众口喧喧,谤讟盈路。神龟二年(519)二月,军众直捣张彝宅,焚其屋宇,曳彝堂下,捶辱极意,将其长子始均投火死。

② 《文献通考》卷五〇《职官考四·按》。

③ 《司马温公文集》卷七《论劝农上殿札子》。

第四章　马端临的经济意向

善治国者必善于理财，量入为出，恭履朴俭。否则，就会使社会巧伪放侈成风，国家入不敷出。“能用财有节，故公私有余，所谓天下虽贫，其富易致也；用之无节，则天下虽富，其贫亦易致也。”所谓“有节”，是省不急之用，节约不必要的开支，然后财可积，国可足，赋可减，民可富，邦可宁。马端临这一意向很明显。

马端临反对官府亲行贩易之事，对和籴、便籴、结籴、寄籴，盐铁之征，酒榷、茶榷、盐榷，坊场钱、免役钱等逐一考察之后，他强调理财之道是“可以裕国而不至困民”，困民的苛捐杂税如南宋的经总制钱等应一律废除，他欣赏叶适的“财愈少而愈治”之说，从百姓身上搜刮的民脂民膏愈少，阶级矛盾愈缓和，国家愈可治。

马端临主张重农抑商、力田致富。他对力田不能致富的现象极为愤慨,为此他探讨了其中原委:吏治腐败,赋役繁重,百姓流离,旷土抛荒。马端临为求实现其力田致富的理想,认为必须减轻赋役,恤民疾苦,这是治国理财、发展经济的正确途径。

为发展经济、繁荣商贸,马端临非常强调钱币的流通。中国古代钱币变化多端,始终没有丧失其流通的性能。为了保证钱币的流通无阻,马端临的视野触及到五点:一、蓄钱之禁。他反对蓄钱之禁,但不主张蓄钱;二、铜钱外流,要竭力防止;三、保证信用,特别应为纸币储备本钱;四、纸币统一;五、严禁盗铸私造。这五点意见足以反映其钱币思想以至经济思想之周密。

第一节　量入为出而节用

中国古代王朝理财的主要经验是"量入以为出"。要保持国家财力,不可盲目增加租赋。"三代以前,京畿千里,宗庙百官有司与后世不殊,然赋税取之千里之内而自足,不闻其责饷运于畿外之诸侯,籴米粟于畿内之百姓也。"征收赋税的范围应有一定限制,其所以没有不足之虑,主要是以"量入以为出"为原则,"不能量入为出以制国用,虽竭天下之力以奉之,多为法以取之,祇益见其不足耳。"①

一国仓库必须保有一定储备,丰年必须想到凶年,防患未然,"国无九年之蓄曰不足,无六年之蓄曰急,无三年之蓄曰国非其国。"为避免"国非其国"的厄运,"三年耕必有一年之食,

① 《文献通考》卷二一《市籴考二·按》。

九年耕必有三年之食”,一国之君主必须以身作则,恭履朴俭以为表率。马端临说:

> 《大易》所谓“节以制度,不伤财,不害民”;《孟子》所谓“贤君必恭俭礼下,取于民有制者”,信利国之良规,而非迂阔之谈也。汉、隋二文帝皆以恭履朴俭富其国;汉文师黄老,隋文任法律,而所行暗合圣贤如此。后之谈孔、孟而行管、商者乃曰:“苟善理财,虽以天下自奉可也”,而其党遂倡为“丰、亨、豫、大,惟王不会”之说,饰六艺,文奸言,以误人国家,至其富国强兵之效,则不逮隋远甚,岂不缪哉!①

恭履朴俭之所以重要,政治的意义远远超过了经济的意义,因为节用而不巧取豪夺,使广大的百姓能安居乐业,这是致治的根本。否则,“多欲之君,聚敛之臣,苛征横敛,民力不堪,而无所从出,于是外则擅留常赋以为进奉,内则妄指见存以为羡余,直不过上下之间,自相欺蔽耳。(唐)德宗借军兴用度不足之名,而行间架陌钱诸色无艺之征敛,乃复不能稍丰泾原军士之廪饷,以致奉天之难,至委其厚藏以遗朱泚。泚平而府库尚盈,人皆追怨横敛,而帝方惩奉天储蓄空窘,益务聚蓄,不知所以致难之由,非因乏财,盖知聚而不知散,乃怨府也。”②其所

① 《文献通考》卷二三《国用考一 · 按》;参阅《宋史》卷四七二《蔡京传》:“时承平既久,帑庾盈溢,京倡为丰、亨、豫、大之说,视官爵财物如粪土,累朝所储扫地矣。”

② 《文献通考》卷二三《国用考一》引司马光言。

以出现“怨府”，引起民怨沸腾，是由于“知聚而不知散”。马端临更引用宋代臣僚言：“今州县守令皆以财赋为先，不以民事为意。上供有常额，而以出剩为能；省限有定期，而以先期为办。斛斗升合，所以准租而对量加耗；尺寸铢两，所以均税而展取畸零。求羡余之献，则为乾没之谋，民财既竭，民心亦怨，饥寒迫之，不去为盗者鲜矣。”① 这是说，不知恭履朴俭，只知征敛聚蓄，就会使民穷财尽，引起民怨沸腾，激化阶级矛盾，剥削阶级与被剥削阶级之间的殊死搏斗就不可避免了。

马端临注意到宋初的励精图治，经济发展，社会安定，归功于宋太祖、太宗以恭俭简易治国，百姓各安其生。“宋兴，而吴、蜀、江南、荆湖、南粤，皆号富强，相继降附。祖宗因其畜守以恭俭简易。方是时，天下生齿尚寡，而养兵未甚蕃，任官未甚冗，佛老之徒未甚炽，外无夷狄金缯之遗，百姓各安其生，不为巧伪放侈，故上下给足，府库羡溢。”宋太祖、太宗恭俭简易，使社会风气一变，“不为巧伪放侈”，因此“上下给足，府库羡溢”。但一旦失去“恭俭简易”之德，情况亟变，“承平既久，户口岁增，兵籍益广，吏员益众，佛老、夷狄耗蠹中国，县官之费，数倍昔时，百姓亦稍纵侈，而上下始困于财矣。”财用的消耗，“三分之二在军旅，一在冗食。”② 入不敷出。

马端临非常推崇苏轼、曾巩关于“朴俭”的议论。苏轼说：“人君之于天下，俯己以就人则易为功，仰人以援己则难为力，是故广取以给用，不如节用以廉取之为易也。”只有“节用”始可“廉取”，“节用”的意义体现于“廉取”。苏轼以“小民之家”

---

① 《文献通考》卷五《田赋考五》。
② 《文献通考》卷二四《国用考二》。

为例："夫民方其困穷时，所望不过十金之赀，计其衣食之费、妻子之奉，出入于十金之中，宽然而有余。及其一旦稍稍畜聚，衣食既足，则心意之欲日以渐广，所入益众，而所欲益以不给，不知罪其用之不节，而以为求之未至也。是以富而愈贪、求愈多，而财愈不供，此其为惑未可以知其所终也。"这样的人家，衣食既足，饱暖之余，"心意之欲日以渐广"，不知满足，"不知罪其用之不节"，贪求愈多，没有限制。一个国家如处于这种境地，其财政方面，既不能行"万世之计"，也不能行"一时之计"，只能行"不终月之计"，即"最下无谋"之策，其所以为"最下无谋"，因为是反"量入以为出"而以"量出以为入"，"用之不给，则取之益多"。苏轼生活的时代，朝廷不能量入以为出，而采取量出以为入，大肆鱼肉百姓，"今天下之利莫不尽取，山陵林麓莫不有禁，关有征，市有租，盐铁有榷，酒有课，茶有算，则凡衰世苟且之法，莫不尽用矣。"这是说，"量出以为入"的理财之道，是不求其本而治其末的"衰世"的苟且偷安之计。曾巩完全同意苏轼的节用廉取之说，他说：汉文帝、唐太宗"能用财有节，故公私有余，所谓天下虽贫，其富易致也；用之无节，则天下虽富，其贫亦易致也。汉唐之盛时，天下之用常裕矣，武帝、明皇不能节其制度，故公私耗竭。"

马端临认为苏轼、曾巩的节用说抓住了为政的要领。曾巩所谓"天下之费，有约于旧而浮于今者，有约于今而浮于旧者。其浮者，必求其所以浮之自而杜之；其约者，必本其所以约之由而从之"。马端临认为这是至理名言，[①]极力主张遵循苏轼、曾巩的意见，"杜浮从约"，杜绝浮费，厉行节约。

---

① 《文献通考》卷二四《国用考二·按》。

在马端临心目中，宋神宗善于理财，他敦促大臣注重节用，裁减国用制度，他说："宫中如私身有俸及八十千者，嫁一公主至费七十万缗，如沈贵妃月俸八十万，皆浮于祖宗之时。"为提倡节约，下诏"龙图天章阁及禁中诸殿栏，俱不用毡覆"。励精为治，虽藏冰、治灶、畜羊之小事，亦思有以节省。宋神宗时，君臣之间，在节用方面存在分歧，神宗担心增置官司费财，王安石反谓增置官司所以省费。实际上，王安石"省费"说不能成立。熙宁以来，全国财赋文帐皆上报三司，审核任务十分繁重，因此设置帐司，人员编制六百人，七八年间，用钱三十九万贯，而查出的"失陷钱"只一万余贯，遂撤销帐司。可见神宗的担心并非多余。还有一些大臣认为：诸仓主典役人增禄不厚，不可责其廉。增禄的结果，全国突破百万缗。时主持新法的人皆谓"吏禄既厚，则人知自重，不敢冒法，可以省刑"，然"良吏实寡，赇取如故"。由于吏治腐败，神宗节用的主张，推行起来，困难重重。

宋哲宗亦知节用的重要，有诏曰："邦赋之入，盖有常制，若不裁减浮费，量入为出，深虑有误国计。"裁减浮费，量入为出，关乎国计民生。苏辙《元祐会计录收支叙》以具体数字说明冗官之弊曰：

> 宗室之众。皇祐节度使三人，今为九人矣；两使留后一人，今为八人矣；观察使一人，今为十五人矣；防御使四人，今为四十二人矣。百官之富。景德大夫三十九人，今为二百三十人矣；朝奉郎以上一百六十五人，今为六百九十五人矣；承议郎一百二十七人，今为三百六十九人矣；奉议郎一百四十八人，今

> 为四百三十一人矣；诸司使二十七人，今为二百六十人矣；副使六十三人，今为一千一百一十一人矣；供奉官一百九十三人，今为一千三百二十二人矣；侍禁三百一十六人，今为二千一百一十七人矣；三省之吏六十人，今为一百七十二人矣。

从这些数字对比不难看出其官员之“冗”，其中“观察使”增至15倍，“副使”更增至17倍有余，标志“冗官”之弊已达到极限，照苏辙的话说“事势既极，不变则败”，官冗既已达到极限，非裁减不可了，因为长此以往，后患可忧：“一岁之入，不足以供一岁之出矣，故凡国之经费，折长补短，常患不足，小有非常之用，有司辄求之朝廷，待内藏、末盐而后足。臣身典大计，以为是媮岁月可也，数岁之后，将有不胜其忧者矣。”[①] 国家经费，入不敷出，这是最大的危机。

宋代最大的危机是三冗(冗官、冗兵、冗费)长期存在。马端临为谋求解决三冗之策，博采众议，最受重视的是“省不急之用，量入为出”[②]。靖康元年(1126)言事之臣强调“量入为出”的重要，绍熙元年(1190)秘书监杨万里上言，将“节用”置于“薄赋敛”的关键位置上，他说：“陛下欲薄赋敛，当节用度，而后财可积，国可足，然后赋可减，民可富，邦可宁。”[③] 唐代陆贽有言：“地力之生物有大数，人力之成物有大限。取之有度，用之有节，则常足；取之无度，用之无节，则常不足。”明代

① 《文献通考》卷二四《国用考二》引苏辙《元祐会计录收支叙》。

② 《文献通考》卷二四《国用考二》引左司郎中张汝贤语。

③ 《文献通考》卷五《田赋考五》引杨万里上言。

丘濬评陆贽之言曰:“所谓节之一言,诚万世人君制用丰财之要道也。节与不节,是盖君修德否之验,府库盈虚之由,生民休戚之本,国家治乱之基。”[①] 可见“节用”不仅是一项理财手段,更是经济管理的综合策略,包括道德、社会、政治诸种因素在内,因此称它为“生民休戚之本,国家治乱之基。”

第二节 裕国而不至困民

马端临非常重视理财之道,反对官府亲行贩易之事,反对熙宁新法的均输、市易。他说:“均输卒不能行;市易虽行之,而卒不见其利”。由于王安石“志于兴利,苟慕前史均输之名,张官置吏,废财劳人”而卒无所成。他评均输法云:“然所谓徙贵就贱,用近易远,则夫祖宗时以赋税而支移折变,以茶盐而入中粮草,即其事矣。苟时得能吏以斡运之,使其可以裕国而不至困民,岂非理财之道,固不必亲行贩易之事,巧夺商贾之利而后为均输也。”继评市易法云:“今考之熙宁五年赐内藏库及京东路钱为市易本共一百八十七万缗。至九年,中书言:市易息钱并市利钱仅总收百三十三万二千缗有奇。呜呼,以县官而下行黠商豪家之事,且贸迁图利,且放偿取息,以国力经营之,以国法督课之,至使物价腾踊,商贾怨讟,而孳孳五年之间,所得子本,盖未尝相称也 。”自市易法行,“商旅顿不入都,竞由都城卯径过河北;陕西北客之过东南者亦然,盖诸门皆准都市易司指挥,如有商货入门,并须尽数押赴市易司卖。”因此

① 丘濬《大学衍义补》卷二一《治国平天下之要》,四库全书本。

商税大亏，市易司息钱所获，盖不足以补商税之亏[1]。马端临透露其理想的理财之道是“裕国而不至困民”。这种思想的形成是有一个过程的，他将管仲的“富国”与李悝的“济民”思想交融在一起，而不偏于一端，即不一味求“富国”而忘却“济民”，他说：

古今言粜籴敛散之法，始于齐管仲、魏李悝，然管仲之意，兼主于富国，李悝之意，专主于济民。管仲言：“人君不理，则畜贾游于市，乘民之不给，百倍其本。”此则桑、孔以来所谓理财之道，大率皆宗此说。然山海大地之藏，关市物货之聚，而豪强擅之，则取以富国可也。至于农人服田力穑之赢余，上之人为制其轻重，时其敛散，使不以甚贵甚贱为患，乃仁者之用心。若诿曰国家不取，必为兼并者所取，遂敛而不复散，而资以富国，误矣！[2]

马端临以“富国”与“济民”相交融为原则，对和籴、便籴、结籴、寄籴、俵籴、均籴、博籴、兑籴逐一考察之后，指出其为民害云：

古之国用，食租衣税而已，毋俟于籴也。平籴法始于魏李悝，然丰则取之于民，歉则捐以济民，凡以为民而已，军国之用未尝仰此，历代因之。自唐始以和籴充他用，至于宋而籴遂为军饷边储一大事，熙丰

① 《文献通考》卷二〇《市籴考一·按》。
② 《文献通考》卷二一《市籴考二·按》。

> 前后，始有结籴、寄籴、俵籴、均籴、博籴、兑籴、括籴等名，何其多也。推原其由，盖自真宗、仁宗以来，西北用兵，粮储缺乏，遂以茶盐货物召商人入中，而奸商黠贾遂至低价估货，高价入粟。国家急仰军储，又法令素宽，致有此弊。后来惩其弊，所以只籴之于民，而不复堕商人之计。然至于计其家产而均敷之，量其蓄积而括索之，甚至或不偿其直，或强敷其数，其为民病有不可胜言者。盖始也，官为商所亏；终也，民又为官所亏，其失一也。①

古代“食租衣税”，并无籴法。平籴法始于魏李悝，“丰则取之于民，歉则捐以济民”，完全为民着想。和籴，本来是“官出钱，人出谷，两和商量，然后交易。”唐代一变而为“配户督限蹙迫，鞭挞甚于税赋”②。宋代之籴，名目繁多，“计其家产而均敷之，量其蓄积而括索之，甚至或不偿其直，或强敷其数”，成为民之大病，成为民之大害。

成为民之大病、大害的尚有盐铁之征。马端临指出最早的盐铁之征比较审慎，“故见予之形，而不见夺之理”，他解释其中原因：管仲相齐，开始有盐铁之征，“观其论盐则虽少男少女所食，论铁则虽一针一刀所用，皆欲计之，苛碎甚矣。故其言曰：利出一孔者其国无敌，出二孔者其兵不诎，出三孔者不可以举兵，出四孔者其国必亡。”③后之为国者不顾这一警

① 《文献通考》卷二一《市籴考二·按》。

② 《文献通考》卷二一《市籴考二》引白居易上疏。

③ 《文献通考》卷一五《征榷考二·按》。

告,“榷利日至,其初也,夺灶户之利,而官自煮之;甚则夺商贩之利,而官自卖之。然官卖未必能周遍,而细民之食盐者,不能皆与官交易,则课利反亏于商税,于是立蚕盐、食盐等名,分贫富五等之户而俵散抑配之。”经过变换手法,榷盐变成了“常赋”。“迨其极弊也,则官复取盐自卖之,别取其钱,而人户所纳盐钱,遂同常赋,无名之横敛,永不可除矣。”[①] 食盐纳钱如何演变成“常赋”或“横敛”? 马端临回答:

> 授人以盐而征其钱,谓之蚕盐,行之京东诸路;免盐之榷而均诸税,谓之两税盐钱,行之河北;皆五代法也。及其弊也,盐不给而征钱如故,税已纳而禁榷再行。盖误以二者为经常之赋,而不知其源出于盐也。[②]

不给百姓发盐,反而“征钱如故”;既已纳税,而又再禁榷;误以二者为经常之赋。这显然是朝廷之误。马端临慨叹:“河北之榷,方平言之,仁皇听之,惠及一道矣。独蚕盐钱之输,未有能如方平者力言之,至和中仅免其十之三,惜哉!”[③] 河北行两税盐钱,张方平认为不可再榷:“若榷之则盐贵,虏盐益售,是为我敛怨,而使虏获福也。虏盐滋多,非用兵不能禁,边隙一开,所得盐利,能补用兵之费乎?”“虏”指契丹。除河北之榷外,尚有四川之榷。四川榷茶之害,“园户有逃以免者,有投

---

① 《文献通考》卷一五《征榷考二·按》。

② 《文献通考》卷十六《征榷考三·按》。

③ 《文献通考》卷十六《征榷考三·按》,“方平”即张方平(1007—1091),历知制诰、翰林学士、御史中丞、三司使。神宗即位,除参知政事。至和(1054—1056年),宋仁宗年号之一。

死以免者，而其害犹及邻伍。欲伐茶则有禁，欲增植则加市，故其俗论谓地非生茶也，实生祸也。”[①]宋代茶法数变，仁宗嘉祐之法，即通商之法，尽罢禁榷，园户之种茶者，官收租钱；商贾之贩茶者，官收征算。自此茶不为民害者六七十年。至蔡京恢复榷法，茶害又起。蔡京所行榷法固然害民，其所行通商法，亦苛于聚敛。马端临指责蔡京“崇宁元年所行乃禁榷之法。是年所行乃通商之法，但请引抽盘，商税苛于祖宗之时耳”[②]。马端临加以注释：“大抵茶盐法主于蔡京，务巧掊利，变改法度，前后罢复不常，民听眩惑。”不仅蔡京“务巧掊利”，凡经官府染指之事，无一不“困民”。如熙宁新法时，实行免役法，将原由衙前经营的酒坊、河渡收回，以实封投状的办法，由出价最高的买扑者中标，向官府缴纳钱物，称坊场钱。马端临评坊场钱曰：

> 祖宗之法，扑买坊场，本以酬奖役人，官不私其利，又禁增价搀扑，恐其以逋负破家，皆爱民之良法也。流传既久，官既自取其钱，而败阙停闭者额不复蠲，责之州县，至令其别求课利以对补之而后从，则凋弊之州县，他无利孔而有败阙之坊场者，受困多矣。[③]

马端临称其为“爱民之良法”的坊场钱，为什么流传既久，使州县多受困呢？由于“州下青册于县，月取岁足，无敢蹉跌。保

① 《文献通考》卷十八《征榷考五》引刘挚上言。

② 《文献通考》卷十八《征榷考五·按》，“是年”指崇宁四年（1105）。

③ 《文献通考》卷十七《征榷考四·按》。

正赋饮户不实,杯盂之酤,罂缶之酿,强家幸免,浮细受害。穷山入云,绝少醉者,鬻樵雇耕,抑配白纳"①。州官逼县官,县官逼百姓,真正受害的是"浮细"小民,豪强之家则可"幸免"。

再如免役钱的收受,"以免役诱民而取其钱,及得钱则以给他用,而役如故,其弊由来久矣。"②还有算缗钱之法,"其初只为商贾居货者设,至其后告缗遍天下,则凡不为商贾而有蓄积者皆被害矣。"③许多搜刮百姓之法,立法之初,多有"爱民"之意,行之既久,弊端丛生。马端临对此深恶痛绝。马端临的理财思想与叶适颇多相通之处。

叶适写有《财总论》两篇,共二千三百余字,马端临将其全文编入《文献通考·国用考二》。叶适《财总论一》指出:"财用,今日大事也,必尽究其本末而后可以措于政事。欲尽究今日之本末,必先考古者财用之本末。盖考古虽若无益,而不能知古则不能知今故也。"以古为鉴知得失,叶适说:"隋最富而亡,唐最贫而兴",从而得出结论:"故财之多少有无,非古人为国之所患,所患者,谋虑取舍,定计数,必治功之间耳。"其"治功"的具体内容,叶适《财总论二》作了说明:

> 夫计治道之兴废,而不计财用之多少,此善于为国者也。古者财愈少而愈治,今者财愈多而愈不治;古者财愈少而有余,今者财愈多而不足。然则善为

---

① 《文献通考》卷十七《征榷考四》引叶适文,参阅《叶适集·水心文集》卷一〇《平阳县代纳坊场钱记》。浮细受害的情况:"十百零碎,承催乾没,关门逃避,攘及锅釜,子孙不息,愁苦不止。"

② 《文献通考》卷十二《职役考一·按》。

③ 《文献通考》卷十四《征榷考一·按》。

国者,将从其少而治且有余乎?多而不治且不足乎?而况于多者劳而少者逸,岂恶逸喜劳而至是哉?故臣请陈今日财之四患:一曰经总制钱之患,二曰折帛之患,三曰和买之患,四曰茶盐之患。四患去则财少,财少则有余,有余则逸。有余而逸,以之求治,朝令而夕改矣。①

"财少而有余","财少"指废除苛捐杂税,减轻百姓负担,使百姓有喘息的余地,国家财政有运用自如的余地。这是引起马端临共鸣的焦点所在。马端临在叶适《财总论》两篇之后加有按语:"右水心外稿所上《财总论》二篇,足以见历代理财之大概,及中兴以后,财愈多而事愈不立之深病。"② "财愈多而事愈不立"从百姓身上搜刮的财物愈多,则民穷财尽,民不聊生,阶级矛盾必愈激烈,社会必愈不安定,国家必愈不可治。以困民而裕国,其国难以立于世。

第三节 力田致富安其民

马端临"力田致富"的思想很突出,他极力主张重农抑商。汉文帝时,晁错说:"今法律贱商人,商人已富贵矣;尊农夫,农

① 《文献通考》卷二四《国用考二》所录叶适《财总论》两篇,与《叶适集·水心别集》卷一一原文(中华书局 1961 年版)对校,有分歧十余处,明显错误的,如《财总论一》"九州之贡人,贡于今世",应作"九州之贡人,较于今世";"舞小文",应作"舞役小吏"。《财总论二》"亦深自藏","藏"字后漏"抑"字;"朝令而少改矣"应为"朝令而夕改矣"。

② 《文献通考》卷二四《国用考二》。

夫已贫贱矣。故俗之所贵，主之所贱；吏之所卑，法之所尊；上下相反，好恶乖迕，而欲国富法立不可得也。”马端临对晁错的这一番话极为重视，随后写了一段按语：“然利之所在，人趋之如流水，《货殖传》中所载，大抵皆豪商巨贾，未闻有以力田致富者。至孝武时，东郭咸阳以大鬻盐、孔仅以大冶领大司农，桑弘羊以贾人子为御史大夫，而前法尽废矣。”[①] 贱商人而商人富贵，尊农夫而农夫贫贱，重农抑商的政策法令不能兑现、没有实际效果，难以使“国富法立”，马端临为此慨叹不已。因为一方面在我们这个农业大国，统治者空有重农之名，治国乏术，威信扫地，不得人心；另一方面，农民终岁勤劳，生活困苦，生产关系不能适应生产力的发展。

力田之民长期挣扎在死亡线上。司马光有如实的描绘：“今农夫苦身劳力，恶衣粝食，以殖百谷，赋敛萃焉，徭役出焉，岁丰则贱粜以应公上之须、给债家之求；岁凶则流离异乡，转死沟壑。”[②] 宋代不立田制，不抑兼并，赋役繁重，力田之民多无田可耕，无牛可使，甚至必要的农具也靠租赁。“千夫之乡，耕人之田者九百夫，犁牛稼器，无所不赁于人。匹夫匹妇，男女耦耕，力不百亩，以乐岁之收五之，田者取其二，牛者取其一，稼器者取其一，而仅食其一。”[③] 力田之民，丰收之年，仅能得到所收获的五分之一。处于这种境地的农民，在“千夫之乡”中，竟有“九百夫”之多。宋代农民的切肤之痛是赋役繁重。

---

① 《文献通考》卷一四《征榷考一·按》。

② 《司马温公文集》卷七《论劝农上殿札子》。

③ 陈舜俞《都官集》卷二《厚生一》。

宋统治者对赋税问题不断进行过整顿。早在建隆二年(961),宋太祖鉴于后周末年测量民田不实,出现很多弊端,他为准确测量民田,特别精择其人,严加戒饬;对违犯规定的官吏严惩不贷,馆陶令因“括田不实”而“杖流海岛”;吏部郎中阎式等坐监输增羡贬杖;常盈仓吏以多入民租弃市。监纳河阳夏税的官员,一斛有五升之羡,夺两任官;薛勋、徐雄坐监纳民租,概量失平,免官①。开宝三年(970)诏诸州府两税所科物,“非土地所宜者,不得抑配”。宋太宗太平兴国(976—984)中,遣左补阙王永、太仆寺丞高象先,均福建田税,岁蠲钱五千三百二十一贯,米七万一千四百余石。淳化元年(990)诏江南“两浙承伪制重赋,流亡田废者,宜令诸州籍顷亩之数,均其赋,减十分之三,以为定制;召游民,劝其耕种,给复五年,州县厚慰抚之。”事经四五年,流离失所、旷土抛荒的现象无法扭转。至道元年(995)二月以前,京畿十四县,民逃者一万二百八十五户。对各地的旷土,诏令“许民请佃为永业,仍蠲三岁租,三岁外输二分之一”。这一诏令颁布的第二年(至道二年),陈靖上言:

> 今京畿周环三二十州,幅员数千里,地之垦者十才一二,税之入者十无五六。复有匿里舍而称逃亡,弃耕农而事游惰,逃之既众,则赋税岁减,而国用不充,敛收科率,无所不行矣。游惰既众,则地利岁削,而民食不足,寇盗杀伤,无所不至矣。

① 《续资治通鉴长编》卷二《建隆二年六月丁巳》。

所谓“寇盗杀伤,无所不至”,说明阶级斗争的激烈与普遍,“逃亡”也是一种阶级斗争的形式。逃亡户实际并未远走高飞,所谓“匿里舍而称逃亡”,或称之为“坐家申逃”,百姓“逃亡”多,则朝廷赋税减,为弥补亏损,而科率增,使“逃亡”更多,如此循环往复,无力挽救。陈靖奉使四方,深入民间,亲见“汙莱极目,膏腴坐废”,经过实地调查访问,了解到的情况是:

皆诏书累下,许民复业,蠲其租调,宽以岁时。然乡县之间,扰之尤甚,每一户归业则刺报所由,朝耕尺寸之田,暮入差徭之籍,追胥责问,继踵而来,虽蒙蠲其常租,实无补于损益。况民之流徙,始由贫困,或避私债,或逃公税。亦既亡逋,则乡里检其资财,至于室庐什器、桑枣材木,咸计其值,或乡官用以输税,或债主用以偿逋,生计荡然,还无所诣,以兹浮荡,绝意归耕。

这里说明了迫使农民逃亡的直接原因是繁重的赋役,“朝耕尺寸之田,暮入差徭之籍”,虽有“蠲其租调,宽以岁时”之令,但“乡县之间,扰之尤甚”。农民离乡背井之后,其室庐什器、桑枣材木,或以之输税,或以之偿逋,还乡之路切断,使逃亡户皆“绝意归耕”。陈靖认为问题不难解决,如任命他为劝农使,他有一套解决方案:

望备以闲旷之田,广募游惰之辈,诱之耕垦,未计赋税,许令别置版图,便宜从事。耕桑之外,更课令益种杂木、蔬果,孳畜羊犬、鸡豚。给授桑土,潜拟井田，营造室居，使立保伍，逮于养生送死之具，庆吊问馈之资，咸俾经营，并令条制。俟至三五年间，生计成立，恋家怀土，即计户定征，量田输税，以司农新附之名籍，合计府旧收之簿书，斯实敦本化人之宏量也。若民力有不足，官借缗钱，或以市馔粮，或以营耕具；凡此给受，委于司农，比及秋成，乃令偿直，依时折估，纳之于仓，以成数开白户部。

陈靖的方案，大致分作五步：一、诱之耕垦，未计赋税；二、耕桑之外，多种经营；三、营造室庐，安居乐业；四、计产定征，量田输税；五、民力不足，官借缗钱。其总的精神在使逃亡户能安定生活，顺利生产，恋家怀土，不再背井离乡。这一方案，宋太宗极为欣赏，召见陈靖，奖勉有加，并要他进一步作出说明。陈靖说：

逃民复业及浮客请佃者，委农官勘验，以给授田土，收附版籍，州县未得议其差役；其乏粮种耕牛者，令司农以官钱给借。其田验肥瘠为三品，上田人授百亩，中田百五十亩，下田二百亩。并五年后收其租，亦只计百亩，十收其二。其室庐蔬韭及桑枣榆柳种艺之地，每户及十丁者给百五十亩，七丁者百亩，五丁七十亩，三丁五十亩，二丁三十亩。除桑功五年后计其租，余悉蠲。

马端临对陈靖所提方案进行了精心研究，与北魏孝文帝时李安世的方案进行比较之后，发现其特点所在；马端临还发现陈靖的方案对朝廷垦荒政策作了重要补充，他引其前的至道元年之诏与其后的咸平二年之诏作了比较。陈靖的方案，比较有远见、有特色，一度被采用，但因“多改旧法，大费资用”而受阻。马端临评其历史地位云：

> （陈）靖所言，与元魏孝文时李安世之策略同，皆是官取荒闲无主之田以授民。但安世则仿井田立还授之法，而此则有授无还；又欲官给牛种等物贷之，而五年后方收其租、责其偿，此所以费多而难行。然前乎此有至道元年之诏，后乎此咸平二年之诏。至道之诏，劝诱之词意恳切；咸平之诏，关防之规画详明，虽不必如靖所言张官置吏，计口给田，多费官钱，而自足以收劝农之效矣。①

陈靖的方案虽“多费官钱”，但能为农民解决实际困难不失为实现“力田致富”的好办法，促使朝廷垦荒政策有了明显的改善。马端临认为“劝诱之词意恳切”的至道之诏言及“应州县旷土，并许民请佃为永业，仍蠲三岁租，三岁外输二分之一”。马端临认为咸平之诏，“关防之规画详明”，其“详明”处在“应从来无田税者方许请射系官荒土及远年落业荒田，候及五年，官中依前敕于十分内定税二分为永额。”马端临对至道之诏与咸平之诏进行比较，经过比较，而肯定咸平之诏“虽不必如靖所言张官置吏，计口给田，多费官钱，而足以收劝农之效矣”。其所以能收“劝农之效”，一则在“从来无田税者”方许请射荒

① 《文献通考》卷四《田赋考四 · 按》。上引陈靖言皆载此按语前。

地;再则为"候及五年","于十分内定税二分为永额"。这是吸收了陈靖的意见,陈靖非常强调"五年后收其租,亦只计百亩,十收其二"。

陈靖的方案被割裂,人口逃亡,田地抛荒的现象继续存在。马端临还注意到天圣之诏。天圣初,诏:"民流积十年者,其田听人耕,三年而后收赋,减旧额之半"。后又诏:"流民能自复者,赋亦如之。"既而又与流民期,"百司复业,蠲赋役五年,减旧赋十之八。期尽不至,听他人得耕。"马端临引用这类诏令说明统治者虽抓住赋役这一要害,时松时紧,未从根本上解决"力田之民"的困难,旷土、闲田的现象难以杜绝。马端临对此有所说明:"时天下生齿日蕃,田野多辟,独京西、唐、邓间尚多旷土;唐州闲田尤多,入草莽者十八九。或请徙户实之,或议以卒屯田,或请废为县。"旷土、闲田问题并不难解决,事在人为。"入草莽者十八九"的唐州,嘉祐(1056—1063)中,在赵尚宽的治理下,"劝课劳来,岁余,流民自归及自他所至者二千余户,引水溉田或数万顷。"赵尚宽因此受到"增秩、赐钱、留再任"的奖赏。赵尚宽之所以政绩卓著,主要原因在轻赋。"初,赵尚宽、高赋为唐州守,流民自占者众,凡百亩起税四亩而已。税轻而民乐输,境内无旷土。"①马端临还根据大量史实,如"昔晚唐,民务稼穑,则增其租,故播种少;吴越民垦荒田,而不加税,故无旷土"。从而找出了田土垦辟与赋税轻重的密切关系:赋轻,则流民自归,旷土辟;税重,则人户逃亡,田抛荒。

马端临探寻到了解决旷土的唯一途径就是轻赋。要轻

① 《文献通考》卷四《田赋考四》。

赋，必先均税；要均税，必先均田。均田最大的问题是丈量不实。熙宁初年，有诏讲究方田利害，以土色肥硗别田之美恶、定赋调之多寡，在有些地区推行十余年颇有成效。但嗣有以二百余亩方为二十亩者，有二顷九十六亩方为一十七亩者，虔州之瑞金就是如此；有租税一十三钱而增至二贯二百者，有租税二十七钱而增至一贯四百五十者，虔州之会昌就是如此。因为方量官懒于行走，一概委之于胥吏，胥吏任意胡作非为。马端临还注意到，方田官吏非特妄增田税，"又兼不食之山而方之，俾出刍草之直，民户因此废业失所。"①方田不实，倍增税额，风声所传，百姓"往往移换物产，斫伐桑枣，村落僻处，尤为惊扰"②。虽有明文规定"请田户五年内凡科役皆免"，但事实上"汝州四县，如有客户，不过一二年，便为旧户纠决，与之同役。以此即又逃窜，田土多荒"③。南宋时，迫使农民逃窜的因素不断增加，高宗绍兴元年（1131），朱胜非言，民间之病，正税外，科敷烦重，税米一斛有输至五六斛，税钱一缗有输及十八缗者。由于吏治腐败带给百姓的苦难无穷无尽，宁宗嘉泰三年（1203）知绍兴府辛弃疾云："往时有大吏，为郡四年，多取斗面米六十万斛，及钱百余万缗。"④这些细节，皆为马端临所重视，马端临以此说明"力田致富"阻力之大，以此说明"力田致富"之所以成为幻想的关键是赋役繁重。

马端临的"力田致富"意向中值得珍视的约有二端：

---

① 《文献通考》卷五《田赋考五》，参阅《宋会要稿·食货》七十之一二一，宣和元年二月十四日臣僚言。

② 赵抃《清献公集》卷四《奏状乞抽回河北陕西等路均税官》。

③ 《文献通考》卷四《田赋考四》，熙宁元年京西转运使谢景温言。

④ 《文献通考》卷五《田赋考五》。

一、轻徭薄赋。马端临反对“舍地而税人”，他说：“秦坏井田之后，任民所耕，不计多少，已无所稽考以为赋敛之厚薄，其后遂舍地而税人，则其缪尤甚矣。”[①] 马端临的父亲对汉文帝除民田租、景帝令民半出田租，三十而税一，极为钦佩。这一认识深深影响马端临的思想，使马端临坚定地相信，治国治人，绝不可“贪其赋税不爱人”。他引述魏文侯故事：

> 魏文侯时，租赋增倍于常，或有贺者。文侯曰：“今户口不加，而租赋岁倍，此由课多也。譬如彼治冶，令大则薄，令小则厚，治人亦如之。夫贪其赋税不爱人，是虞人反裘而负薪也，徒惜其毛，而不知皮尽而毛无所傅。”[②]

赋税重则将带来大祸，“皮尽而毛无所傅”。马端临轻徭薄赋的思想非常可贵，因为“救民之贫，莫先于轻赋”[③]，这是宋儒的远见卓识，马端临不落人后，认识到轻赋确是实现“力田致富”的关键所在。

二、恤民疾苦。马端临认为宋代屯田、营田、官庄、牧地的经营不当，主要集中于一个“扰”字，“或以侵占民田为扰，或以差借耨夫为扰，或以诸郡括牛为扰，或以兵民杂耕为扰，又或以诸路厢军不习耕种、不能水土为扰。”靠扰民来经营官田，岁之所入，不偿其费。更严重的是以官田的经营来破坏民田

① 《文献通考》卷一《田赋考一》。
② 《文献通考》卷一《田赋考一》。
③ 参阅王瑞明主编《文献通考研究》，中州古籍出版社，1994年，页15。

的耕耘，占民田，夺民谷，影响到人民生计，影响到社会安定。马端临特别引用隆兴元年(1163)工部尚书张阐言：

> 今日荆襄屯田之害，非田之不可耕也，无耕田之民也。官司虑其功之不就，不免课之游民，游民不足，不免抑勒百姓，舍己熟田，耕官生田；私田既荒，赋税犹在。或远数百里追夺以来，或名双丁役其强壮，占百姓田以为官田，夺民种之谷以为官谷，老稚无养，一方骚然。①

在"老稚无养，一方骚然"的苦难中，如何能力田？何望致富！恤民疾苦，成为"力田致富"的前提，这是马端临通过各种方式所反复强调的。马端临"力田致富"的思想很鲜明、很强烈、很坚定。

第四节 铸钱造币贵流通

中国钱币源远流长，自太皞以来即有钱。太皞氏、高阳氏谓之金；有熊氏、高辛氏谓之货；陶唐氏谓之泉；商人、齐人谓之布；齐人、莒人谓之刀。"虞、夏、商之币，金为三品，或黄、或白、或赤，或钱、或布、或刀、或龟贝。"②周有"九府圜法"，九府即太府、玉府、内府、外府、泉府、天府、职内、职币、职金，都

① 《文献通考》卷七《田赋考七》。

② 《文献通考》卷八《钱币考一》，以下引文未注出处者，皆摘自《钱币考一》或《钱币考二》。

是掌管财币之官，而专掌钱币的则只有外府、玉府二官。“圜”的意思是“均而通”。运用钱币调节有无，平抑物价，“买之于方滞之时，卖之于欲买之际”。钱币的流通性能，从一开始就具备。马端临说：“盖古人创泉布之本意，实取其流通。缘货则或滞于民用，而钱则无所不通。”①

经过历代币制变革，钱币的性能始终未变，变化的是其形制、品种。秦的统一大业中也统一币制，把钱币分为二等，黄金以镒为名，为上币，二十两为镒；铜钱，文曰半两。汉代以秦钱重而有所不便，令民铸榆荚钱（即像四片榆树荚组成的薄铜片）。汉代有八铢钱、四铢钱、三铢钱、赤仄钱，比较受欢迎的是五铢钱。白金（银锡合金）及皮币为上币，白金分别重八两、六两、四两，值三千、五百、三百；皮币，以白鹿皮方尺，缘以缋，值四十万，专为朝觐赏赐之用。币制最紊乱的是王莽时期，有钱币六种，尚有龟宝四品、贝货五品、布货十品；另外有黄金重一斤，值钱万；朱提（shū shí，殊是，县名，属犍为，出产优质银）银重八两，值一千五百八十。王莽强行废除五铢钱，引起“农商失业，食货俱废”。因钱币问题被判刑的不计其数。为缓和矛盾，一度废龟贝布为钱，旋恢复使用，反复无常，因触犯钱币禁令以及因钱币问题而死者为数甚众，钱币不可轻易变更。由于轻易变更钱币，魏文帝黄初二年（221）百姓以谷帛为市，即以物易物。南北朝刘宋，行铸小钱，数十万钱不盈一掬，斗米一万，商贾不行。钱币以适于流通为主，除大小形制应适宜外，必须有一定的信用保证。南北朝梁代，罢铜钱，行铁钱，所在铁钱，堆积如山，难以计数，而惟论贯。陈承梁后，铁钱不

① 《文献通考》卷八《钱币考一·按》。

行,梁末的两柱钱及鹅眼钱,前者重而后者轻,沿用不便,新铸五铢、六铢等币,百姓弃之不顾,其岭南诸州,多以米布交易。

到了唐代,因钱重物轻,元和十二年(817)有敕:文武官僚,不问品秩高下,下至士庶、商旅、寺观、坊市,“所有私贮现钱,并不得过五千贯。”限两月内,“市别物收贮”,逾期则“白身人处死,有官人等闻奏科贬,其賸贮钱纳官,五分取一充赏”。当时京师里闬区肆所积多方镇钱,如王锷、韩弘、李惟简,少者不下五十万贯。于是竞买地屋以变其钱。马端临认为“限民名田”是正确的,因为“买田者志于吞并,故必须上之人立法以限其顷亩”;“限民蓄钱”则是错误的,因为“蓄钱者志于流通,初不烦上之人立法以教其懋迁也”。马端临认为蓄钱者理所当然地以流通为志,强调钱币的流通性能,其视野所及,约有五点:

一、反蓄钱之禁。马端临反对蓄钱之禁,并不是主张蓄钱,因为“高赀大价,多依倚左右军,官钱为名,府县不能究治。”还因为“开告讦之门,而重为烦扰”;而且“钱重物轻,正藏镪逐利者之所乐闻”①。马端临根据其理性认识,蓄钱者的目的不在“藏镪”而在“逐利”,“逐利”具有必然性,他特别引用叶适的话:“钱货至神之物,无留藏积蓄之道,惟通融流转,方见其功用。”豪强地主多喜蓄钱,朝廷亦乐于此道,聚而不散,正如叶适所云:“今世富人既务藏钱,而朝廷亦尽征天下钱,入于王府,已入者不使之出,乃立楮于外以待之。”这是超越马端临的视野的不合规矩、不合理念的行为。马端临反对蓄钱之禁最主要的理由是“蓄钱者志于流通”,就是说,蓄钱者不会不知道

---

① 《文献通考》卷八《钱币考一·按》。

流通的道理,不会不知道流通是应尽的职责。这里涉及到一个重要观念,即“物”重于“钱”,马端临运用叶适的话说明:“若夫富强之道在于物多,物多则贱,贱则钱贵,钱贵然后轻重可权,交易可通。”钱之可贵,在于其能“通百物之用”。①

二、反铜钱外流。宋代铸钱数,较之唐代成倍增加。唐开元时,全国岁铸钱三十二万七千缗;宪宗时,全国岁铸钱十三万五千缗。宋至道中,岁铸八十万贯;景德中,一百八十三万贯。庆历至元丰间,铜铁钱每年在三百万贯左右。元丰诸路铸钱总二十六监,每年铸铜铁钱共五百七十六万余贯。内铜钱十七监,铸钱四百八十八万贯;铁钱九监,铸钱八十八万九千余贯②。与宋初至景德中比较,则铜钱增九监,而所铸增三百余万贯;铁钱增六监,而所铸增六十余万贯。宋代铸钱数增多,说明商品经济发展、交换频繁,还由于蓄钱与外流。

宋代钱币外流,分为陆路与海道。陆路北流入辽、金,因为他们别无钱币,公私交易,都是使用宋朝铜钱。虽有禁止铜钱出境之令,但有禁不止。熙宁七年(1074)解除钱禁,运钱出界,每贯收税钱而已。大批铜钱公开运往少数民族政权地区。元祐六年(1091)重行颁布铜钱外流之禁,并不能禁绝铜钱外

---

① 《文献通考》卷九《钱币考二》引水心叶氏曰,另见《叶适集·水心别集》卷二《财用中》:“且钱之所以上下尊之,其权尽重于百物者,为其能通百物之用也;积而不发,则无异于一物。”

② 《文献通考》卷九《钱币考二》宋代“诸路铸钱总二十监,每年铸钱”下之“铁钱”二字衍,数字有误,根据铜钱、铁钱数,对两者的总和作了更正。宋币轻于唐币,唐代“开元通宝”一千重六斤四两,“乾元通宝”重十斤,“重轮乾元”重十二斤。宋初的“宋元通宝”、“太平通宝”、“淳化元宝”等一般每千文仅重五斤。

流。为防止铜钱从海道外流，凡船舶启航，官府派人点视，还派巡捕监送放洋，但商人则先期以小船载钱离岸。官府鼓励检举揭发，以其物货之半作为奖赏，奖赏虽厚，亦收效甚微。海陆两路铜钱外流不已，引起钱荒，马端临归咎于王安石，"自王安石为政，始罢铜禁，奸民日销钱为器，边关海舶不复讥钱之出，国用日耗；又青苗、助法皆征钱，民间钱荒。"[1]青苗、免役虽征钱，但钱仍在国内；"销钱为器"与外流应是引起钱荒的关键。马端临认为官府应妥加处理。

三、重信用保证。宋代防止铜钱外流，沿边使用铁钱。铁钱沉重，携带不便，运输困难，为方便商贾，四川私人为券，谓之交子，三年为一界而换之，持交子兑换现钱，每千钱扣出百分之三作利息。私家资产有限，业务开展困难，改由官府经营。大观元年(1107)，改四川交子为钱引，钱引不像交子蓄本钱，印造不限，钱引一缗只当钱十数。南宋时纸币种类甚多，绍兴二十九年印给公据、关子，淮西、湖广各关子八十万缗；淮东公据四十万缗，自十千至百千，凡五等。关子作三年行使，公据二年。由关子、公据而有会子，会子初止行于两浙，后通行于淮、浙、湖北、京西，分五百、三百、二百文会。自绍兴三十一年至乾道二年(1161—1166)共印会子二千八百余万道，流通的有一千五百六十余万道。会子信用日低，官府拿出一百万两银子收换，经过多渠道想办法，最后仍剩四百九十万贯在民间。南宋初年"造楮惟恐其多，收换惟恐其不尽"这一正确思想难以坚持，光宗、宁宗以后，楮币越造越多，由于缺乏适当的储备"本钱"，贬值日益严重，信用危机无法挽救。马端临清醒

① 《文献通考》卷九《钱币考二》引张方平上言《按》。

地认识到:“昔也以钱重而制楮,楮实为便;今也钱乏而制楮,楮实为病。况伪造日滋,欲楮之不弊,不可得也。”①“钱乏”即不可保证纸币的信用。

四、力主统一纸币。南宋分地区印行纸币,有川引、淮交、湖会等。绍兴末年,会子的使用,尚未有两淮、湖广之分,由于会子数量太大,特拨出二十万,背面印“付淮南州军行使”字样,专限行使于两淮。乾道二年,诏别印二百、三百、五百、一贯交子三百万,指定在两淮州县行使。马端临对这种现象极为不满:“夫钱重而直少,则多置监以铸之可也。楮轻而直多,则就行都印造足矣。今既有行在会子,又有川引、淮引、湖会,各自印造,而其末也,收换不行,称提无策。”其中原因,马端临指出:“盖置会子之初意,本非以会为钱,盖以茶盐钞引之属视之,而暂以权钱耳。”他对会子与钞引之别作了说明:一则说“钞引则所直者重,而会子则止于一贯,下至三百二百”;二则说“钞引只令商人凭以取茶盐香货,故必须分路,会子则公私买卖支给,无往而不用,且自一贯造至二百,则是明以之代现钱矣。”三则说“以尺楮而代数斤之铜,赍轻用重,千里之远,数万之缗,一夫之力,克日可到,则何必川自川,淮自淮,湖自湖,而使后来或废或用,号令反复,民听疑惑乎?”马端临又说:“盖两淮、荆湖所造,朝廷初意欲暂用而即废,而不知流落民间,便同现镪,所以后来收换生受,只得再造,遂愈多而愈贱。”②分地区发行纸币的办法,不利于流通,马端临统一纸币以利流通的思想合情合理。

① 《文献通考》卷九《钱币考二·论楮弊》。
② 《文献通考》卷九《钱币考二·按》。

五、制止盗铸私造。历代皆有盗铸私造钱币之风，此风最盛行于币制紊乱、金属币轻重不当之际。北魏孝庄帝时，铜价八十一文一斤，私造薄钱，有成倍之利；当时的铜钱，徒有五铢之文，而无二铢之实，置之水上不沉。隋代大业(605—616)以后，盗铸的铜钱，将每千钱宜重二斤的渐减至一斤。唐代高宗时期，私铸日多，有以舟筏铸钱江中的；仪凤(676—678)中，濒江民多以私铸钱为业。唐玄宗开元时，库藏愈满，盗铸益炽。宋代盗铸也较严重，小铜钱三，可铸当十大铜钱一的时候，有利可图，争相盗铸。河东行使铁钱，盗铸者可获利十六。宋代盗铸之所以成风，除与前代有相同的因素外，宋代民间多习冶铸，为盗铸广开方便之门。历代统治者对盗铸是禁止的，或处以严刑酷法，或召募私铸人充官府铸钱工匠，或不准私铸之钱流通。但另有一种管制的办法，北齐时，对于私铸，悉不禁断，但对入市之钱进行检查，如不重五铢，或虽重五铢，而多杂铅镴，即不准流通。宋熙宁四年，西边用兵，开始铸造当十钱，战争结束，多盗铸的。官府改当十钱为当三钱、二钱，使币值与铜价相当，盗铸自息。按经济规律办事即可有效地制止盗铸。

马端临在《文献通考·钱币考》两卷中，他对钱币的流通性能特别关注，认为这是人所共知的基本常识。要保证钱币流通无阻，官府不可聚而不散，豪强地主不可蓄钱；要防止铜钱外流；纸币的出现是进步的表现，但必须储备适当的"本钱"，保证信用，缺乏信用就会不断贬值，分地区发行纸币是不当的，为便于流通、交换，纸币应统一印行。为严禁盗铸私造钱币，就应改革币制中存在的许多弊端，特别是金属币本身的价格与币值应大致相当。马端临所重视的这些问题，都是围绕钱币之能否流通提出来的，充分反映其钱币思想的开明与进步。

第五章　马端临的史学思想

两宋史学成就非凡，统治者重视史事，儒者通晓史书，著名史家辈出，在史书体裁、体例方面多所创新。宋人特别重视当代史的研究，以史为鉴、讲求考证、探求规律，实事求是的学风为马端临所继承和发展，使其史学思想异彩纷呈。

实事求是，秉笔直书。他反阴阳五行之说，澄清三年丧之有名无实。马端临实事求是思想之精华在于分清优劣、区别对待，具体问题进行具体分析，如对郑樵《通志》的评价，对佛、道二教的批判。最为突出的是敢于肯定张全义、朱温、马友的建树，不因为他们参加过农民起义军而另眼相看，其史学思想弥足珍贵。

重视演变，探寻规律。古代州郡的划分及其变迁，刺史太守的演变、唐宋官制的变化、三省制之分合及中书门下平章事的出现。特别提到宰相之上复有贵官,为权奸擅权提供了契机。古代官制多变,由大将军、都督、节度使、郡佐、县佐、通判,以至取人之法,马端临皆有详细论述。马端临在对事物的演变过程详细论述中,特别触及到历史发展的规律,他以公私划分历史阶段,以天事、民事之别标志时代的变迁,其对历史规律性的认识虽隐隐约约、模模糊糊,足以反映其史学思想的光辉。

独立不惑,成一家言。乘舆、车旗、卤簿、冕、弁、冠、服章之制,以及鱼袋、玺印、符节等,马端临《文献通考》不仅分别说明其种类、用途,而且力排种种误解。古代郊社问题误解较多,或谓主要原因是郑玄造成的,郑玄误解了"褅"的含意,将"天"与"褅"牵扯到一起。马端临指出,始作俑者并非郑玄。与郊社密切相关的明堂之制,学者多持怀疑态度,马端临则敢于肯定公玉带所描绘的明堂是可信的。关于天地、祖宗、百神之说,马端临勇于破无稽之谈,他否定九天之说,指出"泰一"为星名而非神,指责汉武帝惑于方士求仙延年之说,他不信妖异,不信符瑞。他如实反映了宗庙之祭的名存实亡,说明神的威严地位的日益动摇,神的观念意识的逐渐破碎。他认为神之必有,但他的鬼神观念比较淡薄。马端临对历史上许多疑难问题的解决,充分显示其史学思想的周密、细致。

不从流俗,肯定变革。马端临以"备究古今之事情,通古今之变"来评论是非得失,他认为因失去公心、良法,封土建侯之制不可行,而必须行郡县之制,时代的潮流不可违抗。马端临知势识变,顺势应变,不违时宜,不从流俗,对商鞅变法、杨炎两税法、王安石变法多加肯定。马端临对选官之法与入仕之途极为重视,反对汉初的卖官鬻爵,他认为选官任吏，当重德才，当有公正的考课之法以“黜幽陟明”。对九品中正之制极为不满，认为它封闭了选贤举能的渠道，给清明的政治设置了不可逾越的鸿沟。对唐代的“权倖之嘱托”认为可畏。大力赞同宋代科举制度的改革，肯定欧阳修“先论策”的主张；在“分路取人之说”的论战中，他赞赏欧阳修的意见，指出司马光的分路取人，主于均额，以息奔竞之风之说不可取。这些议论处处流露出马端临史学思想中崇尚变革的进步精神。

通裁别识，异彩纷呈。“自古天下之田无不在官”之说受到马端临的严厉批判。他探索治国之本，认为最重要的事是恤民、便民。他主张减轻盘剥，他对侵渔百姓的官吏深恶痛绝，这是其通裁别识的核心意义所在。马端临反对根连株逮而大肆诛锄之法，反对以深刻为明、以惨酷为忠。马端临的通裁别识之论的内容丰富，如论赎、论赦，他赞同赎而反对赦。马端临的通裁别识多少带有民主、自由的色彩，如反对学校钳制言论、控制思想。马端临独到的见解颇多，如论圭与笏之别；皇天之与天神、后土之与地祇之不可分而为二；“以无而为法”不可读作“无为之法”；“国服为息”之“息”，既非生息之“息”，亦非休息之“息”，而应从立官之本意在洞察民之隐微、济其缺乏来理解“息”。马端临的通裁别识，从群体审视个体，从个体一生所作所为判断其片断言行，以大驭小，不以偏概全，保证其《文献通考》内容翔实而谬误较小，在史料学领域，成绩斐然。但他以三纲五常为天经地义，封建意识不免影响他或多或少带有一些偏见，但其通裁别识，为其史学思想大放异彩，不可否认。

第一节 实事求是,秉笔直书

中国古代以金、木、水、火、土为宇宙的五种重要元素,土是五行的中心。后来将五行与神灵联系上。秦汉方士以五行相生相克的道理来附会王朝的命运,虚无飘渺,毫无根据。自班固《汉书》始撰《五行志》,从此灾异、祥瑞、符命、图谶之说盛行,唐代杜佑在其《通典》中去掉五行志。五行之说,在宋代受到大力批判,欧阳修指出灾异、祥瑞为无稽之谈,“莫不指事以为应,及其难合,则旁引曲取而迁就其说。”①反对五行最有力的是郑樵,他指出《洪范·五行传》是“巫瞽之学”,历代史官据以作五行志是极端荒谬的,“天地之间,灾祥万种;人间祸福,冥不可知。若之何一虫之妖,一物之戾,皆绳之以五行?”继而说:“董仲舒以阴阳之学倡为此说,本于《春秋》,牵合附会。历世史官自愚其心目,俯首以受笼罩而欺天下。”②阴阳五行之说牵强附会,自欺欺人,郑樵在其《通志》中去五行而作《灾祥略》,他在《灾祥略·序》中,将阴阳五行的妖妄之说分为两种,一为欺人的妄学,一为欺天的妖学。这为马端临史学思想的发展扫清了道路。

在前人认识的基础上,马端临对阴阳五行,有其卓越的见解与非凡的处理方法。杜佑《通典》去五行志;郑樵《通志·灾祥略》“专以记实迹,削去五行相应之说,所以绝其妖”。这两种处理方法,皆为马端临所否定。马端临认为,过去人们的

① 《新唐书》卷三四《五行志序》。
② 郑樵《通志·总序》。

思想意识形态，是已发生的历史事实，所谓“国家将兴，必有祯祥；国家将亡，必有妖孽”，虽属荒谬，但这一类荒谬之说，流传已久，影响深远，无法抹煞或回避；欲“绝其妖”而切齿咒骂，也无助于问题的解决。马端临为妥善地解决问题，在《文献通考》中特设《物异考》，“不曰妖，不曰祥，而总名之曰物异。”所谓“物异”，即“物之反常者异也”，以“物异”代替“灾祥”，把一切灾祥视为罕见的自然现象，这是实事求是的，这是马端临在史学研究领域的重大突破。

但在《文献通考·物异考》中，也存在牵强附会之说，如谓郑樵将灾异“一归之妖妄，而以本无其事应，则矫枉而至于过正矣，是谓天变不足畏也”[①]。说明马端临潜意识中不敢否定“天变不足畏”，对五行灾祥之说尚有几分保留，反五行是不彻底的。

在《文献通考·物异考》中，马端临搜集了许多珍贵史料。南宋开禧二年(1206)，权臣开边，鄂为宣抚使置司，多招引亲故幕客，聚城南酣歌纵饮，鄂州有民谣：“塞上将军少，城内从事多。宣威不可问，恢复竟如何。”[②]这是讥刺权臣置国事于脑后，只顾行欢作乐。马端临把这种政治变态亦视作物异。同样的道理，前蜀王建之子王衍(？—926)继位后，唯声色犬马为事，委政于宦者，其醉生梦死之情状亦视作“物异”云：“蜀王衍晚年，俗竞为小帽，仅覆其顶，俯首即堕，谓之危脑帽。衍以为不祥，禁之。而衍好戴大帽，每微服出游，民间以大帽识之，因令国中皆戴大帽。又好裹尖巾，其状如锥，而后宫皆戴

① 《文献通考》卷二九五《物异考一·按》。
② 《文献通考》卷三〇九《物异考十五·诗异》。

金莲花冠,衣道士服,酒酣免冠,其髻鬉然,更施朱粉,号醉妆,国人皆效之。”[①]后蜀孟昶末年,妇女治发为高髻,号朝天髻。马端临以大量这类反常的社会行为冲破五行的界限,使其《物异考》所反映的光怪陆离的种种现象,植根于现实生活,反映社会习俗,表现人群心态,这一努力值得重视。但他把牛生二犊、三犊视为“牛祸”[②],不免使人啼笑皆非。马端临的灾祥祸福观时有摇摆,不够稳定,但并不影响其实事求是思想的发挥。

马端临的实事求是思想,贯穿于《文献通考》全书始末。马端临考证得出结论:“三年之丧,自春秋战国以来,未有能行者矣。”他说:“自春秋以来,诸侯多不能守五月之制,盖欲急于从吉也。至秦始皇七月崩于沙邱,九月葬。汉高祖崩,凡二十二日而葬,葬之一日而惠帝即位。文帝崩,凡七日而葬,葬之三日而景帝即位,盖葬期愈促矣。必葬而即位者,可知其以吉礼即位也;必促葬期者,可知其决不能谅阴三年也。”[③]如谓处家持丧服一事,多以“予宁三年”渲染孝道。马端临在西汉“哀帝时置博士弟子,父母死,予宁三年”条下特加按语以澄清事实:

> 学校礼仪之地,博士弟子公卿之储,则亲丧而予宁持服,宜也。然汉时居官者实未尝行丧礼,薛宣后

① 《文献通考》卷三一〇《物异考十六·服妖》。

② 《文献通考》卷三一一《物异考十七·牛祸》:“宋太祖乾德三年至真宗天禧五年,州县上言民间牛生二犊、三犊者凡一百二十二。”仁、神、哲、徽及南宋高宗年间,皆有牛生二犊者。

③ 《文献通考》卷一二一《王礼考十六·按》:谅阴,天子、诸侯居丧也。

> 母死，弟修去官持服，宣谓修三年丧少能行者，由是兄弟不和。翟方进母死，既葬三十六日起视事，自以为身备汉相，不敢逾 国家之计（即文帝遗诏所谓也）。宣、方进皆为相封侯，犹不能舍去禄位躬行三年之丧，而乃欲立此法以律从学干禄之士乎？①

"予宁三年"在汉代"为相封侯"的人物中也难以做到，怎能以此要求普通士子呢？但据古书记载，"予宁三年"似已成必守的丧葬之礼，马端临不以为然，他指出："古者，天子之丧，七月而葬。荀卿子曰：'天子七月，诸侯五月，大夫三月。皆使其须足容事，事足容成，成足容文，文足容备，曲容备物之谓道矣。'须，待也，谓所待之期也；事，丧具也；道者，委曲容物备物者也。"接着说："盖以万乘之尊，四海之广，丧期至于三年，则必备物尽礼，以致其孝，勿之有悔焉耳，此古孝子之心也。"古道热肠，一片孝心。但短丧之制，由来已久，马端临作了简介：

> 秦汉以来，习为短丧之制，例以既葬释服，于是惟恐其葬期之不促。自两汉至六朝，人主之丧，大行在殡，少有及两月者，是天子而不克行大夫、士之礼也。魏孝文立，行古道，独为三年之丧，而其臣狃于历代之制，固请释服。欲释重服，则必先促葬期，而帝答诏曰："侍奉梓宫，犹希仿佛，山陵迁厝所未忍

① 《文献通考》卷四〇《学校考一·按》。

> 闻，固请而始葬，既葬而终不释服，贤矣哉！”①

“既葬释服”为大势所趋、人心所向。北魏元宏“独为三年之丧”，其臣“固请释服”，帝王亦难改变历史行程。马端临的记述符合历史实际，澄清了历史误会。

马端临实事求是思想之大放异彩，在于他能分清优劣，区别对待。郑樵《通志》中之《氏族》《六书》《七音》等略，马端临充分肯定其“考订详明，议论精到，所谓‘出臣胸臆，非诸儒所得闻’者，诚是也。”相反，对于《通志》中之《天文》《地理》《器服》，他则认为“失之太简”；而《通志》中之《礼》《职官》《选举》《刑罚》《食货》五略，则指出其疏略云：

> 今《通志》此五略，天宝以前则尽写《通典》全文，略无增损；天宝以后，则竟不复陆续。又以《通典》细注己意，附其旁，而亦无所发明。疏略如此，乃自谓“虽本前人之典，而亦非诸史之文”，不亦诬乎！夹漈讥司马子长全用旧文，间以里俗，采摭未备，笔削不遑。又讥班孟坚全无学识，专事剽窃，自高祖至武帝七世，尽窃迁书，不以为惭。②

马端临批评郑樵“讥诋前人，高自称许”，有根有据。他接受郑樵著书的经验教训，用其所长，弃其所短，在《文献通考》中，避免了疏略之弊，颇多超越《通志》之处。马端临的史学成就与

① 《文献通考》卷一二五《王礼考二十·按》。
② 《文献通考》卷二〇一《经籍考二十八·郑夹漈《〈通志略〉·按》。

其实事求是思想密切相关，正是在实事求是思想指导下，他对宋代沸沸扬扬辟佛斥道的议论极为珍视，尽力维护，如引用胡致堂《崇正辩序》，以辟佛道之邪说，指出佛道之邪在："不亲其亲，而谓异姓为慈父，不君世主而拜其师为法王，弃其妻子而以生续为罪垢，是沦三纲也。视父母如怨仇，则无恻隐；灭类毁形而不耻，则无羞恶；取人之财以得为善，则无辞让；同我者即贤，异我者即不肖，即无是非，是绝四端也。"接着指出其危害在使人不成其为人："必欲为人，则未有沦三纲、绝四端而可也。"佛氏的说教"疏漏畔戾而无据"，而"吾儒反相与推尊归向"，则由于"三蔽"，即一惑、二惧、三贪。欲去此"三蔽"，必须"穷理养气而宅心"，"宅心"即存心、归心。否则，"是衣冠身而众庶见也，是引貊入中国以为未快又与禽兽同群而不知避也"。简言之，儒者向佛即是与禽兽为伍。同时，对"佛之意亦欲引人为善"进行了反驳："善者，无恶之称也。无父无君者，恶乎？善乎？自非丧心者不以为非恶，孰与有父有君之为善乎？"其为祸之大无以复加，"丧人之心，失人之身，破人之家，亡人之国。"为证明此说之不诬，更举出实例："昔梁武奉佛，莫与比隆；及侯景之乱，诸子拥重兵、图便利，云翔不进，卒殍其父，而后兄弟相夷，宗国亡灭。"[①] 胡寅的"宗国亡灭"、"无父无君"之论以及"禽兽"之喻，显属偏颇，但其偏颇之见具有代表性，代表朱熹等名儒的意见，更在一定程度上反映了宋代佛教的所作所为给社会带来的祸患与所激起的义愤。

---

① 《文献通考》卷二二七《经籍考五十四〈法宝标目〉题解引致堂胡氏〈崇正辩·序》。胡致堂即胡寅（1098—1156），官至礼部侍郎、直学士院。因反对议和，为秦桧所忌，桧死，复官。

宋代僧侣不交税,不服役,寺院经济恶性膨胀,“而今浮屠之庙,包山林,跨阡陌,无有裁限。”① 有的州,如将其产业分成七份,民户仅居其一,而僧户居其六。“以六分僧户言之,上寺岁入以数万斛,其次亦余万斛,或数千斛,其下亦六七百或三五百斛;虽穷村至小之院,亦登百斛,视民户极为富衍。”不劳而食的僧众,“上寺不过百人,其次不及百人或数十人,其下仅五六人,或止孤僧而已。则岁费类皆不能十之一;所谓九分者,直不过为主僧花酒不肖之资。”② 寺院岁入甚丰,僧侣生活费用不过十之一,其十之九为主僧挥霍,主僧的罪恶不断加深社会矛盾。道教亦从旁推波助澜,突出的例子是宋徽宗醉迷于道教,宠信林灵素,“溺信虚无,崇饰游观,困竭民力。君臣逸豫,相为诞慢,怠弃国政,日行无稽。”③ 北宋政局之所以一蹶不振,林灵素之流不能辞其咎。但道教的祸患不及佛教严重,佛教人多势众,“以吾分境计之,僧籍至八千人,而道流不能以百,其居才十数,而佛庐至不可数。”④ 马端临赞同此说。他对道家进行了具体分析:

> 道家之术,杂而多端,先儒之论备矣。盖清净一说也,炼养一说也,服食又一说也,符箓又一说也,经典科教又一说也。黄帝、老子、列御寇、庄周之书所言者,清净无为而已,而略及炼养之事,服食以下所

① 郑獬《郧溪集·续补·礼法》。

② 陈淳《北溪全集》第四门卷二三《拟上赵寺丞改学移贡院》。

③ 《宋史》卷二二《徽宗四》。

④ 楼钥《攻愧集》卷五七《望春山蓬莱观记》。

> 不道也。至赤松子、魏伯阳之徒，则言炼养而不言清净；卢生、李少君、栾大之徒，则言服食而不言炼养；张道陵、寇谦之之徒，则言符箓而俱不言炼养、服食。至杜光庭而下，以及近世黄冠师之徒，则专言经典科教，所谓符箓者，特其教中一事。于是，不惟清净无为之说略不能知其旨趣，虽所谓炼养服食之书，亦未尝过而问焉矣。然俱欲冒以老氏为之宗主而行其教。①

道家各种流派，都是假托老子为其宗主，实际上都是违背老子以无为本、清净无为及无为而治的宗旨的。马端临对道家各种流派逐一进行分析，认为清净无为之言，得失相半；炼养之说，“山林独善之士，以此养生全年，固未尝得罪于名教也。”接着指出经典科教之说，“尽鄙浅之言，庸黄冠以此逐食，常欲与释子抗衡，而其说较释氏不能三之一，为世患蠹未甚巨也。”将释道二教的兴风作浪加以区别对待，认为道教“为世患蠹未甚巨”，是实事求是的。马端临特别强调指出服食、符箓二说之害：“独服食、符箓二家，其说本邪僻谬悠，而惑之者罹祸不浅。”为此，他举出例证：“栾大、李少君、于吉、张津之徒，以此杀其身；柳泌、赵归真之徒，以此祸人，而卒自婴其戮；张角、孙恩、吕用之之徒，遂以此败人天下国家。”这些例证中，除张角等假托道教组织农民起义，并非“败人天下国家”，而是救民于水火之外，其余例证皆足以说明杀身、祸人之不虚。马端临对道教的认识是深刻的、分

① 《文献通考》卷二二五《经籍考五十二·按》。

析是具体的,较朱熹的见解更为精当、细致。

朱熹对释道进行比较研究,他说:“二教所谓济拔幽途者俱妄也。”还注意到二教的区别:“佛袭老之精微,泝而上之,其说愈精微。道袭佛之粗浅,沿而下之,其说愈精浅矣。”一精微,一粗浅,这一认识有其独到处。但他说黄冠之徒“斋明盛服,露香叩首”,“盖理之所有,而亦人情之所不能免也”。不仅视顶礼膜拜为合情合理,而且认为道教的“三清”、“五方”、“九天”之说“虽不能必其有无,然其说亦通”①。朱熹认为道教有“妄”亦有“通”,不免有模棱两可之嫌。马端临按其流派评说,特别强调服食、符箓二说之害。对道家的分析批判,马端临之所以超越朱熹,这是他运用实事求是思想研究问题的结果。

马端临实事求是思想反映最突出的,是对参加农民起义军的人物的评价。朱温、马友因参加过农民起义军,封建史家多讳莫如深,视之如洪水猛兽,对其业绩一概抹煞。马端临则引文称赞朱温:“外严烽候,内辟污莱,厉以耕桑,薄其租赋,士虽苦战,民则乐输。二纪之间,俄成霸业。及末帝与庄宗对垒于河上,河南之民虽困于辇运,亦未至流亡,其义无他,盖赋敛轻而邱园可恋也。”②潭州自绍兴初马友行税酒法,一方便之,于官无费,岁得钱十四五万缗。马端临加按语:“惟有于要闹坊场之地,听民酝造,纳税之后,从便酤卖,实为公私两利。但恐各处先立定高大之额,则所收税未必能及额耳。县官未务

① 《文献通考》卷二二五《经籍考五十二·引朱文公言》。

② 《文献通考》卷三《田赋考三·引容斋洪氏随笔》,最后言《资治通鉴》不载此一节。

榷利,而便民之事,乃愧于一剧盗,何邪?”①

马端临更极力推崇张全义。张全义参加黄巢领导的农民起义军,农民起义军进入长安,他任吏部尚书、水运使。黄巢失败,张全义据洛阳,御军有法,督民耕种,招抚流散,刑宽事简,桑麻蔚然,野无旷土,政绩卓著。马端临为之树碑立传云:

> 光启三年(887),张全义为河南尹。初,东都经黄巢之乱,遗民聚为三城以相保,继以秦宗权、孙儒残暴,仅存坏垣而已。全义初至,白骨蔽地,荆棘弥望,居民不满百户。全义麾下才百余人,乃于麾下选可使者十八人,命曰屯将,人给一旗一榜,于旧十八县中令招农民自耕种,流民渐归。又选可使者十八人,命曰屯副,民之来者绥抚之,除杀人者死,余但加杖,无重刑,无租税,归者渐众。又选谙书计者十八人,命曰屯判官。不一二年,每屯户至数千,于农隙选壮者教之战阵,以御寇盗。关市之赋,迨于无籍。刑宽事简,远近趋之如市。五年之后,诸县户口率皆归复,桑麻蔚然,野无旷土。其胜兵大县至七千人,小县不减二千人。乃奏置令佐以治之。全义明察,人不能欺,为政宽简,出见田畴美者辄下马与僚佐共观之,召田主劳以酒食;有蚕麦善收者,或亲至其家,悉呼出老幼,赐以茶彩衣物。民间言:“张公不喜声伎,见之未尝笑。独见佳麦良茧则笑耳。”有田荒秽

① 《文献通考》卷一七《征榷考四·按》。

> 者，则集众杖之。或诉以乏人牛，则召邻里责之曰：“彼诚乏人牛，何不助之？”由是邻里有无相助，比户有积蓄，在洛四十年，遂成富庶。①

马端临详述张全义的功绩之后，加有按语：“唐末盗贼之乱，振古所未有，洛阳四战之地，受祸尤酷。全义本出郡盗，乃能劝农力本，生聚教诲，使荒墟为富实。观其规画，虽五季之君，号为有志于民者所不如也，贤哉！”充分肯定张全义之“贤”，在唐末五代“有志于民者”中出类拔萃，这是排除阶级偏见的实事求是之论。

第二节　重视演变，探寻规律

马端临历史知识丰富、治学勤奋，对历史上的许多问题，无论巨细，多注意其演变过程，了解其真相与规律。如政区州郡如何划分，有何变迁，马端临进行高度概括云：

> 虞舜摄帝位，分为十二州；夏氏革命，又为九州；

① 《文献通考》卷三《田赋考三》，参阅《资治通鉴》卷二五七《唐僖宗光启三年六月》，两者基本内容一致，在文字上有差异，如“全义麾下才百余人”下，《通考》省略“相与保中州城，四野俱无耕者”。《通考》所记“乃于麾下选可使者十八人，命曰屯将，人给一旗一榜，于旧十八县中，令招农户自耕种，流民渐归”，《通鉴》则作“全义乃于麾下选十八人材器可任者，人给一旗一榜，使诣十八县故墟落中，植树张榜，招怀流散，劝之树艺”。另按《旧五代史》卷六三《张全义传》有夹注，全面介绍张全义政绩。《新五代史》卷四五《张全义传》只详于与梁晋的关系，忽略其主要建树。

> 涂山之会，亦云万国。四百年间，递相兼并。商汤受命，其能存者三千余国，周初尚有千八百国；其后诸侯相并，有千二百国。及平王东迁，诸侯更相吞灭，见于记载者有一百七十国。周之末，唯有七国。①

在州郡侯国的变迁中，应根据什么准则，掌握什么线索，了解什么特点，如何将秦、汉、晋、隋、唐、宋所分郡县与禹九州对应研究，马端临有其心得体会：

> 禹九州之后，虞分为十二州；周职方之九州，又与禹异；两汉为十三州，置刺史以统郡，历代因之。其后置郡益多，而土宇益狭；且所隶之州，隋与晋异，晋与汉殊。于是禹迹之九州，益不可复考矣，是以断代为书不可联属。夹漈所谓"州县移易，其书遂废"者也。独杜氏《通典》以历代郡国析于禹九州之中，条理明备，今从之。然杜书州郡皆天宝以前，唐之中世以迄于宋，沿革多矣，故今所叙州郡皆以《宋史》为据，推而上之，以考历代之沿革，至冀之幽朔、雍之银夏、南粤之交趾，元未尝入宋职方而史所不载者，则考前代之史以备其阙，而于每州总论之下，复各为一图，先以春秋时诸国之可考者分入九州，次则及秦、汉、晋、隋、唐、宋所分郡县，考其地理，悉以附禹九州之下；而汉以来各州刺史州牧所领之郡，其不合禹九

① 《文献通考》卷三一五《舆地考一》。

州者，悉改而正之。①

马端临为中国沿革地理指出了几条重要线索：以《宋史》为据，《宋史》所不载者，从其前代史书中补缀之；每州各绘一图，先将春秋诸国分入九州，然后将秦汉以下各朝代的郡县归属于禹九州之下，如有不合，则加以改正。继而论述州郡兴废及其官守的演变云：

州之名起于虞十有二州，后世刺史之所治是也。郡之名起于秦三十六郡，后世太守之所治是也。隋废郡以州统县，然郡卒不可废也，至唐而复之。然唐太守俱称刺史，使持节，盖所治者太守之事，而所称则州牧之官矣，故所谓治中别驾之属，其在历代，本州之佐官也。唐郡守称刺史，而遂以治中别驾为郡官属矣。然唐州牧之官为节度、观察诸使，而其属官则有推官、判官、书记、支使之属。至宋而节度、观察特为贵官之虚名，初不预方岳之事，而州牧之任，则自有阃帅、漕、宪等官，而各台又自有掾属，若唐节度、观察之属官，则反为列郡之元僚，盖虽冒以节度推官、观察推官、判官、书记、支使等名，而实则郡僚耳。②

① 《文献通考》卷三一五《舆地考一·按》"其不合禹九州者，悉改而正之"举例云："如鲁郡在禹迹为徐州，而汉则属豫州所领；陈留郡在禹迹为豫州，而晋则属兖州之类，今悉改从禹迹。"禹治洪水，足迹遍九州，故称九州大地为禹迹。

② 《文献通考》卷六二《职官考十六·按》。

马端临认为唐宋官制有同有异,唐州牧之官为节度、观察诸使,“至宋,而节度、观察,特为贵官之虚名”。宋代官制,有官、职、差遣之别,“其所谓官者,乃古之爵也;所谓差遣者,乃古之官也;所谓职者,乃古之加官也。”① 宋代官制有其特点,防止分裂、集权中央的意图突出,但基本上是承袭唐制。唐制,以尚书、门下、中书三省长官为宰相,合中书门下之职,故有同中书门下三品、同中书门下平章事。唐代在宰相之下者有参知机务、参知政事。宋代即以同中书门下平章事称宰相,以参知政事称副相。在论及宰相时,马端临写有提要:“黄帝得六相而‘天地治,神明至。’秦置丞相。汉高帝即位,一丞相。后汉废丞相及御史大夫,而以三公综理众务,则三公复为宰相矣。”马端临对三公之为宰相及其失权的原委叙述甚详:“自后汉时,虽置三公,而事归台阁,尚书始为机衡之任。然当时尚书不过预闻国政,未尝尽夺三公之权也。至魏晋以来,中书、尚书之官始真为宰相,而三公遂为具员,其故何也?盖汉之典事尚书、中书者,号为天子之私人;及叔季之世,则奸雄之谋篡夺者,亦以其私居是官。”历代三公皆“备员高位,畏权远势”之人,马端临说:“东汉之末,曹公为丞相,而三公则杨彪、赵温,尚书令、中书监则二荀、华歆、刘放、孙资之徒也。魏之末,司马师、昭为丞相,而三公则王祥、郑冲,尚书令、中书监则贾充、荀勖、钟会之徒。盖是时,凡任中书者,皆运筹帷幄、佐命移祚之人;凡任三公者,皆备员高位、畏权远势之人。而三公之失权任,中书之秉机要自此判矣。”继而简述丞相置废经过云:

① 《司马温公文集》卷五六《百官表总序》。官与职是名号,官,“寓禄秩,序位著”;职,是赐给高级官员的荣誉衔;差遣,是实际工作。

“至丞相一官，西汉废于哀帝之时；东汉本不置丞相，建安特置之以处曹操。魏本不置丞相，正始特置之以处司马师、昭。及晋则不置，正苻坚所谓‘朕以龙骧建业’之说也。然东晋以至宋、齐、梁、陈、隋皆有之。”①

马端临为说明三省之制的源流，一则指出中书、尚书之名始于汉。“以三省为宰相之司存，以三省长官为宰相之职任，其说肇于魏晋以来，而其制定于唐。”他根据《通典》所言：“汉武帝游宴后庭，始令宦者典事尚书，为之中书谒者”，由此断定：“中书、尚书只是一所。”二则指出中书、尚书由一而分为二，汉“武帝虽令宦者典其事，然其末年，以霍光出入禁闼，谨慎可属大事，辅少主则以光领之。光薨而(霍)山继领其事。盖既以大臣之秉政者领之，则其事始在外庭矣。然则所谓上书为二封，意正本则御中书，而人主阅之；副封则御尚书，而大将军阅之，自此始判而为二。”三则释平章事曰：“然省分为三，各有所掌，而其官亦复不一，相职既尊，无所不统，则不容拘以一职，于是始有同中书门下三品平章事、参知机务、参预政事之名焉。诸名之中，所谓同平章事者，唐初虽以称宰相，乃以处资浅之人，在参知政事之下；中世以后，则独为真宰相之官，至宋元丰以前皆然。”四则释使相云：“然宰相者，总百官、弼天子，既不当侪之他官，而其上则不当复有贵官矣。自唐开元以来，郭子仪、李光弼相继以平章事为节度使，谓之使相，而宰相之职侪之他官自此始。”五则释宰相之上复有贵官：“宋元祐以后，文潞公、吕申公相继以平章军国重事序宰臣上，而宰相之上复有贵官自此始。”宰相之上复有贵官，为权奸擅权大开方

① 《文献通考》卷四九《职官考三·按》。二荀，指荀攸、荀彧。

便之门,"自此例一开,于是蔡京、王黼相继以太师总知三省事,三日一朝赴都堂治事,以至于韩侂胄、贾似道,擅权专政之久者,皆欲效之。"① 宋代政治腐朽,政权机构臃肿庞大,叠床架屋,"宰相之上复有贵官",是典型事例之一。宋代官僚中出现许多新的显贵,如翰林学士,自唐至五代,原无一定之品秩;至宋代,始可"比肩台长,举武政路",开始显贵,而且成为定制,② 反映了宋代官冗一大特色。宋代官冗的另一大特色是职名多而滥,以学士、待制二官言,始于唐代,皆以处"清望儒臣,俾备顾问";其初既无专职,亦无定员。宋因其制,而以三馆为储才之地,故职名犹多。"而诸学士、待制以其为三馆清流,未欲遽废,故以为朝臣补外加恩之官,盖有同于阶官而初无职掌矣。龙图阁为储祖宗制作之所,故其官视三馆自后,列圣相承,代代有宸奎之阁,而建官亦如之。于是学士、直学士、待制、直阁之官,始不可胜计矣。"③ 洪迈讥其"滥及俗吏童騃",因为职名既多,自然不容不滥施。

宋初省台寺监之官,"特以寄禄,皆不领本职",都是空名官。元丰三年(1080)按《唐六典》改革官制,凡省台寺监领空名者,一切罢之,而易之以阶,"文阶,自开府至将仕为二十四,崇宁、大观、政和相继润色之。绍兴举行元祐之法,分置左右,祠人为左,余人为右,淳熙初,乃去左右字。"而武阶有副使反而居正使之上,"武阶旧有横行正使、横行副使;有诸司正使、

---

① 《文献通考》卷四九《职官考三·按》。

② 《文献通考》卷五四《职官考八·按》。

③ 《文献通考》卷五四《职官考八·按》。三馆,指昭文馆、史馆、集贤院,向目为储才之地。元丰改官制,三馆皆废,而以秘书省代之。

诸司副使;有使臣。政和易以新名,正使为大夫,副使为郎;横行正副亦然。于是有郎居大夫之上,至绍兴始厘正其序。"宋代除有文阶、武阶之外,宦官尚别有"阶"。唐代宦官所历散官与文官同,宋代"不以内侍溷清流",自有阶官[①]。官阶的出现,是宋代冗官又一大特色。

中国古代官制不断有所变化。马端临在《文献通考·职官考》中,不厌其烦地一一作了说明。如介绍大将军云:"两汉以来,大将军之官,内秉国政,外则仗钺专征,其权任出宰相之右。隋唐以后则无其官。然唐有都副元帅,宋有都督、宣抚,皆以为将相重臣、总师征讨者之官;盖都督、元帅、宣抚,即两汉大将军之任也。"再介绍都督云:"都督之名,始于魏晋之间,谓之假黄钺都督中外军事,其权任甚重。至唐则每道有都督府,特以为州牧之职而已。宋中兴后所命都督,始复魏晋之旧,故唐之都督,别自为门,在州牧、刺史之后。"[②] 此外,节度使在唐为阃帅,在宋则无职任,马端临说:"节度使在唐为阃帅,观察团练使在唐为监司,防御使在唐为边将,刺史在唐为郡守。至宋,则阃帅、监司、边将、郡守,各别有以名其官;而节度、承宣、观察、团练、防御、刺史,则俱无职任,特以为武臣迁转之次序。"[③] 唐宋官制的变迁较大,马端临的说明较为详备。

郡佐、县佐的变迁。"汉所置郡佐,只丞及长史而已;其后又有治中别驾。至魏晋间始有司马,本主武之官;自后长史、司马与治中别驾迭为废复,然历代皆并设二员。至唐而司马

---

① 《文献通考》卷六四《职官考十八·按》。
② 《文献通考》卷五九《职官考十三·按》。
③ 《文献通考》卷五九《职官考十二·按》。

多以处迁谪，盖视为冗员，故宋只设通判一官佐郡守，不仍前代之旧云。"[①]宋代鉴于前代之失，只设通判一官佐郡守，这是官制改革的一大进步。赵匡胤建立宋朝，为惩五代藩镇专擅之弊，特设通判，以文官充任，虽属郡佐，而其人为皇帝耳目，出于朝廷特命，不可以官资之崇卑论高下。县佐有丞、簿、尉，然而《汉书·百官志》只载丞、尉而已，"簿虽起于汉，而《志》无之；而丞、尉虽皆县佐，而各有印绶，簿独无。盖古者官府皆有主簿一官，上自三公及御史府，下至九寺五监，以至州、郡、县皆有之，所职者簿书，盖曹掾之流耳。"《汉书·百官志》对县佐，只言丞、尉，而不及簿。马端临认为这是由于其职位低下，"寺监主簿，专以钩考簿书为职，不得与卿丞联署文书"，县主簿更不可与寺监主簿相提并论，其"卑贱"不言而喻[②]。马端临对史书上一些记载皆极重视，官府虽有主簿一官而"志无之"，他也不轻易放过，而求其所以然之故。

取人之法的衍进。古代取人之道，"进贤受上赏，蔽贤蒙显戮。"后来，"严缪举之罚，而限其涂辙者有之矣；未有严不举之罚，而责以荐扬者也。"因为"古之称贤能者皆不求闻达之士，而后世之干荐举者皆巧于奔竞之人"[③]。汉代取人之法，与乡举里选有异，大概有三，即贤良方正、孝廉、博士弟子，这三者在后世则各自为科目。马端临对各科目的考试是持否定态度的，"孝廉诸科，自东汉以来，皆有策试之事。夫以文墨小技，而定其优劣，已不足以称其科名矣。"他举东晋为例，"今观

---

① 《文献通考》卷六三《职官考十七·按》。
② 《文献通考》卷六三《职官考十七·按》。
③ 《文献通考》卷二八《选举考一·按》。

东晋之事，则应举者皆不能试之人，且以孝廉、秀才自名，而必迟以五岁，待其讲习，乃能预于试，不亦有靦面目乎？”①唐代，应试者虽“学问精通，文章美丽”，而不切于政事。到了五代，“干戈侵寻，士失素业”，难以应付考试的人亦可应举②。为了慎重行使取人之法，有制科，即由皇帝亲自主持考试。“天子亲策之，亲览之，升黜之，权当一出于上。汉武帝之于董仲舒也，意有未尽则再策之，三策之。晋武帝之于挚虞、阮种亦然，公孙弘所对，太常奏为下第，而擢为第一。盖汉世人主，于试贤良皆亲第其优劣，臣下所不可得而轩轾也。”到了唐代，而“全以付之有司矣”，使“权倖”、“阉宦”得以“劫制衡鉴之人”③。

自唐武后开始，有殿前试士。开元以后，始以礼部侍郎知贡举，送中书门下详覆。长庆以后，则礼部所取士，先详覆而后放榜，但详覆空有其名，实际上并未再试。到了五代，通过详覆，间有人或升或黜。宋代乾德六年（968），中书奉命覆试；开宝六年（973），宋太祖于讲武殿试士，这是“御试”的开始。从此御试成为法定程序。至开宝八年，“御试始别为升降，始有省试、殿试之分，省元、状元之别云。”④

古代典籍的源流。马端临为说明古代典籍的起源，特录伪孔安国《尚书·序》以为其《文献通考·经籍考·总叙》：“伏牺氏始画八卦、造书契（书者文字，契者刻木，一云以书契约其事也），

① 《文献通考》卷二八《选举考一·按》

② 《文献通考》卷三七《选举考十·按》。

③ 《文献通考》卷三三《选举考六·按》。

④ 《文献通考》卷三〇《选举考三·按》。

以代结绳之政,由是文籍生焉。伏牺、神农、黄帝之书,谓之《三坟》(坟,大也),言大道也;少昊、颛顼、高辛、唐、虞之书,谓之《五典》,言常道也。至于夏、商、周之书,虽设教不伦,雅诰奥义,其归一揆,是故历代宝之,以为大训。八卦之说,谓之《八索》,索,求也,求其义也;九州之志,谓之《九邱》,邱,聚也,言九州所有,土地所生,风气所宜,皆聚此书也。"随后,马端临加有一条重要按语:

> 古书之流传于今者惟六经,六经之前,则《三坟》、《五典》、《八索》、《九邱》是已。《周官》外史掌三皇五帝之书,则国家之所职掌者此也。楚左史倚相能读《三坟》、《五典》、《八索》、《九邱》,则学士大夫之所谓习者此也。今其书亡而其义则略见于孔氏《尚书》之序,故录之以为《经籍》之始。①

按:《三坟》、《五典》、《八索》、《九邱》之说,尚无定论,"伏牺、神农、黄帝之书,谓之《三坟》,言大道也。少昊、颛顼、高辛、唐、虞之书,谓之《五典》,言常道也。"有人指出此说"欺人者阅千七百年而未已,顾何以言大道之《三坟》,竟一字不存;而言常道之《五典》亦仅存尧、舜合传之《帝典》(《尧典》)一篇,此则虽善于附会之儒生所不能曲解者已。"据推断,"意者《三坟》为记堤防之书,《九丘》为记高原之书乎?"《八索》为"八卦之说",《五典》为楚之行政大典章②。

① 《文献通考》卷一七四《经籍考一·按》。
② 顾颉刚《三坟五典》,载《中国历史文献研究》(一),华中师范大学出版社,1986年。

马端临对《诗经》亦尽力进行追本溯源。他说："虞夏之诗，乃三百五篇以前者，盖尝以诗之体有三：曰风、曰雅、曰颂。风雅虽有一国天下之不同，然大概风者，闾阎之间，民庶之所吟讽，所谓陈诗以观民风是也；雅者，朝廷之上，君臣之所咏歌，所谓王政所由废兴是也，其诗则施之于宴享；颂者，美盛德，告成功者也，其诗则施之于祭祀。"接着说："然未有三百五篇之前，如康衢、如击壤，则风之祖也；如九歌、如喜起、如南风，则雅之祖也；如五子之歌，则又变风、变雅之祖；若颂者，独无所祖。"为解决"颂"之祖的问题，马端临说："《书》曰：'八音克谐，神人以和'；又曰：'搏拊琴瑟以咏，祖考来格'。则祭祀亦必有诗歌而无可考者。"据此，他说："意者太古之时，诗之体未备，和气所感，和声所播，形为诗歌，被之金石管弦，施之燕享祭祀，均此诗也，未尝不可通用，初不必歌功颂德，极揄扬赞叹之盛而后谓之颂也。"这一推断合情合理。接着说："至周之时，风雅颂之别始截然。周室既东，而诗乐亦颇残缺失次，必孔子之圣，周流四方，参互考订，然后能知其说，所谓：'吾自卫反鲁，然后乐正，雅颂各得其所'是也。"① 孔子并未进行过删《诗》的工作，清代龚自珍《六经正名》："仲尼未生，先有六经；仲尼既生，自明不作。"孔子一生没有著作。

马端临在追本溯源中，突出的成就是触及到历史发展的规律。他说："陶唐以前之官，所治者天事也；虞夏以后之官，所治者民事也。"自伏牺以至帝尧，其所命之官，大率为治历明时而已，"生则知四时之事，殁则为四时之神。"至帝尧时，"其

① 《文献通考》卷一四一《乐考十四·乐歌》。《论语》所记"诗三百"，此乃举其成数而言。《诗》共有 311 篇，有 6 篇亡其辞，实存 305 篇。

命官犹以羲、和为第一义。自是四子之后，世守其法，居其官。”至舜摄政之时，“虽以在璿玑玉衡齐七政为首事，然分命九官，则皆以治民而未尝及天事，盖累圣相承，其法至尧而备，世官自足以掌之，不必别求贤哲之辅以专其任也。”三代官制，至周而尤详。“然观成王所以命官，若三公三孤，则仅有‘燮理阴阳、寅亮天地’二语为天事，而冢宰以下，俱民事也。然尚承袭上古之官名，而所谓六官，则天官掌治，地官掌教，春官掌礼，夏官掌兵，秋官掌刑，冬官掌土，略不及天地四时之事，至于冯相氏、保章氏、挈壶氏，则不过三百六十属吏之一，盖至是而治天事之官，事眔易而秩眔卑矣。”①由治天事转变为治民事，这一转变具有划时代的意义。马端临虽不可能认识到这是由无阶级的社会到阶级社会的转变，但这一探索是有益的，得益于追本溯源。马端临有一些看法，表面看来是错误的，细致推敲则不然。如在《文献通考·自序》介绍《户口》时说：“古之人，方其为士则道问学，及其为农则力稼穑，及其为兵则善战阵，投之所向，无不如意。”嗣后，“士拘于文墨，而授之介胄则惭；农安于犁锄，而问之刀笔则废”。这是指体力劳动与脑力劳动的分工，分工是社会进步的表现，他有所认识是值得肯定的。但他认为随着时代的前进，“才益乏而智益劣”，则欠妥。但他这一错误认识是有根据的，就宋代的政治、军事而言，出现一些历史倒退的现象，“天下官吏，明贤者绝少，愚暗

① 《文献通考》卷四七《职官考一·按》。羲和，指羲氏、和氏，唐虞时掌管天地四时之官，后成为官名。璿玑玉衡，以玉为饰的天体观测仪器，即浑仪的前身。《书·舜典》：“在璿玑玉衡，以齐七政。”“七政”有两说，一说日、月、金、木、水、火、土；一说以春、秋、冬、夏、天文、地理、人道为七政。

者至多,民讼不能辨,吏奸不能防,听断十事,差失者五六。”[①]由于官吏愚暗者至多,后果严重,“使天下赋税不得均,狱讼不得平,水旱不得救,盗贼不得除。”[②]自宋徽宗崇宁、大观以后,局面更糟,“文恬武嬉,偷取安逸”,“将士畏死而望风奔北,生民无辜而肝脑涂地,士大夫闻语战则魂褫魄丧,色若死灰,惟以逃遁偷生为得计。”[③]他觉察到这种每况愈下的变化,说后世多“窳惰之辈”,有一定的道理。

马端临在《文献通考·封建考六》把唐虞以前称为官天下,夏商周为家天下,“然则官天下与家天下者,其规模之广隘,治效之优劣,虽圣人不能比而同之矣。”他认为家天下是私,官天下是公,公与私存在着极大的差异,他引《礼运》言:“大道之行,天下为公,选贤与能,讲信修睦”,而继之以“谋闭而不兴,盗窃乱贼而不作”以为大同。这种大同之世,也就是马端临心目中的公天下,为人心所归依。他在《文献通考·自序》里简介《封建考》时说:“窃意古之诸侯者,虽曰受封于天子,然亦由其行义德化足以孚信于一方,人心翕然归之,故其子孙因之,遂君其地,或有灾否,则转徙他之,而人心归之不能释之,故随其所居,皆成都邑。盖古之帝王,未尝以天下为己私;而古之诸侯,亦未尝视封内为己物。上下之际,均一至公,非如后世分疆画土,争城争地,必若是其截然也。”到了秦代,则发生了根本性转变,“秦既灭六国,举宇内而郡县之,尺土一民,始皆视为己有”。自秦亡后,“己私”日益膨胀,充分体现于其时的政治

① 范仲淹《范文正公政府奏议》卷上《奏灾异后合行四事》。
② 《范文正公集·补编》卷一《论转运得人许自择知州》。
③ 李纲《梁溪全集》卷一五〇《论立国在于足兵》。清道光本。

形势与政治斗争中，马端临说：

> 秦罢侯置守，曾不数年，始皇死而群雄蜂起，六国之裔与其强宗大概皆逐秦守宰而自王故地。秦亡之后，项羽主约霸天下，然所建置诸侯，亦多是已自王之人。及汉东出并三秦，讨项羽，刘项之势既分，而诸侯多附汉；其中立怀两端者皆为汉所击灭，如赵歇、魏豹、田横之类是也。既灭项氏之后，羽所建诸侯，其存者惟共敖、臧荼，然亦不旋踵而俘之，然后裂土以封韩、彭、英、卢，张耳、韩信、吴芮之徒，盖自是非汉之功臣不得王矣。逮数年之后，反者九起，异姓诸侯王多已夷灭，于是悉取其地以王子弟亲属，如荆、吴、齐、楚、淮南之类，盖自是非汉之同姓不得王矣。然一再传而后，贾谊、晁错之徒，拳拳有诸侯强大之虑，盖以为亲者无分地，而疏者逼天子，必为子孙之忧，于是或分其国，或削其地，其负强而动者则六师夷之。①

通过上述史实，马端临作出这一结论："盖西汉之封建，其初也，则剿灭异代所建，而以畀其功臣；继而剿灭异姓诸侯，而以畀其同宗；又继而剿灭疏属刘氏王而以畀其子孙。"一步紧一步，越变越私，他称之为"检制益密，猜防益深"。由于"私"的程度日益严重，显然具有划时代的意义，虽然他未能认识到公私之分决定于所有制，但他认识到"公"之利"足以绵千载"；而

① 《文献通考》卷二六八《封建考九·按》。

"私"之害"不能以一朝居矣"。他说:"愚尝谓必有公天下之心,而后可以行封建,自其出于公心则选贤与能,而小大相维之势足以绵千载;自其出于私心,则忌疏畏逼,而上下相猜之形不能以一朝居矣。"① 马端临心目中的"公心"的政治是贤能当政,社会安定;"私心"的政治则猜忌戒备,明争暗斗。这不是主张复古、开倒车,而是向往公正、廉洁的政治。他以公私划分历史阶段,是他为探索历史规律所作出的可贵的努力。按照马端临的探索,中国古代社会可分为三:第一、唐虞以前为公天下,人皆才智;唐以前设官治天事,虞始设官治民事。第二、夏、商、周三代是家天下,人皆愚劣,原来治天事的官变为治民事的官。第三、秦灭六国以后,"尺土一民,始皆视为己有"。马端临所认识的这三种社会形态,与我们现在所认识到的原始社会、奴隶社会、封建社会,虽有极大差异与距离,其探索中的假说、模糊中的想象,只能接触到一些现象,不能由表及里,找出其内在联系,但这是时代的局限造成的,不能因此掩盖其活跃的史学思想所放射出的异彩。

第三节 独立不惑,成一家言

古籍浩瀚,史事纷繁。马端临从中找出一些疑点难点,释疑解惑,思考周密,圆满解决了许多问题。乘舆、车旗、卤簿,多历代所用,然有其说而不详其制。他采用由近及远的办法,从宋代史书中搜集史料,写入《文献通考·王礼考》。他说:"惟宋九朝及中兴史所载,制造设饰之制颇详,然亦必承袭历代相

① 《文献通考》卷二六八《封建考九·按》。

因之制而微有增损者也,故具载于此。”①《宋史》所载卤簿凡三,至道、政和、绍兴皆有之。马端临经过比较,认为“独政和所定,则自元丰以来置立详定礼文所、议礼局,考订精审,其仪不舛,而其文最详,故具载之”②。马端临选录文献有着很鲜明的目的性。乘舆、车旗、卤簿,马端临除排比重要文献外,还作了重要解释:

> 《周礼》惟王后有安车也,王亦无之。自汉以来制乘舆乃有之,有青立车、青安车、赤立车、赤安车、黄立车、黄安车、白立车、白安车、黑立车、黑安车,合十乘,名为五时车,俗谓之五帝车。天子所御则驾六,其余并驾四;建旂十二,各为车色,立车则正竖其旂,安车则斜注;驾马亦各随五时之色,白马则朱其鬣尾,左右帀骖金氾镂钖,黄屋左纛。如金根之制,行则从后。③

这里解释了帝王乘舆的种类、颜色,驾马的头饰、额饰,车盖旗帜。所谓金根之制,秦汉饰车以金,以为乘舆,谓金根车。这些解释,颇得要领。

周以前冠冕衣裳之制,其详亦不可得知。所可考者,惟《虞书》言服章,《戴记》言冠制。马端临则述其详云:“冠之制

① 《文献通考》卷一一七《王礼考十二·小结》。
② 《文献通考》卷一一八《王礼考十三·按》。
③ 《文献通考》卷一一六《王礼考十一·按》,金鋄,马头饰物;镂钖,马额饰物;黄屋,帝王车盖。

有三:曰冕、曰弁、曰冠。”其中冕最尊,“冕者,朝祭之服,所谓十二旒、九旒而下是也,惟有位得服之。”其次是弁,“弁,亚于冕,所谓周弁、殷冔、夏收是也。”再次是冠,“冠,亚于弁。”冕、弁、冠的服用,有着严格规定,不仅有等级尊卑之分,尚有重轻大小之别,“冕服之用,非惟位有尊卑,不可躐服;而事有大小,亦不可以例服。故天子之冕,以之奉祀,其次则初即位服之。”卿大夫以上可以服冕,也可以兼服弁;弁则士以下服之,而不可以僭服冕。马端临对冕、弁、冠的创制服用,有详细解释:

> 弁与冠,自天子至于士皆得服之。冕始于黄帝,至有虞氏祭服,夏殷之祭则用弁,盖未有以弁为杀于冕也。至周而等级始严,故大夫虽可以服冕,而私家之祭不得用之。天子不妨服弁,而虽小祀必以冕,盖冕弁之尊卑始分矣。然弁有二:曰皮弁,以白鹿皮为之,其制最古;曰爵弁,则其制下员上方,如冕而无旒。古者冠礼三加,始缁布冠,次皮弁,次爵弁,皆士服也。大夫则服冕矣。古者虽重冠礼,而于服章之际,视之弥重,故虽天子之元子,始冠亦服士之冠,至爵弁而止,而不敢僭用冕。所谓天下无生而贵者,其严如此。①

马端临将冕、弁、冠的起源、变化、用途、等级,一一作出说明,特别指出冕的尊贵,天子、大夫可服冕,而天子之元子也不敢

---

① 《文献通考》卷一一一《王礼考六·按》。

"僭用冕"。文字简练,较好地说明了冕、弁、冠的差异,消除了一些疑难误解。

古代冠服之制之所以出现疑难、引起误解,据马端临解释:"盖周之经制,历春秋战国数百年,典籍湮没不存;及七雄僭王,国自为政,尤无所究诘。秦出自西戎,不习礼文之事;而其立意,大概欲是今而非古、尊己而卑人,故灭六国之后,获其君之冠则以赐侍人,获其君之车则以为副车。又乌能参考损益,以复先王车旗衣服之制。汉初用事者椎朴少文,不过尽遵秦规而已。"① 所述原因,简言之有四:一为典籍湮没;二为七雄无一定之制;三为秦不习礼文;四为汉遵秦规。以服章之制而言,大致可分为祭服与常用朝服两种,其颜色颇为讲究,马端临有言:

> 此紫绯绿青为命服,昉于隋炀帝巡游之时,而其制遂定于唐,此史传所纪也。然夏侯胜谓"士若明经,取青紫如拾地芥";扬子云亦言:"纡青拖紫,丹朱其毂"。则汉时青紫亦贵官之服。西汉服章之制,无所考见。史言:"郊社祭服承秦制,用袀元,东汉则百官之服皆袀元,不闻以青紫。"如淳注,"虽有五时服,至朝皂服皂衣,皂衣即元服也"。岂服章虽用袀元,而青紫乃其时贵官燕居之服,非微贱者所可服欤!②

---

① 《文献通考》卷一一二《王礼考七·按》。

② 《文献通考》卷一一二《王礼考七·按》。袀,绀色,即天青色,深青透红之色。纯黑色的祭服称"袀玄",宋代人因避始祖玄朗讳,改玄作元,马端临因袭此习。下同。

贵官服青紫，平民服深青透红。这一推断，为释解这方面的疑惑作出了很好的启示。

与服章之制有关的鱼袋，如何出现？有何变革？意义何在？马端临回答："炙毂子鱼袋，古之算袋，魏文帝易以龟，取其先知归顺之义。唐改以鱼袋，取其合鱼符之义，自一品至六品以下皆佩。唐初，卿大夫殁，追取鱼袋。永徽中敕，生平在官，用为褒饰，亡没追收，情所不忍，五品以下亡殁，随身鱼袋不追。"[①]所谓朝官自一品至六品以下皆佩鱼袋，取其合鱼符之义。鱼符，隋用木鱼符，唐用铜鱼符，是一种凭证，用以调动军旅，派遣官吏。其作用在"明贵贱，应征召"，上刻有文字，剖而分执之，以是否符合验真伪[②]。

比鱼袋更显重要的是玺印。天子佩玺，臣下佩印。"无玺书则九重之号令不能达之于四海，无印章则有司之文移不能行之于所属。"这是后世之事。三代以前，"上之所以示信于下者，惟圭璧与符节而已。"在封土建侯的时代，以圭璧符节辨虚实、验真伪。马端临详述其种类、使用方法与作用云：

> 封建则有圭璧。诸侯朝于天子，则执其所受之圭以合焉，所谓"天子执冒，四寸，以朝诸侯"。公执桓圭，侯执信圭，伯执躬圭，子执谷璧，男执蒲璧是也。征召则有符节。掌节，所谓掌守邦节，而辨其用；典瑞，所谓珍圭以征守，以恤凶荒；牙璋以起军旅，以治兵守是也。二者皆重器，故俱以玉为之。古者人朴

---

① 《文献通考》卷一一二《王礼考七·按》。褒，盛服也。

② 《唐律疏议》卷一六《释文·鱼符》。

> 俗淳，故虽有圭璧符节，而其用甚简，必大朝会、大征发，则示之以信。后世巧诈日滋，而防制益密，故玺书印章之用甚烦，而犹惧其不足以防奸。[1]

圭璧符节是为防奸、杜伪、取信、证实而设。马端临着力排除了两种误解：一是："世徒见绘礼图者，绘天子诸侯被冕服、执圭璧，遂以镇圭、桓圭以下为服饰之具"；二是："见《尚书》有五玉、三帛、二生、一死贽之说，遂以圭璧为贽见之物。"[2]圭璧既非"服饰之具"，亦非"贽见之物"。

成为国宝的"传国玺"，"有天下者，必汲汲于一玺，求之不得则歉然。"《诗》、《书》、《春秋》纪事虽详，未曾涉及到玺。玺始于秦，李斯以虫鸟之文，刻之美玉，兼称皇帝，以识诏令。自是而后，始有玺以传国。马端临说："传国玺自五胡之乱没于刘石，石氏败，玺复南归于晋，历宋、齐、梁至侯景之败，而玺又北归于高齐云。"[3]传国玺几经转徙，至后唐末帝（李从珂）焚毁，后晋高祖（石敬瑭）特制新宝，马端临述其经过云：

> 传国宝，自秦始皇后，历代传授，至唐末帝自燔

---

① 《文献通考》卷一一五《王礼考十·按》，所引"天子执冒，四寸"，出于《周礼》卷四一《冬官·考工记下》，郑玄注："名玉曰冒者，言德能覆盖天下也；四寸者方，以尊接卑，以小为贵。"参阅《十三经注疏》。掌节，官名，掌符节之吏。典瑞，官名，掌管瑞节和礼用玉器。牙璋，古代发兵的一种符信，首似刀，而两旁无刃，旁出有牙，故称牙璋。

② 《文献通考》卷一一五《王礼考十·按》。

③ 《文献通考》卷一一五《王礼考十·按》。

> 之际，以宝随身焚焉。晋高祖受命，特制宝一座。开运末，北戎犯阙，少帝遣其子延煦送于戎主，戎主讶其非真，少帝上表具述其事。及戎主北归，赍以入蕃。汉朝二帝未暇别制，至是始刻之。①

马端临对传国玺的来龙去脉的说明是清晰的、简要的。马端临以同样的思路与笔法对郊社的目的、地点、时间、次数、演变以及其中一切细节，也一一作出简介："古者一岁郊社凡再。正月之郊为祈谷，《月令》及《孟献子》所言是也。十一月之郊为报本，《郊特牲》所言是也。"②古代一岁郊社两次，一在正月，为祈求五谷丰登；一在十一月，为感恩戴德以报本。所谓"郊"，是祀天最隆重的典礼，马端临指出："祀天莫大于郊，祀祖莫大于配天。"郊社方面之所以疑难较多，因为"四代之郊，见于《祭法》，经文简略"。其主要原因是郑玄造成的，研究郊社的学者，莫不求之郑玄注，而郑玄读《祭法》不熟，见序禘于郊之上，于是意禘之所祀者亦天也，故尽以祀天。郑玄误解了"禘"的含意。"夫《祭法》历叙四代禘郊祖宗之礼，禘文皆在郊上，盖谓郊止于稷，而禘上及乎喾，禘之所及者最远，故先言之耳。郑氏不察，谓禘又郊之大者，于是以《祭法》之禘为祀天圜丘，以喾配之；以《大传》之禘为正月祀感生帝于南郊，以稷配之。且《祭法》之禘，与《大传》之禘，其义则一，皆言：'禘，其祖

---

① 《文献通考》卷一一五《王礼考十·按》，此处汉朝指后汉高祖刘知远与隐帝刘承祐。至是始刻之，指后周广顺三年二月内司制国宝。

② 《文献通考》卷六八《郊社考一·按》，这是根据《礼记》卷一四《月令》及同书卷二五《郊特牲》，与《左传》卷三〇《孟献子曰》所作的判断。

之所自出也。’郑氏强析之而为祀天两义，遂分圜丘与郊为两处，昊天上帝与感生帝为两祀，喾配天与稷配天为两事。随意穿凿，展转枝蔓，何其谬耶！”①这里把郑玄误解“禘”的原因与情节分析得很深入了。马端临指出：“《祭法》先禘于郊，以其所祀之祖最远故耳，于祀天无预也。”②郑玄失误在前，后之学者多沿袭其失误，因为郑玄是“博洽大儒，解释他经最为有功”，名家效应起了误导作用。唐代杜佑修《通典》，亦惑于郑玄之说而无以自拔。幸而三国魏王肃（字子雍）诸儒力争之于前，唐代赵伯循（即赵匡）与宋代大儒辨正之于后，“大义明白，炳如日星”。郑玄则谓：“配天者，以为周祀天于圜丘，以喾配，谓之禘；祀五帝于郊，以稷配，谓之郊；又祀五帝及五人帝于明堂，以文王配，谓之祖；祀五神于明堂，以武王配，谓之宗。”③郑玄特别将“天”与“禘”牵扯到一起，马端临指出其病“盖在于取谶纬之书解经，以秦汉之事为三代之事”④。但马端临能分清责任主次，认为始作俑者并非郑玄，他为郑玄分辩说：“然六天之祀，汉人崇之；六天之说，（司马）迁、（班）固志之，则其谬亦非始于康成也。”⑤郑玄造成的影响是深远的，自郑玄有六天之说，魏晋以来多遵用之，以为曜魄宝（北斗星）亦天也，感生帝亦天也。至唐人始以曜魄宝、五帝皆星象之

① 《文献通考》卷六八《郊社考一·杨氏曰》。杨氏指宋代杨复（信斋），朱熹门人。《祭法》，属《周礼》卷四六；《大传》，属《礼记》卷三四。四代，指有虞氏、夏后氏、殷、周。

② 《文献通考》卷一〇一《宗庙考十一·按》。

③ 《文献通考》卷七〇《郊社考三·按》。

④ 《文献通考》卷六八《郊社考一·按》。

⑤ 《文献通考》卷六八《郊社考一·按》，郑玄（127—200），字康成。

属，“当从祀南郊，而不当以祀天之理事之。善矣！”[①] 马端临择善而从，肯定唐人不从流俗之善，这是明智的。

马端临在释疑解惑方面颇多建树。他特别欣赏自己的《汉不郊祀论》[②]，他指出：“自秦始皇有三岁一郊之制，汉高、惠二帝未尝亲郊，文帝在位二十三年，亲郊雍畤及渭阳五帝各一而已。景帝不亲郊。武帝元光后常三岁一郊。昭帝不亲郊。宣帝神爵以前十三年不亲郊，以后间岁一郊，元、成如之。”[③] 从而得出“汉不郊祀”之论，这是告诉人们，西汉皇帝的郊祀观由淡薄而发生变化，最突出的变化“非有古人报本之意”，将郊祀的目的转移到祈福、求仙、求嗣，以满足一己之私欲，忘却了追思先贤典范、怀念前辈恩惠、饮水思源、报效列祖列宗德泽的“报本之意”。这一“报本之意”，思想内容丰富，包涵着传统文化的继承和发展，包涵着民族精神的吸收与弘扬。不知“报本”，则使郊祀流于形式，更趋庸俗化。如果说“不郊祀”是对神缺乏兴趣的反映，但不可忽略古人是把神与祖紧密联系在一起的，难分难解。

与郊祀之礼相提并论的有明堂之礼。祀上帝于明堂，周礼也；祀五帝于明堂，汉礼也。周礼与汉礼有严格区别，马端临指出史书上常见的错误：“夫总享五帝于明堂，汉礼则有之，非周礼也。汉袭秦礼，郊社及明堂皆祀五畤之帝，周礼安有此哉！”[④] 可知周

---

① 《文献通考》卷七〇《郊社考三·按》。

② 《文献通考》卷六八《郊社考一·按》，“愚尝著《汉不郊祀论》，见所叙西汉事之后。”

③ 《文献通考》卷六九《效社考二·按》。

④ 《文献通考》卷七八《郊社考十一·又按》五畤，指鄜畤、密畤、吴阳畤（上、下）及北畤，或作五畤原，在今陕西凤翔南。

人明堂祀天,非总享五帝于明堂。黄帝明堂制度,汉武帝时济南人公玉带有所描绘:"黄帝拜祀上帝于明堂(或谓之合宫)。其堂之制,中有一殿,四面无壁,以茅盖,通水,水圜宫垣,为复道,上有楼,从西南入,名昆仑。"① 这里所描绘的明堂之制,学者多持怀疑态度;杨氏(复)《祭礼·明堂篇》以其不经而削之。马端临则大不以为然,认为公玉带所描绘的明堂是可信的,"然其所言'茅盖,通水',与《大戴礼》所记略同。又《考工记》所言:'夏后世室,殷人重屋,周人明堂,其制大概由质而趋于文,由狭而趋于广。'以是推之,黄帝时无明堂则已,苟有之,则一殿无壁,盖以茅,正太古俭朴之制。"② 他以古代有关记载与之对照,从"太古俭朴"之俗进行合理推断,认为公玉带所描绘的明堂是可信的,不应削之。黄帝祀上帝于明堂,唐虞祀五帝于五府,这是无疑的。问题在历时既久,不得其详。《礼记》始载《明堂位》一篇言:"天子负斧依南乡而立,内之公侯伯子男,外之蛮夷戎狄,以序而立。故曰明堂也者,明诸侯之尊卑也。"周成王时,尝于此歌《我将》之诗曰:"我将我享,维羊维牛,维天其右之。"又曰:"我其夙夜,畏天之威,于时保之。"诗中言"天"者再,天即帝也,帝即天也③。明堂为祀天之处,不可怀疑。宋代人相信明堂是古礼,重视明堂之礼。马端临说:

> 宋初,虽有季秋大享明堂之礼,然未尝亲祠,只命有司摄事,沿隋唐旧制,寓祭南郊坛。至仁宗皇祐

---

① 《文献通考》卷七三《郊社考六·明堂》。

② 《文献通考》卷七三《郊社考六·明堂·按》。

③ 《文献通考》卷七八《郊社考十一·又按》。

> 二年，始以大庆殿为明堂，合祭天地三圣，并侑百神从事，一如圜丘南郊之仪。盖当举郊祀之岁，而移其礼用之于明堂，故不容不重其事也。①

这里不仅说明了郊祀与明堂的紧密关系，而且说明仁宗皇祐二年(1050)始以大庆殿为明堂而行明堂礼，“合祭天地，并配祖宗”。南宋初年，还加上“从祀百神”②。

关于天地、祖宗、百神之说，众说纷纭，莫衷一是。马端临总结诸家之说，认为天即帝，帝即天，他说：“天一而已，安得有五？然帝者主宰之名，五行之在天，各有神以主之，而谓之五帝犹云可也。至于九天之说，则其虚诞特甚。”③道家有所谓九天，又有所谓三十三天。马端临认可五帝，而否定九天之说。马端临说：“五帝之祀，见于《周礼》；五帝之义，见于《家语》。其说本正大也。”郑玄据《纬书》对五帝命名曰：“东曰苍帝灵威仰，南曰赤帝赤熛怒，西曰白帝北招拒，北曰黑帝汁光纪(亦作叶光纪)，中曰黄帝含枢纽。”王肃等反对此种解释，而谓：“五帝者，太皞以下五人帝也。”杨复则谓：“果以五人帝为五帝，则五人帝之前，其无司四时者乎？”马端临对这一争论评论曰：“郑则失矣，王亦未为得也。”他同意杨复的意见，认为“其说善矣！”但接着作了补充：

> 然杨氏之释五帝，则以为如毛公所谓，“元气昊大，谓之昊天；远视苍苍，谓之苍天。”程子所谓“以形

---

① 《文献通考》卷七四《郊社考七·按》。
② 《文献通考》卷七五《郊社考八·明堂》。
③ 《文献通考》卷七八《郊社考十一·按》。

体谓之天,以主宰谓之帝”之类。则五帝乃天之别名,而元未尝有所谓五帝之神也。愚谓若以为天之别名而已,则曰帝可矣,何必拘以五,又何必于祀上帝之外,别立祀五帝之礼乎?盖五帝者,五行之主而在天,犹五岳为五方之镇而在地也。五帝不出于天之外,而谓五帝为昊天则不可;五岳不出地之外,而谓五岳即后土亦不可。《家语》所言尽之矣。[1]

马端临指出“五帝者,五行之主而在天”。他认为天上有“五行之主”,他承认“五帝”实有及神的存在,他说:“今因疑《纬书》灵威仰等名字,而谓五帝之本无;因疑五帝之本无,而谓《家语》之非,圣言亦过矣。如日月星宿风伯雨师皆天神之见于祀典者,经传所言昭昭也。而道家者流,则以为各有名称,甚者或为之姓字,其妖妄不经,甚于《纬书》,儒者所不道也,然因是而疑日月诸神之本无可乎?”[2] 他根据祀典与经传所言,认为诸神的必有,欠妥。杨复对日月诸神持根本怀疑态度,应该说非常可贵,竟遭到他的抨击。对神的存在与否,马端临并无真知灼见可言,强不知以为知,他不仅未能真正释疑解惑,而且更加深人们的疑惑,把人们带入迷茫错乱的思想意识之中。

马端临对神的缺乏真知灼见,不足为奇,不可厚非,因为他所接触到的文献资料与他的思想认识水平,都存在着极大局限。他之所以有时陷于迷惑,不免受人影响。古代对鬼神持否定之说者不乏其人,如东汉王充(27—约97)著《论衡》,

① 《文献通考》卷七八《郊社考十一·按》。
② 《文献通考》卷七八《郊社考十一·按》。

从根本上否定神的存在，明确提出无鬼论。再如南朝梁人范缜（约450—515）著《神灭论》，认为"形存则神存，形谢则神灭"。但对鬼神持肯定之说者大有人在，给予马端临以深刻影响。马端临治学，惯于综合众说，对于他不能主断的事，有人云亦云之弊。如释六宗四方即可为一例："古帝王祭六宗四方之礼，亚于天地，盖非小祀也。但经传俱不明言其神之名目，而先儒训释互有异同，如六宗，则或以为天神，或以为地祇，或以为祖宗；四方则或以为五官，或以为四望，或以为蜡之百物。"①经传与先儒训释左右着马端临的观点认识，他难以有所抉择。但只要文献资料提供些许线索，他是有所作为的，如指"泰一"为星名，而非神。他说："泰一，莫知其何神，《天官书》言中宫天极星，其一明者泰一常居，则其为星也明矣。"但由于谬种流传，以讹传讹，竟以事天之礼事之。"汉承秦制，以祀五帝为郊天，至武帝时采谬忌之说，则以为五帝特泰一之佐，于是具泰一祠坛在五帝之上，帝亲郊拜则以祀天之礼事之矣。"进而指责"时采谬忌之说"的汉武帝，"惑于方士求仙延年之说，故所以事鬼神者，其谄且渎至于如此。"②这一评论，可证明马端临在一定条件下，思想清晰，头脑清醒。他不信妖异，不信符瑞，他说："若木冰乃寒胁木而成冰，则妖不在木也；冰花乃冰有异而结花，则妖不在花也，故与雹同类。"③这是合理的判断。草木之瑞，史不绝书，他则感叹："何足瑞哉！"④

① 《文献通考》卷八一《郊社考十四·按》。
② 《文献通考》卷八〇《郊社考十三·按》。
③ 《文献通考》卷三〇五《物异考十一·按》。
④ 《文献通考》卷二九九《物异考五·按》。

马端临的理性认识是较高超的,他的神的观念并不牢靠、比较淡薄。照有些人看来,神是无处不在的,万事万物皆有神,马端临则认为“三代之九鼎,未闻有神司之,而列之祀典也。”[①]鼎,古代国家权力的象征,古代以之为立国的重器,这样重要的器皿,冥冥中也没有神来管理,这就为神撤销了一处重要岗位,缩小了神的势力范围,消除了神的万能观。

马端临在言及宗庙之祭时说:“古者宗庙之祭,有正祭、告祭,皆人主亲行其礼。”“正祭,则时享禘祫是也;告祭,则国有大事,告于宗宙是也。”又说:“若正祭,则未尝亲行,虽禘祫大礼,亦命有司摄事。累朝惟(宋)仁宗嘉祐四年十月,亲行祫祭礼一次而已。”告祭,“虽西汉时人主每嗣位亦必有见高庙之礼,而自唐以来,则人主未尝躬谒宗庙致祭以告嗣位 。宋朝惟孝宗、光宗以亲受内禅特行此礼,而其他则皆以丧三年不祭之说为拘,不复举行。”[②] 随着历史的前进,正祭、告祭名虽存而实已亡,这在一定程度上说明神的威严地位的动摇、神的观念意识的破碎。马端临虽无能拨开神的迷雾,但他忠于历史,尊重历史,以雄辩的事实反映了神的迷雾正在逐步消失,客观上为释疑解惑作出了贡献。

第四节　不从流俗,肯定变革

马端临对历史事件,评论是非得失,多能得体。由于他视野开阔,通古今之变,了解历史动向,有些问题不仅知其然,而

① 《文献通考》卷九〇《郊社考二十三·按》。
② 《文献通考》卷九九《宗庙考九·按》。

且知其所以然。他说："愚尝窃论之，以为必能备究古今之事情，然后可以断其议论之是非、法制之得失。"据此判断封土建侯之制，他认为"行之辄利少而害多"，其故有二：一、不能存三代之公心；二、不能有三代之良法。进而释"公心"曰："昔文、武、成、康之众建诸侯也，有德有功者则畀之，初未尝专以私其宗亲，虽曰兄弟甥舅之邦，然所封皆极一时之选；若其果贤，则微子尹东夏、蔡仲君蔡邦，虽仇雠不废也；若其不贤，则管、蔡为戮，五叔无官，虽同气不恕也。"继而释"良法"曰："昔先王之建邦也，上有方伯连率，下有公侯伯子男，小大相维，尊卑相制。如公侯受封之地虽多，而制禄不过十倍其卿，城国不过半天子之军。名山大泽不以封，必赐弓矢然后征，必赐圭瓒然后鬯，有巡守，有述职，有庆有让，纲纪未尝一日隳也。"简言之，公心就是任人唯公，任用有德有功者；良法即纲纪严明，小大相维，尊卑相制。由于失去公心、良法，后世不能行封土建侯之制。马端临说："夫封建者，古帝王所以建万世之长策。今其公心、良法一不复存，而顾强希其美名以行之，上则不利于君，中则不利于臣，下则不利于民；而方追咎其不能力行，此书生之论，所以不能通古今之变也。"①

正因为马端临通古今之变，而能顺应历史发展的趋势，反对因循守旧的封土建侯，赞成变革、实行郡县，他说：

---

① 《文献通考》卷二七五《封建考十六·按》，管、蔡，指周之管叔鲜、蔡叔度，皆武王之弟。武王死，成王幼，周公摄政，管、蔡作乱，后以管、蔡喻叛臣。五叔，指管叔鲜、蔡叔度、成叔武、霍叔处、毛叔聃，参阅《十三经注疏·春秋左传正义》卷五四，定公传四年春三月。

> 盖时不唐虞，君不尧舜，终不可复行封建。谓郡县之法出于秦，而必欲易之者，则书生不识变之论也。夫置千人于聚货之区，授之以挺与刃，而欲其不为夺攘矫虔，则为之主者，必有伯夷之廉，伊尹之义，使之靡然潜消其不肖之心而后可；苟非其人，则不若藏挺与刃，严其检制，而使之不得以逞。此后世封建之所以不可行，而郡县所以为良法也。而王绾、淳于生之徒，乃欲以三代不能无敝之法使始皇行之，是教盗跖假其徒以利器而与之共处也，则亦不终日而刃劘四起矣。①

时变势易，改朝换代，古法不可行。但"不识变"之士，针对马端临的郡县为"良法"之说提出异议："禹之传子，周之封同姓，皆圣人之经制也，而子顾妄议其私天下而以为劣于唐虞，何哉？"马端临不厌其烦、不厌其详地答曰：

> 世之不古久矣，圣人不能违时，不容复以上古之法治之也，而世固不能知圣人之心也。《记》曰："有虞氏未施信于民而民信之，夏后氏未施敬于民而民敬之。殷人作誓而民始畔，周人作会而始疑。"然则殷、周岂果劣于虞夏乎？而或畔或疑起于誓会者，以时人之不皆圣人也。《礼运》载夫子言："大道之行，天下为公，选贤与能，讲信修睦，而继之以谋闭而不兴，盗窃乱贼而不作，以为大同，大道既隐，天下为家，各亲其亲，各子其子，而继之以谋用是作，而兵由

① 《文献通考》卷二六五《封建考六·按》。

> 此起，禹、汤、文、武、成王、周公由此其选，以为小康。”然则官天下与家天下者，其规模之广隘，治效之优劣，虽圣人不能比而同之矣。《万章》曰：“人有言：‘至于禹而德衰，不传于贤而传于子？’”而孟子累数百言辨之以为皆天也。然则知禹之传子非私者，千载而下，一孟子而已，岂可复望之当时诸侯乎！《世本》称：“有扈氏以尧舜传贤而禹传启，故启立而不服，遂征之。”然则非愚之臆说也。①

马端临严格区分家天下与官天下的规模之广隘，治效之优劣；坚持认为禹传子不传贤之非，他同意柳宗元《封建论》的主张，赞成郡县制，反对恢复封土建侯之制。他的思想明确，态度坚决，批判了不顾形势变化、顽固主张恢复“封建”的种种论调。他在《文献通考·田赋考序》中指出：“欲复封建，是自割裂其土宇以启纷争”，他以历史事实说明“魏、宋、齐疏忌骨肉，固以取亡；而晋、梁崇奖宗藩，亦不能救乱”，以驳斥“封建”说，充分反映了马端临史学思想的进步性。

马端临知势识变，顺势应变，不违时宜，不从流俗，其史学思想的进步性，还特别表现在肯定变革。他力排众议，对商鞅变法、杨炎两税法充分肯定其历史地位：“随田之在民者税之，而不复问其多寡，始于商鞅；随民之有田者税之，而不复视其

① 《文献通考》卷二六五《封建考六·按》。《记》，指《礼记》卷一〇《檀弓下》，“而民敬之”后有删节。“周人作会”之“会”，盟也。《礼运》，见《礼记》卷二一，引文除有三处删节外，两处“而继之以”非原文。《万章》见《孟子·万章上》。《世本》记黄帝至春秋时列国诸侯大夫的氏姓、世系、都邑、制作，此书在宋代已佚，后人有多种辑本，参阅《世本八种》，商务印书馆，1957年。

丁中,始于杨炎。三代井田之良法坏于鞅;唐租庸调之良法坏于炎。二人之事,君子所羞称,而后之为国者,莫不一遵其法;一或变之,则反至于烦扰无稽,而国与民俱受其病。”[①]虽对三代井田与唐租庸调俱称为“良法”,但时过境迁,“良法”已难以适应时代需要;所谓“二人之事,君子所羞称”,但历史无情,不以少数“君子”的意志为转移,不容复古,不许倒退。马端临清楚地认识到“后之为国者,莫不一遵其法”,不遵其法,则会带来“烦扰”,国家与人民都受其害。这是对鼓吹倒退、复古者的严重警告与强烈抨击。马端临对商鞅变法有所非议,如对“一人有奸,邻里告之;一人犯罪,邻里坐之”的“令民为什伍”之法,认为是“教其相率而为暴戾刻核之小人也”[②]。但他并未忽视商鞅变法“富国强兵”的效果,他引述杜佑《通典》对商鞅变法的评价:“废井田,制阡陌,任其所耕,不限多少,数年之间,国富兵强,天下无敌。”[③]马端临对此并无异议。有人以《读史旬编·商鞅》为据,说马端临一家,一贯反商鞅,以至咒骂他应该“车裂以徇”[④]。不能将其父的观点强加于其子。

马端临盛赞杨炎两税法为“不易之法”、“救弊之良法”。他说:“今两税之法,人无丁中,以贫富为差,尤为的当”,解决了由来已久的“贫富不齐”的问题。他一再为两税法辩诬:“立法之初,不任土所宜,输其所有,及计绫帛而输钱,既而物价愈下,所纳愈多,遂至输一者过二,重为民困,此乃掊刻之吏所

---

① 《文献通考·自序》。
② 《文献通考》卷一二《职役考一·按》。
③ 《文献通考》卷一《田赋考一》。
④ 张孟伦《关于马端临〈文献通考〉人民性的问题》,载《兰州大学学报》1980年第1期。

为，非法之不善也。”又说：“宣公所谓计估算缗，失平长伪，挟轻费转徙者脱徭税，敦本业不迁者困敛求，乃诱之为奸，驱之避役，此亦是有司奉行者不明不公之过，非法之弊。”马端临之所以为之一再辩护，肯定两税法，主要是从它减轻农民负担着想：

> 盖赋税必视田亩，乃古今不可易之法。三代之贡、助、彻，亦只视田而赋之，未尝别有户口之赋，盖虽授人以田，而未尝别有户赋者，三代也；不授人以田，而轻其户赋者，两汉也；因授田之名，而重其户赋，田之授否不常，而赋之重者已不可复轻，遂至重为民病，则自魏至唐之中叶是也。自两税之法行，而此弊革矣，岂可以其出于杨炎而少之乎？①

马端临认为赋税当以田亩多少定重轻，不应另有户口之赋。他以户口之赋的有无轻重来看农民的负担，自魏至唐中叶，户赋至重，重为民病，此病因两税法之推行而得以减轻，两税法“以资产为宗，不以丁身为本”，虽不可能彻底解除民病，但其社会效益是不可贬抑的。

宋儒对王安石变法无休止的喧嚣谩骂充斥于各种文稿，马端临独立不惑，他着眼于农民之利而为新法多所辩护，对青苗钱所以为民害的征钱、取息、抑配三弊一一加以驳斥②，特

---

① 《文献通考》卷三《田赋考三·按》，宣公，指唐宰相陆贽。马端临录其上疏1564字编入此卷。

② 参阅《文献通考》卷二一《市籴考二·按》，本书第三章《马端临的政治思想》第二节有所论述。

别指出免役法为“救时之良策”:一则“民得一意田亩”,大批农民不脱离农业生产;二则“贪毒无所施”,虽不能使官吏之不贪,但因“民既出雇募之费,则其身与官无预”,减少了官吏贪污的机会与可能;三则“无追呼刑责之虞”。宋神宗说:“询访邻近百姓,亦皆以免役为喜,盖虽令出钱,而复其身役,无追呼刑责之虞,人自情愿故也。”马端临对这番话极为重视,特加按语:“此神宗所以有于百姓何所不便之说。”①马端临认为王安石新法有偏有弊,其弊多指行法不得其人,如征收免役钱时,“聚敛小人乘此增取”;再如免役钱非专供募人充役之用,“官府之需用,吏胥之廪给,皆出于此。及其久也,则官吏可以破用,而役人未尝支给,是假免役之名以取之,而复他作名色以役之也。”②显然这是行法不得其人造成的,这是新法失败的主要原因之一。新法的失败,不可归咎于新法本身,由于行法之人“皆苛刻小民,虽助役良法,亦不免以聚敛亟疾之意行之,故不能无弊,然遂指其法为不可行则过矣”③。有人以为马端临全盘否定王安石变法④,似难以使人信服。马端临对王安石虽多所指责,除转述别人的话、引用别人的文字外,多偏于对其工作作风不满,如评论免役法是否可行时,指出“介甫狠愎,不能熟议缓行”⑤。“狠愎”,是表明坚定不移的决心与不屈不挠的意志。“不能熟议缓行”,是表明急于求成。

---

① 《文献通考》卷十二《职役考一·按》。
② 《文献通考》卷十二《职役考一·按》。
③ 《文献通考》卷十二《职役考一·按》。
④ 张孟伦《关于马端临〈文献通考〉人民性的问题》(载《兰州大学学报》1980年第1期),认为马端临反对王安石变法很尖刻、很坚决。
⑤ 《文献通考》卷二一《市籴考二·按》。

王安石认定免役优于差役,马端临也是如此认定的,为此写了两千余字的按语,充分肯定免役法"所以行之熙丰而民便之,元祐诸君子皆以为善"①。既然如此,王安石坚持免役而"狠愎",其真正的含意就耐人寻味了。

最值得重视的是马端临选录了一些王安石自我辩白的话,如:"王安石白上言:百姓卖屋纳役钱,臣不能保其无此事,然论事有权,须考问从前差役卖屋陪填,与今卖屋纳役,孰多孰少,即于役法利害,灼然可见。"②马端临不仅引用王安石的自我辩白,而且还再三为新法辩护,除前面为青苗、免役辩护之外,还为均输、市易辩护。论及均输法时,指出王安石"志于兴利",这是王安石变法的主旨。马端临认识到"荆公新法,大概主于理财"。论及市易法时,指出"所得子本盖未尝相称也,岂得为善言利乎?"从"志于兴利"到"岂得为善言利乎"充分反映了王安石的理财之道,并不是一味"兴利",行市易法,"市易司息钱所获,盖不足商税之亏矣。"③王安石通过变法,打击大姓富家操纵物价、剥削农民、扰乱治安,这一目的实现了,"今大姓富家,昔日号为无比户者,皆为市易所破,十无一二矣。"④"兴利"的意义,不可片面理解为只顾一时之利多聚

---

① 《文献通考》卷一三《职役考二·按》。

② 《文献通考》卷一二《职役考一》,熙宁七年诏,闻定州民有拆卖屋木以纳免役钱者。

③ 《文献通考》卷二〇《市籴考一·按》市易法要点有三,贷息、抵当、贸迁。马端临说:"使富家为之,假以岁月,岂不获倍蓰千万之利。今考之熙宁五年赐内藏库及京东路钱为市易本共一百八十七万缗;至九年,中书言:"市易息钱,并市利钱,仅总收百三十三万二千缗有奇。"官府经营市易法"所得子本盖未尝相称也",较之富家所为获利要低得多。

④ 苏轼《东坡奏议集》卷一一《论积欠六事并乞检令应诏所论四事一处行下状》。

敛钱财。王安石变法的社会效果,包括理财在内,极为显著,通过变法,社会财富由私家流向官府。变法以前,“大农富贾,或从僮骑、带刀剑以武断于乡曲,毕弋渔猎声伎之奉,拟于侯王,而一邑之财,十五六入于私家矣。”变法以后,“天下之财,大半归于公室矣。”① 说明马端临对新法的辩护、肯定是正确的。

国之兴亡,决定于为政得人。马端临对选官之法、入仕之途极为重视。他对汉初卖官鬻爵之举,极为反对,他说:

> 汉初入仕之途,不加澄汰,惧民之弃本逐末而储蓄不丰也,遂立为入粟之法;惧吏之贫乏无藉而贪欲无厌也,遂立赀算之法。虽有愧于古人任贤使能之意,然犹不过随时以救弊,而上之人初未尝利其财也。至武帝以征伐之余,用度不足,始立赏官,明开鬻卖之门,入谷者,入羊者,入奴婢者,煮盐冶铁者,皆得入仕。至株连之法行,则陷之以罪罟以取其财,而复酬之以官,于是名器益滥矣。②

马端临认为卖官鬻爵极不合理,选官任吏,当以德才兼备为前提,他指出:“任官不以才德选,而徒择其赀力之富厚,岂理也哉!”③ 如何始可物色到德才兼备的官吏,则当有“考课之

---

① 秦观《淮海集》卷八《财用上》。

② 《文献通考》卷三五《选举考八·按》,株连之法,乃令罪犯以财赎罪补吏,元鼎三年(前114)所忠言:“世家子弟、富人,或斗鸡走狗马、弋猎博戏乱齐民,乃征诸犯,令相引数千人,命曰‘株连徒’,入财者得补郎,郎选衰矣。”

③ 《文献通考》卷三五《选举考八·按》。

法”，马端临说：“既曰考课，则必黜幽陟明，立为一定之法，使一皆可行；又必上下之间，体统相维，而后可以举行。”①西汉元帝时，京房为选贤举能，曾上言：“古帝王以功举贤，则万化成、瑞应著；末世以毁誉取人，故功业废而致灾异。”因此他得到皇帝的信任与嘉许。但京房言行不一，其所作所为反映其考课之法为“一家之学”，他专权跋扈，独断专行，终于“来谗贼之口而杀其身也”②。考课之法，应严肃认真去执行，不可有随意性，真正做到“以功举贤”，不可以“毁誉取人”，否则，后患无穷，身任其责者，往往难逃杀身之祸。马端临的认识是深刻的。

马端临对九品中正之制也有深刻认识，认为“寄雌黄于一人之口”的九品中正制，“其法太拘，其意太狭，其迹太露”。他说：

然诸贤之说，多欲废九品、罢中正何也？盖乡举里选者采毁誉于众多之论，而九品中正者寄雌黄于一人之口。……至中正之法行，则评论者自是一人，擢用者自是一人；评论所不许，则司擢用者不敢违其言；擢用或非其人，则司评论者本不任其咎；体统脉络各不相关，故徇私之弊无由惩革。又必限以九品，专以一人，其法太拘，其意太狭，其迹太露，故趋势者不暇举贤，如刘毅所谓“上品无寒门，下品无世族”是也。畏祸者不敢疾恶，如孙秀为琅玡郡吏，求品于清议王戎从弟衍，衍将不许，戎劝品之；及秀得志，朝

① 《文献通考》卷三九《选举考十二·按》。
② 《文献通考》卷三九《选举考十二·按》。

士有怨者皆被害，戎、衍独免是也。①

马端临综合各家之说，加上他独到的见解，认识到九品中正制，“徇私之弊无由惩革”，完全为特权的世族所垄断，“上品无寒门，下品无世族”，在世族操纵下，“趋势者不暇举贤”，“畏祸者不敢疾恶”，完全封闭了选贤举能的渠道，清明的政治被隔绝。九品中正制没有存在的理由，必须废除。马端临对各朝各代的入仕之途皆进行考察，评论其是非。对唐代“权倖之嘱托”认为“可畏”②；对五代的进士考试，认为“所谓试者，不过上下相与为欺耳，可无试也”。但对五代承袭唐代的“试判入仕”之事，则给予肯定，“有如流外铨，必胥吏之徒，非以文学进身者，则所对不责其引征古今，但据事理判断，诚是也。”③以“据事理判断”的能力的高低定取舍，马端临欣赏这一做法，其是非标准，昭然若揭。他赞同以实际工作能力辨高低、定取舍。

宋代庆历四年(1044)，为了改革科举考试，更改贡举进士所试诗赋策论先后，欧阳修提出应先策论、后诗赋。马端临认为欧阳修的意见非常正确，合乎正理。他说：“诗赋不过工浮词，论策可以验实学，此正理也。”原来以试诗赋论策取士，“盖欲以论策验其能否，而以诗赋定其优劣，是以粗浅视论策，而以精深视诗赋矣。”结果，“其有奥学雄文，能以论策自见者十无一二，而纷纷鹄袍之士，固有头场号为精工，而论策一无可

① 《文献通考》卷二八《选举考一·按》。
② 《文献通考》卷二九《选举考二·按》。
③ 《文献通考》卷三八《选举考十一·按》。

采者。"欧阳修的改革主张,实际上是以论策为主,以真才实学为主,"欲先试论策,择其十分乱道者先澄汰之,不特使之稍务实学,且使司衡鉴者所考少则易精。又既工论策,则不患其不长于诗赋;纵诗赋不工,而所取亦不害为博古通经之士矣。"①马端临对欧阳修先策论、后诗赋的意见的肯定,不仅反映其重真才实学的人才思想,而且更反映其力求进步的改革精神。欧阳修与司马光为"分路取人"之说展开过争论,马端临对这场争论表达了他的见解:

> 司马公之意,主于均额以息奔竞之风。欧阳公之意,主于核实,以免缪滥之弊。要之,朝廷既以文艺取人,则欧公之说为是。盖士既求以用世,则奔名逐利所不能免,不必深訾。至于弃亲匿服,身负过恶者,皆素无行检之人,此曹虽使之生长都城,早游馆学,超取名第,亦未必能为君子。若以为远方举人文词不能如游学京师者之工,易以见遗,则如欧、曾、二苏公以文章名世,诏令传后,然亦出自穷乡下国,未尝渐染馆阁习,为时尚科举之文也,而皆占高第。然则必须游京师而后工文艺者,皆剽窃蹈袭之人,非颖异挺特之士也。②

马端临认为"欧公之说为是",理由充足,一则说都城素无行检之人,虽超取名第,未必为君子;二则说,远方举人如欧阳修、

① 《文献通考》卷三一《选举考四·按》
② 《文献通考》卷三一《选举考四·按》。

曾巩、苏轼、苏辙，文章名世，真才实学，皆占高第，并未见遗。这两点理由，足以攻破司马光的分路取人、主于均额、以息奔竞之风的主张。马端临的见解是公正、平允的。

马端临对科举考试不满，认为科举考试不能选拔真才实学之君子，“科举不足以尽取人之法。然自隋唐以来，入官者皆以是为进身之阶，及其人之贤否，则初不缘此。”科举制度必须改革，但王安石改革科举，以经义取士，马端临则认为其囿于一家之说，“然介甫之所谓一道德者，乃是欲以其学，使天下比而同之，以取科第。夫其书纵尽善无可议，然使学者以干利之故，皓首专门，雷同蹈袭，不得尽其博学详说之功，而稍求深造自得之趣，则其拘牵浅陋，去墨义无几矣，况所著未必尽善乎？”[①] 一家之说，虽尽善尽美，限制“博学详说之功”，阻碍“深造自得之趣”，不免带来“拘牵浅陋”之弊，这对培育人才、选拔人才都是不利的。

不从流俗，坚持改革，马端临的要求较严，标准较高，如他认为宋代元丰改革官制不彻底，是“丛杂可笑”的。就官与职的区分方面来说，“元丰未改官制之先，大率以职为阶官”，元丰改革官制之后，“选人七阶则皆以幕职令录之属为阶官”，造成许多紊乱，他说：

> 治其事则以为职，不治其事则以为阶官犹云可也。独选人七阶则皆以幕职令录之属为阶官，而幕职令录则各有所系属之监司州县，遂至有以京西路某县令为阶官，而为河北路转运司勾当公事者；有以

① 《文献通考》卷三一《选举考四·按》。

> 陕西路某军节度判官为阶官，而为河东路某州州学教授者；有以无为军判官为阶官，而试秘书省校书郎者，其丛杂可笑尤甚。[1]

这些“丛杂可笑”的现象，元丰时未能改正，至崇宁二年(1103)，刑部尚书邓洵武极言其事，遂以承直郎以下七阶换之。马端临在评论这类事件的是非得失中，处处流露出其改革、创新的愿望与务实、进取的心态。

第五节　通裁别识，异彩纷呈

马端临史学思想中最值得重视的是通裁别识。这就保证其《文献通考》的内容翔实而谬误较少，而且为其独特的见解展示了异彩。

马端临在《文献通考·田赋考》中，引用叶适(水心)论“自古天下之田无不在官，民未尝得私有之”。至唐代，“容他自迁徙，并得自卖所分之田”。马端临评曰：“水心言唐方使民得立券自卖其田，而田遂为私田，此说恐未深考，如萧何买民田自污，贡禹有田一百五十亩，被召之日，卖其百亩以供车马，则自汉以来，民得以自买卖田土矣。”[2]对同以“革弊自任”的宇文融、杨炎，马端临运用其通裁别识区别对待。宇文融收羡田以招徕浮户而分业之。杨炎以“户无主客，以见居为簿；人无丁中，以贫富为差”行两税法。这两人的功绩不可同日而语，“融

① 《文献通考》卷六四《职官考十八·按》。

② 《文献通考》卷二《田赋考二·按》。

则守高祖、太宗之法，炎则变高祖、太宗之法。然融守法而人病之，则以其逼胁州县，妄增逃羡以为功也。炎变法而人安之，则以其随顺人情，姑视贫富以制赋也。”马端临洞察宇文融的革弊是“逼胁州县”，而杨炎的革弊是“随顺人情”，将两人区别的实质点破，两人的功绩大小也就昭然若揭，“今必优融而劣炎，则为不当于事情矣。”① 马端临确认杨炎优于宇文融。唐大历元年(766)诏收青苗钱、地头钱。马端临据此为杨炎辩护说：“以钱输税，而不以谷帛；以资力定税，而不问身丁。人皆以为行两税以后之弊，今观此则由来久矣。”② 马端临的通裁别识，是在平常学习中日积月累而成，对每一历史事件几乎都有他独特的见解，确非一日之功。

马端临运用其通裁别识，探索治国之本，非常重视这一宏论：“夫治平在庶功兴。庶功兴在事役均，事役均在民数周，民数周为国之本也。先王周知其万民众寡之数，乃分九职焉。九职既分，则劬劳者可见，勤惰者可闻也，然而事役不均者未之有也。事役既均，故上尽其心，而人竭其力，然而庶功不兴者未之有也。庶功既兴，故国家殷富，大小不匮，百姓休和，下无怨疾焉，然而治不平者未之有也。”③ 马端临非常强调“事役均”及“庶功兴”的重要，其“恤民”思想极为鲜明，为政必须恤民，恤民在便民，减轻盘剥与攫取。王莽立五均官，马端临

① 《文献通考》卷三《田赋考三·按》。
② 《文献通考》卷三《田赋考三·按》。
③ 《文献通考》卷十二《职役考一》引徐伟长《中论》。庶功，指各种事功。九职，指九种职务，《周礼·天官·太宰》：三农、园圃、虞衡、薮牧、百工、商贾、嫔妇、臣妾、闲民。九职，亦释作九种官职；刘向《说苑·君道》：司徒、司马、司空、田畴、乐正、工师、秩宗、大理、驱禽。

认为其职责在攫取百姓，深以为非，感叹不已：

> 古人立五均以均市价，立泉府以收滞货而时其买卖，皆所以便民也。所谓"国服为息"者，乃以官物赊贷与民则取其息耳。今莽借五均、泉府之说，令民采山泽者、畜牧者、纺织者，以至医巫、技艺各自占所为而计其息十一分之一，以其一为贡，则是直攫取之耳。周公何尝有此法乎？噫，古人之立法，恶商贾之趋末而欲抑之；后人之立法，妒商贾之获利而欲分之。①

王莽的苛政，不仅限于五均，还有赊贷和六筦（管）。五均，是在长安、洛阳、邯郸、临淄、宛、成都设立"五均司市师"，各郡县设司市，平均物价，抑制商贾囤积居奇，收取租税，办理赊贷。六筦，是对酤酒、卖盐、铁器、铸钱，及从山泽开采物资的，统一由官府收税。由于吏治腐败，贪官污吏横行，造成"农商失业，食货俱废"，人民生活悲惨。马端临对历史上构成人民悲惨生活的诸因素多有探索。如汉代的"更"有卒更、践更、过更。《汉书》如淳注："卒更者，正身供正役也；践更者，以钱雇直，所直者内地，其役一月，其钱则不行者自以雇代行者；过更者亦以钱雇直，所直者边疆，其役三日，其钱则不行者输之县官，县官以给代行者。"如淳对"过更"的一岁而更，认为是"并行程与雇募通言之"，马端临认为非是。《汉书》卷四九《晁错传》明言"远方之卒守塞，一岁而更"，马端临据此判断："则似明立此法，非是并行程及雇募而言，殊与三日之说背驰。"他进一步说

① 《文献通考》卷二〇《市籴考一·按》。

明“一岁而更”与“其役三日”的来由：“窃意一岁而更，是秦以此待谪戍者，本非正法。及其穷兵黩武，则虽无罪者及元系复除者，皆调发之而侪之谪戍矣。汉初亦遵其法，后来乃著令，有罪者乃边戍一岁，而凡民之当戍者不过三日；若不愿行者，则听其出钱县官以给戍者，为过更之法耳。”① 由“本非正法”而以正法行之，后来有令以区分有罪与无罪之别，无罪者其役虽不过三日，对平民而言是很沉重的负担。服役人因身份不同，祸福有异，特别表现于宋代的“衙前”之役，“夫均一衙前也，将吏为之，则可以占田给复；乡户为之，则至于卖产破家。然则非衙前之能为人祸也，盖官吏侵渔之毒，可施之于愚戆之乡氓，而不可施之于谙练之将吏故也。”② 这一论断，反映了封建社会阶级壁垒森严，阶级对立的不可调和；反映了“愚戆之乡氓”难逃“官吏侵渔之毒”这一铁的事实。官吏侵渔百姓，不受法律限制，马端临深恶痛绝，这是其通裁别识的核心意义所在。

马端临称赞汉儒贾谊、董仲舒“最为纯正”，但对其论诸侯王则皆主于诛杀，深为不满。他说：盖诸侯王虽汉初之深患，然根连株逮而诛锄之于后，固不若建法立制，而闲防之于初也。”他坚决反对以“根连株逮而诛锄之”的办法来对付政敌、缓解矛盾。“孝文时，淮南、济北亦尝构逆，讨而戮之，罪止其身，未尝深竟党与，亦不闻复有后患，何必诛及二万余人哉！”③ 诛及二万余人之无天无法，这一教训是惨痛的，马端

① 《文献通考》卷一五〇《兵考二·按》。
② 《文献通考》卷一二《职役考一·按》。
③ 《文献通考》卷一六三《刑考二·按》。

临的惊叹、呼吁,遗憾的是未引起后人的重视,朱元璋大杀功臣,牵连被杀者达三万余人,此即胡惟庸案。案情的性质有何异同姑不论,其不分首与从,不分罪与无辜,大肆诛戮,则是完全相同的。反诛杀,是马端临一贯的主张。他在评论董仲舒《春秋决事比》一书时说:

> 仲舒通经纯儒,三策中所谓任德不任刑之说,正心之说,皆本《春秋》以为言。至引"正谊不谋利,明道不计功"以折江都王,尤为深得圣经贤传之旨趣。独灾异之对,引两观桓僖亳社火灾,妄释经意,而导武帝以果于诛杀,与素论大相反,西山真公论之详矣。《决事比》之书,与张汤相授受,度亦灾异对之类耳。帝之驭下以深刻为明;汤之决狱以惨酷为忠,而仲舒乃以经术附会之。王、何以老庄宗旨释经,昔人犹谓其罪深于桀、纣,况以圣经为缘饰淫刑之具,道人主以多杀乎?其罪又深于王、何矣。①

马端临在充分肯定董仲舒是"通经纯儒"的前提下,批判他借灾异妄释经意,"导武帝以果于诛杀",罪恶深重,不可饶恕。但他并未全盘否定董仲舒,就事论事,董仲舒不应曲解古人意以经术附会武帝之驭下以深刻为明、张汤之决狱以惨酷为忠。不可以深刻、惨酷治天下,这是马端临通裁别识的宝贵内涵。

马端临通裁别识之论丰富多采,如论赎、论赦。有人以为

① 《文献通考》卷一八二《经籍考九·按》,西山真公,指南宋真德秀。王、何指王弼、何晏。

"赎"特为鞭扑轻刑设,五刑本无赎法;有人以为"赎"本为五刑之疑者,而鞭扑轻刑则无赎法。《尚书·虞书》有"金作赎刑"之语,马端临反复推敲,"固未见其专为五刑设,或专为鞭扑设也"。马端临对"赎"有独到见解:

> 愚尝论之:五刑,刑之大者,所以惩创其罪衍;鞭扑,刑之小者,所以课督其慵怠。五刑而许之论赎者,盖矜其过误之失,《书》所谓罪疑惟轻,所谓五刑之疑有赦是也。鞭扑而许其论赎者,盖养其愧耻之心,《记》所谓刑不上大夫。东坡所谓鞭扑一行,则豪杰不出于其间。故士之刑者不可用,用者不可刑是也。二者皆圣人忠厚之意也。①

五刑之疑有赦,可赎,"盖矜其过误之失";鞭扑亦可赎,"盖养其愧耻之心"。这样做的目的,"皆圣人忠厚之意也"。马端临对"赎"的见解与众不同,他赞成"赎"而反对"赦"。他说:

> 唐虞三代之所谓赦者,或以其情之可矜,或以其事之可疑,或以其在三赦三宥八议之列,然后赦之。盖临时随事而为之斟酌,所谓议事以制者也。至后世乃有大赦之法,不问情之浅深,罪之轻重,凡所犯在赦前则杀人者不死,伤人者不刑,盗贼及作奸犯科者不诘,于是赦遂为偏枯之物、长奸之门。今观管仲所言(指"凡赦者小利而大害者也")及陶朱公之事

---

① 《文献通考》卷一七一上《刑考十上·按》。

> （指楚陶朱公中子杀人系狱，其家多持金钱赂王左右下赦令），则知春秋战国时已有大赦之法矣。①

所谓"赦"，"宥有罪之谓也"。唐虞三代之"赦"是临时随事而斟酌决定的，合情合理。后世之"赦"，因不问情由，不问罪之轻重，"遂为偏枯之物、长奸之门。"马端临指出："后来之赦，非独宥罪而已，又从而推恩焉。于是有罪者幸免，无功者超迁，刑赏俱失，皆由于赦，其无益而有害也明矣。"②"赦"之有害而无益，因为非独"宥罪"，而且"推恩"，使"刑赏俱失"，功过是非漫无准则，国法失衡，必然招致动乱。马端临的通裁别识极富实践价值，有利于治国安邦。为治国安邦，马端临总结出许多建设性的经验教训，如为集思广益，应以学校来公论，熙宁太学钳制言论、罗织罪名之不可取。他说：

> 子产不以郑人议执政之然否而毁乡校，盖以学校所以来公论也。今熙宁之建太学，苏嘉言变法事忤介甫，则学官并坐其罪，而改用李定、常秩之徒，试文则宗新经，策时务则夸新法；今又立飞语谤朝政者以学规殿罚之条，则太学之设，乃箝制罗织之具耳，以是为一道德可乎？③

马端临主张学校是培养聪明智慧之处，是集思广益之所，"来公

① 《文献通考》卷一七一《刑考十下·按》。
② 《文献通考》卷一七三《刑考十二·按》。
③ 《文献通考》卷四二《学校考三·按》。

论”即所以鼓励公正的言论。学校应有言论自由,不可加以钳制,不可限以一家之法,以“宗新经”、“夸新法”为唯一的“道德”的准绳,是不可取的,而且是办不到的。马端临的思路比较活跃,视野比较广阔,其通裁别识多少带有民主、自由的色彩。

马端临的通裁别识,使其《文献通考》大放异彩。其独到的见解,精辟的议论,举不胜举。如古人疑服有六,而冕止于五,遂谓大裘、衮衣二服而同冕。马端临引经据典进行考证之后指出:“然则祭天之服,亦龙衮,特内袭大裘;而宗庙之祭,则龙衮,内无裘。故以大裘而冕在衮冕之前,非谓衮冕之上,复有大裘之服也。盖大裘、衮衣不可分而为二服,而服与冕皆五,未尝有六服矣。”① 为证明“六服”之误,他下了很大的功夫。三代衣服之制,除冕服外,最普遍的为元端(玄端)、深衣二种。元端,国家的“命服”(古代帝王赐给公侯至卿,大夫、士的制服),本无等级,自天子至士皆可服之;深衣,圣贤之“法服”(礼法规定的标准服),自天子至庶人皆可服之。“裁制缝衽,动合礼法,故贱者可服,贵者亦可服;朝廷可服,燕私亦可服。天子服之以养老,诸侯服之以祭膳,卿,大夫、士服之以夕视私朝,庶人服之以宾祭。”这种深衣,用途最广。《戴记》对深衣之制言之甚备。但如现在仍有人穿上这种衣服,“非以诡异贻讥,则以儒缓取哂。”② 衣服之制不可复古,不可逆历史潮流而动,不开倒车,这是马端临史学思想放射的光芒。

马端临独立不惑,对历史上许多大大小小的问题,皆予以重新审定,作出自己的判断。如对圭与笏作出鉴定:“圭,镇宝

---

① 《文献通考》卷一一一《王礼考六·按》。

② 《文献通考》卷一一一《王礼考六·按》。儒缓,迂缓迟钝。

也;笏,服饰也。圭则执之以为信,笏则执之以为饰。”圭为信物,笏为饰品。博学多识的朱熹则言,笏只是君前记事指画之具。这是误解。马端临指出其所以引起误解的原因是:

古者天子亦有笏,岂亦藉此以记事指画乎?盖朝章之服饰也。但天子之笏,以玉为之,其制似圭。而天子与公侯伯之圭上锐下方,其形类笏,故后人或误以圭为笏。然笏者非执则搢,不可须臾去身者也。若圭,则天子以礼神,诸侯以朝见天子,不过于当事之时,暂捧之而即奠之,不常执也。尝见绘礼图者,绘上公衮冕执桓圭在手,如秉笏之状是矣。至卿大夫无圭璧则端冕盛服,而执所谓羔雁者在手,殊为可笑,盖误以圭为笏,误以镇信之具为服饰之具故也。①

马端临从圭与笏的形制、用途加以区别,足以正朱熹之误。马端临不囿于成说,不盲目信从名家,对郑玄的一些解释,也能纠其谬而正其误。郑玄犯过“可笑”的错误:

郑康成分圜丘与南郊为二,方泽与北郊为二,而所祀天地亦各有二名。曹魏郊祀遵用其说。然郑说祀天则有昊天、有五帝;而魏圜丘所祀曰皇皇帝天,南郊所祀曰皇天之神。郑说祀地则有昆仑、有神州;而魏方泽所祀曰皇皇后土,北郊所祀曰皇地之祇。

① 《文献通考》卷一一一《王礼考六·按》。

往往见灵威仰及昆仑等名不雅驯，故有以易之。然不知皇天之与天神、后土之与地祇，果可分而为二乎？可笑也。[①]

将皇天与天神、后土与地祇强行分而为二，马端临之所以认为“可笑”，因为这属于常识性错误，本应避免而未避免。这类问题还发生在司马迁身上。秦二世以郑卫之音为娱，丞相李斯进谏：“放弃诗书，极意声色，祖伊所以惧也；轻积细过，恣心长夜，纣所以亡也。”[②] 马端临认为这一记载是司马迁失察，“如李斯进谏之言，殊与其素论相反。盖焚经灭籍者，李斯之说也；恣情纵欲者，赵高之说也。二论相须以相成。而始皇之所谓贻谋，二世之所谓善继，同此一道耳。斯既进邪说以媚始皇，而复欲持正论以抗高，犹劝人以饮，而复咎其醉也，岂不愚哉！”[③] 马端临从李斯的“素论”、“邪说”断定他不可能有“正论”；从秦始皇的“贻谋”与秦二世的“善继”以及赵高的“恣情纵欲”之说而认定李斯与他们是“同此一道”的人物。从群体审视其中的个体，从个体的整体人格检验其片断言行，高瞻远瞩，这就增强了其通裁别识的准确度。

《周礼》卷十五：“凡民之贷者，与其有司辨而授之，以国服为之息。”这是“息”字应作何解？马端临独抒己见：

---

① 《文献通考》卷七六《郊社考九·按》。灵威仰，五方帝之一，《广雅·释天》：“五帝号，苍曰灵威仰。”

② 《史记》卷二四《乐书第二》。

③ 《文献通考》卷一二八《乐考一·按》。

或以息为生息之息，或以息为休息之息，然于义皆无所当。盖古人创泉布之本意，实取其流通，缘货则或滞于民用，而钱则无所不通，而泉府一官最为便民，滞则买之，不时而欲买者则卖之，无力者则赊贷与之。盖先王视民如子，洞察其隐微，而多方济其缺乏，仁政莫尚于此，初非专为谋利取息设也。不原其立官之本意，而剿其一语以断天下大事可乎？①

郑玄释“国服为息”曰：“以其于国服事之税为息也”。王安石以郑玄注释“国服为息”之意行青苗法，马端临认为这是错误运用郑玄注释而“误天下”，即“剿其一语以断天下大事”，忽略了“立官之本意”在洞察民隐，济其缺乏，推行仁政，大力便民，这就是“息”的真实含意。

《宋史》卷五〇《天文三》：二十八舍东方有傅说一星。对“傅说”有各种解释。郑樵释曰：“傅说一星，惟主后宫女巫祷祠求子之事。谓之傅说者，古有傅母、有保母，傅而说者，谓傅母喜之也。”马端临反对此说，他根据情理判断，“在天为星辰，在人为圣贤”，诸星中所谓轩辕、社稷、造父、奚仲、王良，皆古人之名也；傅说，商之良宰辅。由于“其星则所主者宫中祷祠以祈子孙，其事不类，故先儒疑之。”② 马端临认为以“其事不类”而疑之是没有根据的。马端临在许多问题上独抒己见，往往别有见地，卓荦不凡。颍滨苏氏（苏辙）释《禅宗金刚经解》曰：“《金刚经》所谓一切贤圣皆以无为法而有差别者，谓以无

---

① 《文献通考》卷八《钱币考一·按》。
② 《文献通考》卷二七九《象纬考二·按》。

而为法耳，非别有无为之法也。然自六祖（唐僧慧能）以来，皆读作无为之法，盖僧家拙于文义耳。”马端临在此基础上作了出色的解释：

> 经文言以无为法而有差别，又言一切有为法，语意相对，故误读作无为。然有即有为，无则不必言为矣。有为法而视同梦幻、泡影、露、电，则终归于无而已。无与无为是两义，无为者，清净之谓也，老氏之说；无者，空寂之谓也，佛氏之说。①

这一解释，透彻精辟，既说明“无与无为是两义”及造成误读的原因；又指出“无为”为老子之说，“无”为佛氏之论，两者不可混同。

马端临在辨是非、论曲直时，皆以大驭小，以全纠偏，不仅注意一字一词的内涵，而且考察其所涉及的方方面面。张玄素事唐太宗，深以流外为耻。马端临则认为大可不必以流外为耻。隋唐时，一品至九品的职官称流内，九品以下的职官则称流外。唐太宗询问张玄素出身，他答流外，深以为耻，“出阁殆不能步，色如死灰。”“马端临指出张玄素“彼创业之时，依乘风云，致位将相，其发身微贱，盖有甚于流外者矣，不必耻也。”② 张玄素的荣辱观确有问题，但所谓“发身微贱”说，说明马端临的荣辱观也同样存在问题。他对“人痾”的解释也是有瑕可击的，历代史志所载“人痾”，所指乃“形体之妖异，或举

① 《文献通考》卷二二六《经籍考五十三·按》。

② 《文献通考》卷三五《选举考八·按》。

动言语之狂惑，或化为异物，或已死复生，殊不及叛逆之事”。而“人痾”之本意，即指“叛逆”，乃“犯上反叛”之谓，亦即所谓“下人伐上之痾”。马端临说：“盖人痾者，妖也；叛逆者，其应也。又下而犯上，臣而背君，其妖孰甚焉，故总谓之人痾云。”①所谓“下而犯上，臣而背君”是妖中之妖，这是以三纲五常为天经地义，这是时代的局限、阶级的局限，不可以此否定其史学思想的通裁别识、卓越独到、活跃与进步。

① 《文献通考》卷三〇八《物异考十四·按》。

第六章　马端临治史方法

马端临《文献通考》有“考核精审,持论平正”[①] 之誉,这一赞誉是公允的。马端临治史方法精审平正,约可分为五点言之。

综合分析,明其原委。《文献通考》所引史料无比丰富,一一皆经过严格审订,其精心所写的许多按语,以综合分析,明其原委见长。马端临综合分析法,突出的特点是综合诸家之说,层层剖析,追根溯源,既有批驳之论,又有独立的见解。马端临运用综合分析法解决了五服之制与封禅等久悬不决的问题。马端临的综合分析能力是通过艰苦学习、深入思考、认真比较、长期积累养成的。他能通过现象了解其实质。北宋徽宗时科举考试之尊经、抑史、废诗,马端临认为其实质为“群憸借正论以成其奸”,一语中的。

比较异同,区别优劣。马端临治史,多采用比较法,比较

① 《文献通考·乾隆重刻文献通考序》。

异同,区别优劣,择善而从。他在论乐歌的各种议论中,经过比较,接受唐太宗“缘情制乐”之说;从岳珂与陈群的论述中,强调官品与人品之别;从各时期“孝廉”的比较,将有“实行”的孝廉与无“实行”的孝廉区别对待;而且将孝廉产生、演变、名存实亡的过程展示出来,别开生面。在比较中发现分歧,必求其故。马端临广泛运用比较法,把许多问题讲得更透彻、更明白、更形象、更具体。他不仅从现象上作比较,而且更从根源上、实质上作比较,如唐宋十六卫之制,名称有异,而其职责依旧。马端临的比较研究法,从文献典籍入手,比较同一事物的不同记载;以历史事件为纲,比较其演变过程与特征;从比较中发掘历史的底蕴或脉络。

纠谬正误,还其真相。马端临为纠谬正误,用心至专,用力甚勤,澄清了历史上许多问题,特别是宋史上不少疑难问题得以解决。如“进士加论一首”始于宋太祖时,非始于宋太宗时;史言晏殊与蔡伯俙俱以五六岁为神童侍仁宗,属误传,因为宋仁宗出生时,晏殊已十九岁。宋代乐制,中兴以前,其制屡易,通过考证,得知“是乐制虽曰屡变,而元未尝变也”,难能可贵。更可贵的是对一些众说纷纭的问题,马端临从研究方法上指出其应何去何从,他坚决反对以“风闻道听”的方法研究问题。马端临在纠谬正误方面之所以屡建奇功,原因在破除迷信。不迷信古人,不迷信名家,对司马迁、郑玄、朱熹等的失误,亦不轻易放过。他博览群书,通古今之变;积极求索,辨是非之别,排除一切干扰和迷雾,以摆事实、讲道理来纠谬正误,多无懈可击。最值得称道的是,他在纠谬正误中,围绕主题,由点及面,对有关问题一一进行清理,如在充分论证《太平经》非襄楷所作之外,进而论证襄楷对《太平经》评论之欠妥;

更评论襄楷其人，在肯定其“好学博古”、“高明杰特”之外，也不忽略其“违背经谊，假托神灵”的缺失。

弥补疏失，力求全备。马端临《文献通考》以杜佑《通典》为基础，取其所长，补其所短。马端临为补《通典》的疏失，做了大量艰苦的工作，如翰苑经筵为至“清要显美”之官，《通典》遗漏；再如左右神策军，《通典》亦不载；《通典》所载历代禄秩，未言及魏晋禄秩，马端临皆作了重要补充。马端临在拾遗补缺方面，采取的方式方法多种多样，约可概括为五点：借助专论以论史；融汇诸说以说史；充实续补以补史；搜索佐证以证史；注疏诠释以释史。

谨慎存疑，不妄臆断。马端临对许多无法妥善解决的问题，不妄臆断，以疑传疑，多书“当考”。但他不以“当考”封闭自己的思路，对如何释疑，或展示蛛丝马迹，或提出参考文献，或陈述自己的见解，多富启发性。马端临之所以善于生疑，主要是由于字字求解、事事求证的精神所引发。他遇名实不符、是非颠倒而生疑；遇过程不明、纤悉无考而生疑；遇证据不足，前后矛盾而生疑；更多的是遇记载分歧、众说纷纭而生疑。马端临的“疑”富于建设性：指出疑点，避免谬种流传，贻误四方；展示其思考路数，有启发引导之功；通过质疑问难，使问题接近解决；接受教训，尽力避免造成讹误的可能。

马端临治史方法严肃认真、细致周密，一丝不苟，有破有立，他虽多采用考证法以纠谬正误，但无烦琐考证之弊，文字简明，思路清晰，不枝不蔓。特别是其比较研究法，通过比较，把问题解决得透彻、明白，别开生面。

第一节　综合分析，明其原委

马端临编撰《文献通考》，非常注重综合分析，明其原委。《文献通考》最精彩之处是马端临精心写出的许多按语，其按语多偏重于剖析史料，判断是非，追溯源流，评介分歧，释疑解惑，纠谬正误，即通过综合分析，以达到明其原委的目的。马端临在《文献通考》中所写的有关禘祫之制的按语，可作为其运用综合分析方法的典型例证。他先言禘本鲁礼，诸国无禘：

> 禘祫之制，《礼经》无明文，而汉儒之释经者，各以意言之，其说莫详于郑氏，然支离亦莫甚于郑氏，故先儒皆不以为然。如赵氏、林氏、杨氏之言，辨说祭耳。问者曰："若谓禘非三年丧毕之殷祭，则晋人云以寡君之未禘祀何也？"答曰："此左氏之妄也。左氏见经文吉禘于庄公，以为丧毕当禘，而不知此本鲁礼，不合施于他国。"左氏亦自云："鲁有禘乐，宾祭用之。"即明诸国无禘可知，是左氏自相违背亦可见矣。①

这一段按语综合分析汉儒以意释经之误，郑玄之说的支离，更指出"左氏之妄"。然后指出禘"本鲁礼，不合施于他国"，诸国无禘。涉及面很广，以简驭繁，要言不烦。继而言"宗庙之祀，莫大于禘"，清楚明白地指出禘是祭祖的：

---

① 《文献通考》卷一〇〇《宗庙考十·按》。

> 郑氏注禘其祖之所自出,以为王者之先祖皆感大微五帝之精以生祖者,后稷也;祖之所自出者,苍帝灵威仰也;遂指禘以为亦祭天之礼,混禘于郊,舍喾而言灵威仰,其说妖妄支离特甚,先儒多攻之。盖祖者后稷也,祖之所自出者帝喾也。郊祀只及稷,而禘则上及喾。是宗庙之祀,莫大于禘。故祭法先禘于郊,以其所祀之祖最远故耳,于祀天无预也。至杨氏引《子夏传》以释祖之所自出,其说尤为明畅云。①

马端临认为“禘”是祭祖的,是祭“最远”之祖;郑玄指禘为“祭天之礼”,其说“妖妄支离特甚”。“禘”的真正含意在此已昭然若揭。再进而分析“禘为大祭”的言外之意,含有“祀天”的误会:

> 《尔雅》以禘为大祭,《祭法》序禘先于郊。夫子答或人之问禘,不敢易其对,而以为知其说者于天下国家如指诸掌。由是后之儒者,以禘为祭中之至大者。而必推尊其所以大之说,故或以祖之所自出为天帝,其意必谓郊明堂犹祀天。禘,大祭也,岂止于祀祖而已乎?又以禘为并祀群庙之主,其意必谓祫犹并祀群庙。禘,大祭也,岂止于祀祖及祖之所自出而已乎?②

---

① 《文献通考》卷一〇一《宗庙考十一·按》。
② 《文献通考》卷一〇一《宗庙考十一·按》。

由“禘为大祭”而推断其意，“岂止于祀祖而已乎？”“岂止于祀祖及祖之所自出而已乎？”马端临针对这两个问题，指出：“此二说者，赵伯循、杨信斋诸公辟之善矣。”赵伯循谓禘祭不兼群庙之主，杨信斋赞同这一见解。马端临在引述赵、杨的见解后，对“大禘”争论双方的理由作了简介：“至于大禘之外，复有时禘，则见于《礼记》、《左传》者具有明文，而赵、杨二公独不以为然，其意亦必谓：‘禘，大祭也，不当复以此名时祭。’然不知祫亦大祭，而亦有大祫、时祫之分，则禘何害其为一名而二祭乎？”马端临写到此处，其文笔急转直下，“然则以禘为配天，以禘为合祀群祖，以禘为非时享，其意皆本于欲推尊禘祭之所以大而不欲小之故耳。”①争论的双方围绕“大”展开议论，既有分歧，也有一致之处。关于争论的由来，马端临着重介绍韦玄成、刘歆的说法，韦玄成有“太祖以下五庙而迭毁”之说，刘歆有“大禘则终王”之说。马端临指出此两家之说造成了郑玄的误解：

《西汉书》未尝言禘祫之祀，惟《汉旧仪》载其制颇详。又《韦玄成传》载诸儒因议毁庙而及禘祫，其说并著于此。然则以禘为五年之殷祭，以禘为祀天，以禘为并祭群庙，韦（玄成）、刘（歆）诸人所言已如此，郑康成特袭其讹耳。刘歆大禘则终王之说，是每王一世方一举禘礼，又与五年之说不合云。②

① 《文献通考》卷一〇一《宗庙考十一·按》。
② 《文献通考》卷一〇一《宗庙考十一·按》。

郑玄的误解，除沿袭韦、刘之说以外，先儒以为他本人又“依约想象”以误后人。马端临对郑玄“依约想象”之说表示异议：

> “三年一祫，五年一禘”之说，先儒林氏、杨氏皆以为郑康成因《春秋》文公二年有祫，僖公、定公八年有禘，遂依约想象而立为此说，盖以鲁僭乱之制定为周礼以误后人。然光武建武二十六年诏问张纯禘祫之礼，而纯奏：“礼三年一祫，五年一禘”，然则其说久矣。盖此语出于纬书，纬书起于元、成之间，而光武深信之。当时国家典礼、朝廷大事，多取决焉，故此制遂遵而行之。康成盖以汉礼为周礼，非鲁礼也。①

马端临指出“三年一祫，五年一禘”之说，由来已久，并指出此说并非郑玄“依约想象”而成，乃出于纬书。郑玄虽有错误，其错误在“以汉礼为周礼，非鲁礼也”。郑玄有何责任？具体责任为何？分析不苟。最后，马端临对“禘”与“祫”作出明确界定：

> 以禘祫为共一祭而异名，以禘为合祭祖宗，审禘昭穆之义，汉儒之说也。近代诸儒多不以为然，独（胡）致堂从之。然大传礼，不王不禘，王者禘其祖之所自出，以其祖配之；而即继之曰，诸侯及其太祖。

① 《文献通考》卷一〇一《宗庙考十一·按》。

> 大夫、士有大事省于其君，干祫及其太祖，其文意亦似共，只说一祭天子则谓之禘；所谓不王不禘，而祭则及其祖之所自出。诸侯则不可言禘，而所祭止太祖；大夫、士又不可以言祫[①]。

这里说明“不王不禘”，照朱熹的解释，“王者有禘有祫，诸侯只有祫而无禘”[②]。马端临参考了朱熹等的见解，指出“诸侯则不可言禘”、“大夫、士又不可言祫。”集众家之长，为一家之说。

以上所引六段按语，充分反映马端临综合分析法的突出特点：其一，综合诸家之说，涉及面极广，面面俱到，不偏不倚。其二，对所引诸家之说，层层剖析，先言禘本鲁礼；继言禘是祭祖的，非祀天的；再指出争论双方的论点有异有同；接着分析造成误解的是韦玄成与刘歆；郑玄的错误在“以汉礼为周礼，非鲁礼”，其错误非出于“依约想象”。层次井然，不枝不蔓。其三，说明问题的由来，“汉儒之释经者，各以意言之”；“三年一祫，五年一禘”出于纬书；郑玄注“禘其祖之所自出”，以为“王者之先祖皆感大微五帝之精以生祖者，后稷也；祖之所自出者，苍帝灵威仰也”。遂指禘以为亦祭天之礼。其四，有破有立，在综合分析中，既批驳各家之谬说，又提出自己的见解，对“禘”与“祫”作出最后界定：不王不禘，诸侯不可言禘，大夫、士不可言祫。禘是祭祖的，非祀天的。较细致地解决了问题。

马端临对综合分析法，运用自如。他运用综合分析法解

---

① 《文献通考》卷一〇一《宗庙考十一·按》。

② 《文献通考》卷一〇一《宗庙考十一》引朱子曰“禘之意最深长”一段。

决了历史上许多复杂的、久悬不决的问题,如“五服之制”的问题,“自天子以至于士,五服之制则同,而祭祀止及其立庙之亲,则大夫不祭其高曾,士不祭其祖,非人情也。”有识之士认为“有服者皆不可不祭”,马端临赞同此说,但他并非盲从,而是通过他自己的钻研获得的认识:“愚又尝考之《礼经》,参以诸儒注疏之说,然后知古今异宜,礼缘人情,固当随时为之损益,不可胶于一说也。”①他之所以“不胶于一说”,由于他洞察诸家之说,权衡是非,辨析真伪,取长补短,明察秋毫。

对历代皇帝死后,其太子即位时间或长或短,马端临从《尚书·顾命》及《春秋》中了解其别有四:始死,则正嗣子之位;既殡,则正继体之位;逾年,正改元之位;三年,正践祚之位。但自汉代开始,“遵短丧之制,废谅阴之说,以日易月,则逾年、三年即位之礼不复闻。大概于缞绖之中,行嗣服之吉礼矣。”如西汉太子即位时间很短,惠帝即位在汉高祖死后二十三日;景帝即位在文帝死后九日、葬后三日。西汉太子之所以很快即位,“盖西都人主皆预为陵寝,故开遐之后,不复循古者七月之制,盖有自崩至葬不及旬日者,是以嗣君即位多在既葬之后。”至东汉,葬期渐迟,于是始制令以大行柩前即位,而历代遵之,盖犹在既殡之后。”正因为他了解这些细节,所以提出这一质询:“今魏宣武方崩,而太子不俟明即位,毋乃太促乎?”②马端临的综合分析能力是通过艰苦学习、深入思考、认真比较、长期积累养成的。

马端临《文献通考》中,分析精当之处颇多。隋朝全国举

① 《文献通考》卷一〇五《宗庙考十五·按》。
② 《文献通考》卷一二一《王礼考十六·按》。

秀才者不过十人,杜正元及其弟正藏、正伦一门三秀才,在当时应是可喜可贺之事,反而受到不应有的"沮抑"。马端临为此事叹惜:"举秀才者,文才杰出、对策高第之人也。隋虽有秀才之科,而上本无求才之意,下亦无能应诏之人,间有一二则反讶之嫉之矣。杨素苛酷,俗吏宜其疾视如此。苏威,儒者也,亦复沮抑正藏。士生斯时,何其不幸邪!"[①] 士之所以不幸,与"上本无求才之意"与"杨素苛酷"密切有关,虽然人才难得,但社会上嫉贤妒能成风,此风无人制止,听之任之。这一分析不能说不精当。对五代弊法,待士太薄,马端临从"公使钱"来进行分析:"五代弊法,凡官府公使钱,多令居官者自出其费,宰相则有光省钱,御史则有光台钱,至于监生亦令其出光学钱,则贫士何所从出?既征其钱,复不蠲其役,待士之意,亦太薄矣。"而五代的士,文化素质较差,马端临注意到"其居学者亦皆苟贱冒滥之士耳。"[②] 这是说,五代待士之薄有两方面的原因,一是法弊,"既征其钱,复不蠲其役",属于统治者的责任;二是士皆"苟贱冒滥",属于士本身的问题。这也算是分析精当了。

马端临着力于综合分析,目的在明其原委。北宋徽宗时期,科举考试尊经、抑史、废诗,表面上似乎颇有讲究,有所作为。马端临不为其现象所迷惑,透过现象了解其实质的"群憸借正论以成其奸",他说:

尊经书,抑史学,废诗赋,此崇、观以后立科选士

① 《文献通考》卷二八《选举考一·按》。
② 《文献通考》卷四一《学校考二·按》。

之大指，其论似正矣。然经之所以获尊者，以有荆舒之《三经》也；史与诗之所以遭斥者，以有涑水之《通鉴》，苏、黄之酬唱也。群憸借正论以成其奸，其意岂真以为六籍优于迁、固、李、杜也哉！①

这一分析，反映了宋徽宗崇宁（1102—1106）、大观（1107—1110）以后，政和、重和、宣和年间，徽宗"疏斥正士，狎近奸谀"，蔡京、童贯、高俅、朱勔、张邦昌、王黼等群憸用事，或倡"丰亨豫大"之说以挥霍浪费，或借花石纲之役以劳民伤财。为掩盖其滔天罪恶，打出"尊经书"的旗号，立科选士以实现其不可告人之奸计。其所以抑史学、废诗赋，在拒不接受历史教训，拒不听取逆耳之忠告，骄奢淫佚，随心所欲，为所欲为。其按语虽简略，内涵很丰富，颇富启发意义，最大的意义在揭示了尊经、抑史、废诗的政治阴谋。

任何历史事件、典章制度、行政机构的出现或消逝，都必有其原委。马端临论述宣徽院兴建、废罢的原委云：

枢密、宣徽院皆始于唐。然唐之《职官志》及《会要》略不言建置本末，盖因肃、代以后，特设此官以处宦者，其初亦无甚司存职业，故史所不载；及其后宦者之势日盛，则此二官日尊。及五代以来至于宋朝，则皆以大臣为之，然枢密既专掌兵，事繁任重，故其官不

① 《文献通考》卷三一《选举四·按》，荆舒《三经》，指王安石《三经新义》，王安石先后被封为舒国公、荆国公，故称"荆舒"。苏、黄指苏轼、黄庭坚。涑水，指司马光。

> 可一日废，而副贰属官亦不容不备。宣徽位尊而事简，故常以枢密院官兼之，或以待勋旧大臣之罢政者；及官制行而事各有所隶，则愈觉赘疣，故遂废罢云。①

这里回答了有关宣徽院的两个问题：一是唐代史书上之所以不言其建置本末，由于“其初亦无甚司存职业”；二是其所以废罢，由于“官制行而事各有所隶”。马端临善于发掘因与果的关系，善于辨别公与私的分寸，善于区分是与非、善与恶的界限。他运用其特长，对“封禅”进行分析，发表了其独到的见解。

所谓“封禅”，是感谢天地恩德。唐代张守节释曰：“此泰山上筑土为坛以祭天，报天之功，故曰封。此泰山下小山上除地，报地之功，故曰禅。言禅者，神之也。”奉天地为神明，设坛祭祀，以报答天覆地载之恩德。《史记·封禅书》云：“自古受命帝王，曷尝不封禅？”司马迁认为“封禅”由来已久，舜五载一巡狩，东至泰山，南到衡山，西达华山，北临恒山。禹也照此办理。马端临则认为“封禅非古礼”，秦汉时诸儒“欲以古帝王巡狩望祀之礼而缘饰之”。马端临对此有别具只眼的分析：“然古帝王之事，则省方问俗，赏善罚恶，凡以为民，其意出于公也；秦汉二主之事，则夸诵功德，希求福寿，凡以为己，其意出于私也。”这是说，秦始皇、汉武帝之封禅，根本不能与古帝王巡狩望祀之礼相提并论，一则为民为公，一则为己为私；一则为“省方问俗，赏善罚恶”，一则为“夸诵功德，希求福寿”。这就将秦汉封禅何以黜诸儒之议的原委说明白了。

对于封禅事，秦汉诸儒多有建议。秦时，齐鲁儒生博士七

---

① 《文献通考》卷五八《职官考十二·按》。

十人应召而来，向秦始皇进言："古者封禅为蒲车，恶伤山之土石草木；扫地而祭，席用菹秸，言其易遵也。"汉代群儒既已不能辨明封禅事，又牵拘于《诗》《书》古文而不能骋。"上为封禅祠器示群儒，群儒或曰：'不与古同'；徐偃又曰：'太常诸生行礼不如鲁善'；周霸属图封禅事。于是上绌偃、霸，而尽罢诸儒不用。"[①]"尽罢诸儒不用"，司马迁没有解释其中原委，留下的空白，马端临填补上了。他认为：秦汉诸儒希望"秦汉二主"遵循古礼，即行"简质之礼"。但古代帝王巡狩与秦汉二主封禅，不是一回事，两者冰炭不相容。因此他得出结论："迹其举措，正自冰炭，则又安能考《诗》、《书》之说，行简质之礼乎？固宜其见黜也。"[②] 马端临填补了司马迁留下的空白，较好地解决了秦汉二主不采纳诸儒意见的根本原因。

马端临在分析原委时，皆经过仔细考证，凭借确实可靠的证据下判断，非常审慎，能拨开种种迷雾，解除种种疑团，还其本来面目。如车战废于何时？西汉史书上有"汉夏侯婴破李由军于雍邱，以兵车趣战疾破之"之类的记载。有人据此以为车战之制，汉代尚用之。马端临则说："然详考其辞，则是以车载糗粮器械，止则环以为营耳。所谓甲士三人，左持弓，右持矛，中执绥之法已不复存矣。"[③] 至于车战之制何以废除，马端临解答：

> 至戎狄之侵中国，则云合鸟散，轻进易退，于是

① 《史记》卷二八《封禅书》。蒲车，用蒲裹车轮，恐伤草木。

② 《文献通考》卷八四《郊社考十七·按》。

③ 《文献通考》卷一五八《兵考十·按》。

车之雍容,不足以当其徒之慓疾,遂至舍车而用徒。然彼长于徒,我长于车,今舍吾之长技而与之搏,是以兵予敌也,故必设覆以诱之,未阵而薄之,然后可以取胜,而车战之法废矣。秦汉以后之用兵,其战胜攻取者,大概皆如郑之御戎、晋之败狄耳,何尝有堂堂正正之举乎?①

马端临将车战时"其坐作进退,整暇有法,未尝掩人之不备,而以奇取胜也",与废车战后的"设覆以诱之,未阵而薄之"作比较。这一比较,更增加其分析的广度与深度。

最难能可贵的是,马端临在字里行间,字斟句酌,一丝不苟,旁敲侧击,耐心分析,以明其原委。如"张汤请博士弟子治《尚书》、《春秋》,补廷尉史"。马端临根据《汉书》卷五九《张汤传》,认为张汤苛刻成性,他之所以如此做的原因在"汤决大狱,欲傅古义",即为其暴行从古书上找一块遮羞布,当然这是痴心妄想。因此,马端临指出:"夫《尚书》、《春秋》所言,岂有舞文巧诋、惨酷深刻如汤之为乎?"这就彻底揭露了张汤残暴、惨酷、凶恶的面貌,并举出实例:"狄山以博士稍持正论抗汤,则触祸机矣。"②由于兴兵击匈奴,国库空虚,边境百姓困穷,狄山对匈奴和亲之请,认为应同意。张汤竟指狄山为"愚儒无知",狄山则指张汤为"诈忠"。因得罪张汤,一介儒生被派往前线,月余即被匈奴斩头而去。说明张汤阴谋诡计、飞扬跋扈,终因他"怀诈而欺","所治夷灭者"无数,民愤太大,无地

① 《文献通考》卷一五八《兵考十·按》。
② 《文献通考》卷四〇《学校考一·按》。

自容而自杀。马端临对他的评价是公允的。马端临对人、事之所以有很强的洞察能力，明察秋毫，在于他勤于网罗诸家之说，思考精细，精于掌握要领，精于比较异同，精于分析矛盾，精于说明原委。

第二节　比较异同，区别优劣

马端临读书时，惯用比较法；在研究历史时，亦喜用比较法。比较，是重要的，有比较始有鉴别，许多问题，经过比较，特点显现，轮廓清晰，底蕴洞见。如历法研究者为研究方便，分天为365度，王奕释曰："天本无度，因日之行一昼夜所躔阔狭，强名曰度。盖日之行也，三百六十五日之外，又行四分日之一，以一年而周于天焉，以一日所行为一度。"沈括则释曰："天事本无度，推历者无以寓其数，乃以日所行，分天为三百六十五度有奇。"马端临对王、沈二人之说进行比较，虽然不知"孰先孰后，孰倡孰袭"，但他指出："王说详而明，沈说简而当。"①各有所长。

关于乐歌的评论，有不同的说法。郑樵曰："按今之乐有伊州、凉州、甘州、渭州之类，皆西地也。又按隋炀帝所定九部夷乐，西凉、龟兹、天竺、康居之类，皆西夷也。观诗之歌颂，亦自西周始。凡是清歌妙舞，未有不从西出者。八音之音，以金为主；五方之乐，惟西是承。虽曰人为，亦莫非乐五行之精气而然。"另有陈氏《乐书》曰："唐明皇天宝中，乐章多以边地名曲，如凉州、甘州、伊州之类，曲终繁声，名为入破……"马端临

① 《文献通考》卷二七九《象纬考二·按》。

对以上两说进行比较，找出其歧异，并指出其歧异的原因："郑氏主于声音而言，陈氏主于证应而言，故其说不同。然成周之时，未尝不以夷乐参用于祭享之间也。迹明皇所以召衅稔祸者，自有其故，岂皆入破、合奏致之乎？"① 马端临驳斥陈氏《乐书》的"证应"之说，提出"迹明皇所以召衅稔祸者，自有其故"，这是明智的。政局的变化，原因是多方面，不可单纯从乐歌来找原因，不可夸大乐歌对政局的影响。陈氏《乐书》却有此弊，有云：

> 窃观唐之乐歌，突厥监歌于龙朔，而阎知微卒有陷突厥之诛；杨柳唱于永淳，而徐敬业卒拘杨、柳二州之乱；宝庆之曲作，而太子任咎；堂堂之曲奏，而唐祚中绝。以至舞媚桑条、黄獐挈苾之作，未有无其应者。由是知声音之道，实与政通；而治乱之兆，皆足听而知之，况其昭昭者乎？然明皇雅好度曲，未尝使蕃汉杂奏；迨天宝之末，始诏选调法曲与胡部新声合作，识者异之，明年遂及禄山之难。岂得无所感召而然哉！②

马端临认为陈氏《乐书》所提到的"声音之道，实与政通"，有一定道理。但乐是治乱的反映，不可能成为治乱的根本原因，所谓"治乱之兆，皆足听而知之"则应加以肯定。马端临有言：

---

① 《文献通考 》卷一四二《乐考十五·按》。

② 《文献通考》卷一四二《乐考十五》引陈氏《乐书》文。《文献通考》卷一八六《经籍考十三》收录：《乐书》二百卷，陈旸撰。陈振孙《直斋书录题解》评其书：雅俗胡部、音器歌舞，下及优伶杂戏，无不备载，博则博矣，未免于秽芜也。

“所谓乐者,和其本也,声器其末也。使其政和而世治,则虽管弦皆教坊之新声,度曲皆任䩉之杂乐,毋害其为安且乐也。如其政乖而世乱,则虽声歌下管尽合箫韶,金石柷敔一循雅奏,毋害其为怨而怒也。”① 乐歌足以反映“政和而世治”或“政乖而世乱”,但不可能成为治乱的根源。为此,马端临在《文献通考·乐考》中加以引证:唐太宗令协律郎张文收考律吕,“平其散漫,为之折衷”,张文收新乐既成,奏之,唐太宗谓侍臣曰:“古人缘情制乐,国之兴衰,未必由此。”御史大夫杜淹婉转进言:“陈将亡也,有《玉树后庭花》;齐将亡也,有《伴侣曲》;闻者悲泣,所谓亡国之音,哀以思,以是观之,亦乐所起。”这番话受到皇帝的指责:“夫声之所感,各因人之哀乐,将亡之政,其民苦,故闻以悲。今《玉树》、《伴侣》之曲尚存,为公奏之,知必不悲。”尚书右丞魏徵说:“乐在人和,不在音也。”② 唐太宗所谓“缘情制乐,国之兴衰,未必由此”,是经得起推敲的。马端临从论乐歌的各种议论中,进行比较,明其优劣,择善而从,他接受了唐太宗的见解,形成自己的见解。乐歌有助于致治,但非根本性的。

马端临殚精竭虑以比较法区别优劣,分清是非,审核名实。他从岳珂与陈群的论述中,强调官品与人品之别,从而对九品的真实含意作出解释。他在引用岳珂《愧郯录》片断文字之后说:

《愧郯录》前段考订,特为详密。然此所谓九品

---

① 《文献通考》卷一四六《乐考十九·按》。
② 《文献通考》卷一二九《乐考二》引“文收新乐既成”。

者，官品也，以别官之崇卑。陈群所谓九品，人品也，以定人之优劣。二者皆出于曹魏之初，皆名以九品，然人品自为人品，官品自为官品。岳氏合而为一，以为官品者，逆设之以待某品之人，此说恐未然。

岳珂的失误何在？是如何造成失误的？马端临何以能发现其失误？马端临一一作了解答：

刘毅、卫瓘论中正九品之敝，所谓上品无寒门，下品无世族，所谓其始造也，乡邑清议，不拘爵位，褒贬所加，足为劝励，犹有乡论遗风；中间渐染，遂计资定品，使天下观望，唯以居位为贵人，伤损风俗，其敝不细。岳氏专举此段以为官品即人品之明证。然详其所言，盖如后世权贵之人，挟势取科第、干荐举之类耳。非谓中正者，逆设此官之品目以待所品之人也。盖官品之制，即周之所谓九命，汉之所谓禄石，皆所以辨高卑之等级，其法始于魏，而后世卒不能易。若中正所定之人品，则始于陈群，魏晋间用之以举人物；六朝因之，然其敝已见于立法之初。自隋唐以来，一以科目为仕进之涂，而中正九品之说久废矣。想当时必以人物之贤愚优劣分为九等之目，如班固《古今人表》之类，但史所不载，无由知之，然决与此官制之九品不相干，固难因其同时同名，而遂指此为彼也。①

① 《文献通考》卷六七《职官考二十一·按》。

岳珂的失误在只注意其始之“乡邑清议”，而忽略其后之“计资定品”。周之“九命”、汉之“禄石”，这种官品的高卑之制，世代相传。但陈群以中正定人品，立法之初即存在问题，虽行于魏晋六朝，自隋唐以来久废，与官制之九品不相干。同称九品，陈群所言为人品，魏晋六朝所行为官品，不可混同。马端临的比较法是精细的。

同一孝廉，西汉孝廉与东汉孝廉不同。“汉时诏郡国荐举人才，贤良方正与孝廉二科并行。然贤良一科，文帝与武帝时，每对辄百余人；又征诣公车上书自衒鬻者以千数。而孝廉之选，文帝之诏，以为万家之县亡应令者；武帝之诏，以为阖郡不荐一人。盖贤良则稍有文墨材学者可以充选，而孝廉则非有实行可见者不容谬举故也。”① 西汉时的孝廉重“实行”，远远高于“稍有文墨材学”的贤良方正。东汉选举孝廉一科为盛，名士多出其中。马端临指出：东汉所举孝廉，“滥吹者亦多”，他的根据有二：“郡国举孝廉，率取年少能报恩者。”此其一；“观其辞对有序，则谓之能吏。”此其二。东汉初的孝廉与东汉中叶以后的孝廉有很大区别。马端临指东汉初年之事云：“当时之所谓孝廉，必取其实行，稽诸乡评誉望著者入选抡，而声称损者遭摈弃，故所举大概皆得其人。中叶以来，此意不存，往往多庸妄之流，以干请而得之，于是只得假试文之事以为革缪之法矣。”② 东汉初年的孝廉，由于重“实行”、重“誉望”，所举大概皆得其人。东汉中叶以后的孝廉，放弃“誉望”、“实行”的标准，草率选举，往往多庸妄之流。在比较各个

① 《文献通考》卷三四《选举考七·按》。
② 《文献通考》卷三四《选举考七·按》。

时期孝廉的差异中,将产生差异的原因也揭示出来。更进而指出唐代贞观之孝廉的"浅陋可笑":

> 然自东汉以来,孝廉遂为取士科目之通称,不复有循名责实之举,不过试以文墨小技而命之官。至倥偬之际,则并不试文而悉官之矣。隋唐而后,始有进士、明经,即东汉以来之孝廉,皆借其名以为士子进取之涂耳。然上之人慕孝廉之美名,故时有察举之诏。而贞观之孝廉,至不能答曾参所说《孝经》;开宝之孝弟,至不能言所习之业,浅陋可笑如此。①

这里不仅将各时期的"孝廉"作出了比较,在比较中将有"实行"的"孝廉"与无"实行"的"孝廉"区别对待,而且将"孝廉"的产生、衍变、名存实亡的过程展示出来。这样的比较说明,网罗无遗,别开生面。

再如举士与举官,在三代、两汉之时,二者本是一事,后来一事分为两门。马端临说:"古人之取士,盖将以官之,然则举士与举官非二途也。三代之时,法制虽简,而考核本明;毁誉既公,而贤愚自判。往往当时士之被举,未有不入官者也。"何以一事分为两门呢?马端临认为是巧伪日甚、法令滋多造成的。"降及后世,巧伪日甚,而法令亦滋多,遂以科目为举士之途,铨选为举官之途,二者各自为防闲检校之法。"到唐代,举士与举官分属两个机构,一为礼部,一为吏部,"试士属之礼

① 《文献通考》卷三四《选举考七·按》。开宝(968—975),宋太祖年号之一。

部，试吏属之吏部。于是科目之法、铨选之法，日新月异，不相为谋，盖有举于礼部而不得官者，不举于礼部而得官者，则士所以进身之涂辙亦复不一，不可比而同之也，于是立举士、举官两门以统之。”① 马端临还说明西汉举人之法，有未仕而举者，有既仕而举者，“西汉举人之法，如孝廉及贤良方正，有未仕而举者，有既仕而举者。至是复诏举此四科，盖未仕者则以此开选举之门，而既仕者就以此定考课之法也。”② 四科指质朴、淳厚、谦逊、有行者。

在比较中发现有分歧，马端临必求其所以发生分歧之故。如古代入学年龄，大致有两种说法。马端临介绍：“八岁入小学，十五入大学，《大戴礼·保傅传》及《白虎通》之说。十三年入小学，二十入大学，《尚书大传》之说。程、朱二子从《保傅》、《白虎通》。”③ 马端临并未附和程、朱二子之说，未对两说的分歧置之不顾，经过他的刻苦钻研，不仅认真读诸书的正文，而且细心读注释，在引证诸书及其注文后，对入小学年龄的区别作出了自己的判断，形成独立的见解：

> 今以诸书所载及此注详之，则《保傅》及《白虎通》所言，八岁入小学者，乃天子世子之礼。所谓小学则在师氏虎门之左；大学则在王宫之东，亦皆天子之学也。《尚书大传》所言，十三年入小学，乃公卿、大夫、元士嫡子之礼。盖公卿已下之子弟，年方童

① 《文献通考》卷三六《选举考九·按》。

② 《文献通考》卷三六《选举考九·按》。四科中之“有行者”亦作“节俭”。

③ 《文献通考》卷四〇《学校考一·按》。

> 幼，未应便入天子之学，所以十年出就外傅，且学于家塾，直至十五方令入师氏所掌虎门小学。而天子则别无私学，所以世子八岁便入小学欤。[①]

马端临认为“八岁入小学，乃天子世子之礼”；“十三年入小学，乃公卿、大夫、元士嫡子之礼”；十五入小学，则为公卿以下之子弟。通过比较，清理出头绪，取得与众不同的见解。

马端临较广泛地运用比较法。他引用洪迈《容斋随笔》所言，唐代“每道不过一使临之耳”，宋之州郡“按制控刺者，率五六人，而台省不预毁誉，善否随其意好，又非唐时一观察使比也”。马端临在此基础上运用比较法比较唐宋官制，认为唐简而宋繁：

> 野处所言，以为唐之州县，不过一使临之。而宋则有帅、漕、宪、仓四司，故州县之官，尤难以奉承展布。盖唐制一道，兵政属之节度使，民事属之观察使，然节度多兼观察；又各道虽有度支、营田、招讨、经略等使，然亦多以节度使兼之，盖使名虽多，而主其事者，每道一人而已。至宋则监司各自有建台之所，每司专有长官，专有掾佐，而号令之行于统属者始烦矣。然宋之监司虽多，而一司犹不过一人专之也。若夫司存鼎立，而每司之称牧伯、刺史者，比肩数人而以临乎其郡，每郡则称守者比肩数人而以临乎其县，每县则称宰者比肩数人而以临乎其民，则其

① 《文献通考》卷四〇《学校考一·按》。

诛求之苛密,奉承之不易易,又亘古所无也。[1]

唐代各道虽有度支、营田、招讨、经略等使,然亦多以节度使兼之,主其事者每道一人而已。宋代则不然,机构臃肿,官吏冗滥,冗官必然带来冗费,更有“诛求之苛密,奉承之不易易”的弊端,与前代相比,是空前的。在比较官制的变迁中,更比较诛求之疏密,比较人民疾苦之轻重,宋代人民疾苦是空前的[2]。马端临的比较法把许多问题讲得更透彻、更形象、更具体、更周延。

马端临运用比较法,说明“枢密之名,始于唐代宗宠任宦者,故置内枢密使”,由于有宣付诏令于中书门下之职权,利用职权“挠权乱政”,专横跋扈,经过改名、复名、与中书合而又分的过程,曲折起伏,变化多端,马端临不厌其烦地作了详细说明:唐代的枢密使与宰相势均力敌,已养成专横跋扈之习。五代时,朱梁惩唐代之弊,不用宦者,然徒知宦者之不可用,而不知枢密院之不必存,乃复改为崇政院。后唐恢复枢密院,由心腹大臣掌其事,成为“宰相之外,复有宰相;三省之外,复有一省矣”。宋代,始以枢密与中书对持文武二柄,号称二府。宋代初年,枢密院官虽掌兵,亦未尝不兼任宰相之事。二府在工作上互不知晓,矛盾重重,如景德四年(1007),中书命秘书丞杨士元通判凤翔府,枢密院则令他掌内香药库,二府不相知,互相冲突,为解决这一矛盾,颁布诏令:“自今中书所行事关军机及内职者报枢密院;枢密院所行关民政及京朝官者报中书。”

---

① 《文献通考》卷六一《职官考十五·按》。

② 参阅王瑞明《宋代政治史概要》,页63—65,页354—364。

这是说枢密院可以"预除授之事";与此同时,命宰臣王旦监修两朝正史,知枢密王钦若、陈尧叟、参知政事赵安仁并修国史,这是说枢密院可以"预文史之事"。掌兵的枢密院职权扩大。庆历(1041—1048)以后,始以宰相兼枢密使,元丰改革官制,宰相不再兼枢密使,遇大事三省与枢密院同议;小事由枢密院"独取旨行讫关三省"①。马端临运用比较法,将枢密使的职权变化划分为三个阶段:唐代枢密使专横,这是宦官专权的必然反映;五代对枢密之制发生怀疑,改其名以后又复其名,使"宰相之外复有宰相";宋代二府由合一而分离,这是适应君主专制的需要所决定。各个朝代统治思想的变易与差别,形成枢密使权势的或起或落、或突出或隐微。

马端临的比较法,不仅从现象上作出比较,而且更从根源上、实质上作出比较,比较其名与其实。唐代承袭前代之制置十六卫,都是命武臣掌禁旅。宋代的十六卫发生变化,名称有异。但其职责仍为禁旅。马端临说:"宋兴以来,环卫官特以处宗亲,无限员,无职事。而禁旅则仍五代之制,属之三衙,有都副指挥、虞侯为之长,其次则有阁门御带,其所职亦皆唐十六卫之任。然三衙则专掌兵,以大将主之;而御带阁门,则或以处戚畹内臣,不专为将帅之任,而其职掌皆在京师,故俱次序其事于十六卫将军之后。"②组织机构与职官名称虽有所变动,但其职责依旧,从而区分唐宋十六卫之别。马端临的比较法,析疑解难,驱雾逐日,努力寻找到很多圆满的答案。

① 《文献通考》卷五八《职官考十二·按》。

② 《文献通考》卷五八《职官考十二·按》,三衙指殿前司、侍卫司、马军步军司。

马端临的比较研究法的特点大致有三：

一、从文献典籍入手，比较同一事物的不同记载。在中国封土建侯时代，诸侯分封受地之数，有着不同记载。马端临根据不同典籍的不同记载进行比较：《周礼·大司徒》记载，诸公之地，封疆方五百里；诸侯之地，封疆方四百里；诸伯之地，封疆方三百里；诸子之地，封疆方二百里；诸男之地，封疆方百里。《孟子·万章》记载，则为"公侯皆方百里，伯七十里，子男五十里"。马端临除引述以上两说外，还引述唐仲友、陈祥道、陈傅良（止斋）及朱熹的有关议论。唐仲友说："古人之为言，省文而互见，详而考之，未有不合者。"唐仲友"详而考之"所得出的结论是："于诸公言五百里，诸侯言四百里，伯言三百里，子言二百里者，包山川、土田、附庸于封疆也；于诸男言百里者，独举其出军、赋之封疆也。凡此者皆省文而互见，若异而相通，何尝纤毫抵牾哉！"①陈祥道说："夫列爵惟五，所以称其德；分土惟三，所以等其功。德异而功有所同，故公侯之地同于百里，子男之地同于五十里，地同而附庸有所异。"在解释"三等之地正封也，五等之附庸广封也"之后，接着说："故公之地必五百里而异于侯；男之地止百里而异于子也。"②在诸家皆认为没有什么矛盾存在的情况下，马端临不轻信人言，不妄

① 《文献通考》卷二六〇《封建考一》引唐氏文，文中对军与赋有清晰说明："古之为国有军有赋，王六军，大国三军，次国二军，小国一军，此军也，出于国之郊者也。天子万乘，诸侯千乘，此赋也，出于成国者也。自军言之，则方百里而具三军，方七十里而具二军，方五十里而具一军；推而上之，方二百里而具六军。自赋言之，则方千里而具万乘，二百一十里而具千乘。"

② 《文献通考》卷二六〇《封建考一》引陈氏《礼书》曰。陈氏即指陈祥道，字用之，宋人，历官太常博士、秘书省正字。

加臆断，经过严密的比较，发现实际上有"龃龉不合"之处：

> 诸侯分封受地之多寡，《周礼·大司徒·职方氏》所载，与《王制》及子产、《孟子》所言不合。郑注以为合山川、附庸而言，先儒遂欲融会二说而一之，如陈祥道、唐仲友之论，特为明畅，故备录之。若止斋径围之说，则侯伯子之地仅可吻合，而公之地多二十五里，男之地仅得五十里之半，其与《王制》、《孟子》所言均之，为龃龉不合耳。①

姑无论其计算是否准确，这种思路、态度、方法，是非常重要的，值得重视。马端临通过比较研究法发现许多"龃龉不合"的问题，如两拂菻国的问题，马端临说：

> 唐史有拂菻国，以为即古大秦也。然大秦自后汉始通中国，历晋唐贡献不废。而宋四朝史拂菻传则以为其国历代未尝朝贡，至元丰时始遣使入献方物。今以二史两拂菻传参之，唐传言其国西濒大海，宋传则言西至海尚三千程，而余界亦龃龉不合，土产风俗亦不同，恐是其名偶同而非大秦也。②

我国古时称罗马帝国为大秦，又称黎鞬，以在海西，亦曰海西国。《史记》卷一二三《大宛传》作黎轩，《汉书》作犂靳，《三国

---

① 《文献通考》卷二六〇《封建考一·按》。

② 《文献通考》卷三三九《四裔考十六·拂菻·按》。

志·魏·乌丸鲜卑东夷传》评注引《魏略》作犂靬。隋唐时之拂菻,指东罗马帝国及其所属西亚地中海沿岸一带。宋代之拂菻,则指当时处于塞尔柱突厥统治下的西亚一带。宋神宗、哲宗时,曾数遣使来贡。马端临从比较中发现宋代之扶菻非古时之大秦,与隋唐时之拂菻亦非同一地理区域。马端临的比较法有其不可忽略的功能与价值。

二、以历史事件为纲,比较其演变过程与特征。如封爵之制,马端临认为:"诸侯王与列侯,皆以其嫡子嫡孙世袭,其所受之封爵,自非有罪者与无后者则爵不夺而国不除,此法汉以来未之有改也。"此未改之法到唐代有了改动,"至唐,则臣下之封公侯者,始止其身,而无以子袭封者;然亲王则子孙袭封如故,虽所谓茅土食邑,多为虚名,然始受封之国与爵,则父殁子继,世世相承。"唐代的变化有二,臣下封公侯的,不可袭封;亲王子孙虽可袭封,多为虚名。到宋代,变化更进一步,亲王子孙不再有特权袭封,"至宋则皇子之为王者,封爵仅止其身,而子孙无问嫡庶,不过承荫入仕为环卫官,廉车节钺,以序而迁,如庶姓贵官荫子入仕之例,必须历任年深、齿德稍尊,方特封以王爵,而其祖父所受之爵则不袭也。"①宋代皇子之为王者,"封爵仅止其身";其子孙得凭其本身"历任年深,齿德稍尊"来封爵,不得坐享其祖父的恩荫德泽。随着时代前进的步伐,封土建侯的残余日益减退,从封爵的演变可见其一点一斑。

马端临非常重视比较法,对一些历史事件,无论巨细,多认真加以比较。南宋有"破分法","凡州县催理官物,已及

① 《文献通考》卷二七七《封建考十八·按》。

九分以上，谓之破分，诸司即行住催，版曹亦置不问。”① 征收赋税时，凡已交纳九分以上，余下的不再逼催。这点松动，对挣扎在苛捐杂税下的贫苦百姓，也不能不算是一点实惠，略能喘一口气。但“曾怀用事，始除此法”，他以此建“功”而当上宰相。马端临据此判定曾怀为“刻削小人”②。破分法被曾怀废除后，槌骨沥髓，民不聊生。通过破分法废除前后的比较，不仅可说明曾怀之为“刻削小人”，而且反映了当时朝政的腐朽与阶级矛盾的尖锐。马端临以比较法揭露刻削小人的罪恶，鞭挞刻削小人，足以反映其史学思想与史学方法的进步性。

在马端临笔下有所谓“聚敛小人”。唐代皇甫镈、程异就是这种小人。马端临对这两名小人进行比较，他认为虽同为小人，但有区别：“皇甫镈、程异皆聚敛小人。(唐)元和十三年，则宪宗平淮西之后，浸以骄侈，二人以进羡余有宠为相之时也。然镈加盐估、峻榷法，靡所不至。而异能上此奏，犹为彼善于此；史称异自知不合众心，能廉谨谦退，为相月余，不敢知印秉笔，故终免于祸。观此奏，亦其一节也。”③ 所谓程异“能上此奏”，指唐元和十三年(818)程异在盐铁使任内所上“停征茶盐税”之奏；而且程异“自知不合众心，能廉谨谦退”，说明其良知未泯，尚有廉耻之心，不同于皇甫镈死心塌地为唐宪宗效劳，为自己升官发财打算。马端临不因这两人有共性而忽略其个性，不因这两人同为小人而忽略其不可忽略的差

① 朱熹《朱文公文集》卷一一《戊申封事》。版曹，宋代户部的别称。

② 《文献通考》卷二七《国用考五·按》。

③ 《文献通考》卷一五《征榷考二·按》，皇甫镈之“镈”原误作“鎛”，据《旧唐书》卷一三五及《新唐书》卷一六七改。

异,皇甫铸、程异各有其特点,通过比较,其各自的特点更加突出、更加透彻,更能展示历史的细节,展示历史的复杂性,同中有异,异中有同。

三、从比较中发掘历史的底蕴与脉络。通过汉魏分封户数的比较,发现差异之后,联系到汉魏户口数的多寡与户赋轻重,了解到"轻者不容不多,而重者不容不少"的底蕴。马端临介绍了他比较汉魏分封户数时的收获:

> 汉人尝称万户侯,盖列侯大者多食万户。魏则虽亲王所食,未有及万户者。汉光武封功臣,如邓寇辈,皆以元功食四县,范晔犹以为惩韩彭之戮、存矫枉之志,故不大其封土,使之得以功名自终。魏则诸王所食不过一县。盖封建之制,至曹魏而规模益贬矣。然以天下户口之数考之,西汉盛时至一千余万,而魏氏不过六十六万有奇,盖郡国所上户口犹不及汉十之一,则宜其分封之户数不能如汉制也。又两汉户赋轻,而魏晋以来户赋重,受封者皆食其户赋,则轻者不容不多,而重者不容不少也。《张绣传》言,时天下户口减耗,十裁一存,诸将封未有满千户者,而绣独以功封二千户,亦一证也。①

汉时户口数多故户赋轻,魏晋时户口数少故户赋重。轻有轻的缘由,重有重的必然。通过这一比较,更联系历史发展

① 《文献通考》卷二七〇《封建考十一·按》,所引《张绣传》,见《三国志·魏书》,其原文为:"是时天下户口减耗,十裁一在,诸将封未有满千户者,而绣特多。"

趋势而言,“盖封建之制,至曹魏而规模益贬矣。”封土建侯之制的残余日益减少,为历史发展的脉络勾画了重要的一笔。

马端临从历史长河中运用比较法。有人认为在宋代,“北不得燕蓟,则河北不可都;西不得灵夏,则长安不可都。”马端临认为这是“专以形势言也”。他从“汉唐都于长安,西北皆邻强胡”进行详细论证,得出结论:“汉唐之于夷狄也,或取其地以为我有,或役其兵以为我用,则密迩寇敌之地,岂果不可都哉!”宋代的问题,“非关于地之不广且险也”,而主要是“兵弱”,“盖宋之兵力劣于前代远甚”①。从宋代与前代的比较中,得出这一认识,否定“形势”之说,这是正确的,但尚不够完善,所谓“兵弱”之说,不够全面。苏洵有《审势》论,论宋代“弱之实”曰:“官吏旷堕,职废不举,而败官之罚,不加严也;多赎数赦,不问有罪,而典刑之禁,不能行也;冗兵骄狂,负力幸赏,而维持姑息之恩,不敢节也;将帅覆军,匹马不返,而败军之责,不加重也;羌胡强盛,凌压中国,而邀金缯,增币帛之耻,不为怒也。”② 这五点原因中,将官吏旷堕、赏罚不当列为首要,然后言及冗兵骄狂、将帅失职,最末举出“邀金缯、增币帛之耻”,这一论述就较全面了。“兵弱”在五点中占有两点,“弱之实”的主要原因是在政治方面。马端临的比较法并非完美无缺。汉唐综合实力强于“夷狄”,始得以“取其地”、“役其兵”。“宋之兵力劣于前代远甚”是宋代朝政腐朽、君主集权的罪恶的一种反映。

---

① 《文献通考》卷三二二《舆地考八·按》。

② 苏洵《苏老泉集》卷一《审势》。

第三节　纠谬正误，还其真相

马端临《文献通考》史料无比丰富，其丰富的史料一一经过排比、梳理、审核、鉴定，纠谬正误，还其真相，其功德可谓无量。特别是澄清了宋史上的许多问题。宋太平兴国三年（978）九月，宋太宗亲临讲武殿，试礼部贡士举人，进士加论一首。马端临认为“进士加论一首”始于宋太祖建隆（960—963）时期，并非始于宋太宗太平兴国三年九月。他根据《登科记》所载，指出：“建隆以来，逐科试士，皆是一赋一诗一论，凡三题。非始于是年也。”[①] 再如王氏《挥麈录》引朱兴仲《续归田录》云：“伯俙，字景蕃，与晏元献俱五六岁以神童侍仁宗于东宫。”马端临指出其误：“史言晏殊（991—1055）以景德二年（1005）召试，年十四，仁宗以大中祥符三年（1010）生，则仁宗有生之年，殊年已十九。今谓殊与蔡伯俙俱以五六岁为神童侍仁宗于东宫，误矣。”[②] 又如权礼侍郎陈诚之上疏有太学生“请假归省，即就乡举”一事，马端临进行驳斥：

> 自崇观以来，三舍之法大备，议者病其立捷径之涂，长奔竞之风。然观此疏（指陈诚之上疏）则知当时尚有参假而归，复取乡举者如后来之法。以资望言，则舍选尊而乡举卑；以名额言，则舍选优而乡举窄。盖未尝有以太学生退就乡举者，非惟国家无此

① 《文献通考》卷三〇《选举考三·按》。

② 《文献通考》卷三五《选举考八·按》。

法，而士亦决不肯辞尊而居卑，舍优而就窄矣。[①]

“三舍之法”立于宋熙宁四年（1071），将太学生分为上舍、内舍、外舍三等。初入学为外舍，名额不限；外舍选升内舍，名额二百名；内舍选升上舍，名额百名。上舍生成绩优异者直接授官。学生各习一经。因此有“立捷径之涂，长奔竞之风”之议。马端临据以推断“辞尊而居卑，舍优而就窄”之不可能，由此证明太学生退就乡举之误，这是合情合理的判断。另如《宋会要》载，中书门下奏，定南郊青城内殿宇门名，其事在熙宁七年。马端临说：“然杨氏所云，元丰四年，礼官请创立斋宫，诏候修尚书省了日取旨，则知斋宫元丰时尚未建。而熙宁七年所奏，定殿宇之名，乃幔殿也。”[②] 以幔殿误作斋宫。

最难能可贵的是，对变化的事物而能知其不变的实质。马端临在引述宋代乐制中兴以前，其制屡易的史实本末之后，提出了他的真知灼见：

今宋之乐虽屡变，然景祐之乐，李照主之，太常歌工病其太浊，歌不成声，私赂铸工，使减铜齐而声稍清，歌乃叶，而（李）照卒不知。元丰之乐，杨杰主之，欲废旧钟，乐工不平，一夕易之，而（杨）杰亦不知。崇宁之乐，魏汉津主之，欲请帝中指寸为律，径围为容盛；其后止用中指寸，不用径围，且制器不能

① 《文献通考》卷四二《学校考三·按》。

② 《文献通考》卷七一《郊社考四·按》此处杨氏指杨复（信斋），朱熹门人，著有《祭礼》《仪礼图》及《家礼杂说附注》，考索最精。

> 成剂量，工人但随律调之大率，有非(魏)汉津之本说者，而(魏)汉津亦不知。然则学士大夫之说，卒不能胜工师之说，是乐制虽曰屡变，而元未尝变也。①

宋乐的改订者"订正虽详，而铿锵不韵；辨析虽可听，而考击不成声。"实无可取之处。而李照、杨杰、魏汉津的改订方案，既为工师所改易而懵不复觉，说明这些人亦非真为审音知律之士，无暗悟神解之力，其改订方案之不可行，也就成为必然。

马端临为纠谬正误，用心至专，用力甚勤。他以《汉书》中之《武帝纪》与《公孙弘传》《董仲舒传》互校证明《武帝纪》所载"元光元年策贤良"之误，他说："元光元年策贤良，所载制策与《公孙弘传》所载文小异。弘对策在元光五年；而本纪又于制策之末称董仲舒、公孙弘出焉。按仲舒对策在建元元年，俱不在元光元年。"说明本纪所载"元光元年"之误②。这是从一部书上三处的有关记载对校所得出的结论，校勘学上称为本校，此外尚有他校、理校。理校比较困难，易流于臆测，但马端临所作出的理校，多能避免臆测。如唐代武举，起于武后之时，长安二年(702)，始置武举，其制有长垛、马射、步射、平射、筒射，又有马枪、翘关、身材之选。《新唐书》卷四四《选举志》称"武举不足道"，马端临严斥其妄："然郭子仪大勋盛德，身系安危，自武举异等中出，是岂可概言其不足道耶?"③ 以武举出

① 《文献通考》卷一三〇《乐考三·按》。
② 《文献通考》卷三三《选举考六·按》，参阅《汉书》卷五八《公孙弘传》及卷五六《董仲舒传》。
③ 《文献通考》卷三四《选举考七·按》。

身的郭子仪的大勋盛德破“武举不足道”之说，这一理校足以立于不败之地。

马端临在《文献通考·经籍考》中，多采用理校之法以评定是非得失。如今古文《尚书》之说，在汉代与唐代有不同含意。《汉书》卷八八《儒林传·孔安国传》言“孔氏有古文《尚书》，孔安国以今文读之”；《新唐书》卷五七《艺文志》有“今文《尚书》十三卷”，注云：“玄宗诏集贤学士卫包改古文从今文”。所谓“古文”、“今文”意义不明，颇费解。马端临说：“然则汉之所谓古文者科斗书；今文者，隶书也。唐之所谓古文者，隶书；今文者，世所通用之俗字也。”马端临进一步解释曰：

> 隶书，秦汉间通行。至唐则久变为俗书矣，何《尚书》犹存古文乎？盖安国所得孔壁之书，虽为之传而未得立于学官。东京而后，虽名儒亦未尝传习，至隋唐间方显，往往人犹以僻书奥传视之，缮写传授者少，故所存者皆古物，尚是安国所定之隶书，而未尝改以从俗字，犹今士大夫蓄书之家，有奇异之书，世所罕见者，必是旧本，且多是古字也。[①]

这里明确指出唐代的《尚书》“尚是安国所定之隶书”，并未“改以从俗字”，故唐代的“今文”之说欠妥。马端临唯恐意有未明，特加强语气说：“噫，百篇之书，遭秦火而亡者半，所存者五十八篇，而其间此二十五篇者，书虽传而字复不谐，于俗传于汉者为科斗书，传于唐者为隶书，皆当时之人所罕习者，盖出

---

① 《文献通考》卷一七七《经籍考四·按》，此处“东京”指东汉。

自孔壁之后，又复晦昧数百年，而学者始得以家传人诵也。”①再次强调“传于唐者为隶书”，以证《新唐书·艺文志》所谓“今文”的实际含意。

对一些众说纷纭的问题，马端临从研究方法上指明应何去何从。《诗序》之作，或以为孔子，或以为子夏，或以为卫宏，或以为毛公；郑樵与朱熹则以为《诗序》为“村野妄人”所作，并认为《毛序》不可偏信。马端临指出：

> 愚以为譬之听讼，诗者其事也；齐、鲁、韩、毛则证验之人也。《毛诗》本书具在，流传甚久，譬如其人亲身到官供指详明，具有本末者也。齐、鲁、韩三家本书已亡，于他书中间见一二而真伪未可知，譬如其人元不到官，又已身亡，无可追对，得之风闻道听，以为其说如此者也。今舍《毛诗》而求证于齐、鲁、韩，犹听讼者以亲身到官所供之案牍为不可信，乃采之于旁人传说而欲以断其事也，岂不误哉！②

马端临举听讼审案为例，以《毛诗》本书为“亲身到官”之人，“供指详明，具有本末”，不可不信。马端临坚决反对以“风闻道听”来研究问题。这一理校法，完全可以信服。马端临的理校法，多附有其推断的根据。如简介何晏《论语注》十卷后，有一段说明：“齐论多于鲁论二篇曰《问王》、《知道》，史称为张禹所删，以此遂无传。”马端临不信此说，推断：“且夫子之言，

① 《文献通考》卷一七七《经籍考四·按》。
② 《文献通考》卷一七九《经籍考六·按》。

禹何人而敢删之。”继而摆出其推断的根据：“然《古论语》与《古文尚书》同自孔壁出者，章句与鲁论不异，唯分《尧曰》‘子张问’以下为一篇，共二十一篇，则《问王》、《知道》二篇，亦孔壁中所无，度必后儒依仿而作，非圣经之本真，此所以不传，非禹所能删也。”①马端临的“度必后儒依仿而作”，有根有据，他的“度”并非捕风捉影，并非出于“风闻道听”。

马端临为纠谬正误，摆事实，讲道理，多无懈可击。如介绍《太平经》一七〇卷时，否定撰者为襄楷，首先引《后汉书》卷三〇下《襄楷传》：“桓帝时，楷上书言：‘臣前上琅邪宫崇受干吉神书，不合明听。’又言：‘前者宫崇所献神书，专以奉天地、顺五行为本，亦有兴国广嗣之术，其文易晓，参同经典，而顺帝不行，故国胤不兴’云云。”继而指出：“道家之说，皆昉于后汉桓帝之时，今时所传经典符箓，以为张道陵天师永寿年间受于老君者是也。而《太平经》正出于此时，范史所书甚明，然隋以来《艺文志》道书中并不收入。至宋中兴，史志方有之。然以襄楷撰则非也。”在充分论证《太平经》非襄楷所撰外，进而论证襄楷对《太平经》评价的不实：“今此经世所不见，独章怀太子所注《汉书》略及其一二，如楷疏中所谓‘奉天地，顺五行’者，经中所言亦浅易无甚高论，至所谓‘兴国广嗣之术’，则不过房中鄙亵之谈耳。”襄楷对《太平经》的内容主旨认识有误。襄楷是什么样的人物？马端临评襄楷其人“好学博古，于君昏政乱之时，能诣阙上书，明成瑨、李云之冤，指常侍黄门之过，不可谓非高明杰特之士。而疏中独再三尊信此书，遂以来违背经谊、假托神灵之劾，几不免狱死，惜哉！”在肯定襄楷“好学

① 《文献通考》卷一八四《经籍考十一·按》。

博古”、“高明杰特”之外，没有忽略其“违背经谊，假托神灵”的缺失。马端临认为襄楷基本上是值得肯定的人物。但对传授“神书”于宫崇的干吉则是持否定态度的，认为他“招集徒众，制作符水”，招摇惑众，其人“不足为称”①。马端临主要是解决《太平经》非襄楷所撰的问题，进而对襄楷其人作出公允的评价；还指出《太平经》所言浅易无甚高论，所谓“兴国广嗣之术”不过为“房中鄙亵之谈”，从而否定了“神书”的神秘性；更说明干吉之“不足为称”。马端临的纠谬正误，主题突出，围绕主题，对有关问题一一加以清理，层次井然。

马端临在纠谬正误方面，考虑周密，方法严谨。如在介绍《破邪论》、《甄正论》之后，对此二论“宣和焚毁，藏中多阙”之说，加以纠正：“愚尝于村寺经藏中见其全文，《破邪论》专诋傅奕，而并非毁孔孟，所谓诐淫邪遁之辞，无足观者。《甄正论》讥议道家，如度人经璇玑停轮处，以为璇玑无停轮之理，使停轮至七日七夜，则宇宙颠错，而生人之类灭矣。”②马端临亲“见其全文”，一专诋傅奕，一讥议道家，证明此二论确实未被焚毁。马端临考虑周密、方法严谨，具体反映于其对人物、典籍的评论多能一分为二，如《陈子昂集》，指出其诗“语高妙绝”之论是正确的；但其文，虽有韩愈、柳宗元的推许，他则不敢苟同，认为其文“不脱偶俪卑弱之体”。③ 这是说陈子昂善作诗而不长于作文，

① 《文献通考》卷二二五《经籍考五十二·按》。干吉，原误作于吉，据《后汉书·襄楷传》改。章怀太子，即李贤（657—684），他令张大安注范晔《后汉书》，见《旧唐书》卷八六《高宗中宗诸子传》。

② 《文献通考》卷二二七《经籍考五十四·按》，宣和（1119—1125），宋徽宗年号之一。

③ 《文献通考》卷二三一《经籍考五十八·按》。

文逊于诗，诗高于文，不可将其诗与文同等看待。在这一点上，马端临的考虑与方法比韩、柳二大家要高明。

马端临在纠谬正误方面之所以能屡破谬说作出成绩，有一个很重要的原因，他敢于破除迷信，不迷信名家，不迷信古人，排除一切干扰和迷雾；更能博览群书，通古今之变；积极求索，辨是非之别。关于轩辕星，深受广泛重视，有人以为它是“黄帝之神，黄龙之体”；张衡云：“轩辕，如龙之体，主雷雨之神，后宫之象焉。阴阳交合，盛为雷，激为电，和为雨，怒为风，乱为雾，凝为霜，散为露，聚为云，立为虹霓，离为背鹬，分为抱珥，此乃十四变，皆轩辕主之。其星欲小而黄，明则吉，移徙则国人流逆。”《两朝天文志》记载：“轩辕十七星，距大星在极七十五度，入张宿二度。”根据各种记载，或以轩辕为神，或以“轩辕降神而生黄帝”，或以为星宿。作为星宿，其位置何在，判断有分歧。马端临针对这些情况，作出了自己的解释：

> 轩辕，本天市垣之星，而在张宿之分野，则南方朱鸟七宿之所司也。三垣中，外官诸星虽所掌有小大，其位有尊卑，而未有不隶于二十八宿者。盖二十八宿分布周天之躔度，分野不可外也。《中兴天文志》据石氏《星书》，以黄龙轩辕配四方二十八宿，所谓青龙、朱鸟、玄武、白虎者，分而为五，而以为土德寄主鹑火。夫五行之不可缺土，土之寄主（原误作王）固然矣，遂以为爟，积水积薪、五诸侯、天樽、阙邱、北河、南河，四渎水位诸星，皆为轩辕之属，按爟以下诸星与轩辕亦俱寄躔于二十八宿者也。今欲尊轩辕而以诸星属之，则轩辕岂能外二十八宿而自为

躔度、分野以处诸星乎?[①]

马端临认为轩辕是星宿,属二十八宿,既不能自成系统,也不是神。这一论断是明智的。这类明智的论断不在少数。郑樵认为"天之所覆者广,而华夏所占者牛女下十二国耳。牛女在东南,故释氏谓华夏为南赡部州,其二十八宿所管者多,十二国之分野随其隶耳。"马端临指出郑樵之误:

郑氏因牛女间有十二国星,而以为华夏所占者只牛女二宿。且引释氏南赡部州说以为证。然以十二次言之,牛女虽属扬州,而华夏之地所谓十二国者,则不特扬州而已。又扬州虽可言东南,而牛女在天则北方宿也,与南赡部州之说异矣。且北斗七星,其次舍自张而至于角,《星书》以为一主秦,二主楚,三主梁,四主吴,五主赵,六主燕,七主齐。五车五星,其次舍在毕,《星书》以为西北一星主秦,东北一星主赵燕,东南一星主鲁卫,中央一星主楚,西南一星主魏。然则北斗、五车所主者亦此十二国,而此二星初未尝属乎牛女也,谓牛女专主华夏可乎?[②]

① 《文献通考》卷二七九《象纬考二·按》。张宿,二十八宿之一,亦称鹑尾,为朱鸟七宿的第五宿。二十八宿,古代将黄道的恒星分为二十八个星座,故名。躔度,用以标志日月星辰在天空运行的度数。分野,古人把十二星辰的位置与地上州、国的位置相对应,天上称分星,地面称分野。鹑火,星次名,指朱鸟七宿中之柳、星、张三宿。

② 《文献通考》卷二七九《象纬考二·按》。

古代,将天上十二星辰的位置与地上州、国的位置相对应,天上称“分星”,地面称“分野”。马端临指出郑樵所谓“华夏所占,只牛女二宿”,不能相对应,因为“牛女虽属扬州,而华夏之地所谓十二国者,则不特扬州而已”。郑樵借释氏所谓南赡部州来对应牛女,也是错误的,因为“牛女在天则北方宿也”,北方的星斗如何能与南方的部州相对应呢?“对应”之说,是天人感应思想的反映,以天象的变化附会人事的吉凶,虽属无稽,但马端临从“对应”之是否大致相当来纠谬正误,则不可视为多余或徒劳,他是力求还历史真相,其忠心耿耿于以往历史的心态值得尊敬。

马端临的是非标准是统一的,不因时而异,不因人而异。他对司马迁、朱熹言论的失误,从不轻易放过。论及乐歌时,马端临评曰:

> 太史公言,《诗》三百五篇,孔子皆弦歌之,以求合《韶》、《武》、《雅》、《颂》之音。今观季子请观周乐,而鲁人为之歌诸《诗》二《南》以下,十五《国风》、二《雅》、三《颂》皆系焉,则此三百五篇者,皆被之弦歌,掌之司乐,工师以时肄习之,所谓雅乐也,盖非始于夫子矣。①

这里否定了太史公的论断。紧接着引述朱熹的话:“雅者,二《雅》是也;郑者,《缁衣》以下二十一篇是也;卫者,《邶鄘》三十九篇是也,《桑间》,卫之一篇,《桑中》之诗是也。二《南》、

① 《文献通考》卷一四一《乐考十四·按》。

《雅》、《颂》,祭祀、朝享之所用也;郑卫桑濮,里巷狭邪之所歌也。今不察此,乃欲为之讳其郑卫桑濮之实,而文之以雅乐之名,又欲从而奏之宗庙之中、朝廷之上,则未知其将以荐之何等之鬼神,用之何等之宾客乎?”马端临体会到朱熹这番话的意思是:“盖卫《国风》如《桑中》、《溱洧》诸篇所言,皆淫奔谑浪之辞,序者以为刺奔,而晦庵尽斥序说以为淫奔之人所自赋之诗,故疑其非雅乐也。”马端临对朱熹这番话评曰:

> 愚以为未然。盖季子所观乐者周乐也,使郑卫诸诗为里巷狭邪所用,则周乐安得有之;而鲁之乐工,亦安能歌异国淫邪之诗乎?然尝因是考之,诗之被于弦歌也,不过以宴享宾客、祭祀鬼神之用。但求之三百五篇,惟《周颂》三十一篇,《商颂》五篇为祭祀之诗;《小雅》《鹿鸣》以下、《彤弓》以上诸篇为宴享之诗。此皆其经文明白,而复有序说可证者也。至于《周南》以下十五《国风》,《小雅》自《六月》而下,《大雅》自《文王》而下,以至《鲁颂》之四篇,则序者以为美刺之词,盖但能言其文义之所主,而不能明其声乐之所用矣。①

声乐之所用,多“因事寓意”,并非“此宴必合赋此诗”,这就有较大的灵活性。只有《仪礼》所规定的乡饮酒礼、燕礼、射礼、工歌、间歌、合众之节及天子享元侯与两君相见之礼,则专有其诗。一般而言,用什么歌合什么乐,很难说有什么陈规。所

① 《文献通考》卷一四一《乐考十四·按》。

以马端临说：

> 然考其歌诗合乐之意，盖有不可晓者。夫《关雎》、《鹊巢》，闺门之事，后妃夫人之诗也，何预于乡宴，而乡饮酒、燕礼歌之；《采蘋》、《采蘩》，夫人、大夫妻能主祭之诗也，何预于射，而射礼用之；《肆夏》、《樊遏渠》，宗庙配天之诗也，何预于宴饮，而天子享元侯用之；《文王》、《大明》、《绵》，文王兴周之诗也，何预于交邻，而两君相见歌之。以是观之，其歌诗之用，与诗人作诗之本意，盖有判然而不相合者。①

马端临通过反复考证，多方剖析，从没有规律可循的繁杂现象中，找出歌诗之用，“与诗人作诗之本意”完全不合，大量例证证明这是客观事实。朱熹的失误是以其主观规律代替客观不规律，这是受了主观片面之害，马端临未受此害，而能见朱熹之所未见。

古代有五祀、七祀，而不言其所祭之地。照马端临的看法，“然以七者观之，独司命与厉当有祭之之所，而若中霤、若门、若户、若行、若灶，则所祭之神即其地也。”马端临继而指出：“《祭法》言：王及诸侯立门、行二祀，则曰国门、国行；大夫则曰门、曰行而已。窃谓有国者祀此二神，则当于国门祭之；而大夫以下，则当在其家之门首。至若中霤、户、灶，则凡居室皆有之，皆可祀于其地，义或然也。”但隋唐时期，“乃祀之于太庙，以时享祖宗之时并祭之”。这一错误，源于郑玄的臆说。

① 《文献通考》卷一四一《乐考十四·按》。

郑玄注《礼记·月令》,其祀户条下则言:“凡祭五祀于庙”;注《周礼·宫正》,凡邦之事毕条下则言:“邦之祭社稷,七祀于宫中”。马端临认为,郑玄如此解经,于制度不合,使人以为“于庙者,殷礼;于宫者,周礼。”马端临对“庙中”与“宫中”两说中,认为:“宫中之义为优,盖此五祀者皆人生日用起居之所系,故当即宫居而祭之;若庙则所以崇奉祖宗,不当杂祭他鬼神于其地。”① 随着时代的进步,五祀、七祀虽已淹没于时代巨潮中,但对前人所经历的这段历史,不可置之不顾,更不容加以歪曲。因为它反映了前人思想意识形态的演变过程,而且其中包含有缅怀先祖德泽,传承前辈业绩的“庙中”之事。这类尊崇祖宗、追根溯源之举,从实质而言,是人类延续、进步不可或缺的规范,因此,尊老重孝也就成为天经地义了,采取什么形式或礼仪则当别论。

《周礼·族师》言及春秋祭酺。酺,为人物灾害之神。郑玄注曰:“校人,职有冬祭马步。”由于这一问题古奥艰深,郑玄未能了解其真相,“未知此酺者蝝螟之酺欤?人鬼之步欤?”郑玄处于两难之间,未能置可否。马端临则指出:“然则校人,职有冬步,是与马为害者。此酺,盖人物之害也。汉时有蝝螟之酺神,又有人鬼之步神。康成未审果从何酺,故两言之。历代书史悉无祭酺仪式,欲准祭马步仪施行,坛在国城西北,祭仪礼料并属小祠,乞差官就马坛设祭,称为酺神。”② 马端临之所

---

① 《文献通考》卷八六《郊社考十九·按》。五祀,古代祭祀之礼,即禘、郊、宗、祖、报,见《国语·鲁上》。七祀则指司命、中霤、国门、国行、公厉此五祀之外加户、灶,见《礼·祭法》。

② 《文献通考》卷八八《郊社考二十一·按》。

以发现这一问题,他参考书史甚多,于是有“历代书史悉无祭酺仪式”之说。马端临对自己所引述的史料,并非囫囵吞枣、生吞活剥,多经过反复推敲、校订,务求其真其实。这是马端临编撰《文献通考》的重要方法。他对待郑玄的言论是如此,对待其余各家著述亦莫不如此。杜佑《通典》言:“唐之土宇,南北如汉之盛时,东不及,而西则过之。”唐史取其说以序《地理志》,此盖开元、天宝时事也。马端临对此事进行认真考索,对汉唐情况分为三个层次进行叙述。先论汉代河西民物富庶、风土可乐云:

然愚尝考之,河西在汉本匈奴休屠王所居,武帝始取其地置郡县。自东汉以来,民物富庶,与中州不殊。窦融、张轨乘时多难,保有其地,融值光武中兴,亟归版图;而轨遂割据累世。其后又有吕光、秃发沮渠之徒,迭据其土,小者称王,大者僭号,盖其地势险僻,可以自保于一隅,货贿殷富,可以无求于中土,故五凉相继,虽夷夏不同,而其所以为国者,经制文物,俱能仿效中华,与五胡角立,中州人士之避难流徙者多往依之,盖其风土可乐如此。

继论唐代河西没于吐蕃以后,化为龙荒沙漠,顿失殷富繁华:

唐天宝以后,河西陇右没于吐蕃,大中虽复河湟,而名存实亡。流传五代以及于宋,而陇为西夏所据,元昊倔强构逆,兵势甚锐,竭天下之力,不能少挫其锋,然至绝其岁赐互市,则不免衣皮食酪,几不能以为国，是以亟亟屈服。盖河西之地，自唐中叶以后，一沦异域，顿化为龙荒沙漠之区，无复昔之殷富繁华矣。

天宝(742—756)，唐玄宗年号之一。大中(847—859)，唐宣宗年号。马端临唯恐有人将西与北的情况混为一谈，特强调西与北之别：

唐安史之乱，西、北土地皆不能如旧，然北方如卢龙、沧、景，虽世为强藩所据，自擅其兵赋而奉正朔，请旌节，犹唐之臣也；风声气息、文物、礼乐，犹承平之日也。独西陲沦于吐蕃，遂有夷夏之分，致使数百年中华衣冠之地，复变为左衽不能自拔，虽骁悍如元昊，所有土地过于五凉（五凉止有河西五郡，无灵夏），然不过与诸蕃部落杂处于旱海不毛之地，兵革之犀利，财货之殷富，俱不能如曩时。是以北事辽，南事宋，仅足以自存。然则凉州之地，自夷变为夏，始于汉，而殷富者数百年；自夏复变为夷，始于唐，而伧荒者复数百年。谓唐之土地西过于汉者，非要经之论也。①

以上三个层次的论述，说明马端临纠谬正误的严密、周延、系统性、逻辑性。他运用这一手法，对编入《文献通考》的诸多史料加以认真的筛选、审订。如在“秦爵二十等，起于孝公之时，

① 《文献通考》卷三二二《舆地考八·按》。

商鞅立此法以赏战功”条文下，马端临校正说：“古之所谓爵者，皆与之以土地，如公侯伯子男以至附庸及孤卿大夫，亦俱有世食禄邑。若秦法，则惟彻侯有地，关内侯则虚名而已，庶长以下不论也。”这是说，秦爵与古爵不同，古爵与之以土地，秦爵则不然。马端临对秦制封爵的细节进行剖析之后说：“盖秦之法，未尝以土地予人，不待李斯建议而后始罢封建也。”① 秦之罢封土建侯，非始于李斯之议。再如言及元魏封爵的许多实例之后，马端临总结说“可见当时封爵之滥”，继而言其封爵未予食邑，及“多为虚封”：

> 然高允在太武时，以平凉州勋封汶阳子，至文成时，史言其为郎二十七年，不徙官，时百官无禄，允第唯草屋，衣唯缊袍，食唯盐菜；恒使诸子采樵自给。则其时虽有受封之名，而未尝与食邑。又道武以来，有受封为建业公、丹阳侯、会稽侯、苍梧伯之类，此皆江南土地未尝为魏所有。可见当时五等之爵，多为虚封。前史虽言魏制，侯伯四分食一，子男五分食一；然若真食五分之一，则不至如高允之贫乏；且受封丹阳、会稽等处者，虽五分之一，亦何而取之乎？②

马端临在《文献通考》中纠谬正误，成绩显著。赖其认真审订，

① 《文献通考》卷二六五《封建考六·按》。

② 《文献通考》卷二七三《封建考十四·按(右元魏时封爵所及者尤众)》，太武，指拓跋焘，在位年代为424—452年。文成，指拓跋濬，在位年代为452—465年。道武，指拓跋珪，在位年代为386—409年。

许多久悬不决的问题得以澄清，许多含糊不清或众说纷纭的问题得以迎刃而解。拨开迷雾，还历史真相，马端临较好地完成了其史家的职责。但从《文献通考》诸版本来看，保留有不少错误，讹、脱、衍等缺失较多，或出于传抄，或失于校勘，马端临留下的遗憾与疏忽也未能避免。

第四节　弥补疏失，力求全备

马端临《文献通考》以杜佑《通典》为基础，取其所长，补其所短。《通典》所长在“历代因革之故，粲然可考”，而且“纲领宏大，考订该洽”；其所短在“节目之间，未为明备，而去取之际，颇欠精审”①。马端临为避免节目之不明备、去取之欠精审，作了大量艰苦工作，其拾遗补缺，求其全备，解决了许多极其隐蔽的问题，减少了不少或大或小的疏失。如翰苑经筵为至“清要显美”之官，《通典》叙职官时遗漏，马端临作了补充②。再如左右神策军，《通典》亦不载，马端临作了补充之后，分析杜佑遗漏的原因：

> 《通典》叙唐十六卫建置官将之事详矣，而左右神策军独阙焉。盖杜公所言，多至德、天宝以前事，而神策虽萌芽于肃、代之时，实磐固于德宗幸奉天之后。其初也，则劫制天子，专擅策立；而其末也，则外召贼臣，覆亡宗社。盖唐自中叶以后，强藩擅兵，禁

① 《文献通考·自序》。

② 参阅《文献通考》卷五四《职官考八·崇政殿说书经筵附》。

> 卫寡弱，而其仅存者，复为神策所并，视同中人之私属。至昭宗之时，外不足以定寇，而内徒以胁君。逮中人诛，神策废，而唐遂亡矣。新史《职官志》亦以神策大将军叙于诸卫之后，但不言其兴废之本末，故摭史传所言以补之。[①]

这是说，左右神策军的遗漏，事出有因。马端临说出其原因，表明其心态平和，完全是与人为善，就事论事，未以此贬低杜佑或标榜自我。杜佑《通典》叙都尉，而以置之郡佐之末。马端临认为欠妥，所以他置之郡守之后，他根据《西汉百官表》说："守、尉皆二千石，而俱有丞以佐之，尉之尊盖与守等，非丞掾以下可拟也。"他继而举出一些实例，然后说："秦汉所谓都尉之职，历代以太守兼任之，亦以一郡掌兵权之官，不可下于太守，故不别置官，而守就治其事，循宰相之兼元枢是也。"[②]《通典》不少缺失得到补正。《通典》对唐朝武散官的叙述也存在缺失，为此，马端临作了考证：

> 今考《新唐书·百官志》兵部尚书条下载，武散官共四十五阶，内有怀化大将军、怀化将军、归德大将军、归德将军；其怀化、归德，又各有中郎将、郎将、司阶、中候、司戈、执戟长上共十六阶，《通典》所不载。

---

① 《文献通考》卷五八《职官考十二·按》。至德(756—758)，唐肃宗年号之一；天宝(742—756)，唐玄宗年号之一。肃宗，756—762在位；代宗，762—779在位；德宗，780—805在位；昭宗，889—904在位。中人，此处指宦官。

② 《文献通考》卷六三《职官考十七·按》。

> 载。其中垒至护三巴十九校尉,乃历代所置,即非唐散官。武骑至立信十六尉,乃隋武散官,亦非唐制。①

杜佑省略怀化、归德各有中郎将等共十六阶,虽非什么大的失误,但马端临的求全责备,亦非苛求。作为史书,一般行文可省略,但对职官等级的叙述是不可省略的,此处的省略,就破坏了唐朝武散官的完整性与系统性。马端临所谓"十九校尉"及"十六尉"皆非唐散官,使唐武散官的概念更准确、更全备,这是重大补充。马端临力求准确全备的思想突出、方法细致。他在拾遗补缺中,凡未达到"全备"之处,必加以说明。《文献通考》卷六五《职官考十九》援引《通典》所载历代禄秩,但《通典》有疏失,未言及魏晋禄秩,马端临为此作了补充之后说:"今于《晋书·百官志》录出前条以补之,但《志》所载惟及诸公开府位从公者,与特进光禄大夫、尚书令、太子二傅;而馀官禄秩皆无可考,则亦未为全备也。"以"未为全备"而感到遗憾。马端临的"全备"思想与要求,促使他在拾遗补缺方面下了很大功夫,其所采用的方式方法多种多样,约可概括为五点:

其一,借助专论以论史。财用,是国家大事,这方面的专论甚多,马端临采用叶适《财总论一》及《财总论二》②,将这两篇专论全文编排于《文献通考》卷二四《国用考二》之末,作为论国用的一个总结。叶适《财总论一》开宗明义:"财用,今日大事也,必尽究其本末而后可以措于政事。"接着指出以古

① 《文献通考》卷六四《职官考十八·按》。

② 《叶适集·水心别集》卷一一,中华书局,1961 年。《财总论一》全文 1020 字;《财总论二》全文 1320 字。

为鉴的重要性:“欲尽究今日本末,必先考古者财用之本末。盖考古虽若无益,而不能知古则不能知今故也。”叶适认为三代“不闻其以财少为患而以财多为功也。”又说:“两汉虽不足以言三代,而其以财为病,非若今世也。”继言三国“运祚迫蹙,祸变繁兴,至于调度供亿,犹自有序,而亦岂若今日之贫窘漏底哉!”更进而指出“隋最富而亡,唐最贫而兴”。由此作出小结:“故财之多少有无,非古人为国之所患;所患者,谋虑取舍,定计数、必治功之间耳。非如今日以一财之不足而百虑尽废,奉头竭足以较锱铢,譬若惰夫浅人,劫劫焉徒知事其口腹而已者也。”宋朝以财少为患,叶适极不以为然。叶适在《财总论二》论宋初用度自给,不闻以财为患。仁宗时,财用始大乏。熙宁新法以后,财政收入,一再成倍增长,但财愈多而益困益乏。最后,叶适提出:“夫计治道之兴废而不计财用之多少,此善于为国者也。古者财愈少而愈治,今者财愈多而愈不治;古者财愈少而有余,今者财愈多而愈不足。”因此,叶适主张去四患:一曰经总制钱之患,二曰折帛之患,三曰和买之患,四曰茶盐之患。他说:“四患去则财少,财少则有余,有余则逸,以之求治,朝令而夕改矣。”叶适把减轻剥削作为治道之兴的关键。马端临对叶适的这两篇专论给予了肯定:“右《水心外稿》所上《财总论》二篇,足以见历代理财之大概,及中兴以后财愈多而事愈不立之深病,故备载之于《国用考》之终。”叶适的两篇专论为《国用考》作了总结,可谓锦上添花。

其二,融汇诸说以说史。马端临善于综合诸家之说,取长补短。如对郊天之礼,其制度品节散见于诸书,杜佑《通典》对诸说进行融会贯通,虽“通畅易看”,不免有疏失,马端临指其疏失所在云:“然《礼经》简略,杜氏所叙,多以注疏之意补之；而注疏之说，乖异多端。”马端临举其“乖异”的例子说：“盖经之所言，曰天，曰上帝，曰五帝。而郑康成以为有六天，王子雍以为天一而已。二家之说，于天之名义，尚复差异如此，则其所言礼文之节奏，以补正经之所未备者，果可尽信乎？”马端临认为郑玄（康成）、王肃（子雍）二人“各以其学臆为之说。然王说正大，郑说穿凿，先儒尝备言之矣。《通典》盖一遵郑注，而又不敢废王说者也”。这是说明《通典》在这个问题上“一遵郑注”之不可信，然以杨复《祭礼》作补充，就使问题圆满解决了。杨复得朱熹、黄榦之遗文奥义而著《祭礼》，以“词义正大，订核精深”闻名于世，但他一本经文，不参考注疏，因此有“阙略不接续”之弊。马端临将杜佑与杨复所写的有关议论选编在一起，“以杨氏《祭礼》及所采诸儒辨正议论具列于先，而复采《通典》所述于后，以备见古人祀天之礼文云。”①不完备之说得以完备，疏失之处得以弥补。

其三，充实续补以补史。马端临对中国史书上的一些空白点多有所考证或弥补。他说：“自李延寿《南北史》不作诸志，后来之阅史者，遂以《隋书》上接《晋书》。然《隋书》诸志，南止及梁、陈，而不及宋、齐；北止及齐、周，而不及元魏。而沈约、萧子显、魏收诸史，世所罕见，故宋、齐、魏之事无由考焉。”郑樵《通志》虽号为该洽，然其《天文略》所书日食以梁武帝天监十年（511）上接东晋恭帝元熙元年（419），“盖止以《隋志》之所有者书之，而更不考宋齐之事”，其疏失严重，梁、陈两代日食凡十四，而《隋志》仅书其四。《隋志》亦未为详尽。马端临鉴于《隋志》“未为详尽”，以及《通志》之疏失，他从帝纪中摘出

① 《文献通考》卷六八《郊社考一·按》。

所书日食,类而载之,南有宋、齐、梁、陈,北有魏、周、齐、隋,上承晋,下接唐,然后所载稍备。”马端临之所以说“稍备”,因为不够完备,还有一些问题未能解决,如《北史》与《南史》之间存在分歧,他说:

> 然南自宋武帝永初元年,至陈后主祯明二年;北自魏明帝泰常五年,至隋文帝开皇八年,此一百六十九年之间,《南史》所书日食仅三十六,而《北史》所书乃七十九。其间年岁之相合者才二十七;又有年合而月不合者(如南齐高帝建元二年,即北魏孝文太和五年,是年日食,《南史》书九月甲午朔,《北史》书六月庚申朔之类)。夫县象著明同此一宇宙也,岂有食于北而不食于南之理,如以为阴云不见则不书食,然《北史》所书过倍《南史》之数,岂南常阴翳而北常开霁乎?又岁年之不合,与年同而月异,皆所不可晓者。①

由空白而“稍备”,马端临付出的心血非常可贵。马端临在这方面的建树颇多,如演州、林州、景州,宋代无此三州,但秦汉时为郡县,汉末没于林邑,隋复取之,唐初置此三郡,至贞元间(785—805)方废。《唐书·地理志》及杜佑《通典》俱不载。马端临根据欧阳忞《舆地广记》所载进行了续补②,这是必要的。

① 《文献通考》卷二八三《象纬考六·按》。宋武永初元年(420),陈后主祯明二年(588);魏明帝泰常五年(420),隋文帝开皇八年(588)。

② 《文献通考》卷三二三《舆地考九·按》。

其四,搜索佐证以证史。《文献通考》卷一二二《王礼考十七》辟有《国恤》一栏。所谓"国恤",指帝后之丧。"《周礼》五礼,二曰凶礼,唐初徙其次第五,而李义府、许敬宗以为凶事,非臣子所宜言,遂去其《国恤》一篇,由是天子凶礼阙焉。"①《国恤》被焚,后世无考,实可痛惜。为弥补这一损失,马端临大力推荐裴瑾《崇丰二陵集礼》一书:

> 内之则攒涂秘器象物之宜,外之则复土斥上因山之制;上之则顾命典册兴文物以受方国,下之则制服节文颁宪则以示四方。由其肃恭,礼无不备,且苞并总统千载之盈缩,罗络旁午百氏之异同,搜扬翦截而悉得其中,顾问关决而不悖于事。②

马端临评《崇丰二陵集礼》:"搜扬翦截而悉得其中,顾问关决而不悖于事",并指出"李义府、许敬宗所削、开元礼所阙者,瑾之书悉有之矣"。但王溥作《唐会要》、宋祁修《唐书·志》,于国恤略无所记载,马端临认为有两种可能:"岂未见裴书耶?或瑾之书至王、宋二公之时亦不复存耶?"③马端临弥补王溥、宋祁著述的疏失,功德无量。这类例子很多,如他对

---

① 《新唐书》卷二〇《礼乐志》,《资治通鉴》卷二〇〇《唐高宗显庆三年正月戊子》,长孙无忌等上所修新礼,诏中外行之。时许敬宗、李义府用事,太常博士萧楚材以为豫备凶事,非臣子所宜言,敬宗、义府深然之,遂焚《国恤》一篇。

② 《文献通考》卷一二二《王礼考十七·按》,裴瑾《崇丰二陵集礼》,崇,指崇陵,唐德宗葬地;丰,指丰陵,唐顺宗葬地。

③ 《文献通考》卷一二二《王礼考十七·按》。

“侯官三王”之文的不被重视深表惋惜：

> 侯官三王之文，盖宗师欧公者也。其大家正气，当与曾、苏相上下，故南丰推服其文，而深悲其早世。然晁、陈二家书录并不收入。《四朝国史·艺文志》仅有《王深父集》，才十卷，则止有曾序所言之半。而子直、容季之文无传焉，亦不能知其卷帙之多少，可惜也。①

马端临为弥补晁、陈二家书录的疏失，用了较多的篇幅介绍侯官三王的文集。曾巩为三王文集作序，认为三王皆为拔出之才，特别推重《王深父文集》：“其破去百家传注，推散缺不全之经，以明圣人之道于千载之后，所以振斯文于将坠，回学者于既溺，可谓道德要言，非世之别集而已也。后之潜心于圣人者，将必由是而有得，则其于世教岂小补而已哉！”曾巩称王向为“魁奇拔出之才，而其文能驰骋上下，伟丽可喜者也”。称王冏其所为文，出辄惊人，“言行出处，常择义而动，其磨砻灌养而不止者，吾未能量其所至也。”侯官三王之文，赖曾巩之推许，得以彪炳史册；更赖马端临之发掘，得以不被埋没。马端临弥补了不少疏失，如李寻答汉帝问有云：“间者，日尤不精，光明侵夺失色，邪气珥蜺数作，本起于晨，相连至昏，其

① 《文献通考》卷二三五《经籍考六十二·按》，侯官三王指王回（深父）、王向（子直，王回之弟）、王冏（容季，王向之弟），福州侯官人。此处欧公指欧阳修，曾、南丰指曾巩，苏指苏轼。晁、陈二家书录，指晁公武《郡斋读书志》及陈振孙《直斋书录解题》。

日出后至日中间差愈。”马端临对李寻的话进行核对，发现他的话没有根据，他说：

> 寻此对，在哀帝时。帝召寻待诏黄门，诏问以日月失度，星辰乱行，灾异仍重之事，寻所对如此。然哀帝时日食凡再，俱见于史。而此所言，日无精光，邪气连昏之事，则天文、五行志所不载云。①

注意对照、核实工作。马端临对李寻答帝问的话与天文、五行志进行核对，发现其无根据，这是治史者必须具备的基本功。马端临对天象极为重视，他从《中兴志》上看到两则重要记载，《宋天文志》未编录，一则是：“宋高宗绍兴三十一年六月己巳，北斗天权星东北有一小星，出光似彗，太史指以为含誉，非也。”二则是：“孝宗淳熙十四年五月，有星出浊际，大与日等，入时与日相摩荡。”②马端临审慎地将这两件重要天象记入自己的书中。马端临通过艰苦地搜索引证，或证其是，或证其非，或证其不足，或证其疏略，有的放矢，成绩斐然。

其五，注疏诠释以释史。《文献通考》行文中附载许多注文，方便了读者。《征榷考二》引齐管子曰，“大男食盐五升少半，大女食盐三升少半”，何谓“少半”？释曰：“犹劣薄也”。在“盐百升而釜”下，注曰：“盐十三两七铢一黍十分之一为升，当米六合六勺也；百勈（斤）之盐，七十六汙十二两十九铢二累为釜，当米六斗四升。”宋至道二年（996），解州安邑解县两池，得

① 《文献通考》卷二八四《象纬考七·按》。

② 《文献通考》卷二九〇《象纬考十三》。

盐373,545席,席116斤半,此其最多之数也。《征榷考三》河北盐,有所谓"小盐",注曰:"伪盐也。"这些注释,并非马端临别出心裁之作,而是援引他书;有的注释以小字出现,夹在正文中。有的注释则以正文出现,如《市籴考一》论及市舶互市所引建炎元年六月诏,提到外来舶舟分作四等:"凡舶舟之来,最大者为独樯舶,能载一千婆兰,胡人谓三百斤为一婆兰也;次曰牛头舶,比独樯得三之一;次三木舶;次料河舶,递得三之一也。"照录原文,不加修改,一边叙述,一边解释,顺理成章,其选录的史料极富意义。有的注释,马端临以按语形式出现,《周官·太宰》以九赋为邦中、四郊、邦甸、家削、邦县、邦都、关市、山泽、币余。马端临在注释九赋中,提出三个疑问:

> 此九赋,先郑以为地赋,后郑以为口赋。然关市,即邦中之地也;山泽,即四郊以下之地也;一地而再税之可乎?关市,即邦中之人也;山泽,即四郊以下之人也;一人而再税之可乎?后郑虽有末作增赋之说,然于币余一项,尚觉牵强,且居关市及山泽之民,未必皆能占会百物以取利者也,尽从而倍征之可乎?①

在这三个疑问中,其实反映了马端临的正面意见,他认为九赋

① 《文献通考》卷二三《国用考一·按》,先郑,指东汉开封人郑众(仲师),章帝时为大司农,故称郑司农,见《后汉书》卷三六《郑兴传》附《郑众传》。后郑则指东汉高密人郑玄,见《后汉书》卷三五《郑玄传》。

中有的项目重复，一地、一人不可再税。先郑（郑众）与后郑（郑玄）对九赋的看法不同，马端临针对两郑的不同看法，提出了自己的见解：

> 愚以为自邦中至邦都，皆取之于民者，其或为地赋，或为口赋不可知也。关市以下，则非地赋，亦非口赋，乃货物之税也。关市者，货之所聚，故有赋，如后世商税是也。山泽者，货之所出，故有赋，如后世榷盐、榷茶之类是也。币余，则如后世领官物营运之类，故取其息，息即赋也。①

马端临对关市、山泽、币余的解释，足以驳斥先郑、后郑的地赋、口赋之说，雄辩有力。马端临的诠释文字极富学术价值。如对“留州”的变化，他结合历史阶段、统治思想、政治局势进行诠释：“上供之名，始于唐之中叶，盖以‘大盗’扰乱之后，赋入失陷，国家日不暇给，不能考核；加以强藩自擅，朝廷不能制，是以立为上供之法，仅能取其三之一。”唐代的上供，仅能取其三之一。宋代则不然，宋代的君主集权制加强，中央与地方政权机构的运转机制较唐代灵敏，在财权集中方面，上供或留州，悉听指使，马端临对此作了一番解释：

> 宋兴既已，削州镇之权，命文臣典藩，奉法循理。而又承平百年，版籍一定，大权在上，既不敢如唐之专权以自私；献入有程，又不至如唐之隳乱而难考。

① 《文献通考》卷二三《国用考一·按》。

则虽按籍而索，锱铢皆入朝廷，未为不可。然且犹存上供之名，取酌中之数，定为年额，而其遗利则付之州县桩管。[1]

正是在朝廷能主动掌握财政大权的条件下，始有可能决定以其遗利“付之州县桩管”，这是“留州”产生的历史背景。“留州”之所以有人提出质疑，问题在只注意乾德三年的诏令：“诸州支度经费外，凡金帛悉送阙下，无得占留。”而忽略了其后的诏令：“诸州守臣，非圣节进奉，自余诸般进奉钱物，并留本州管系，不得押领上京。圣节进奉始此。”陈亮以《实录》不载此诏为疑，而马端临却非常强调此诏的重要，并说明宋代“留州”之合乎情理：“盖唐末而方镇至于擅留上供之赋，威令不行故也。宋兴，而州郡不敢私用留州之钱，纪纲素立故也。既欲矫宿弊则不容不下乾德之诏，然纪纲既已振立，官吏知有朝廷，则不妨藏之州郡以备不虞，固毋烦悉输京师而后为天子之财也。”乾德三年之诏固然重要，但它是那一特定的历史阶段的产物；纪纲既立之后，则不容不有所变通，“留州”应运而生。马端临指出：“留州”的深刻意义有二：“一则州郡有宿储可以支意外不虞之警急；二则宽于理财，盖阴以恤民承流宣化者，幸而遇清介兹惠之人，则上供输送之外，时可宽假以施仁；不幸而遇贪饕纵侈之辈，则那计优裕之余，亦不致刻剥以肆毒，所谓损上益下者也，呜呼，仁哉！”[2] 马端临视“留州”为“仁”，这类诠释是颇具特色的，有其独到之处。

---

① 《文献通考》卷二三《国用考一·按》。

② 《文献通考》卷二三《国用考一·按》。

马端临的注疏诠释，在弥补疏失方面颇多建树，充分体现其力求全备的思想与工作态度。如《三朝国史·职官志》叙元丰寄禄新格，以阶易官为开府仪同三司，即旧使相云云。马端临以为不然，他释曰："然使相者，是以侍中、中书令、平章事加节度使之谓也"，合而言之，"盖位兼将相，品极文武"之称。他举出：韩绛为开府而复加以镇江之节；文彦博为开府而复加以护国山南之节；蔡师为开府而复加以安远之节。通过这些实例，得出结论："窃疑开府仪同三司，特专以易三省长官，而于使相节度使无预。"马端临推荐张演著《职官志》，该书叙元丰新官，而并著旧官于开府仪同三司之下，只注旧官云中书令、侍中、同中书门下平章事，而不言使相。马端临认为它"虽与史志不合，似为得之"①。不从流俗，敢于抉择，善于抉择，独辟蹊径，独树一帜。马端临的史学方法不同凡响。

第五节　谨慎存疑，不妄臆断

马端临在《文献通考》中，对所引用的史料，普遍进行认真细致地校勘，纠谬正误，弥补疏失，解决了许多问题。有许多问题尚难解决，但他不妄臆断，采取"存疑"的办法，或书"当考"，或书"殊不可晓"，或书"未喻"，或书当俟高明者"质之"，或提出问题所在，以引起注意，避免谬种流传。马端临以疑传疑之举，是积极有为、严肃负责的表现。

汉代有口赋、户赋。马端临在搜集户赋的史料中，只搜集到两条，一条是《汉书·惠帝纪》："今吏六百石以上，父母妻子与

① 《文献通考》卷六四《职官考十八·按》。

同居，及故吏尝佩将军都尉印将兵，及佩二千石官印者，家唯给军赋。”另一条是《史记·货殖传》：“今有无秩禄之奉，爵邑之人，而乐与之比者，命曰‘素封’。封者食租税，岁率户二百。千户之君则二十万，朝觐聘享出其中。庶民农工商贾，率亦岁万息二千，百万之家则二十万，而更傜租赋出其中。衣食之欲，恣所好美矣。”[①]马端临发现《史记·货殖传》这段记载不清楚，不容易理解，他说：“《货殖传》所言，则是封君食邑户所赋，然则地土之不以封者，县官别赋之欤？抑无此赋也？庶民农工商贾以下似是百户赋二十，与上悬殊不可晓。又谓之息二千，岂官每户贷以一文，而万户取其息二千乎？当考。”[②]马端临认为其中问题有三：一是“地土之不以封者，县官别赋之欤？抑无此赋也？”二是庶民似是百户赋二十，何以与“岁率户二百”相差悬殊？三是“岁万息二千”何所指？如何计算？对这三个问题，找不出可靠的答案，因此最后写“当考”。

汉代以前，田赋自为田赋，户口之赋自为户口之赋。马端临指出魏晋时已将田赋与户口之赋合而为一：“魏晋以来，似始混而赋之，所以晋孝武时，除度定田收租之制，只口税三斛，增至五石；而宋元嘉时，乃至课米六十斛，与晋制悬绝，殊不可晓。”[③]马端临认为这一问题难以作出准确的判断，因此也书“当考”。但他对这个当考的问题也提出了自己的想法：“岂所谓六十斛者，非一岁所赋耶？”马端临并未以“当考”封闭自己

---

① 马端临引用此文时，有删改，“岁率户二百”前26字皆删，改为“秦汉之制，列侯封君，食租税”；末句“衣食之欲，恣所好美矣。”则改为“衣食好美矣。”

② 《文献通考》卷一〇《户口考一·按》。

③ 《文献通考》卷一〇《户口考一·按》。晋孝武时，指373—378年。宋元嘉时，指南朝刘宋文帝时，即424—453年。

的思路。马端临的思路极其活跃、缜密，表现在治史方法上是一字不苟。如东汉肃宗（即章帝刘炟）建初中（76—84）议复盐铁官，郑众（仲师）谏以为不可，“诏数切责，至被奏劾，众执之不移。帝不从。”[①] 马端临对“议复盐铁官”之“复”字提出怀疑：“盐铁官显宗已尝置矣，今言‘复’，岂中间尝罢耶？”[②]《后汉书》对此有注：“武帝时国用不足，乃卖盐铁，置官以主之。昭帝罢之，今议欲复之。”马端临对此注持否定态度，认为此处之“复”并非针对“昭帝罢之”而言。《文献通考·征榷考二》有：“东汉郡有盐官、铁官者，随事广狭置令长及丞。”并引证显宗（明帝）时官自鬻盐及永平十五年（72）复置涿郡故安铁官等情况，以证此“复”字之欠妥。马端临仍不敢轻易否定，他怀疑显宗（刘庄，58—75 年在位）与肃宗之间曾罢过盐铁官，在没有充分理由排除这种可能性之前，他的怀疑不能说没有道理。

史书上罗列的一些数字，校注者多只注意数字本身的正误，马端临却重视有关数字之间的变化与比较。如西汉与唐代俱都关中，皆运东南之粟以饷京师，自河渭泝流而上，其数字越来越少，“汉武帝时运六百万斛。唐天宝极盛之时，韦坚为水陆运使，仅一岁能致四百万斛；余岁止二百五十万斛；而至德以后，仅百余万而已，俱未能如汉之数。”为此马端临作了考证，他说：“且考之《食货志》及参以陆、苏二公之言，则运弥艰，费弥重。”原因何在？他推测：“岂古今水道有险易之不同耶？”[③] 他将此问题列入“当考”之列。再如《文献通考·学校

① 参阅《后汉书》卷三六《郑众传》。
② 《文献通考》卷一五《征榷考二·按》。
③ 《文献通考》卷二五《国用考三·按》。

考一》在"元朔五年置博士弟子员"条下继"先公曰"之后,马端临说:"然白身通艺者可以为郎中,则其官反高(郎中秩比三百石);已仕通艺者只可为左右内史、太守、卒史,则其位反卑(佐史秩百石以下),殊不可晓。"① 这是从"郎中秩比三百石"与"佐史秩百石以下"相权衡发现的问题。又如《资治通鉴》卷二一五《唐玄宗天宝六年》条:

> 上欲广求天下之士,命通一艺以上皆诣京师。李林甫恐草野之士对策斥言其奸恶,建言:"举人多卑贱愚愦,恐有俚言污浊圣听。"乃令郡县长官精加试练,灼然超绝者,具名送省,委尚书覆试,御史中丞监之,取名实相副者闻奏。既而至者皆试以诗、赋、论。遂无一人及第者。林甫乃上表贺野无遗贤。

这一段史料,马端临一字不漏,全文照录,只是将"委尚书覆试"中之"覆"字易为"覈"字。马端临紧跟这段引文之后加按语:

> 温公《通鉴》载此事于天宝六载。然以《唐登科记》考之,是年进士二十三人,风雅古调科一人,不知何以言无一人及第也。当考。②

《唐登科记》的记载是可信的。为什么马端临还将信将疑呢?

---

① 《文献通考》卷四〇《学校考一·按》。
② 《文献通考》卷二九《选举考二·按》。

因为这是孤证，他尚感证据不足。同理，凡遇孤证，马端临皆不敢贸然据以下定论。这种谨慎的态度是治史者必须具备的美德。这类例子较多，试再举二例：

一为试策始于何年？马端临虽知宋仁宗宝元年间(1038—1040)有诗、赋、策、论四场通考之事，但不敢肯定试策始于这一期间。他说："祖宗以来，试进士皆以诗、赋、论各一首，除制科外，未尝试策。天圣间，晏元献公请依唐明经试策而不从。宝元中，李淑请并诗、赋、策、论四场通考，诏有司施行，不知试策实始于何年，当考。"①

二为北宋仁宗嘉祐二年(1057)廷试始免黜落。但南宋高宗建炎二年(1128)复有诏令下第进士，直赴廷试。马端临认为自嘉祐二年以后，"凡经御试者，无不出官之人。"而建炎二年复有此诏②。令人费解。因此他提出问题："自建炎上距嘉祐以前盖七十余年，岂复有曾经御试之人乎？又恐是特为科试入下等、不理选限未出官者而设，盖此曹亦谓之曾经御试，故令其再试而官之，以示优渥之恩。史志所载不明，当考。"③

以上两例，说明马端临非常注意历史过程的细节。在"史志所载不明"的情况下，穷根究底，对史事的来龙去脉，对史料

① 《文献通考》卷三一《选举考四·按》。此处祖宗指赵宋初建，宋太祖、宋太宗以来。制科，或称贤科，贡举科目之一，先后分为三科、六科、九科，置罢不常，由皇帝诏试才识优异士人，中式者待遇优厚。天圣(1023—1032)，宋仁宗年号之一。晏元献，即晏殊(991 或 993—1055)。

② 《文献通考》卷三二《选举考五》引述其诏令为："下第进士，六举曾经御试，八举曾经省试，并年四十以上；四举曾经御试，五举曾经省试，并年五十以上；河北、河东、陕西举人数内特各减一举。元符以前到省两举者不限年，一举者年五十五已上，诸道转运司、开封府皆以名闻，令直赴廷试。"

③ 《文献通考》卷三二《选举考五·按》。

的真伪衍脱，一丝不苟。特别对法令的执行情况极为重视，宋神宗时有“罢诸司之荐举，付铨选于吏部”的“熙宁之法”，此法的主旨在“示至公而绝倖门”。但苏轼言“选人之改京官，常须十年以上，溶更险阻，计析毫厘，其间一事聱牙，常至终身沦弃”。马端临据此发问：“今东坡公所言乃如此，岂此法特所以待守常安分之人，而阿谀时指，附会新法，如所谓六七少年、使者四十余辈，则初不在此限乎？”①这虽然是以提问的形式出现，实际上是指推行熙宁新法的“所谓六七少年、使者四十余辈”不在此法令的限制之内，属于破格任用。马端临的许多疑问，实际上他心中有数，如《文献通考·选举考一》在“遂大夫各掌其遂之政令”条下，马端临提问：

> 六乡之外为六遂，遂大夫之职，犹乡大夫之职也。州长以下之职，犹县正以下之职也。然励教化、兴贤能之事，乡详而遂略。先儒谓乡以教为主，遂以耕为主，岂遂民不可教，而乡民不可耕耶？②

马端临所谓“岂遂民不可教，而乡民不可耕耶？”是以反面的质询作正面的回答，也就是说，遂民可教，乡民可耕。紧跟这个设问之后说：“盖亦当互文以推之”，即以“遂”释“乡”，而又以“乡”释“遂”；质言之，乡以教为主，并非不可耕；遂以耕为主，并非不可教。遂，远郊之地，《周礼·地官·遂人》释曰：“五鄙为县，五县为遂。”

---

① 《文献通考》卷三八《选举考十一·按》。
② 《文献通考》卷二八《选举考一·按》。

马端临治史善于发现问题，善于生疑。其疑之所以丛生，有以下诸环节在起作用：

一曰彼此分离之疑。古代学与庙是紧密关联合一的，马端临说："古者入学则释奠于先圣先师，明圣贤当祠之于学也。自唐以来，州县莫不有学，则凡学莫不有先圣之庙矣。"但柳宗元《柳州文宣王庙碑》、欧阳修《襄州谷城县夫子庙记》及刘敞《新息县盐城县夫子庙记》都只言庙而不及学，不免发生庙学分离之疑。马端临分析庙学分离的原因是："盖衰乱之后，荒陋之邦，往往庠序颓圮，教育废弛，而文庙独存。长吏之有识者，以兴学立教，其事重而费巨；故姑葺文庙，俾不废夫子之祠，所谓犹贤乎已。"在说明庙学分离的原因之后，紧接着提出设庙不修学之无益，"然圣贤在天之灵，固非如释老二氏之典祀百神之以惊动祸福、炫耀愚俗为神，而欲崇大其祠宇也。庙祀虽设而学校不修，果何益哉？"①这一问题的内涵，是强调修学的重要。在《文献通考》中，不少按语以设问、质疑的方式，表达了马端临正面的、直率的见解。

二曰字字求解之疑。古代服饰中的袴褶，魏晋称为"戒严之服"，亦即戎服。唐代以袴褶为朝见之服。袴与褶是一物还是二物？《韵书》训褶为袴，又为泦也，似为一物。然袴，裳也；泦，衣之交领也。《唐舆服志·群臣服》有绯褶大口袴，则似是二物。绯褶是衣，抑或是裳？马端临不敢置可否，他说："当俟精识考古之士而订之。"②隋炀帝时，改袴褶为紫、绯、绿、青之服。西汉"青紫"亦贵官之服，但汉代的郊社祭服承秦制，用

① 《文献通考》卷四三《学校考四·按》。

② 《文献通考》卷一一二《王礼考七·按》。

“袀元”，东汉百官之服皆袀元，不闻以青紫。马端临提出：“岂服章虽用袀元，而青紫乃其时贵官燕居之服，非微贱者所可服欤？”[①] 在字字求解、事事求证的前提下，马端临不免处处生疑了。

三曰突变莫明之疑。后唐长兴四年(933)以马多为患；到清泰三年(936)则有搜刮马匹之令，“乡村士庶有马者，无问形势，马不以牝牡，尽皆钞借。”马端临对此突变莫明其故，因此生疑而提问：“清泰之距长兴才数年耳。长兴时，枢密使范延光奏陈，方患官马太多，刍秣耗用。曾几何年，而括马之令复如此。岂长兴之马已俱不复存耶？”[②] 这一突变的最大可能正是马端临所怀疑的“长兴之马已俱不复存”，除了战争的损耗之外，恐怕就是马匹的隐匿或流失，证据不足，只好存疑。

四曰同名异处之疑。《文献通考·封建考四》载：“襄公二十九年，晋司马女叔侯曰：‘虞、虢、焦、滑、霍、扬、韩、魏，皆姬姓也，晋是以大，若非侵小，将何所取。’”马端临据此提出疑问：“如司马女叔侯之说，则滑为晋所灭。然僖公三十二年，秦穆公袭郑，以郑有备，灭滑而还。则灭滑者秦，非晋也。吕相绝秦书有‘殄灭我费、滑，散离我兄弟’之语，则方以是声秦灭姬姓诸侯之罪，岂晋所灭者，又别一滑邪？当考。”[③]《左传》所记难以推翻，秦所灭之滑与晋所灭之滑可能是同名而异处，一个滑不可能被灭两次。

---

① 《文献通考》卷一一二《王礼考七·按》。“袀元”应作“袀玄”，见本书第五章第三节注释。

② 《文献通考》卷一五九《兵考十一·按》。

③ 《文献通考》卷二六三《封建考四·按》，参阅《左传》卷三九襄公二十九年及《左传》卷一七僖公三十二年—三十三年。

五曰名实不符之疑。班固《汉书》叙述西汉列侯，除王子之外，以功臣为一表，外戚恩泽为一表。照常理而言，“功臣者，以勋绩显著而得之者也；外戚恩泽者，以遭逢忝窃而得之者也。”马端临认为班固《汉书》的功臣、外戚恩泽表处理不当，“然裔夷之降虏，有何勋庸，乃侪之功臣、宰相而封侯；未为恩倖，乃侪之恩泽。又博陆之定大策、辅幼主；长平、冠军之征匈奴、取朔方、破祁连，其殊勋伟绩，本不缘椒房；至李贰师则只缘女宠以进伐大宛，得名马之事，又不足言，且不能终守臣节。今列贰师于功臣，列博陆、长平、冠军于外戚，抑扬之意，殊所未喻。”① 将有“殊勋伟绩”的霍光、卫青、霍去病列于外戚，将“不能终守臣节”的李广利列于功臣，颠倒功过是非，名实不符，马端临深以为不然，以“殊所未喻”表示不满与疑惑。

六曰史书歧异之疑。马端临对史事生疑，绝大多数是由于史书记载歧异所引发。如《文献通考·象纬考十七·按》：

> 《汉书·严光传》，帝即位，思光，召之至京入宫，论道旧故，因共偃卧，光以足加帝腹。明日，太史奏：“客星犯御座甚急。”帝笑曰：“朕故人严子陵共卧耳。”《通鉴》载征光事在建武五年。然史志五年不言客星之事云。②

① 《文献通考》卷二六七《封建考八·按》。博陆，指博陆侯霍光；长平，指长平侯卫青；冠军，指冠军侯霍去病。椒房，汉代皇后所居宫殿。李贰师，指贰师将军李广利。

② 参阅《后汉书》卷八三《严光传》及《资治通鉴》卷四一汉光武帝建武五年（二九）。

为了了解“客星”之是否出现，马端临检阅史志，遍查无着，因此他说“然史志五年不言客星之事云”，言必有据。《资治通鉴》仅言：“帝少与严光同游学，及即位，以物色访之，得于齐国，累征乃至；拜谏议大夫，不肯受，去，耕钓于富春山中，以寿终于家。”[①] 未言及“客星犯御座”事，司马光亦认为事属无稽。马端临怀疑此事，理由充分。类似的例子很多，如《李卫公问对》一书，马端临认为：“然晁(公武)、陈(振孙)二家以为阮逸取《通典》所载附益之，则似即此书。”这一怀疑切近事实，因为宋神宗给枢密院的诏令中有：“唐《李靖兵法》，世无全书，杂见《通典》，离析讹舛。”因此命王震等校正之，见于《四朝国史·兵志》，这是不可能有所假托或捏造的[②]。

七曰纤悉无考之疑。马端临对中国古代祭祀所敬拜的神祇作过一个总结性的统计，即由少而多，再由多而少。他说：“周之郊，以后稷配天之外，从祀惟日月而已。”不祀他神。“自秦汉以来，郊礼从祀之神渐多。晋太兴中，贺循言：郊坛之上，尊卑杂位千五百神。唐圜丘坛位上帝配帝以及从祀，通计七百余座；然圜丘所祀者昊天，则从祀者天神而已，于地祇人鬼无预也。”到了宋代，因每遇郊祀，赏赉繁重，国力不给，减少郊祀的次数，“遂以后土合祭于圜丘，而海岳、镇渎、山川、邱陵、原隰、坟衍，皆在从祀之列，于是祭天从祀始及地祇矣。”宋仁宗皇祐二年(1050)大享明堂，其礼则合祭天地并祀百神，“于是祭天从祀又及人鬼矣。”南宋多沿袭皇祐明堂之礼，所供神位共570。马端临虽发现宋代神位“比晋贺循所言才三之一，

① 《资治通鉴》卷四一汉光武帝建武五年(二九)。

② 《文献通考》卷二二一《经籍考四十八·按》。

唐圜丘所祀三之二耳。”但不知晋、唐两代何以多，宋代何以少，他说出了疑点所在：

> 然晋、唐未尝杂祀地祇人鬼，而位数反多；此则以圜丘、方泽、明堂所祀合为一祠，自五帝、五官、海岳，以至于原隰，而位数反少，殆不可晓。然晋史、唐史但能言从祀之总数，而不及其名位之详，故无由参稽互考，而不知其纤悉也。①

这里说明了马端临生疑的原因是：“不及其名位之详，故无由参稽互考，而不知其纤悉也”。从而也展示了其治史的方法，必详其纤悉，以参稽互考，力求丝丝入扣，力求完美无缺。但受到不少局限。在天文学方面，他就有力不从心之感，“天道幽远，术家各持一说，固未有以订其是非也。”即令如此，他仍能发现一些问题：“至如南斗六星，即斗牛之斗，则其分野反在北方；北斗天枢在张宿十度，则其分野反在南方，则其理有不可究诘者，当俟知星者而质之。”② 不强不知以为知，难能可贵。

凡分歧较大，疑点较突出，莫衷一是的史料，则宁缺勿滥。《文献通考·田赋考二》在唐武德七年(624)始定均田赋税条下，详细说明均田及租庸调之法的具体内容之后，马端临作了一个小结：

---

① 《文献通考》卷七五《郊社考八·又按》。

② 《文献通考》卷二七九《象纬考二·按》。

> 右此租庸调征科之数，依杜佑《通典》及王溥《唐会要》所载，《陆宣公奏议》及《资治通鉴》所言，皆同。《新唐书·食货志》以为每丁输粟二斛、稻三斛，调则岁输绢二匹，绫、绝各二丈，布加五之一，绵三两，麻三斤；非蚕乡则输银十四两。疑太重，今不取。①

关于租庸调的具体内容，众说纷纭，以"调"为例，《新唐书》卷五一《食货志》谓"岁输绢二匹，绫绝各二丈"；《旧唐书》卷四八《食货志上》则谓"绫绢绝各二丈"。《资治通鉴》回避矛盾，不言具体数字，只云："调，随土地所宜，绫、绢、绝、布。"马端临"疑太重，今不取"的办法与司马光的处理办法是一致的。值得重视的是马端临将有关这一问题的几部重要史料书摆出来，有利钻研探讨。

马端临以疑传疑、不妄臆断，对史学研究具有建设性，一则避免谬种流传，贻误后人；二则展示其思考问题的路数，有启发引导之功；三则通过质疑问难，使问题已接近解决；四则接受教训，以身作则，他在陈述史实时，尽力避免语焉不详之病，注意细节，注意纤悉可考。

① 参阅《新唐书》卷五一《食货志》。

第七章 《文献通考》的文献学成就

马端临运用其家学底蕴、家中藏书丰富等有利条件,编写《文献通考》,分为田赋、钱币、户口、职役、征榷、市籴、土贡、国用、选举、学校、职官、郊社、宗庙、王礼、乐、兵、刑、舆地、四裔、经籍、帝系、封建、象纬、物异等二十四考,仿《通典》篇目,进行增补、离析,虽以《通典》为蓝本,多有超越《通典》之处,体例焕然一新,篇目破旧立新,取材推陈出新。承前启后,推陈出新,成为《文献通考》一大特色。

马端临《文献通考》可谓集著述之大成。为介绍全书内容、体例,写有总序,每一门类各有小序,说明著述之成规,考订之新意。全书一律以文、献、按的顺序编排。马端临的"按"在书中起到画龙点睛的作用,可称为全书的灵魂;通过按语追本溯源、融会贯通。按语可分为三个层次,一为"按",多反映其独到的见解；二以“初”或“先是”开始，说明史事原委；三多标“右”于文首，对前面排列的史料作一小结。如此编排，其优越性有四：扩大史料容量；融会贯通成一体；汇集著述之大成；能自成一家之言。全书编排有序，眉目清晰，层次井然，有条不紊，成为又一大特色。

《通考》比《通典》多出 283 万字，篇目增加，内容丰富，时限延长。《通典》时限断在唐代天宝(742—756)，《通考》延续至南宋嘉定(1208—1224)之末，补写 415 年的历史。《通考》新增经籍、帝系、封建、象纬、物异五考；将征榷、国用、学校独立成考；将《通典》的《礼典》从一百卷压缩至六十卷。经过马端临精心调整、细致修订，较准确地反映了中国古代社会的历史面貌。以榷酤为例，《通考》较之《通典》新增内容有四：一追溯源流；二弥补疏漏；三恢复原貌；四续辑新篇。这是有典型意义的。《通考》的内容较《通典》之所以更富于异彩，是时代前进、社会发展的结果。从《通考》的字数分配看，其重点在宋代，分配的字数较多，户口、职役、征榷、市籴、国用五考所记宋代事的字数超出记宋代以前事的字数，而征榷、市籴的字数，记宋代事的超出记宋代以前事的达一倍以上。内容丰富，重点突出，成为《通考》显著的特色。

《文献通考》最有价值的特色是史实确凿，论证精辟。马端临援引的大量史料，一一进行核实；所引史料，竭力保持其本来面目，不妄自去取删润。从所引的大量史料来看，集中表现的特点有五：关注民生疾苦；勾画史事细节；标示史传要领；剖析是是非非；善于选材举例。在占有丰富史料的基础上，其议论言之成理，持之有故，多有独到之处；注意分寸，重视特例，其议论目的明确；有破有立，富于建设性，为中国史学的发展作出了不可低估的贡献。

第一节 承前启后，推陈出新

马端临《文献通考》是一部系统记载中国典章制度的通史，他以杜佑《通典》为蓝本，青出于蓝而胜于蓝。马端临对《通典》非常重视，多有借鉴、参考和继承之处。马端临与杜佑所处的时代背景不同，写作条件有异，《通典》与《通考》各有旨趣，但两书皆具有较高的史学价值。马端临指出："考制度，审宪章，博闻而强识之，固通儒事也。"他非常重视"通"，要以通儒写通史。自《诗》、《书》、《春秋》之后，司马迁有"良史"之称，其《史记》分纪、传、书、表，纪、传以述理乱兴衰，八书以述典章经制。然自班固作《汉书》，断代为史，虽详于一代，无会通因仍之道，不免留下遗憾。司马光《资治通鉴》述一千三百余年之事迹，简明扼要，但详于理乱兴衰，而略于典章经制。历代典章经制一脉相承，不容割裂，殷因夏，周因殷，历代相传，绵绵不息，如汉之朝仪官制本秦规，唐之府卫租庸本周制。为适应时代需要，填补空白，杜佑始作《通典》，自上古以至唐代天宝（742—756），凡历代因革之故，粲然可考。其后宋白尝续其书至后周显德年间（954—959）；宋代魏了翁又作《国朝通典》，然宋白之书成而传习者少，魏了翁的书稿未能完成。传于世者只有杜佑《通典》，此书"纲领宏大，考订该洽"，受到马端临重视是必然的。

马端临对杜佑《通典》虽非常重视，但多有批判、校补和纠谬。马端临认为《通典》节目设置未为明备，史料取舍颇欠精审，杜佑之书留下许多缺陷失误：

> 盖古者因田制赋，赋乃米粟之属，非可析之于田制之外也；古者任土作贡，贡乃包篚之属，非可杂于税法之中也。乃若叙选举则秀孝与铨选不分；叙典礼则经文与传注相汨；叙兵则尽遗赋调之规，而姑及成败之迹。诸如此类，宁免小疵。至于天文、五行、艺文，历代各有志，而《通典》无述焉。马、班二史，各有诸侯王列侯表，范晔《东汉书》以后无之，然历代封建王侯未尝废也。王溥作唐及五代会要，首立帝系一门，以叙各帝历年之久近、传授之始末，次及后妃、皇子、公主之名氏封爵，后之编会要者仿之，而唐以前则无其书。凡是二者，盖历代之统纪典章系焉，而杜书亦复不及，则亦未为集著述之大成也。①

马端临针对《通典》种种缺陷、失误，从“集著述之大成”的高标准来要求，对杜佑提出了许多意见。反过来，他以这些意见要求自己，凭其家学渊源与家中丰富藏书，“窃伏自念业绍箕裘，家藏坟索插架之收储，趋庭之问答，其于文献盖庶几焉。”运用有利条件，以抢救历史遗产、报效祖国为己任，“忘其固陋，辄加考评，旁搜远绍，门分汇别”来编写《文献通考》，分为田赋、钱币、户口、职役、征榷、市籴、土贡、国用、选举、学校、职官、郊社、宗庙、王礼、乐、兵、刑、舆地、四裔，这些类别篇目都仿效《通典》之成规，进行增补、离析、考订、删削、裁汰、阐释：

> 自天宝以前，则增益其事迹之所未备，离析其门

① 《文献通考·自序》。

类之所未详;自天宝以后,至宋嘉定之末,则续而成之曰经籍、曰帝系、曰封建、曰象纬、曰物异,则《通典》元未有论述,而采摭诸书以成之者也。凡叙事则本之经史,而参之以历代会要,以及百家传记之书,信而有证者从之,乖异传疑者不录,所谓文也;凡论事则先取当时臣僚之奏疏,次及近代诸儒之评论,以至名流之燕谈,稗官之纪录,凡一话一言可以订典故之得失,证史传之是非者,则采而录之,所谓献也。其载诸史传之记录而可疑,稽诸先儒之论辨而未当者,研精覃思,悠然有得,则窃著己意附其后焉。①

马端临通过艰苦、细致、深入的钻研,紧紧抓住"文"与"献"两项重要、根本的步骤,加之以"研精覃思"形成自己的心得体会,孕育出自己独到的见解。这是一种创新的过程,其难度不言而喻,他说:"昔江淹有言,修史之难,无出于志,诚以志者宪章之所系,非老于典故者不能为也。"因为志书所载各种典章经制,"上下数千年,贯串二十五代,而欲以末学陋识,操觚窜定其间,虽复穷老尽气,刿目鉥心,亦何所发明,聊辑见闻以备遗耳。"典章经制的研究,往往牵一发而动全身,求有所发明,困难之至,一般只能做到"芟削繁芜,增广阙略"。马端临则不然,他显示了非凡的才能,在《通典》的基础之上,有不少超越《通典》的"发明",突出反映于以下三点:

第一,体例焕然一新。杜佑《通典》是为"将施有政"服务,

---

① 《文献通考·自序》。

杜佑(735—812),生活于唐代后期。唐代后期政治动乱的主要表征是安史之乱,骄奢淫佚的唐玄宗以口蜜腹剑和罪恶滔天的李林甫为相;继李林甫为相的杨国忠,贿赂公行,政治日趋腐朽。安禄山、史思明以讨杨国忠为名,发动叛乱,此即安史之乱,经过八年(755—763)始告平定。其影响严重,严重破坏北方生产,黄河流域出现“人烟断绝,千里萧条”的景象[1]。同时,严重引起藩镇林立,战争频仍,民不聊生,国力日削。安史之乱,成为唐代由盛而衰的转折点。杜佑《通典》正以挽救这种残破的局面为目的,取材“详而不烦,简而有要”,类从条贯,便于检阅。

马端临《文献通考》的目的,是为总结有宋一代灭亡的原因,为求“会通因仍之道”与“变通张弛之故”,取材宁繁勿略,论述涉及方方面面,不拘于一时一事,潜心探索历代典章制度发生发展的来龙去脉,渴望找出规律,掌握历史的经验教训。马端临这种会通古今的思想,较之杜佑“将施有政”的思想更广阔、更深远,因此,《通考》在体例上较之《通典》有了很大的发展,从崭新的篇目到充实的内容,从精核的史料到精辟的论述,焕然一新。《通典》以精简见长,《通考》以详赡闻名;《通典》重于言礼,《通考》善于记事,善于分析;马端临所写按语,成为《通考》的灵魂,这是《通典》所望尘莫及之处。杜佑受时代的局限,对一些篇目处理欠妥,《通典》把盐铁目放在卷十,杂税目归入卷十一,其中包括山泽、茶盐、坑冶、关市、酒酤、征商。由于“盐铁始于齐,榷酤始于汉,榷茶始于唐”,因此杜佑未能立“征榷”;而马端临则了解到其必要性而立了《征榷考》。

① 《旧唐书》卷一二〇《郭子仪传》。

《通典》以前,正史把户口列入《地理志》内,反映了人与地区的联系;杜佑将户口列在《食货典》内,标志着人与经济的关系。马端临更进一步把户口与以人丁、人户为单位的赋税合并在一起,将口赋、算赋收到《户口考》,把田制和与之有关的赋税列为《田赋考》。汉朝的税源,主要出于人户,其财政收入约有七项,出自田地的两项,即田租与刍藁;另外有算赋、口赋、献、贡、力役,都出于人户。后五项出于人户的收入远远超过前两项出自田地的收入。唐代发生重大转变,出现舍人税地的两税法,这是税制的进步。两税法以前,以均田制为基础的租庸调,"以丁身为本",不论田地多少,交纳一样多的税,贫富不均。两税法"唯以资产为宗",资产少则税少,资产多则税多;资产主要指田产,因此两税属于田赋。马端临《文献通考》反映了这类必须反映的重大变化。《通典》则相形见绌,不仅未能反映时代变化方面的一些重大情节,天文、五行、艺文,历代史志皆有记载,而《通典》竟付缺如。《通典》确非集大成之作。《通考》与《通典》相比较,确是一部比较完备的典章制度史,堪称集大成之作。

第二,篇目破旧立新。杜佑《通典》有食货、选举、职官、礼、乐、兵刑、州郡、边防八典。把食货列为八典之首,这是杜佑的首创,把食货推上首要地位,反映了他对经济财政的重视,也反映了杜佑当时所面临的亟需解决的问题正是经济财政问题。"食,谓农殖嘉谷可食;货,谓布帛可衣及金刀龟贝,所以分财布利通有无者也。二者生民之本。"①如果百姓的

① 《汉书》卷二四上《食货志》。

饥寒问题解决不了，一切问题无从谈起。“厥初生民，食货惟先。”[①]这是铁的事实。杜佑《通典》即以此为纲领，“所纂《通典》，实采群言，征诸人事，将施有政。夫理道之先在乎行教化，教化之本在乎足衣食。”[②]均田制濒临崩溃，土地兼并，社会矛盾重重，人心不安，杜佑呼吁：“夫欲人之安也在于薄敛，敛之薄也在于节用。”杜佑理想中的政治蓝图很清晰，他强调轻重之法：“自燧人氏逮于三王，皆通轻重之法，以制国用，以抑兼并，致财足而食丰，人安而致治，诚为邦之所急，理道之所先。”抑制兼并，节约财用，是治邦急务，致治根本。但事在人为，得人为难。他举出历史上六贤，“周之兴也得太公，齐之霸也得管仲，魏之富也得李悝，秦之强也得商鞅，后周有苏绰，隋氏有高熲。”他认为这六贤“上以成王业，兴霸图；次以富国强兵，立事可法”。除此六贤外，继言“汉代桑弘羊、耿寿昌之辈，皆起自贾竖，虽本于求利，犹事有成绩”。经邦正俗，兴利除弊，重农为要，当时解决国计民生的主要途径就是“农”，所以杜佑强调“农者，有国之本也”[③]。为解除阻碍农业发展的桎梏，为谋求清明廉洁的政治，为减轻人民的疾苦，杜佑的改革思想极为强烈，他称颂杨炎两税法“遂令赋有常规，人知定制，贪冒之吏莫得生奸，狡猾之甿皆被其籍，诚适时之令典，拯弊之良图”[④]。杜佑这些可贵的思想，马端临无不加以继承，而且还有较大的发展，具体反映于将《通典·食货》十二卷扩充为《通

① 《汉书》卷一〇〇下《叙传》。
② 《通典》卷一《食货一》。
③ 《通典》卷一二《食货十二·论曰》。
④ 《通典》卷七《食货七》。

考·食货》八考二十七卷，即田赋七卷、钱币二卷、户口二卷、职役二卷、征榷六卷、市籴二卷、土贡一卷、国用五卷。使《食货考》占《文献通考》二十四考中的三分之一。从篇目、卷数到具体内容，《通考》更突出了“食货”的重要性，具有承前启后的意义。为使《通考》比《通典》能更具体地反映历史全貌，新增经籍、帝系、封建、象纬、物异五考，五考中的《经籍考》，与一般正史中书目式的《艺文志》大不相同，除书目外，更有题解、考证、评论、质疑，还收录序、跋之类的文字，这是新创。征榷、国用、学校，《通典》中虽涉及其内容，但未形成独立的篇目，《通考》独立成为三考，特别是《学校考》较之《通典》夹杂在选举中所讲到的学校，内容丰富多了，成为中国古代教育史的最早雏形、长编。从先秦起，中央与地方的学校设置、沿革，历历在目。汉武帝时始兴太学，置博士弟子员；地方学校之制亦随之建立。隋代出现教育行政机构国子寺，它是从晋武帝时所创立的国子学发展而来，到唐朝改为国子监。地方教育，按严格意义而言，萌芽于唐末和五代，宋代书院兴盛，在中国教育史上大放异彩，迄今不失为重要的参考资料。

马端临对篇目的审订极为严格。《通典》的《边防》，在《通考》中改为《四裔》，这一改变是非常成功的。从“边防”的字面理解，多少带有敌对的意识，包含着战争的气氛，似乎存在着不可调和的矛盾。与实际内容有较大差距，其实际内容关乎民族友好与国际交往，绝大部分与战争无关，长期无敌意可言，以“四裔”名篇，名实相符。《通考·四裔考》的内容较之《通典·边防》有较多增补，以北裔回纥为例，《通考》的分量比《通典》多36倍。新的篇目，使人耳目一新，如将坊场、酒税、商税分别列入不同的篇目，马端临说：“坊场，即墟市也，商税、酒税皆出焉。今考其明言酒务者入榷酤门,明言货税者入征商门,而泛言坊场者则以附《杂征榷》之后。”①这样分门别类,考虑周密,合情合理。图书的分门别类非常复杂,《通考·经籍考》中,《诗》、《书》、《礼》、《乐》的归属就成一大难题,《汉书·艺文志》以之置于六艺,列为经籍之首。陈振孙《直斋书录解题》将《乐》“置之诸子之后,而侪之于技艺之间”,马端临认为如此编排,不伦不类,他说:“乐者,国家之大典,古人以与礼并称”,虽后世之乐不可以拟古,“然既以乐名书,则非止于技艺之末而已。”他的处理办法,虽不敢如前人以之拟经,与经并列,而列于“经解之后,史学之前”②,充分反映马端临对《乐》的重要性的认识,反对“侪之于技艺之间”。再如考古图录之类的书,晁公武《郡斋读书志》以入小学门,陈振孙《直斋书录解题》以入书目门。马端临认为晁陈二家的分门别类“皆失其伦类”;他将这类书归入仪注门,他如此处理的理由是:“既所考者古之礼器,则礼仪之事也,故厘入仪注门。”③晁陈二家书录沿袭“前史之旧”以医相牛马及茶经酒谱之属俱入杂艺术门。马端临则加以区别对待,“以医相牛马之书名附医方相术门,茶酒经谱附种植入农家门。”④在篇目创新方面,马端临的工作很出色,如《汉志·六艺略》春秋类九家四一一篇,马端临均将其置于正史之首⑤。又如实录,唐志专立实录一门,隋史以实录附杂史,宋志以实录附编年。马端临从这三种办法中选择“附编年”一法,

① 《文献通考》卷一九《征榷考六·按》。《杂征榷》,实际作《杂征敛》。
② 《文献通考》卷一八六《经籍考十三·按》。
③ 《文献通考》卷一八八《经籍考十五·按》。
④ 《文献通考》卷二二九《经籍考五十六·按》。
⑤ 《文献通考》卷一九一《经籍考十八·按》。

这一选择有其道理。诏令应归属何门何类、何篇何目？马端临说："唐志特立诏令一门，历代史皆无之。按古左史记言，右史记动，后官制中起居郎、起居舍人即左右之任也。故以诏令并入起居注门，庶从其类云。"①为了便于查阅，马端临将野史中的杂史与杂传分离太远的情况进行了调整②。

马端临在篇目的调整、创新方面做了许多工作，经过他的精心安排，按照历史发展的脉络，排列主次先后，使《通考》二十四考中的前十八考，把中国封建社会的主要组成部分反映出来了，从经济制度、政权机构、暴力工具，到文化思想，基本上反映了中国封建社会的本来架构与面目，远远超出了《通典》的广度和深度。在调整、创新篇目的同时，马端临还做了许多相应的工作，扩大篇幅，充实内容，鉴定史料，纠谬正误，这些工作都做得很出色。

第三，取材推陈出新。随着时代的进步，观念的更新，马端临《文献通考》较之杜佑《通典》在取材方面有较大变化。杜佑出身士族，为维护自身利益，对体现封建等级特权的"礼"视若命根，因此《通典》的《礼典》多达一百卷，恰为全书的一半。马端临对这种喧宾夺主、轻重倒置的现象极为不满，把礼压缩为六十卷，仅及《文献通考》三四八卷的六分之一弱。马端临这一大刀阔斧的举措，充分说明他在取材方面的勇气与胆识。马端临在编纂《文献通考》中，取材精审，其所取材，必有其故。如《文献通考·兵考六》引用汪藻、胡寅的上疏，马端临指出他选录这两疏的原因："建炎中兴之后，兵弱敌强，动辄败北，以

① 《文献通考》卷一九一《经籍考十八·按》。
② 《文献通考》卷一九五《经籍考二十二·按》。

致王业偏安者，将骄卒惰，军政不肃所致。汪彦章、胡致堂二疏切中时弊，故备录之。”[①]他选录的史料，都是能说明问题的，可视为他全书选录材料的普遍原则。绍兴二年（1132），左仆射吕颐浩有请举兵北向以复中原之疏，虽然吕颐浩北伐无功，然马端临“以所言当时军旅事情稍备，故录之”[②]。

马端临选录的史料，多为第一手史料，特别是宋代部分，多采自当事人亲自记录。元祐七年（1092），知扬州苏轼上言：“臣到任以来，所断粮纲欠折等人不可胜数，衣粮罄于折会，船车尽于折卖，质妻鬻子，聚为乞丐，散为盗贼。窃计京师及沿河诸郡例皆如此。”[③]苏轼在论述纲运欠折之害后，继而论述纲运揽载之利，并指出揽载不可禁，禁则损失更大。这是有关宋代纲运一条极为珍贵的史料。凡从宋代史料书上发掘到珍贵的史料，马端临乐不可支，必加以说明，以引起重视。如《文献通考·户口考二》说明宋代身丁钱及历代户口数之后，马端临指出：“以上二段，系《建炎以来朝野杂记》所载宋代丁钱本末及历代户口详略之概，其考订精核，故书之。”马端临取材的注意力集中于精核、准确、系统、完整。如关于唐代藩镇，他的叙述足为佐证，他指出“唐末宇内皆为节镇，而所谓节镇者，非士卒杀主帅，则盗贼逐牧守，朝廷不能讨，因而命之。大概皆欲互相噬吞，广自封殖，以为子孙传袭之计”。将藩镇产生的原因作了简要勾画之后，继述其去向，引其“先公”曰：“五代十国皆节镇之流裔而并合者也。”进而分别简介淮南（吴）、前

① 《文献通考》卷一五四《兵考六·按》。
② 《文献通考》卷一五四《兵考六·按》。
③ 《文献通考》卷二五《国用考三》。

蜀、后蜀、南汉、湖南(楚)、两浙(吴越)、福建(闽)、南平。为什么只叙述此八国,而不叙述十国呢?马端临解答:"若此八国,则虽出于卒伍、盗贼,然其窃地之初,皆常请命于天子而畀以旌节矣,后虽僭号,而其源则藩侯也,故叙之。若南唐受禅于杨氏,北汉继世于河东,则其初即称帝,是以亦不复录云。"①马端临之所以只叙述八国而不及南唐、北汉,因为八国"其源则藩侯也",从藩镇的系统性而言,不容混淆。说明其取材之严谨、周密。此外,马端临非常重视凤翔与灵夏。李茂贞一再举兵犯京师,以凤翔为据点,先后占领二十州;李继迁及其子孙,据灵夏五州之地,"犷悍难制,虽继以女真之强暴,而亦能自存传世三百余年。"马端临对这两股势力的重视并非无因,因为前者对唐末政局的残破起到不小的催化作用;后者与赵宋王朝抗衡,称帝建国。更主要的是"其地则唐之地,而其初亦唐之节镇也"②。叙唐代藩镇,理应叙凤翔、灵夏。

马端临在取材方面,大力求其全备。古之诸侯,即后之守令,自汉代以后始分为二,二者有何区别?"为王侯者于其受封之地,实无抚字之责,而但利其租食之入,于是反为百姓之苦。"关于这一情节,宋务光、韦嗣立之上疏说得非常详细。宋务光说:"王赋少于侯租,入家倍于输国。"韦嗣立说:"臣窃见食封之家,其数甚众。昨问户部云,用六十余万丁,一丁两疋,计一百二十万疋以上。臣顷在太府,知每年庸调绢数多不过

① 《文献通考》卷二七六《封建考十七·按》。"南唐受禅于杨氏",指杨行密以扬州为都城建吴,937年为南唐所灭。"北汉继世于河东",指刘崇建立北汉事。刘知远臣事契丹,不久建后汉,其河东节度使刘崇在太原称帝,史称北汉。后汉(947—950),灭于后周。

② 《文献通考》卷二七六《封建考十七·按》。

百万,少则七八十万以来,比诸封家所入全少。"[①] 这类数量对比,说明王赋少于侯租,干脆利落,毫无疑义可言。马端临最难能可贵的是从不停步,从不满足,力求推陈出新,力求更上一层楼。郑樵《通志·天文略》引用隋丹元子所作《步天歌》,句中有图,言下见象,或丰或约,无余无失。郑樵还取诸志以释之。应该说没有什么欠缺了,马端临承认"其说亦略备矣"。但马端临发现了新的研究成果,"宋史志所载近代诸儒之说,则考订尤详,故又摭其所未备者附见各段之末云。"[②] 以新的"考订尤详"的材料作出重要补充,这种精益求精的精神使马端临在《文献通考》全书的选材方面洋溢着智慧和活力,不乏精妙之举。

马端临《文献通考》的取材的精妙,以推陈出新之举为最突出。《文献通考·职役考一》引唐睿宗景云二年(711)韩琬陈时政上疏:"往年两京及天下州县学生佐史、里正、坊正,每一员阙,先拟者辄十人,顷年差人以充,犹致亡逸。"亡逸,即逃避。这条材料说明里正、坊正在唐初已成为沉重负担,这就反映了其阶级实质,是反映职役变迁的信号,《通典·乡党篇》失载。再如《文献通考·田赋考四》所引用的天下总四京一十八路田及二税数字,极为难得,系元丰间(1078—1085)检正中书户房公事毕仲衍投进中书备对内所述。一般史料书上没有记载,《国朝会要》及《四朝食货志》的记载也不如其详尽。马端临在取材方面付出了很多心血。

① 《文献通考》卷二七五《封建考十六》。
② 《文献通考》卷二七八《象纬一·按》。

第二节 层次井然,有条不紊

中国古代史籍中,层次井然,有条不紊的,《文献通考》是较突出的一部。马端临认为杜佑《通典》非“集著述之大成”,而以责人者责己,期望自己的《文献通考》能做到“集著述之大成”,这一期望是实现了。全书各个环节,环环相扣,节节相通,形成一个不可分割的整体。马端临撰写总序介绍全书的体例、内容;每一门类各有小序,说明设置这一门类的目的及内容提要,提纲挈领,全书脉络清晰。

《文献通考》全书各考一律以文、献、按的顺序编排内容。“文”即典籍,包括历代会要及百家传记;凡马端临所引文,皆“信而有证”,是确实可靠的。在全书中“文”所占的篇幅较多,起着主导作用。所谓“献”即贤者,包括臣僚、诸儒、名流、稗官的议论、奏疏、燕谈、记录,多是围绕“文”所涉及的内容展开讨论,凡有助于辨是非、明得失、正谬误的资料多被采用,这一部分的内容比较生动活泼,有尖锐的对立,有激烈的交锋,有鲜明的对比,有细致的区别。典型的史料、精辟的议论,层出不穷。在“文”与“献”之后,专门陈述马端临的见解,即所谓“其载诸史传之记录而可疑,稽诸先儒之论辨而未当者,研精覃思,悠然有得,则窃著己意附其后焉”。这就是“按”。“按”是马端临的思考所得,是他的心得体会,是他独特的见解,往往是综合各家之说,或比较异同,或纠谬正误,或择优而从,或推陈出新,或独辟蹊径,多言人所未言,美不胜收。文、献、按三者,在书中排列有一定之规。文,一律顶格。献,低一格或二格,诸臣奏议低一格,诸儒论说再低一格。引文前多冠以某人曰,皆不书其名，或只称其姓，如晁氏曰、陈氏曰；或称其字或号，如致堂胡氏曰、夹漈郑氏曰。凡引用其父之言，则称“先公曰”。有时标书名，书名简短的如《通典》，不变；书名冗长的，则加以简化，如《建炎以来朝野杂记》简称《朝野杂记》；沈括《梦溪笔谈》简称《沈氏笔谈》。

马端临的按语，在《文献通考》中起到画龙点睛的作用，可称为全书的灵魂。通过按语追本溯源，融会贯通，条分缕析，辩解是非，议论得失，质疑问难，行文简练而生动活泼，寓意深刻而极富启发意义，写得有声有色。其按语可分为三个层次：第一层次，首加“按”字，以简驭繁，提纲挈领，阐幽发微，发抒己见，如史书既言汉高祖省赋，何以又言“盐铁之赋仍秦”呢？马端临通过按语回答：“盖当时封国至多，山泽之利在诸侯王国者，皆循秦法，取之以自丰，非县官经费所榷也。”[①] 再如任子之法始于汉代，而其法尤备于唐。为什么魏晋南北史不言门荫之法？而列传中亦不言以门荫入仕之人？马端临通过按语作出解释：自魏晋以九品中正为取人之法，其时仕者或从辟召，或举孝廉，这些从辟召、举孝廉之人皆世家贵胄，“当时既皆尊世胄而贱孤寒，故不至于后世之夸特起而鄙门荫。而史传中所以不言以荫叙入官者，盖所以见当时虽以他途登仕版、居清要者，亦皆世家也。”[②] 这一层次的按语，或详或略，或深或浅，皆反映了马端临史学的功底，反映了其史学思想的辉煌。第二层次，多以“初”或“先是”开始，说明史事之原委，将前后文紧密联系，避免断章取义，引起误解或迷惑，如东汉献

① 《文献通考》卷一五《征榷考二·按》。

② 《文献通考》卷三四《选举考七·按》。

帝兴平元年(194),三辅大旱,帝出太仓米豆作糜食饥人。关于此事的原委与详细情节,马端临作了重要补充:“时谷一斛五十万,豆麦一斛二十万,人相食啖,白骨委积。帝使侍御史侯汶出太仓米豆,为饥人作糜粥,经日而死者如故。帝疑赈卹有虚,乃亲于御前量试作糜,乃知非实,使侍中刘艾出责有司收侯汶考实,杖五十,自是之后,多得全济。”① 这类补充说明,集中有关史料说明史事情节,是必要的。因为在编排史料中,为防止拖泥带水,不得不进行压缩、精简,这就必须有补充说明了。如宋徽宗大观二年(1108)诏:天下租赋科拨支折,当先富后贫,自近及远。关于支移折变的实施情况如何?马端临曰:“初,京西旧不支移。崇宁中,将漕者忽令民曰,支移所宜同也,今特免,若地里脚钱则宜输,自是岁以为常。脚钱之费,斗为钱五十六,比元丰既当正岁之数,而反覆纽折,数倍于昔,农民至鬻牛易产犹不能继,漕司乃用是取办理之誉;言者极论其害。遂诏支移而所输地里脚钱不及斗者免之;寻诏五等户税不及斗者,支移皆免。”② 支移的减免幅度极为狭窄,五等户税不及斗者,始在法令减免之列。而地里脚钱反覆纽折的问题,未见有根本解决的办法。第三层次,多标“右”于文首,因原书竖排,针对右边若干条史料作一小结,如在“熙宁十年以前天下诸州酒课岁额”之后有云:“右《会要》所载熙宁以前天下酒课岁额,以大数为之第等如此,内大郡课多者,除钱之外,又有总绢布之类,不悉录。”③ 一般行文简略,三言两

① 《文献通考》卷二六《国用考四·振恤》。

② 《文献通考》卷五《田赋考五》。

③ 《文献通考》卷一七《征榷考四》。

语，间有多至一千字以上者①。

以《田赋考》七卷为例，其中第一层次的“按”二十六条，第二层次的“初”二十四条，第三层次的“右”七条。这三个层次按语，在七卷中共计五十七条，平均每卷七或八条。三个层次的按语形成全书重要的结构部分，特别是第一层次的按语所起作用最为突出，今以《田赋考一》的六则第一层次的按语为例说明之：第一条按语在区分歧异，文王在岐所推行之井田制与商代末年的井田制有异。第二条按语在说明情节，主要说明“余夫受田”二十五亩，“俟其壮有室，然后更受百亩之田”。第三条按语在释疑解惑，“凡宅不毛者有里布，凡田不耕者出屋粟，凡民无职事者出夫家征。”“凡庶民不畜者祭无牲，不耕者祭无盛，不树者无椁，不蚕者不帛，不绩者不衰。”马端临认为“周家立此法以警游惰之民”；继指出“郑氏注谓以共吉凶二服及丧器，误矣”；最后指出“以罚游惰为经常之征敛”这是“无罪而受罚”，不可；王安石援此例以役坊郭之民，更不可②。第四条按语，在引述《左传》《国语》的田赋问答后，马端临提出质疑，在说明四井为邑，四邑为丘，四丘为甸，甸六十四井之后，质疑曰：“成公以甸赋取之于丘，已是四倍于先王之时。今详夫子答语如《左传》所载，似是以井赋取之于丘，则又十六倍于成公之时，未应如是其酷。如《国语》所载，是以军旅之赋施之平时，则只是每井加赋而未必尽及一丘之数。”③第五条按语指

① 《文献通考》卷一九《征榷考六》，论经总制。月桩、板账等钱，长达 1 400 字。

② 《文献通考》卷一《田赋考一 · 按》，“周家立此法”指《周礼》卷十三《载师》及《闾师》“凡宅不毛者有里布”等法令。郑氏注，指郑玄注。

③ 《文献通考》卷一《田赋考一 · 按》。

出秦始皇三十一年使黔首自实田与《通典》所言不合。第六条按语是表示反对复古,“欲复封建是自割裂其土宇以启纷争,欲复井田是强夺民之田产以召怨讟。”①从以上这六条按语来看,其类型多种多样,没有固定的格式,不受任何限制,可长可短,千姿百态,千变万化,根据史料评说,具体问题进行具体分析。

再以《职役考》为例,《职役考》有二卷,《职役考一》有按语七则,《职役考二》有按语四则,今将这十一则按语顺序简介:一述秦人所行什伍之法与成周一也,但周之法在培育仁厚辑睦之君子,秦之法则是令相率而为暴戾刻核之小人;二论避役;三议征役之法难行;四言雇役法有理;五证雇役法为良法;六说王安石行役法,实为农民之利;七释雇役之弊;八指出不支给雇钱,责在州县;九评论役法沿革,差役之弊在“差役不公,渔取无艺”,故转而为雇;雇役之弊在“庸钱白输,苦役如故”,故转而为义;义役之弊在“豪强专制,寡弱受凌”,故复反而为差。从“便民”而言,“雇便于差,义便于雇,至于义而复有弊,则末如之何也。”十分析周汉复除法之差异,周除其征役,汉则并赋税除之,但汉法并非优于周,因为周人之田皆受之于官,至汉则田在民间;十一强调熙宁助役法按户等输钱,无所复除。以上11条按语,可视为一篇文章的11个段落,1—3条属前言,4—6条论雇役为良法,7—8条论雇役之弊,9条概括役法演变过程,10—11条专论复除,作为文章的结尾。这篇专论职役的文章,思路清晰,层次井然,视野开阔,分析严谨,知时识变,顺应潮流,反对守旧,赞成革新,是一篇有思想性的史

① 《文献通考》卷一《田赋考一·按》。

学论文。这里充分反映马端临按语的学术价值。

凡内容相同的史料，为避免重复，则以参见条出现。如《田赋考二》晋武帝平吴之后，限王公田宅及品官占田，注明“见职田门”；《田赋考六》唐建中三年(782)杨炎请于丰州置屯田，发关辅人开陵阳渠，注明“详见屯田门”；《田赋考七》宋嘉祐二年(1057)诏：以天下没入户绝田募人耕收其利，置广惠仓以赈贫人，注明“见赈恤门”。

《文献通考》结构新颖，共分二十四考三四八卷，严格按编年顺序，分文、献、按排列，有史有论，其优越性体现于以下四点：

一、扩大史料的容量。作为史料书，宁繁勿简，但如果任意堆砌史料，就会浪费篇幅。《文献通考》搜集的史料非常丰富，但无“堆砌”之嫌，因为按文、献、按排列，这三者互相联系、彼此依存，构成有机的整体，“文”赖“献”得到证实，“献”赖“按”赋予活力，“按”对“文”与“献”起主宰或驾驭作用。因此，不仅层次井然，眉目清楚，查阅方便，而且前后呼应，串通一气。“文”与“献”的数量虽大，读者不觉累赘，因为多经严格筛选，认真审定，是是非非，真真伪伪，已有一定之说，仁者见仁，智者见智，将“按”与“文”、“献”互相参考印证，往往能受到启发，因此读其书不仅增加一些知识，而且更调动学习的积极性，不会有厌倦感。面对其丰富的史料，有多多益善之感，何况其分门别类得体，许许多多史料编排得当，各得其所，各有其用，没有芜杂的感觉。这是马端临驾驭史料的成功之处。

二、融会贯通成一体。《文献通考》非常强调时间顺序，全书各考各门的“文”、“献”严格按时间先后编定秩序，虽史料残缺,不免存在不少空白或缺口,并不影响其架构的完整性。特别是三个层次的按语在全书中起着重要的凝聚、胶结作用。更重要的是马端临"通"的思想起了决定性的作用，乾隆《重刻文献通考序》对《通考》所肯定的"会通古今，该洽载籍，荟萃源流，综统同异"，不仅肯定其"通"的特点或成就，而且将实现这一特点或成就的原因也点明了，从古今、载籍、源流、同异四点带有共性的手法，有力地保证马端临对中国传统的史学思想"通古今之变，究天人之际"的理解、继承、实践和发展。

三、汇集著述之大成。《文献通考》是集大成之作,它综合诸家之说以为己说,取其精华,去其糟粕,以说明历史真相,颇为得体。宋英宗治平二年(1065),财政困难,入不敷出。苏轼、曾巩都认为解决财政困难,应以节用、量入为出为原则。苏轼说:"广取以给用,不如节用以廉取之为易也。"他指出"广取"为"衰世苟且之法","今天下之利莫不尽取,山陵、林麓莫不有禁，关有征，市有租，盐铁有榷，酒有课，茶有算，则凡衰世苟且之法莫不尽用矣。"曾巩则说："用之有节，则天下虽贫，其富易致也"，相反，"用之无节，则天下虽富，其贫亦易致也。"马端临根据苏、曾二家之说以说明宋仁宗以来"国计"本末：

> 东坡、南丰二公之论,足以尽昭陵以来国计之本末。然大概其所以疲弊者曰养兵也,宗俸也,冗官也,郊赉也;而四者之中,则冗官、郊赉尤为无名,故二论特详焉。所谓"去之甚易无损,存之甚难而无益";所谓"其浮者,必求其所以浮之自而杜之;其约

者，必本其所以约之由而从之”，诚名言也。[1]

苏、曾二家之说，简明扼要，以当时人论当时事，最为真切，马端临称之为“名言”，至当。马端临编撰《职官考》，除大量编排基本史料外，引证洪迈《容斋随笔》达25条之多，石林叶氏（叶梦得）曰达九条，《建炎以来朝野杂记》六条，致堂胡氏（胡寅）曰四条，岳珂《愧郯录》四条，还有沈括《梦溪笔谈》、王明清《挥麈录》《朱子语录》等，此外，引述白居易、欧阳修、苏轼、司马光、东莱吕氏（吕本中）之说，琳琅满目，超类拔群。虽尚难以言尽善尽美，但马端临已向这方面作了最大努力。

四、能自成一家之言。《文献通考》体例、结构、内容诸方面皆富有特色，其最突出的特色是能自成一家之言。从三个层次的按语来说，独立不惑，别出心裁，异彩纷呈。从宏观到微观，从封土建侯的是非得失到一字一句的辨解诠释，巨细无遗，精益求精。《金刚经》所言“以无为法”，马端临强调“无”与“无为”是两义，不可混为一谈[2]。关于《三坟》、《五典》，多有牵强附会之说，马端临斥其谬妄：

> 夫子所定之书，其亡于秦火而汉世所不复见者，盖杳不知其为何语矣。况《三坟》已见削于夫子，而谓其书忽出于元丰间，其为谬妄可知。夹漈好奇而

① 《文献通考》卷二四《国用考二·按》，昭陵，原指宋仁宗永昭陵，此处指宋仁宗。所引苏、曾二家之论，删节甚多，参阅《国用考二》“苏轼策别曰”及“曾巩议经费曰”。

② 《文献通考》卷二二六《经籍考五十三·按》，马端临认为“无为”者，清净之谓，老子之说；“无”者，空寂之谓，佛氏之说。

尊信之,过矣。又况详孔安国《书序》所言,则《坟》、《典》,《书》也,盖百篇之类也;《八索》,《易》也,盖《彖》、《象》、《文言》之类也。今所谓《三坟》者,曰山坟、气坟、形坟,而以为《连山》、《归藏》、坤乾之所由作,而又各有所谓大象、六十四卦,则亦是《易》书,而与百篇之义不类矣,岂得与《五典》并称乎?①

马端临在晁公武、陈振孙的基础上指出这一谬妄,同时指责郑樵"好奇而尊信之"之妄;更将《坟》、《典》与伪造的"百篇之类"相提并论。他所持的理由,一则是见削于夫子;二则亡于秦火。言之成理,持之有故。

马端临对历史上一些人物的评价,多有超凡脱俗之论。如对汉武帝特别崇拜泰一之神,马端临评曰:"武帝惑于方士求仙延年之说,故所以事鬼神者其谄且渎至于如此。"②汉武帝在求仙、事鬼神方面有不少糊涂表现,在践踏人才方面,亦有愚蠢的举措,如所谓"贾山所谓士修之于家,而坏之于天子之廷,此语当为武帝发,孝文则未尝坏天下士也"③。马端临对汉武帝颇多微辞,但对其即位之初,却称颂其"初心清明"。对西汉人物,多所褒扬,特别赞美董仲舒:

---

① 《文献通考》卷一七七《经籍考四·按》,元丰中,1078—1085年,张商英称得《三坟》于民家,内容荒诞。孔安国《尚书序》谓,伏羲、神农、黄帝之书谓之《三坟》。"百篇之类"指张霸伪造的尚书102篇,见《汉书》卷八八《孔安国传》。

② 《文献通考》卷八〇《郊社考十三·按》。

③ 《文献通考》卷四〇《学校考一·按》。

> 西都贤良策之载于史者，晁、董、公孙、杜钦、谷永、杜邺而已。（董）仲舒最醇正，又值武帝即位之始，初心清明，故异其对而复再三询叩，得以罄其所学。（公孙）弘素曲学，又值不称旨，罢免之余，宜其姑为平缓无忤之说以取容，自不足责。晁错知治体，善议论，非弘之比，又遇谦恭好问之主如文帝，且已尝受知辱眷于太子家令言事之时，又非如仲舒泛泛下僚猝奉大对之比，乃谆复乎五帝神圣之说，赞颂不容口，而略无建明，惜哉！（杜）钦、（谷）永阿王氏，论益卑矣；（杜）邺指陈外戚讥切，丁傅稍不负方正之名，王吉、贡禹之正大，朱云、何武之刚方，必有嘉论，惜史逸其传云。①

马端临认为晁错虽“知治体，善议论”，但“略无建明”，为之感到遗憾。令他最感遗憾的是王吉、贡禹、朱云、何武正大刚方，而“史逸其传”，其“嘉论”无从得知。巧妇难作无米之炊，影响马端临进一步的评论。凭借史实，马端临多能作出公允的评论，他对贾谊不见用、文帝无谋之说进行了驳斥②。马端临见

① 《文献通考》卷三三《选举考六·按》。

② 《文献通考》卷二六五《封建考六·按》。“孝文之时，山东之国，齐七十二城，楚四十城，吴五十城”，齐、楚、吴对朝廷构成威胁，以齐势力最大，威胁亦最大。齐悼惠王一传位于哀王（襄），再传位于文王（则），文王无子，汉文帝乃分齐为六国，尽立前所封悼惠王子列侯在世者六人为王，此即贾谊所谓各受其祖之分地，地尽而止，天子无所利焉者也。至汉景帝时，吴楚为逆，齐悼惠王之子孙所谓六王皆预其谋，但因国小兵弱未能得逞，这与贾谊所献计“欲天下之治安，莫若众建诸侯，而少其力，力少则易使，国小则亡邪心”正相暗合。

微知著，思虑周密，视野广阔，议论雄劲，笔锋犀利，潇洒自如，就事论事，不枝不蔓，其文体文风，亦一枝独秀。

第三节　内容丰富，重点突出

《文献通考》470 万字。《通典》187 万字。《通考》比《通典》多出 283 万字，即增至 2.5 倍。这超出的部分包括扩大内容，新增项目，补充史料，延长时限。《通典》时限断在唐代天宝(742—756)，天宝以后多属空白。《通考》继承《通典》，从唐代天宝延续至南宋嘉定(1208—1224)之末，马端临补写 415 年的历史。从新增、补续的年代之长、字数之多、内容之丰富来看，这在中国史学史上是一大进步，弥足珍贵。《通考》新增经籍、帝系、封建、象纬、物异五考；在《通典》所简略涉及的内容中，将征榷、国用、学校独立成考；《通典·礼典》多至 100 卷，马端临将之分为郊社、宗庙、王礼三考，从 100 卷压缩为 60 卷。马端临《通考》损其所宜损，增其所当增，经过精心调整、细致修订，使中国古代社会的历史真相得以较平衡、真实、全面地反映出来，内容之丰富，重点之突出，成为《通考》又一大特色。

《通典》所涉及的征榷，极其简略。杜佑将榷酤与鬻爵、算缗、杂税、平准编在一卷，即《通典》卷十一《食货十一》，共约 8 600字。而马端临《征榷考》多达 6 卷，分为征商、盐铁、榷酤、榷茶、杂征敛，共约 73 100 字，为《通典》卷十一的 8.5 倍。如仅就《通典》的榷酤而言，仅寥寥 500 余字，大致内容谓汉武帝天汉三年(前 98)初榷酒酤，昭帝始元末(前 80)丞相车千秋奏罢酒酤。王莽行五均赊贷，“唯酒酤独未斡”。陈文帝天嘉(560—566)中，虞荔等以国用不足，奏请榷酤，从之。隋文帝开皇三年(583)罢酒坊。唐广德二年(764)十二月敕天下州各量定酤酒户,随月纳税;建中三年(782)制禁人酤酒,官司置店收利,以助军费。马端临《文献通考》卷十七《征榷考四·榷酤》则为9 800字,增加9 300字,即比《通典》的榷酤字数增加18倍,新增的内容有四:

一、追溯源流。杜佑《通典》述榷酤,从汉武帝天汉三年初榷酒酤开头,不免有突兀之感。马端临《通考》则作了重要补充。增引《尚书》卷十四《酒诰》"文王诰教小子,有正有事,无彝酒,越庶国,饮惟祀,德将无醉"及"矧汝刚制于酒"。附以苏轼曰:"自汉武帝以来至于今,皆有酒禁,刑者有至流,赏或不赀,未尝少纵,而私酿终不能绝。周公独何以能禁之?曰:周公无所利于酒也,以正民德而已。"苏轼举例云:"甲乙皆笞其子,甲之子服,乙之子不服,何也?甲笞其子而责之学,乙笞其子而夺之食。此周公所以能禁酒也。"继而引《周礼》卷三十六《萍氏》而述幾酒、谨酒,"幾者,幾察酤卖过多及非时者;谨者,使民节用而无彝也。"汉初酒禁甚严,有法令规定,三人以上无故群饮酒,罚金四两。汉文帝即位,"赐民餔五日";后元年(前163)诏戒为酒醪以靡谷。景帝中元三年(前147)夏旱,禁酤酒。这样一来,汉武帝天汉三年以前的空缺得到重要的填补。

二、弥补疏漏。杜佑《通典》述榷酤至王莽时,引羲和鲁匡言,其后一段时期成为空白,并非缺乏史料,而是出于杜佑的疏忽大意,马端临《通考》辑补的有:

(1)东汉和帝永元十六年诏:兖、豫、徐、冀四州雨多伤稼,禁酤酒。

(2)东汉顺帝汉安二年禁酒。

(3) 东汉桓帝永兴二年,以旱蝗饥馑,禁郡国不得卖酒,祠祀裁足。

(4) 东汉末,曹操表奏酒禁,孔融争之。

(5) 赵石勒以民始复业,资储未丰,重制禁酿,行之数年,无复酿者。

(6) 刘宋文帝时,扬州大水,主簿沈亮建议禁酒,从之。

(7) 后魏明帝正光后,国用不足,有司奏断百官常给之酒,计一岁所省米五万三千五十四斛九斗,糵谷五千九百六十斛,曲三十万五百九十九斤。其四时郊庙、百神郡祀,依式供营;远蕃客使,不在断限。

(8) 唐初无酒禁。乾元元年,京师酒贵,肃宗以廪食方屈,乃禁京城酤酒,期以麦熟如初;二年,饥,复禁酤,非光禄祭祀、燕蕃客不御酒。

从以上八件辑补的材料看,得悉禁酒之令的颁布,皆事出有因,或因"雨多伤稼"、"旱蝗饥馑";或因"资储未丰"、"国用不足"、"廪食方屈"。后魏明帝正光后因禁酒而得以节约的米谷之数,说明禁酒与民生关系密切,其成效不可低估。因此,这种辑补确很重要,不是可有可无的。

三、恢复原貌。马端临《文献通考》卷十七《征榷考四·榷酤》沿用了杜佑《通典》卷十一《食货十一·榷酤》所引史料(简称"原引"),但都进行了加工整理,为避免断章摘句之嫌,恢复所引史料原貌。如原引"王莽篡汉,始立法官自酿酒卖之"一条,马端临删去"酒者,天之美禄"等30字,而据《汉书》卷二十四下《食货下》增加"羲和置命士督五均六斡"至"众庶各不安生"近190字,其中有一则王莽为行五均六管的诏令。再如原引"陈文帝天嘉中,虞荔以国用不足,奏立榷酤之科,从之"。

《陈书》卷三《世祖纪》记此事在天嘉二年十二月，马端临改“天嘉中”为“天嘉二年”。另如原引“隋文帝开皇三年罢酒坊与百姓共之”，将“先时尚依周末之弊，官置酒坊收利”强行删节，马端临认为这是一个不可忽略的环节，作了增补。还有原引“建中三年制禁人酤酒，官司置店收利，以助军费”，马端临增补为：“德宗建中元年，罢酒税。三年，复制禁人酤酒，官自置店酤收利，以助军费，斛收置三十州县总领，漓薄私酿者论其罪，寻以京师四方所奏，罢榷。”[①]杜佑将“建中元年，罢酒税”省略，“三年”后之“复”字亦不得不删去；“斛收置三十州县总领”及“罢榷”皆削除。马端临认为如此删削实属不当，予以增补，恢复原引史料的全貌，保存原引史料的完整性，意思明确，为寻章摘句者作出严正警诫。

四、续辑新篇。在杜佑《通典·榷酤》之后，从唐德宗贞元二年(786)起，经唐宪宗、文宗、武宗、昭宗，五代、北宋至南宋淳熙八年(1181)近四百年的榷酤，由马端临写成新篇。马端临特别引用了一段珍贵史料“潭州自绍兴初，剧盗马友行税酒法，一方便之，于官无费，岁得钱十四五万缗。昨守臣辛弃疾变榷酒，人多移徙”。马端临为农民起义军首领马友的便民之举加按语：“县官惟务榷利，而便民之事，乃愧于一剧盗，何邪？”意思很明确，县官只知搜刮百姓，县官不如“剧盗”，“剧盗”行便民之事，县官望尘莫及。

马端临为榷酤加按语三条，最后为说明坊场之弊，引用叶适《平阳县代纳坊场钱记》之后，加按语：

---

① 《新唐书》卷五四《食货志》，“漓薄”原作“醨薄”。

水心此记，足以尽当时坊场之弊。祖宗之法，扑买坊场，本以酬奖役人，官不私其利；又禁增价搀扑，恐其以逋负破家，皆爱民之良法也。流传既久，官既自取其钱，而败阙停闭者，额不复蠲，责之州县，至令其别求课利以对补之而后从，则凋敝之州县，他无利孔，而有败阙之坊场者，受困多矣。①

除了马友所行税酒法便民外，官府对这一害民之政，不能从根本上有所改变。坊场，跨榷酤、征商、杂征榷（敛）三门，马端临说："坊场，即墟市也，商税、酒税皆出焉。今考其明言酒务者入榷酤门；明言货税者入征商门；而泛言坊场者则以附杂征榷（敛）之后。"②宋神宗时，将原由衙前经营的酒坊、河渡收回，改以招标的方式招人经营，向官府缴纳钱物，这称坊场钱。据叶适所记平阳县坊场钱定额为2,673贯，"月取岁足，无敢蹉跌"。实际负担都落在小民头上，"强家幸免，浮细受害"。小民世世代代都难以逃脱这一厄运，"子孙不息，愁苦不止"。但在平阳能以籍没之田所入，以"补青册之缺，释饮户之负"③。使"坊场之有败缺"的通患，在平阳"独以使者一言去百年之疾"。马端临没有顺应叶适的思路来为平阳使者歌功颂德；而以此说明坊场之弊，以平阳独能代纳坊场钱而慨叹"凋敝之州县，他无利孔，而有败阙之坊场者，受困多矣"。这是说，不能因平阳一县的例外否定坊场

① 《文献通考》卷一七《征榷考四·按》。
② 《文献通考》卷一九《征榷考六·按》。
③ 叶适《水心文集》卷一〇《平阳县代纳坊场钱记》。

钱的害民。马端临驾驭史料能力之高超、新颖、别致，值得重视。他所续补的新篇，不仅史料丰富，而且内容新颖，不乏独到精辟之处。

杜佑《通典》卷十一《食货 · 杂税》亦极简略，不过一千字左右。马端临在此基础上写成的《文献通考》卷十九《征榷考六 · 杂征敛》约 15 000 字，增至 15 倍，史料增多，内容丰富，其手法与上述对榷酤的处理如出一辙，其出神入化之处在给予空洞的概念以饱满的内涵，遗留的疏失、空缺给予弥补和续辑。如在汉武帝元狩四年（前 119）初算缗钱，杜佑《通典》云："天子既下缗钱令而尊卜式，百姓终莫分财佐县官，于是杨可告缗遍天下，中家以上大抵皆遇告。"经杜佑删节后的这一段引文，卜式的出现颇费解。马端临引述《汉书》卷二十四下《食货》："是时豪富皆争匿财，唯卜式数求入财以助县官，天子乃超拜式中郎，赐爵左庶长、田十顷，布告天下以风百姓，而百姓终莫分财佐县官。"这里将何以要告缗，何谓告缗，及卜式的所作所为皆勾画出来，使读者一目了然。马端临更引东莱吕氏曰："卜式为小忠而不知大体者也。"因为"是时富豪皆争匿财，惟式独欲助费，事势相激，故武帝宠式者日厚，嫉富豪者日深，中家以上大率破，虽假手于桑弘羊辈，苟无式以形之，未必如是之酷也"。将卜式"不知大体"推波助澜的作用和影响说清楚了。接着在"元鼎四年，令民得畜边县官假马母，三岁而归及息十一，以除告缗用充入新秦中"之后，马端临引"先公曰"：

按告缗之令，至是行之五年矣。武帝之聚敛，正为征伐计也。得马息遂不告缗，此汉之所以犹愈于

> 秦也。尝观文帝时绝令民实粟塞下,便可减田租;武帝时绝令边民畜马取息,便可除告缗,盖一事辄有一事之益。后世厉民之政一行,则与国俱弊,无可哀救,虽复县官百方措置,徒为烦扰,而于民间无分毫之益,可叹也夫!

这是对"告缗"的重要补充,也是对《通典》的重要补充。马廷鸾在论"除告缗"时,联系到后世厉民之政,"与国俱弊,无可哀救",即听之任之,不能终止。"告缗"虽未真"除",但毕竟有所转换或变化,与后世厉民之政有异。马端临将吕本中与其先父的研究成果引进,为其《通考》增添了异彩。

《通考》的内容较《通典》之所以更富于异彩,是时代前进、社会发展的必然结果。"征榷"之所以在《通考》中独立成考,由于"盐铁始于齐,榷酤始于汉,榷茶始于唐",到了宋代,"征榷遍于天下矣"①。"征榷"在宋代达到相当完备的程度,与宋代经济的繁荣密切相关。组成《文献通考·征榷考》的项目盐铁,共分二卷,即《征榷考二》与《征榷考三》,宋代部分除在《征榷考二》占有约 1/3 的篇幅外,《征榷考三》全属宋代的内容。以盐池、盐井而言,宋代有较大发展,唐有盐池十八、井六百四十。宋代有南盐、河北盐、河东盐、蜀盐,仅蜀盐即有四千九百余井,岁产盐约六千余万斤。从宋代盐铁专卖在《征榷考》所占篇幅之多,反映《文献通考》的重点突出在宋代。今试就田赋、钱币、户口、职役、征榷、市籴、土贡、国用、选举、学校、职官十一考列表说明之:

① 《文献通考·自序》。

考　别	卷　数	记宋代以前事	记宋代事
田　赋	7	54 100 字	31 200 字
钱　币	2	18 180 字	15 600 字
户　口	2	13 180 字	13 960 字
职　役	2	10 420 字	20 400 字
征　榷	6	22 300 字	52 100 字
市　籴	2	10 340 字	27 700 字
土　贡	1	9 060 字	2 000 字
国　用	5	21 340 字	37 560 字
选　举	12	94 370 字	77 620 字
学　校	7	57 800 字	23 860 字
职　官	21	156 320 字	96 920 字
总　计		467 410 字	398 920 字

上表十一考总计，记宋代以前事的为 46 万余字，记宋代事的 39 万余字，从字数对比中充分反映略远详近、薄古厚宋的原则。其中户口、职役、征榷、市籴、国用五考所记宋代事较记宋代以前事的字数为多，而征榷、市籴多达一倍以上。以《职官考》言，共 21 卷，记宋代事的为 9 万余字，记宋代以前事的为 15 万余字，但其中《职官考四》、《职官考八》、《职官考十二》、《职官考十六》、《职官考十八》记宋代事的字数皆多于

记宋代以前事的字数;《职官考八》与《职官考十六》则多达3倍以上。记宋代事与记宋代以前事相比较,其字数相差不大,前者的字数虽少于后者,但多于后者半数的有八卷[①]。总之,《文献通考》的重点突出于宋代事,是我们研究宋史的重要参考书。

第四节 史实确凿,论证精辟

马端临《文献通考》史料丰富可贵,最可贵的是其史实确凿,论证精辟,这是其书最有价值的特色。

马端临所援引的史料,多耐心核实、比较异同、辨析分寸、揭示特例。他发现"《通典》所载唐朝诸郡土贡物件,比《唐书·地理志》所言各郡土贡微有不同。《宋史·地理志》及《会要》亦各有土贡物件,与唐亦小异"[②]。经过比较核实,他发现唐宋两代土贡物件"微有不同"。从"小异"发现新天地,反映其治史功力的深厚。马端临善于探索问题,尤其富于疑古精神。宋代始通中国的注辇国,"至大中祥符间始入贡,然其表文叙述有理,词采可观,略无岛夷侏离鄙俚之谈,有类中土操觚文士之笔,高丽、交阯反所不逮。窃疑史文容有缘饰,非其实也。"[③]马端临对真伪虚实的判断极其认真,注辇国表文"叙述有理,词采可观"也引起他的注意,他以之与高丽、交阯的表

① 《职官考》五、六、九、十四、十五、十七、十九、二十等八卷,记宋代事的字数虽少于记宋代以前事的字数,但在其半数以上。

② 《文献通考》卷二二《土贡考一》。

③ 《文献通考》卷三三二《四裔考九·按》。

文相比,认为“容有缘饰,非其实也”。其所以疑古,志在求实,这是马端临处理每一条史料的基本原则。

根据求实的原则,马端临认为位居南海洲上的干陀利国之所以与中国交往,是“利于互市赐予”,其王陀罗梦一僧曰:“中国今有圣主,十年之后,佛法大兴,汝若遣使贡奉礼敬,则土地丰乐,商旅百倍。”陀罗竟在梦中与僧同游中国,拜觐天子。这段梦幻的描述,杜佑《通典》不载,马端临不仅照录,且为此发表了议论:

> 千陀利王梦僧所言一段,《南史·夷貊传》所载,杜氏《通典》削之。盖梁武好佛之志,通于华夷。适千陀利以其时入贡,佞臣、黠僧遂立此说,导以纳谄,非事实也。岛夷朝贡,不过利于互市赐予,岂真慕义而来,讽以希旨,宜无不可。况所谓瞿昙修跋陀罗者,本佛之徒,亦欲其教之行于中土,又安知其不自神其说,以中帝之欲乎!①

杜佑《通典》之所以删削去千陀利王梦游一节,显然是囿于表象而忽视了实质,即忽视了其借梦幻所反映的实在的心态假托。马端临引述此梦,并非相信梦幻,而是为了驳斥“慕义而来”之说,以还历史真相,“岛夷朝贡,不过利于互市赐予”是具有共性的。马端临能发现他人所忽视的史料的参考价值。如《南史》卷二十三《王诞传附王藻传》所载辞婚表,类似游戏文字,但马端临认为有史料价值,照录原文后说:“虽戏笑之

① 《文献通考》卷三三一《四裔考八·千陀利·按》。

言,然亦当时事实也。"①一心一意求实,不拘囿于"正史"或"野史",也不限制于文体、文风如何,这就为自己开辟了丰富的史源。但他并非毫无准则地只求多、求详,多采取详者略、略者详的办法,他说:

> 春秋十二列国、战国七雄,太史公作《史记》,有各国世家叙述,已为详备,兹不复具录,姑略叙各国得封之由与传授之世系而已。至于邾、莒、许、滕、薛、郧以下诸国,其事实之见于《春秋·左氏内外传》及传记诸书者颇详,《史记》以其国小,不复作《世家》,后来无述焉,故摭各国事实之可考者,仿《世家》之例备述于后。至其世系之传授、得封分地、受姓、受爵之原委,苟有可考者则书之,难书者阙之。所叙述一依史传元文,而不敢有所去取删润,避不敏也。②

马端临引用的史料,有根有据,都是可考的,而且他"一依史传元文,而不敢有所去取删润"。在照录原文时,非常仔细,不敢自作聪明随便改动;明显错误的进行修订校补,非常审慎。但从《文献通考》现有的一些版本来看,所引史料不乏讹脱、衍失之处,如《国用考二》所引叶适文,颇多歧异。"舞小文而谓之有能",原文作"舞役小吏而谓之有能";"皆甘心于不能",原文作"皆安其心于不能";"亦深自藏不敢奋头角以裒敛为事",原文

---

① 《文献通考》卷二五八《帝系考九·按》。
② 《文献通考》卷二六二《封建考三·右(小结)》。

在"藏"字后有一"抑"字;"朝令而少改矣",原文作"朝令而夕改矣"①。原文文从字顺,引文生涩难读。这类现象的出现,原因复杂,刻工校对有失是主因,难以完全归咎于马端临。

马端临《文献通考》史料丰富、确凿,集中表现出许多特点,择其要者言之,约有五点:

一、关注民生疾苦。马端临恤民思想突出,一贯关注民生疾苦,对苏轼反映民生疾苦的文章极为重视。苏轼长期担任地方官,先后知杭州、颍州、扬州,亲见两浙、京西、淮南三路之民,"皆为积欠所压,日就穷蹙,死亡过半。"苏轼为访贫问苦,曾深入村落,访问父老,皆有忧色,云:"丰年不如凶年",因为"天灾流行,民虽乏食,缩衣节口,犹可以生;若丰年,举催积欠,胥徒在门,枷棒在身,则人户求死不得",言讫泪下。据苏轼估算,每州催欠吏卒不止500人,总计全国催欠吏卒约有20余万,苏轼形容这些吏卒凶猛似虎狼,他说:"以天下言之,是常有二十余万虎狼散于民间,百姓何由安生。"②这类第一手史料,如实反映了民生疾苦,深受马端临的重视。就在苏轼写下"丰年不如凶年"的那一年(元祐七年,1092),浙西饥疫大作,苏、湖、秀三州人死过半,大水退后,露出泥田,然皆无土可作田塍,"有田无人,有人无粮,有粮无种,有种无牛。"③这类珍贵的史料,马端临大量援引,充分说明他对民生疾苦的关注,同时也说明他对苏轼等人的文章的信赖。马端临所信赖

① 参阅《叶适集·水心别集》卷十一《财总论一·二》·中华书局,1961年。

② 《文献通考》卷二七《国用考五》,参阅《东坡奏议集》卷一一《论积欠六事并乞检会应诏所论四事一处行下状》,元祐七年。

③ 《东坡奏议集》卷一一《再论积欠六事四事札子》。

的史料多属无误。

二、勾画史事细节。马端临《文献通考》卷九《钱币考二》言及铜、铁钱时，不厌其详地说明："凡铸铜钱，用剂八十八两，得钱千，重八十两；十分其剂，铜居六分，铅锡居三分，皆有奇赢。铸大铁钱，用铁二百四十两，得钱千，重百九十二两。"还说明：宋初钱文曰"宋元通宝"；太平兴国后，铸"太平通宝"。每改年号，必然更铸。铜钱有大小之别，大铜钱一当十小铜钱，大约三个小铜钱即可铸当十铜钱一，因此民间盗铸成风，可获利十分之六。铜钱的重量有变化①。许多史事细节，是通过按语注释说明，如"汉高祖四年八月初为算赋"，小字注："《汉仪注》人年十五以上至五十六出赋钱，人百二十为一算，为治库并车马。"马端临加按语："户口之赋始于此。古之治民者，有田则税之，有身则役之，未有税其身者也。汉法，民年十五而算，出口赋，至五十六而除；二十而傅，给徭役，亦五十六而除；是且税之，且役之也。"②通过注释弥补正文之不足，通过按语评定是非，成为《文献通考》的固定格式。汉代"景帝二年，令天下男子年二十始傅"、"武帝建元元年，诏民年八十复二算"、"昭帝元凤四年，诏毋收四年、五年口赋"，马端临对"傅"、"二算"、"口赋"一一注释：傅，著也，言著名籍，给公家徭役；二算，二口之算也；口赋，引《汉仪注》："民年七岁至十四出口赋钱，人二十三；二十钱以食天子，其三钱，武帝加口钱以

① 《文献通考》卷九《钱币考二》宋徽宗崇宁二年条后，尚书省言：崇宁监铸御书当十钱，每贯重十四斤七两，用铜九斤七两二钱，铅四斤十二两六钱，锡一斤九两二钱，除火耗一斤五两，每钱重三钱。

② 《文献通考》卷一〇《户口考一·按》。

补车骑马。”这些注释简明扼要,是必要的。汉代虽始有口赋,马端临虽对既出口赋,又给徭役表示了不满,“是且税之,且役之也”;但他指出汉代口赋“颇轻于后代,至昭、宣时,又时有减免,且令流民还归者勿算”①。这类评论公允,足以如实反映史事真相。马端临以评论、说明、注释从不同角度勾画史事细节,使一些抽象的概念形成具体的情节。

三、标明史传要领。马端临善于驾驭史料,对冗长的史料必指出其要领。郑樵《通志》卷六一《食货略一·田制》说明后魏孝文始纳李安世之言,行均田之法,文长900字。马端临引用后,以300字概括其要领有三:“一观其立法,所受者露田,诸桑田不在还受之限;二似所种者皆荒闲无主之田;三盈者得卖其盈,不足者得买所不足,不得卖其分,亦不得买过所足。”②这三条要领帮助我们正确地掌握后魏均田法的主要内容。马端临提纲挈领的功力,不仅使繁杂的事物呈现条理、冗长的文字显示眉目,更赋予其书以活力与生机。盐的种类甚多,产地各异,用途不一,马端临将东汉末至北魏、后周(此处指北周)有关盐政的几条史料排列之后,指出北周有所谓散盐、监盐等等,随后作了重要的提示:

> 东南之盐,煮海而已。西北之盐,则所出不一,而名亦各异。《南史·张畅传》:魏太武至瓜洲,饷武陵王以九种盐,曰:此诸盐各有所宜,白盐是魏主所食;黑者疗腹胀气满,细刮取六铢以酒服之;胡盐疗

---

① 《文献通考》卷一〇《户口考一·按》。
② 《文献通考》卷二《田赋考二》。

目痛；柔盐不用食，疗马背脊创；赤盐、驳盐、臭盐、马齿盐四种并不中食是也。[①]

通过这一概括，较全面地反映了许多情节，盐的种类繁多，除食盐外，医用盐较多，有的盐“不中食”。由于有了这一概括，避免多罗列史料，节省了篇幅。关于盐政，或由官府专卖，或置关卡征税，或“罢其禁与百姓共之”。作为“国家之大宝”的盐，如何处理为宜？致堂胡氏（胡寅）有言：“尽捐之民，则纵末作、资游惰；尽属之官，则夺民日用，而公室有近宝之害。”胡寅主张：“官为厉禁，俾民取之而裁入其税，则政平而害息矣。”马端临引用这番话，未加评论，只就盐政演变作出概括：官煮官卖，“课利反亏于商税”；于是立为“蚕盐”，即按户等抑配，由此而弊端丛生；官府不能除弊，只能弊上加弊，“迨其极弊也，则官复取盐自卖之，别取其钱，而人户所纳盐钱遂同常赋，无名之横敛，永不可除矣。”[②] 由抑配蚕盐而变成常赋横敛，这是古代盐政的要害，这是问题的实质，反映了马端临抓要领的手法。

四、剖析差异是非。马端临《文献通考》在陈述历史事件时，多着力发掘其来龙去脉，探讨其是是非非。《中兴四朝食货志》言南宋高宗绍兴（1131—1162）间，一州盐利超过唐代全国之数。马端临承认这一现象，但他认为有许多因素要考虑进去，除征榷外，最重要的因素是南宋的缗钱与唐代缗钱不同，他剖析道：

① 《文献通考》卷一五《征榷考二·按》。
② 《文献通考》卷一五《征榷考二·按》。

> 然考之唐史，则至德间盐每斗十钱而已。至第五琦变盐法，而十倍其榷，然不过每斗为钱一百一十。而建炎初，商人贾钞计盐六石为一袋，至输钱十八千；继而每袋又增贴纳钱三千，则其时盐价比之第五琦所榷已是三倍有余，而至德之价则又悬绝矣。盖盐直比唐则愈贵，缗钱比唐则愈轻，所以其数之多如此，要亦未可全归之征利之苛也。①

宋代盐价高于唐代，不可忽略宋代缗钱"比唐则愈轻"。这是说，宋代盐价比唐代高，这个"高"的概念中含有水分或杂质，并非真正的高。与此类似的，如所谓"天下商税，惟四蜀独重"。马端临剖析"四蜀独重"之"重"有虚构成分，"然《会要》言四蜀所纳皆铁钱，十绛及铜钱之一，则数目虽多，而所取亦未为甚重。而熙宁十年以后，再定之额，他郡皆增于前，而四蜀独减于旧。"②铁钱与铜钱有别，不可为数字所迷惑；熙宁十年(1077)以后所定之额，"四蜀独减"，不可与其前"四蜀独重"分割。要首尾兼顾，要从表征了解实质。东汉用人，多以考试挑选，诸科之中，孝廉、贤良、有道皆有试，迁官则如博士、如尚书皆先试，至于辟举、征召无不试。马端临说："李固、杨秉所言皆以试为是，特拜为非。然所试率文墨小技，固未足以知其贤否也。况于翟酺者，以市井权谲之术，冒取高

---

① 《文献通考》卷一六《征榷考三·右(小结)》。
② 《文献通考》卷一四《征榷考一·按》。

第,又足为贤乎?”[1]迷信考试,错误地以考试为万能。马端临明智地认为“所试率文墨小技,固未足以知其贤否也”。除了考试内容局限于“文墨小技”外,还有营私舞弊。马端临通过揭发考试真相以说明考试是非,不仅为史学研究提供可靠的素材,更为总结历史经验教训确立评判是非的标准。

五、善于选材举例。自唐代以后,考试儒家经书,分为口义、墨义,墨义即笔试。马端临见到东阳丽泽吕氏家塾刊本,记载有吕夷简应乡举试卷,有墨义之式十余条。“有云:作者七人矣,请以七人之名对。则对云:七人,某某也,谨对。有云:‘见有礼于其君者,如孝子之养父母也’请以下文对。则对云:下文曰‘见无礼于其君者,如鹰鹯之逐鸟雀也’。谨对。有云:请以注疏对者,则对云:注疏曰云云,谨对。有不能记忆者,则只云对未审。盖既禁其挟书,则思索不获者不容臆说故也。”[2]墨义禁止“臆说”,即不容许自由发挥,只能死记硬背。评卷时,考官对答题正确的批一“通”字,所对错误及未审者,则批一“不”字。原来规定“一举不第者不可再应”,宋太祖赵匡胤改变规定,许令再应试。这类选材举例,所费笔墨不多,恰到好处。再如少数民族的族源问题,不少久悬不决,杜佑《通典》言:“按后汉史,其在黔中、五溪、长沙间者,则为盘瓠之种;其在峡中、巴梁间者,则为廪君之后。其后种落繁盛,侵扰州郡,或移徙交错,不可得而详别。”各族的繁衍与“移徙交错”,在民族融合的大潮中,使人难以区别“盘瓠之种”与“廪君之后”。马端临面对如此难题,不得不将问题保留,他说:

① 《文献通考》卷三九《选举考十二·按》。
② 《文献通考》卷三〇《选举考三·按》。

“今按《通典》所叙板楯蛮，魏晋以后之事，《南史》谓之荆杨蛮，《北史》谓之蛮獠，而俱以源出自盘瓠，不言板楯。然六朝时，蛮渐徙而之北，则亦无由究其源流、宗派矣。姑两存之。”①马端临除对一些问题存疑而书“当考”外，又有这种“姑两存之”的办法，说明他在史料取舍上之严肃认真、是非裁夺上之高明睿智。他不轻易表示见解，更不轻易放弃有价值的史料。唐代段成式《酉阳杂俎》“多诡怪不经之谈，荒渺无稽之物”②，马端临也大胆利用其中所记“魏明帝时，昆明国贡避寒鸟，常吐金屑如粟”。《蜀都赋》、《南史·夷貊传》中有关沙金的记载，均加以摘录③，选材范围极其广泛，几乎没有忌讳，不受任何约束，保证了其史源的丰富。

《文献通考》除史料丰富外，其议论之精辟，不可忽视。其议论的特点是根据丰富的史料而发，多简要明白，如论“过税”曰：“鬻卖而有税，理也；经过而有税，非理也。”④三言两语，干净利落。再如行台始自魏晋，隋谓之行台省，唐初亦置行台，但唐末行台省则成为藩镇割据之害。马端临论曰：“然则行台省之名，苟非创造之初，土宇未一，以此任帷幄腹心之臣；则必衰微之后，法制已隳，以此处分裂割据之辈。至若承平之时，则不宜有此名也。”⑤行台省的设置，仅可在“创造之初”或“衰微之后”作为权宜之计。这是总结历史经验教训，不是信口开河。有的议论虽较长，但层次井然，不枝不蔓，如

① 《文献通考》卷三二八《四裔考五·按》。
② 《四库全书总目提要》卷一四二《小说家类三·酉阳杂俎》。
③ 《文献通考》卷一八《征榷考五·按》。
④ 《文献通考》卷一四《征榷考一·按》。
⑤ 《文献通考》卷五二《职官考六·按》。

论宦官之祸，首论“宦者得以窃相之柄也”；次论“宦者得以窃将之权也”；继论“宦者得以专刑也”；再论“宦者得以专兵也”；最后有一小结：“盖将相之任，彼得以据之；兵刑之司，彼得以专之；而又地近情亲，根连株固，故虽有英特之君，贤智之臣，终不能以一朝而去腹心之病，亦由积渐之久故也。”①从其结构严谨、内容完整、引证确切、行文流畅、议论精辟，可谓是一篇很好的史学论文，如此简练的史学论文，可谓世所罕见，但在《文献通考》中却屡见不鲜。如论冕服之用，世多“误以平冕为舞服，遂亦以戏衫视冕矣”。马端临说：“冕服，先王之盛礼也，非郊庙祭祀之大事不服之。”唐代有人以平冕为舞者之服，马端临反对此说，他认为“古人舞者必自有其服”，误会如何产生？马端临论曰：

> 祭祀养老之时，君服冕以从事，遂亲起舞以示敬，非曰舞者必合服冕也。又如祭祀之时，君亲牵牲割牲；养老之时，君亲执酱执爵，其时亦必皆以冕服从事，犹冕而总干之类也。然遂谓祭祀之牵牲割牲者，养老之执酱执爵者，虽贱有司皆服人君之服可乎？君亲耕藉田，则冕而朱纮，躬秉耒，亦岂凡秉耒者皆可冕服乎？②

马端临的论点非常鲜明，人君服冕从事祭祀、养老、耕作，一般人参与祭祀、养老、耕作则不可服冕。“后世不明其义，而以平

① 《文献通考》卷五七《职官考十一·右(小结)》。
② 《文献通考》卷一四四《乐考十七·按》。

冕为舞郎之服，误矣。流传既久，南唐之时，优伶遂有乞取大殷皇帝平天冠为戏，以资笑噱者。”舞郎、优伶之用平冕、平天冠，不过是借以取笑而已，是为寻欢作乐，并非合理合法。

马端临的议论，非常注意分寸。“汉初，限訾富者乃得官，盖恐其家贫而为吏则必贪故也。”此说欠妥，马端临补充说：“然则訾不及算，与及算而为贾人者，皆不可以为官，则所限者众矣。故景帝诏减作訾算四乃得官云。”① 马端临所补充的内容有二，其一，“訾富”由十算减为四算；其二，贾人(有市籍)不得为吏。不顾这两个条件，只云“限訾富者乃得官”，显得空疏而令人难以捉摸。马端临的补充是必要的。另如宋代有恩荫之法，但蒙此特恩的，免试注官，多不习事，以致失职，因此宋神宗熙宁(1068—1077)有裁损奏荫之法，先自妃嫔、公主始。与此相异的“圣节奏荫恩例”，早在宋仁宗时(1023—1063)已作罢，但并未罢绝，马端临指出：“往往行之于臣僚，而未尝行之于妃主；至此方有施行，然但裁抑其滥及者，而未尝尽罢此例云。”② 这里说明两点：一为圣节恩荫与熙宁裁损之恩荫有别，不可混淆；二为圣节恩荫的裁损极为有限，并未废除。马端临非常注意议论的完整性，注意议论的分寸。他在论及春秋战国礼崩乐坏时，经过分析，得出结论：“乃知鲁宋不特僭天子之礼乐以祀郊禘，虽燕享宾客亦用之矣。”③ 僭天子之礼，不仅在祭祀方面，而“燕享宾客”也采用了。

马端临在议论中，善于区分异同。东汉时选举、辟召皆可

① 《文献通考》卷三五《选举考八·按》，訾，即赀也。十算即十万。

② 《文献通考》卷三四《选举考七·按》。

③ 《文献通考》卷六九《郊社考二·按》。

以入仕,但两者是有区别的,"以乡举里选循序而进者选举也,以高才重名躐等而升者辟召也,故时人犹以辟召为荣云。"[①]再如汉代封爵不同于古代建侯,马端临说:"盖封爵之宠,同乎黜徙,迫之乃行,与古人建侯之意异矣。"[②]通过区分异同以说明各自的特点,展示历史长河中的种种变异。宋代科举,自宋太宗雍熙(984—987)、端拱(988—989)而后,取士之法,省试之后乃有殿试,已成定例。但在宋真宗大中祥符三年(1010)有"亲试东封路服勤词学、经明行修,赐进士梁固以下三十一人",次年有"亲试汾阴路服勤词学、经明行修,赐进士张师德以下三十一人。"马端临指出这两年的进士并非按定例录取,他说:"独此二年,《会要》所载,乃停贡举年分,礼部未尝放进士,然则此六十余人者,乃是封禅特恩,所试如后来进省、到殿之类是也。"[③]马端临的议论非常强调"定例"之外的"特例"。

马端临《文献通考》丰富的史料掩盖了其精辟的议论。其精辟的议论有分寸,重区别,突出特点,强调特例,多能见微知著,独抒己见,有的放矢,有破有立,有明确的目的性与建设性,为中国史学发展作出了不可低估的贡献。

---

① 《文献通考》卷三九《选举考十二·按》。
② 《文献通考》卷二六七《封建考八·按》。
③ 《文献通考》卷三〇《选举考三·按》。

第八章 《文献通考》的旨趣

马端临《文献通考》的旨趣在谋求治国安民之术，探讨会通因仍之道，讲究变通张弛之故，完成明备精审之著。

《文献通考》所总结或搜罗的治国安民之术丰富多彩，择其要者言之有五：一为劝农力本致富实，其主要举措是使流民归业、荒田垦辟；二为轻徭薄赋乃龟鉴，这是解救民贫、安定民生的关键；三为变法革新顺人情，只有随顺人情革弊政、行新法，始可巩固统治；四为斟酌古今明利害，不可复古，不可开倒车；五为赈饥济困重荒政，救灾的根本在救贫，增强抗御灾害的能力。《文献通考》所载治国安民之术，远不止这五条，如广开门路选贤能、恤民疾苦反滥刑等，这类议论或方案甚多。有的事例如朱梁轻赋之功，欧阳修不载于《新五代史》，司马光不载于《资治通鉴》，洪迈发现这一事例极为可贵，引起马端临的重视，收入其书中，如获至宝。

马端临为探讨会通因仍之道，对所纪录的史事，除在表征、时间上求其融会贯通外，更对其内容、实质求其融会贯通。为通古今之变，对一些制度的变化发展，不仅知其然，而且知其所以然。最重要的是对中国历史的发展，能有一个总体认识，区分之为公天下、家天下及秦所开创的一统天下。中国的历史，是由分裂走向统一的历史。马端临能掌握历史的脉络，识时应变，这叫"圣人不能违时"。为保证"会通因仍之道"的贯彻，为发扬"会通因仍之道"的功能，马端临重参稽互察，以此解决了许多史学难题。如果无会通因仍之道，也就难以有参稽互察。马端临参稽互察的实践，为会通因仍之道大放异彩。

马端临讲究变通张弛之故，其《文献通考》对变通张弛作出一些有益的求索与运用。井田、均田皆不可能解决土地兼并的问题，井田制未废除以前，即早已出现许多弊端，最严重的是井田所入"仰不足以事父母，俯不足以畜妻子"。真正意义的均田，并未出现过。两税法虽属"救时之策"，但引起货轻、钱重、民困、国用不充。在封建社会，统治阶级任何变通张弛，皆不会违背其自身利益，即"吝于与而严于取"，反映在百姓身上，就成为百姓的膏肓之病，难以摆脱盘剥、饥馑。马端临运用变通张弛之故以处理问题，可称述者有四：一为理顺变通张弛线索，如对中国古代纸币的出现，从唐代飞钱说到宋代便钱务，然后始言及交子。二为树立变通张弛典范，废井田的商鞅，立两税法的杨炎，行新法的王安石，治理洛阳的张全义，以及李亶、柴荣的"爱民重农"皆足为变通张弛的典范。三为清除变通张弛障碍，秦桧之流不顾百姓死活，加重盘剥，禁绝蠲免，更诬杀忠良，大肆兼并土地，穷凶极恶，祸国殃民，此种败类不清除，即难以言变通张弛。四为寻觅变通张弛要旨，如为解决财政问题，其要旨不外节用廉取，去欲戒贪，充实储备，量入为出，其根本当为"爱民重农"。

马端临要把《文献通考》写成明备精审之著，他以《史记》、《资治通鉴》、《通典》为蓝本，主要是以《通典》为基础，取其所长，补其所短，超越《通典》而完成集大成之作。为力求明备精审，马端临从刘攽《公非集》发掘到汉初重要水利工程七门三堰的史料，"表而出之，以补遗轶。"在叙述宋代水利田，特别强调"水利田"实为"水害田"，充分反映其深刻的启示意义：破坏生态平衡，不仅会受到自然界的报复及经济上的损失，而且还会受到政治上的惩罚。马端临对宋代免役法的由来、实施步骤、精神实质、利弊所在、争论焦点，一一加以说明，最后作出总体剖析："雇便于差，义便于雇。"这更为其明备精审的有力例证。《文献通考》全书可谓明备精审，其所以取得如此成就，一为占有丰富史料，尤多为第一手史料；二为善于学习，善于取长补短；三为视野广阔，考虑周密。《文献通考》的明备精审，是中国传统文化结出的硕果，是马氏两代人心血的结晶。

第一节　谋求治国安民之术

马端临《文献通考》总结"治国安民"之术，为元朝统治者所欣赏，使其书得以刊布于世。

元朝的统治，大权掌握在蒙古贵族手中，蒙古、色目、汉族地主阶级成为统治阶级，以汉族农民为主体的各族劳动人民，包括蒙古族下层人民，则成为被统治阶级。元朝的阶级结构复杂，但地主与农民两大阶级壁垒分明，阶级对立与阶级矛盾始终存在。元世祖忽必烈灭宋以后,各地农民起义激烈,特别集中于浙、闽、赣、粤交会地带,参加起义的除汉族外,尚有畲、僮、瑶、侗、黎、苗、彝等少数民族。陈吊眼起义,由数万人发展至十万,坚持斗争达六年(1277—1282)之久。此后各地以秘密组织形式进行反抗活动。元仁宗统治时期(1312—1320),采取缓和阶级矛盾与民族矛盾的一些措施,减免差税,赈济灾民,黜陟官吏。但水、旱、地震、饥馑为患,还有不少隐患。元仁宗以《资治通鉴》载前代兴亡治乱,命人择其要者译写以进,供他作为应付危难的参考。继而令江浙行省印行《农桑辑要》万部,作为地方官劝课农桑的蓝本。当有人进献《大学衍义》,仁宗读后认为其议论甚嘉,并派专人译成蒙古文。

元代延祐二年(1315)七月,赣州(今江西赣州市)蔡五九起义,攻占汀州(今福建长汀县)、宁化县(今属福建三明市),称王建号,"由昵匝马丁经理田粮,与郡县横加酷暴,逼抑至此。"是官逼民反。在此前后,尚有辰(今湖南辰溪县)、沅(今湖南沅陵县)"洞蛮"的起义,及横州(今广西横县)、柳州(今广西柳州市)"徭蛮"的起义。延祐四年(1317),黄州(今湖北黄冈市)、高邮(今江苏高邮市)、真州(今江苏仪征市)、建宁(今福建建宁县)等处"流民群聚,持兵抄掠"。元仁宗的处理办法,一变过去的武力镇压"发兵讨捕",而采取分别对待,"其伤人及盗者罪之,余并给粮遣归"。处理办法的改变,反映了统治思想的改变,元仁宗认识到"唯省刑薄赋,庶使百姓各遂其生也"①。为切实做到"使百姓各遂其生",以巩固其统治,命王寿衍寻访"道行之士"以佐政。王寿衍为满足元仁宗"励精

① 《元史》卷二五/二六《仁宗纪》。

图治,虚己待人”的意图,认为“野有遗贤,非弓旌而莫致;朝能信道,必简册之是稽。”他把注意力集中于“采儒流之著述,庶几益圣主之谋猷”。当他找到《文献通考》书稿进献于皇帝时说:“其议论则本诸经史而可据,其制度则会之典礼而可行,思惟所作之勤劳,恐致斯文之隐没。”这一推荐得到皇帝认可,官为镂板,以广其传。马端临“行履端纯,词章雅丽,家传鼎鼐之谱,幼缗馆阁之储,知前代之典章,识当世之体要”。对马端临的道德文章、家学渊源、治学经历、学术造诣等皆有所了解,其人乃“济世之儒”,其书乃“有用之学”,“凡于治道有关者,无不彪分彙列,井井有条,治国安民,特举而措之耳。”①充分肯定《文献通考》是一部有关治道的书,其中充满着治国安民的内容。

《文献通考》所总结或罗列的治国安民之术很丰富,择其要者举例言之有五:

一、劝农力本致富实。参加过唐末农民大起义的张全义,治洛阳四十年,使“白骨蔽地,荆棘弥望”之地,一变而为“桑麻蔚然,野无旷土”,使荒墟为富实。马端临认为张全义的所作所为,超过其同时代的君主,“观其规画,虽五季之君号为有志于民者所不如也,贤哉!”②张全义不愧为劝农力本的典范。宋太宗时,“京畿周环三二十州,幅员数千里,地之垦者十才一二,税之入者又十无五六。复有匿里舍而称逃亡,弃耕农而事游惰。”为解决田地抛荒与人口逃亡,陈靖任劝农使时,采取“给授田土,收附版籍;州县未得议其差役;其乏粮种、耕牛者,令司农以官钱给借”。马端临认为这一办法“费多而难行”。

① 《文献通考·抄白》(元英宗至治二年〔1322〕六月)。
② 《文献通考》卷三《田赋考三·按》。

宋代朝廷非常重视劝农力本,在陈靖以前,有宋太宗至道元年(995)之诏:“应州县旷土,并许民请佃为永业,仍蠲三岁租,三岁外输二分之一。”在陈靖之后,有宋真宗咸平二年(999)之诏:“应从来无田税者,方许请射係官荒土及远年落业荒田,候及五年,官中依前敕于十分内定税二分为永额。”经过三种办法的比较,马端临说:“至道之诏,劝诱之词意恳切;咸平之诏,关防之规画详明,虽不必如靖所言,张官置吏,计口给田,多费官钱,而自足以收劝农之效矣。”①为使劝农力本收到成效,照马端临的意见,不能按陈靖的办法行事,重要的是使流民归业、荒田垦辟、轻徭薄赋。

二、轻徭薄赋乃龟鉴。马端临非常重视轻徭薄赋,不忘其父遗教:“汉文帝恭俭节用,而民租不收者十余年,此岂后世可及。”② 马端临在《文献通考》中津津乐道轻徭薄赋之事,“晚唐民务稼穑则增其租,故播种少;吴越民垦荒田而不加税,故无旷土。”③ 增其租则播种少,不加税则无旷土,立竿见影。后梁朱温,史家多斥其恶,欧阳修也难以例外,其《新五代史》对朱温轻赋之功,亦置之不理,《旧五代史》则作了记载:

> 梁祖之开国也,属黄巢大乱之后,以夷门一镇,外严烽堠,内辟汙莱,励以耕桑,薄其租赋,士虽苦战,民则乐输,二纪之间,俄成霸业。及末帝与庄宗对垒于河上,河南之民,虽困于辇运,亦未至流亡,其

① 《文献通考》卷四《田赋考四·按》。
② 《文献通考》卷一《田赋考一·先公曰》。
③ 《文献通考》卷五《田赋考五·引晁公武言》。

义无他，盖赋敛轻而田园可恋故也。[1]

洪迈发现这段珍贵的史料被埋没，深不以为然，并以之与后唐庄宗的所作所为加以对比："及庄宗平定梁室，任吏人孔谦为租庸使，峻法以剥下，厚敛以奉上，民产虽竭，军食尚亏，加以兵革。因此饥馑，不三四年，以致颠陨，其义无他，盖赋役重而寰区失望故也。"[2] 这一对比是深刻的，后梁之民，虽困于辇运而不流亡，是由于"赋敛轻而邱园可恋"；后唐之"颠陨"则因"赋役重而寰区失望"。洪迈对后唐的灭亡的原因进行了考证，他说："予以事考之，此论诚然，有国家者之龟鉴也。"的确，赋役轻重决定着一个政权的生死存亡，司马光忽略了这一点，"《资治通鉴》亦不载此一节"。唐太宗以四夷初定，百姓未丰，延访群臣，各陈所见，只有魏徵独力主张"力行王道，由是轻徭薄赋，不夺农时，进贤良，悦忠直，天下粟斗直两钱。"魏徵抓住了问题的要害，取得了明显的社会效果。轻徭薄赋，必须有配套的政策和措施。"欲薄赋敛，当节用度，而后财可积，国可足，然后赋可减，民可富，邦可宁。"[3] 为求民富邦宁，必行轻徭薄赋，包括苛捐杂税的减免，马端临家乡的盐废米，在马廷鸾自草白札子、亲自督促下，才得以废除[4]。一方得福，百姓欢腾。轻徭薄赋，实为治国安民之龟鉴。

三、变法革新顺人情。唐玄宗开元八年(720)颁租庸调

---

① 《旧五代史》卷一四六《食货志》。

② 《文献通考》卷三《田赋考三·引容斋洪氏随笔曰》。

③ 《文献通考》卷五《田赋考五·引杨万里上言》。

④ 《文献通考》卷四《田赋考四·右(小结)》。

法，监察御史宇文融献策括籍外羡田。唐德宗时，杨炎为相，行两税法，“户无主客，以见居为簿；人无丁中，以贫富为差。”马端临对这两种办法进行比较曰：

> 宇文融、杨炎皆以革弊自任。融则守高祖、太宗之法；炎则变高祖、太宗之法。然融守法而人病之，则以其逼胁州县、妄增逃羡以为功也；炎变法而人安之，则以其随顺人情，姑视贫富以制赋也。融当承平之时，簿书尚可稽考，乃不能为熟议缓行之规；炎当杂乱之后，版籍既已隳废，故不容不为权时施宜之举。

在比较中，一守法一变法，宇文融守法而逼胁州县；杨炎变法而随顺人情，优劣可知。但有人视优为劣、视劣为优，马端临说：“今必优融而劣炎，则为不当于事情矣。”[①] 根据事实情理，马端临以杨炎变法为优，因为杨炎“随顺人情”。马端临心目中的“随顺人情”是正视农民的疾苦，顺应广大贫苦人民的要求，还具体反映于对熙宁新法的评价上。熙宁新法改革役法，“坊郭品官之家尽令输钱”，不利于士夫豪右，但有利于农民，虽遭到文彦博、苏轼的指责，其指责属于“流俗不足恤”范围，并不能动摇王安石变法的决心与意志。马端临将变法革新定位在“随顺人情”，即顺民心、顺时势、顺情理、顺大局。不“随顺人情”的变法则不足取。

四、斟酌古今明利害。为求政治清明、社会安定，必须以

---

① 《文献通考》卷三《田赋考三·按》。

史为鉴,但时异势殊,不可复古倒退。宋代土地兼并,贫富悬殊,有人主张复行井田,有人主张夺富民之田。苏洵、叶适皆不以为然,他们认为应“斟酌古今,究竟利病”,叶适强调“因时施智,观世立法”。马端临认为他们的意见虽正确,但要解决土地兼并、贫富悬殊的问题,官府必须“备知闾里之利病”,对田土之肥瘠、人口之众寡、其民务农之勤怠,以及其民之或长或少、或为士、或为商、或为工,都当周知无误,以做到“贪夫豪民不能肆力以违法制,汙吏黠胥不能舞文以乱簿书”。马端临详细分析了井田制不可复的“本原”:“皆由乎地广人众,罢侯置守,不私其土、世其官之所致也。”井田制是在封土建侯的前提下实行的,“三代而上,天下非天子之所得私也,秦废封建而始以天下奉一人矣;三代而上,田产非庶人所得私也,秦废井田而始捐田产以与百姓矣。”历史不容倒退,既不可再行封土建侯,当然也就不可复行井田。马端临知时识变通古今的思想闪耀于《文献通考》全书中,这是为政者必须掌握的方向、原则。

五、赈饥济困重荒政。马端临《文献通考·物异考》较详细地记载了历代水灾、火灾、岁凶、地震、恒雨、恒旸、恒寒、恒风等自然灾害。有一些重灾,如宋太祖建隆二年(961),襄州(今湖北襄樊市襄阳县)汉水涨溢数丈;宋太宗太平兴国二年(977),忠州(今重庆市忠县)江涨二十五丈[①]。再如秦朝有两次大饥,汉高祖二年(前205)关中大饥,竟发生“人相食”,这种惨剧在汉代多次出现。宋仁宗明道二年(1033),“南方大旱,种粒皆绝,人多流亡,因饥成疫,死者十二三,官作粥糜以

---

① 《文献通考》卷二九六《物异考二》。

饲之,然得食者辄死,墟里几为之空。”南宋一再出现“人相食”的惨剧,如建炎三年(1129)山东大饥,即发生“人相食”[①]。为处理灾害饥荒,有赈贷、平粜、减赋、免役、施粥、省刑等,这称为“荒政”[②]。在有关荒政的政策执行上却存在许多问题,突出的问题是空有“宽仁”之名。宋英宗治平(1064—1067)年间,司马光对“家贫偷盗斛斗因而盗财者,与减等断放”,认为由这点宽仁可能引起“饥民啸聚,不可禁御”的大乱,他耽心“国家始于宽仁而终于酷暴,意在活人而杀人更多也”[③]。荒政理应以宽仁为本,但封建统治者出于其“酷暴”的阶级本性,不能真正做到“宽仁”,“意在活人而杀人更多”,活人是假,杀人是真。因此,历代荒政终于变成暴政,反复出现而难以根绝。封建社会不可能从根本上解决土地问题、流民问题、饥馑问题。有识之士,或多或少意识到这一点,不就灾言灾。南宋孝宗淳熙七年(1180)夏大旱,知南康军(今江西星子县)朱熹应诏上封事,他指出“今日民间特以税重为害”,赋役繁重比大旱更可怕,防天灾不可不防人祸,“今民贫赋重,惟有核兵籍、广屯田、练民兵,乃可以渐省列屯坐食之兵,损省州县供军之数,使州县事力渐舒,然后可以禁其苛敛,责在宽恤,庶几穷困之民得保先业,无流徙之患。”[④]这是说,救灾莫急于救贫,救贫之道在“禁其苛敛”与“得保先业”,农民不脱离土地、不脱离生产、不遭受“苛敛”之苦,能平安度日,防灾、抗灾的能力提高

① 《文献通考》卷三〇一《物异考七》。

② 《周礼》卷一〇《大司徒》,荒政十有二:散利、薄征、缓刑、弛力、舍禁、去几、眚礼、杀哀、蕃乐、多昏、索鬼神、除盗贼。

③ 《文献通考》卷二六《国用考四·引司马光上疏》。

④ 《文献通考》卷五《田赋考五·引朱熹应诏上封事》。

了,荒政也就易见成效。

通过以上五例,足以说明《文献通考》在治国安民方面颇富参考价值,当然远不止这五例,如广开门路选举贤能、恤民疾苦反对滥刑等,马端临搜集了许多治国安民的宝贵议论,这是《文献通考》之所以得到元统治者的欣赏,以及得以完好无缺地流传至今的根本原因。

第二节 探讨会通因仍之道

马端临《文献通考》之作,是为探讨会通因仍之道,是为探讨中国典章经制的传承发展,以及从其中所应吸取的历史经验教训。马端临重视"通",以"通儒"自许,并以"通儒"取人,他说:"《诗》、《书》、《春秋》之后,惟太史公号称良史。"司马迁之所以被推许为"良史",因为他是通儒,其《史记》既述理乱兴衰,又述典章经制,"后之执笔操简牍者卒不易其体"。成为史著的典范。班固断代为史,读者病之,原因是其书"无会通因仍之道"。为补救断代为史之失,司马光取千三百余年之事迹、十七史之纪述,作《资治通鉴》,使读者"开卷之余,古今咸在"。但司马光此书详于理乱兴衰而略于典章经制。马端临评曰:"理乱兴衰,不相因者也,晋之得国异乎汉,隋之丧邦殊乎唐,代各有史,自足以该一代之始终,无以参稽互察为也。典章经制,实相因也,殷因夏,周因殷,继周者之损益,百世可知,圣人盖已预言之矣。"在说明理乱兴衰不相因与典章经制实相因之后,马端临慨叹:"其不相因者犹有司马光之成书,而其本相因者顾无其书。"杜佑《通典》虽属典章经制之书,"历代因革之故,粲然可考",但内容不完备、选材不精审,唐天宝以后,存在几百年的空白[①],不能很好地发扬会通因仍之道。

马端临在杜佑《通典》的基础上,取长补短,专就典章经制写成《文献通考》,发扬会通因仍之道,参稽互察,“因其可因,损益其所当革,因时以制宜,理得而事举。”[②] 得理举事,是其会通因仍之道的实际效应,充分流露于《文献通考》的字里行间,约可分为四点:

一、融会贯通之。《文献通考》二十四考及其子目皆分别按时代顺序编排史料,从上古直至南宋晚期,在叙述上联成一气,其演变过程或发展脉络,一目了然。其中发挥穿针引线与画龙点睛作用的是马端临的按语。如《常平义仓租税》言及粜籴敛散之法,马端临说:

> 古今言粜籴敛散之法,始于齐管仲、魏李悝。然管仲之意,兼主于富国;李悝之意,专主于济民。管仲言:“人君不理,则畜贾游于市,乘民之不给,百倍其本。”此则桑、孔以来所谓理财之道,大率皆宗此说。然山海天地之藏,关市物货之聚,而豪强擅之,则取以富国可也。至于农人服田力穑之赢余,上之人为制其轻重,时其敛散,使不以甚贵甚贱为患,乃仁者之用心。若诿曰国家不取,必为兼并者所取,遂敛而不复散,而资以富国,误矣。[③]

① 《文献通考·自序》。
② 《御制重刻〈文献通考〉序》(清乾隆戊辰冬十二月)。
③ 《文献通考》卷二一《市籴考二·按》。

这里说明粜籴敛散之法有两种,一主于富国,一主于济民。马端临指出“敛而不复散,而资以富国”是错误的;而“制其轻重,时其敛散”乃“仁者之用心”。对管仲、李悝二人之说作出评定,这就给评定其后的粜籴敛散之法提供了是非标准。这除在现象表征、时间概念上融会贯通之外,更对其内容实质、是非得失上得以融会贯通之,使史事真相得到较好的反映。再如对东汉明帝永平五年(62)作常平仓一事,马端临评曰:“《后汉书·刘般传》,显宗欲置常平仓,公卿议者多以为便。般对以为‘常平,外有利民之名,而内实侵刻百姓;豪右因缘为奸,小民不得其平,置之不便’。帝乃止。然则岂后来卒置之欤?般所言者,后世常平之弊。常平起于孝宣之时,盖至东汉而其弊已如此矣。”①刘般对常平仓定性为“外有利民之名,而内实侵刻百姓”,从名与实立论,抓住了问题的要害。马端临肯定其说为“后世常平之弊”,通其利弊,通其名实,充分反映其融会贯通的成就不凡。

二、通古今之变。《文献通考·职官考》中宰相之制,常在变化,从“黄帝得六相而天地治、神明至”至东汉“以三公综理众务,则三公复为宰相矣”,后魏“多以侍中辅政”。根据这些变化,马端临说:“自后汉时虽置三公,而事归台阁,尚书始为机衡之任。然当时尚书不过预闻国政,未尝尽夺三公之权也。至魏晋以来,中书尚书之官始真为宰相,而三公遂为具员。”为什么有这些变化?马端临答:

---

① 《文献通考》卷二一《市籴考二·按》,显宗即明帝刘庄。孝宣之时,指西汉宣帝刘询统治时期(前73—前50)。

> 盖汉之典事尚书、中书者，号为天子之私人。及叔季之世，则奸雄之谋篡夺者，亦以其私人居是官。而所谓三公者，古有其官，虽鼎命将迁之时，大权一出于私门，然三公未容遽废也，故必择其老病不任事、依违不侵权者居之。

宰相是皇帝手下的高官，掌握大权，左右朝政，相权与皇权难以协调、发生矛盾，容易出现“侵权”之事，即相权侵犯皇权，甚至篡夺皇权。北周静帝大象二年(580)，杨坚为大丞相，他转瞬废北周，自称皇帝，建立隋朝。因此历代对宰相不得不采取防范措施，但既防范，又依赖，不免处理欠妥，马端临认为“夫高官极品不以处辅佐之臣，而又存其名字，使乱臣贼子递相承袭以为窃取大物之渐，非所以昭德塞违、明示百官也。”① 为了昭德塞违，唐初始定制以三省长官为宰相之职任，“然省分为三，各有所掌，而其官亦复不一。相职既尊，无所不统，则不容拘以一职，于是始有同中书门下三品同平章事、参知机务、参预政事之名焉。”在这些职官中，所谓“同平章事”，唐初虽以称宰相，“乃以处资浅之人，在参知政事之下；中世以后，则独为真宰相之官，至宋元丰以前皆然。”作为宰相，其任务为“总百官，弼天子”，既不应与别官同级，更不能居其他官员之下。但在唐、宋时期，这种不应有、不能有的事情发生了：“自唐开元以来，郭子仪、李光弼相继以平章事为节度使，谓之使相，而宰相之职侪于他官自此始。宋元祐以后，文潞公、吕申公相继以平章军国重事序宰臣上，而宰相之上复有贵官自此始。”唐

① 《文献通考》卷四九《职官考三·按》。

朝郭子仪、李光弼与宰相同级的例子一开,“于是田承嗣、李希烈之徒,俱以节镇带同平章事者非一人,极而至于王建、马殷、钱镠之辈蜂起,盗地者皆欲效之,盖鄙他官而不为,而必欲侪于宰相以自附于郭、李。”宋朝自文彦博(潞公)、吕公著(申公)成为宰相之上的贵官的例子一开,“于是蔡京、王黼相继以太师总知三省事,三日一朝赴都堂治事,以至于韩侂胄、贾似道擅权专政之久者,皆欲效之,盖卑宰相而不屑为,而必求加于相以自附于文、吕。”[①] 节镇跋扈,利用“侪于宰相”以扩张其野心;奸臣擅权,假借“加于相”来呼风唤雨,作威作福。马端临不仅了解宰相的演变过程,更深层次地了解其“侵权”即对皇权所构成的威胁,以及“侪于宰相”、“加于相”现象的出现,说明马端临对种种史事不仅知其然,而且知其所以然,这是“会通”的基本意义所在。

三、圣人不违时。马端临对中国历史发展的潜在因素有所了解或认识,他把中国古代社会分而为三:一是唐虞以前的公天下;二是夏、商、周三代的家天下;三为秦灭六国以后的一统天下。马端临认为秦废封土建侯,置郡县,统一天下,“秦之法,未尝以土地予人,不待李斯建议而后始罢封建也。”[②] 封建、郡县之争,历千百年而未有定说,陆士衡、曹元首认为“唐虞三代公天下以封建诸侯,故享祚长;秦私天下以为郡县,故传代促。”柳宗元则说:“秦公天下者也!”眉山苏氏从而助之曰:“封建者,争之端,乱之始,篡杀之祸,莫不由之。李斯之论,当为万世法。”李斯反对封土建侯,主张行郡县,柳、苏极力

① 《文献通考》卷四九《职官考三·按》。
② 《文献通考》卷二六五《封建考六·按》。

赞同,遭到一些人的反对。这就使人左右为难,“以封建为非邪,是帝王之法所以祸天下后世也。以封建为是邪,则柳、苏二子之论,其剖析利害,指陈得失,莫不切当,不可废也。”马端临识势而不违时,赞同柳、苏二人之论,他说:“盖时不唐虞,君不尧舜,终不可复行封建。谓郡县之法出于秦,而必欲易之者,则书生不识变之论也。”① 封土建侯不可行,“欲复封建,是自割裂其土宇以启纷争。”历史不容倒退,郡县为良法,秦行郡县,以之定一统。统一法律,统一文字,统一货币,统一度量衡。车同轨,书同文,行同伦,这是马端临所倾心的一种“势”,这种“势”由万国、三千国、千七百七十三国而减为一百六十五国,分裂的程度日益减弱,统一是大势所趋。“秦既灭六国,举宇内而郡县之,尺土一民,始皆视为己有。”② 这是适应客观形势发展需要的,任何人不可扭转,即所谓“圣人不能违时”,识时务者为俊杰,不违时务者为圣贤。历史的变化,形势的发展是渐进的,马端临牢记其父教诲:“宇宙之为天下裂,岂一朝一夕之故哉!”以节度使为例,唐太宗初年,置沿边节度使,“天宝十载,分西北十节度,大率以其兵防边耳,固未尝有世袭之节度也。自安史乱而后,河北三镇有世袭之节度,然犹未有东南之世袭节度也。自黄巢乱而后,东南遍海内皆为世袭节镇矣。五代十国,皆节镇之流裔而并合者也。”③ 这是有代表性的。史事的发展虽非“一朝一夕之故”,但是不可阻挡的,顺时代潮流则昌,逆时代潮流则亡,这是《文献通考》所表达的会通

① 《文献通考》卷二六五《封建考六》。
② 《文献通考·自序》。
③ 《文献通考》卷二七六《封建考十七·先公曰》。

因仍之道的最高旨趣。

四、重参稽互察。马端临重“会通”,因为如此始可参稽互察,以求得许多宝贵的历史经验教训。断代为史,“自足以该一代之始终”,但有其不可弥补的缺陷,即“无以参稽互察为也。”他以参稽互察为重而重“会通因仍之道”。在会通因仍的前提下参稽互察,硕果累累。

例一,明《春秋》三传以《左传》为优。马端临在参稽互察中,发现三传所载经文多有异同,“《公羊》、《谷梁》于襄公二十一年皆书孔子生”,这是不合体例的。《春秋》体例,惟国君世子生则书之。通过参稽互察,马端临认为三传中搀杂了许多主观片面而难以使人信服的意见,他说:“三子者以当时口耳所传授者各自为传,又以其意之所欲增益者搀入之;后世诸儒复据其见于三子之书者互有所左右而发明之,而以为得圣人笔削之意于千载之上,吾未之能信也。”但三传并非全不可信,马端临接着说:“然择其差可信者而言之,则《左氏》为优。何也？盖《公羊》、《谷梁》传,直以其所作传文搀入正经,不曾别出;而《左氏》则经自经,而传自传。”杜元凯《经传集解·序文》以为“分经之年与传之年相附,则是左氏作传之时,经文本自为一书,至元凯始以《左氏传》附之经文各年之后,是《左氏传》中之经文可以言古经矣。”① 三传中的以《左传》为优,其经文可谓“古经”。这是参稽互察的结论。

例二,知官位品级的异同。马端临对历代官位品级进行参稽互察后说:“成周之命数,两汉之石禄,皆所以辨官位之高卑也。自魏以后,始有九品之制,至梁分为十八班。后魏以九

---

① 《文献通考》卷一八二《经籍考九·按》。

品分正从,而隋唐以来因之。宇文周又以九命分正从,皆十八等,今分为十八门,以尽魏以来历代之官,而著代名;其下品同而代异者。并见细注,更不重出。魏、晋、宋、陈无从品,则只以各品之官入正品,余则随其正从分入云。”① 如不能参稽互察,则难以知其品级之异同。

例三,发现日食记载疏漏。“《春秋》书日食,终于鲁定公之十五年。汉史出日食始于高帝之三年。”其间 293 年之间,日食仅七见,马端临发现这是卤莽疏漏造成的。他的根据是:“昔春秋二百四十二年,日食凡三十六,刘向犹以为乖气致异;至前汉二百一十二年,而日食五十三,则又数于春秋之时;后汉百九十六年,而日食七十二;魏晋一百五十年,而日食七十九,则愈数于汉西都之世矣。”② 通过春秋、两汉、魏晋所记载的日食次数来参稽互察,发现问题出在“史失其官不书于册”。就整个地球而言,日食多于月食,虽观测有一定难度,如地区限制、观测手段不完善等。但马端临将各时期的日食放在“会通因仍”的天平上作出的判断是合理的,其参稽互察之功不可没。

第三节 讲究变通张弛之故

马端临《文献通考》以陈述典章经制为主,兼及治乱兴衰,为变通张弛之故做出了一些有益的求索或总结。“有不敝之道,无不敝之法。”③ 弊法不可不变通,井田制就是不可不变通

---

① 《文献通考》卷六六《职官考二十·按》。官品分正从,从(zòng 纵),次或副也。
② 《文献通考》卷二八二《象纬考五·按》。
③ 《御治重刻〈文献通考〉序》(清乾隆戊辰冬十二月)。

的弊法。“自秦废井田之后,后之君子,每慨叹世主不能复三代之法以利其民,而使豪强坐擅兼并之利。”马端临认为这一议论无可厚非,“其说固正矣”;但“斟酌古今,究竟利病”,当以苏洵、叶适的议论“最为确实”。作为三代之法的井田制之所以不可行于后世,苏洵认为时移势易,客观条件不容许,如不顾客观条件,强行恢复井田,“非塞溪壑、平涧谷、夷邱陵、破坟墓、坏庐舍、徙城郭、易疆陇,不可为也。纵使尽能得平原旷野,而遂规画于其中,亦当驱天下之人,竭天下之粮,穷数百年专力于此,不治他事而后可以望天下之地尽为井田,尽为沟洫;已而又为民作屋庐于其中以安其居而后可。吁,亦已迂矣,井田成而民之死,其骨已朽矣。”恢复井田是驱民于死地。苏洵反对恢复井田制的态度很坚定。叶适认为“井田、封建相待而行”,“封建既绝,井田虽在亦不可独存矣。”同时他还认为“不得天下之田尽在官,则不可以为井”。又说:“虽得天下之田尽在官,文、武、周公复出而治天下,亦不必为井,何者?其为法琐细烦密,非今天下之所能为。”叶适反对恢复井田制的态度与苏洵一样坚定,有所不同的是叶适认为恢复井田制是根本办不到的事。

马端临对苏洵、叶适二人坚决反对井田制之说是赞同的,详细引述他们二人的议论,然后作了重要补充,主要是进一步说明井田之弊。他说战国之时,“井田之法未全废也,而其弊已不可胜言。故《孟子》有‘今也制民之产,仰不足以事父母,俯不足以畜妻子’之说;又有‘暴君汙吏慢其经界’之说。可以见当时未尝不授田,而诸侯之地广人众,考核难施,故法制隳弛而奸弊滋多也。”商鞅决裂井田、废坏阡陌,是为了“静百姓之业,而一其志”。“夫曰静、曰一,则可见周授田之制至秦时必是扰乱无章、轻重不均矣。”接着说:“汉既承秦,而卒不能复三代井田之法,何也?盖守令之迁除,其岁月有限;而田土之还授,其奸弊无穷。”①井田不可复,已成定论。那末,土地兼并问题的解决,既不可寄希望于井田制,又难以期待于均田制。马端临说:

> 魏孝文始行均田,然其立法之大概,亦不过因田之在民者而均之,不能尽如三代之制。一传而后,政已圮乱,齐、周、隋因之,得失无以大相远。唐太宗口分世业之制,亦多踵后魏之法,且听其买卖而为之限,至永徽而后,则兼并如故矣。②

均田制只实行二百年,而井田制实行较久远。马端临说:“盖自秦至今千四百余年,其间能行授田均田之法者,自元魏孝文至唐初才二百年,而其制尽隳矣。何三代贡助彻之法千余年而不变也?盖有封建足以维持井田。”③这里总结井田制的存在不可离开封土建侯,同时对均田制的变通张弛之故也有所触及。均田实行之初,“亦不过因田之在民者而均之”,其后各代并无多大改变,唐代“且听其买卖而为之限”,历史上并未出现真正意义上的均田。有人以为“井田之废已久,骤行均田,夺有余以予不足,必致烦扰以兴怨讟”。马端临以后魏均田之法为例,说明并不存在“夺有余以予不足”的问题,他认为后

① 《文献通考》卷一《田赋考一·按》,商鞅决裂井田云云,乃引蔡泽语,注云:“晦庵语录亦谓因蔡泽此语,可见周制至秦不能无弊。”

② 《文献通考》卷一《田赋考一·按》,永徽(650—655),唐高宗年号之一。

③ 《文献通考》卷一《田赋考一·按》。

魏均田之法要领有三：一为所受者露田。诸桑田不在还受之限，桑田必是人户世业；二为所种者皆荒闲无主之田，并非尽夺富者之田以予贫人；三为从便买卖以合均给之数，盈者无受不还，不足者受种如法，盈者得卖其盈，不足者得买所不足，不得卖其分，亦不得买过所足。正因为有此三特点，“非强夺之以为公田，而授无田之人”所以稍久而无弊①。这里透露了变通张弛之是否适宜，主要应视其是否侵犯百姓利益，是否能给予百姓实惠，是否能稳定社会生活。

唐武德七年(624)，始定均田赋税，即实行租、庸、调。“租庸调法以人丁为本，开元后，久不为版籍，法度废弊，丁口转死，田亩换易，贫富升降，悉非向时。”由于“丁口转死，田亩换易”得不到及时反映以作出调整，使租庸调法越来越脱离实际，弊端日趋严重。杨炎的两税法，一改租庸调以人丁为本之弊，而以“户无主客，以见居为簿；人无丁中，以贫富为差。”自是“吏奸无所容，轻重之权始归朝廷矣”，因此两税法有“天下便之”之说②。但两税法是长期变通张弛的结果。唐大历元年(766)诏天下苗“一亩税钱十五”，还有青苗钱、地头钱等；次年规定按户等收税，如上上户四千文，下下户五百文。据此，马端临说：“以钱输税而不以谷帛，以资力定税而不问身丁，人皆以为行两税以后之弊，今观此则由来久矣。”③在两税法实行以前，“以钱输税”及“以资力定税”早已见诸诏令，见诸实际生活中。农民手中的谷帛易钱币不免多受一层盘

① 《文献通考》卷二《田赋考二·按》。
② 《文献通考》卷三《田赋考三》。
③ 《文献通考》卷三《田赋考三·按》。

剥；但直接输谷帛，也难以逃脱吏胥的勒索克扣。从赋役制度的演变过程来说，以谷帛易钱币，是重大的转折，在其变通张弛的历程中，算是一种进步。马端临为两税法作过辩护：

> 视大历十四年垦田之数以定两税之法，虽非经国之远图，乃救弊之良法也。但立法之初，不任土所宜，输其所有，乃计绫帛而输钱，既而物价愈下，所纳愈多，遂至输一者过二，重为民困，此乃掊刻之吏所为，非法之不善也。①

马端临积极支持变通张弛。有人指责两税法："计估算缗，失平长伪，挟轻费转徙者脱徭役，敦本业不迁者困敛求，乃诱之为奸，驱之避役。"马端临不以为然，辩解曰："此亦有司奉行者不明不公之过，非法之弊。"两税法之取代租庸调，势在必行。因为如欲复租庸调法，"必先复口分世业之法，均天下之田，使贫富等而后可；若不能均田，则两税乃不可易之法矣。"马端临从变通张弛的角度肯定两税法为"救弊之良法"和"不可易之法"，特别指出其"人无丁中，以贫富为差，尤为的当"。其所以称为"的当"，因为它在一定程度上缓和了贫富不均所引起的赋税不均的矛盾。两税法出台时所面临的局势很严峻："今有幼未成丁，而承袭世资，家累千金者，乃薄赋之；又有年齿已壮，而身居穷约，家无置锥者，乃厚赋之。"这种病态已持续甚久，自后魏至唐中叶行均田法，"因授田之名，而重其户赋，田之授否不常，而赋之重者已不可复轻，遂至重为民

① 《文献通考》卷三《田赋考三·按》。

病。"此种民病,靠两税法有所减轻,马端临说:"自两税之法行,而此弊革矣。"其弊难以言"革",其积极的效果则不可否认。马端临从赋税制度的变通张弛而认识到确定赋税不可脱离田亩,"盖赋税必视田亩,乃古今不可易之法",又指出:"以户口定赋,非特不能均贫富,而适以长奸伪矣。"①马端临已意识到赋税制度变通张弛之"故"了。

马端临在考察典章经制的变通张弛的种种现象中,必求其"故"。汉代元始(1—5)时,定垦田 8 275 036 顷,每户合得田 67 亩 146 步有余。隋开皇(581—600)时,垦田 19 404 267 顷,计每户合得田 2 顷有余。为什么在同一区域之内,田日加于前,户日削于旧?马端临言其"故"曰:"盖一定而不可易者田也,是以乱离之后,容有荒芜,而顷亩犹在;可损可益者户也,是以虚耗之余,并缘为弊,而版籍难凭。"杜佑《通典》以为唐代自武德初至天宝末凡 138 年,其顷亩"可以比崇汉室,而人户才比于隋氏"。其人户之所以减少,其"故"在"盖有司不以经国驭远为意,法令不行,所在隐漏之甚"。马端临认为杜佑的分析不错,但不够完备,其不完备处在:"不知庸调之征愈增,则户口之数愈减,乃魏晋以来之通病,不特唐为然也。"马端临将人户数减少与"庸调之征"紧密联系上,比较客观而深入地认识到"庸调之征"已成为社会经济发展的桎梏,这就较杜佑的看法更周密、更完备了。

值得注意的是马端临也认识到两税法的局限性。他说:"以田定赋,以家之厚薄为科敛之轻重,虽非盛世事,而救时

---

① 《文献通考》卷三《田赋考三·按》。

之策,不容不然,未宜遽非也。”①对两税法不可估价过高,不过是“救时之策”。马端临对实行两税法时的诸多弊端,也毫不讳言。唐德宗贞元三年(787),“岁事丰稔,上因畋入民赵光奇家,问‘百姓乐乎?’对曰:‘不乐。’上曰:‘时丰何故不乐?’对曰:‘诏令不信,前云两税之外,悉无他徭。今非税而殊求者,殆过于税;诏书优恤,徒空文耳。’”马端临引述这一税外有税的故事外,紧接着论及两税法之弊:“自建中定两税,而物轻钱重,民以为患。至穆宗时四十年,当时为绢二疋半者为八疋,大率加三倍。豪家大商积钱以逐轻重,故农人日困,末业日增,帝亦以货轻钱重民困而用不充,诏百官议革其弊。”②其弊在货轻、钱重、民困,而用不充。为革此弊,改征钱为征粟帛,禁止税外有税。唐穆宗恢复旧制征粟帛;唐宣宗大中四年(850)有制:“百姓两税之外,不许分外更有差率。”马端临则认为:“今禁其于定制外多科,固不若仍复粟帛之征,则自不能多求于定数之外也。”③说来说去,两税法之弊,往往不属于其法本身,而来自掊刻之吏,其根本来自当时的社会制度。在封建社会,任何变通张弛举措,皆带有鲜明的阶级性,无法摆脱阶级局限。皇帝虽时有蠲租免税、轻徭薄赋之令,徒有其名而无其实,马端临引用胡寅论百姓膏肓之病云:

> 前代著令曰,凡言放税者,不得过四分;每有水旱,许诉灾伤,或下赦令尽蠲之。而有司征督如

① 《文献通考》卷三《田赋考三·又按》。
② 《文献通考》卷三《田赋考三》。
③ 《文献通考》卷三《田赋考三·按》。

> 故，农氓不论，乃有黄纸放、白纸催之谣。盖不知令甲之文也，是则赦令行一时之恩以收人心，令甲著永久之制恐失财赋，阴行虐政，阳行惠泽，岂先王之用心哉！三司吏不肯释除逋负，非独其利在焉，亦以在上之意吝于与而严于取也，此百姓膏肓之病也。①

马端临引用胡寅之言说明了令甲万变不离其宗，即“吝于与而严于取”，这成为其“永久之制”，这是封建社会统治阶级变通张弛的阶级实质所在，任何圣君贤相都不会违背。

马端临掌握了变通张弛之故，在《文献通考》中以之处理问题，可称述者有四：

一、理顺变通张弛线索。中国古代纸币的出现，有一个酝酿发展过程，一般人忽略了，多从“交子”谈起。马端临将有关资料排比在一起，先说明唐代有飞钱，宋太祖“取唐朝飞钱故事，许民入钱京师，于诸州便换”。宋开宝三年(970)置便钱务，令商人入钱者，诣务陈牒，即日辇致左藏库，给以券。仍敕诸州，凡商人赍券至，当日给付，不得住滞，违者科罚，自是毋复停滞。至道(995—997)末，商人便钱170余万贯；天禧(1017—1021)末，增113万贯。此后始有四川交子的出现。四川以铁钱重，携带不便，富人16户为券，谓之交子，其后富人赀稍衰，不能兑现，纠纷不已。但如废交子则贸易为难，钱

① 《文献通考》卷三《田赋考三·引致堂胡氏曰》。白纸、黄纸，指敕令，敕令原用白纸，因易引起虫蛀，自唐高宗始改用黄纸。令甲，或称甲令，法令编次的第一篇，通称为法令。

币流通受阻，由官府置交子务，禁民私造[①]。这样，把交子出现以前一段变通张弛的线索就理顺了。

二、树立变通张弛典范。马端临《文献通考》树立了一些变通张弛典范，如废井田的商鞅、立两税法的杨炎、行新法的王安石等，在变通张弛中，成效显著，值得肯定。马端临评判变通张弛的标准在是否符合农民利益，他以王安石的免役法"实则农民之利"[②] 加以肯定。对参加过唐末农民大起义的张全义治理洛阳"劝农力本，生聚教诲，使荒墟为富实"[③]，而称赞其"贤哉！"五代十国时，用兵争强，马端临认为后唐明宗（李亶）、后周世宗（柴荣）"粗为有志于爱民重农者"。他们能洞察到"当农务未开而受理词讼，征科既足而追令科敛"，这是"官吏奸贪之情，为闾里隐微之害"，再三下令禁绝。马端临颂扬："可谓仁矣！"[④] 这是说，变通张弛，应以仁、爱为本，为"爱民重农"而变通张弛，即足为典范。

三、清除变通张弛障碍。成为变通张弛严重障碍的是乱臣、贼子、权奸、巨猾，代表人物是秦桧之流。南宋高宗绍兴二十三年（1153），因民不聊生，有人请蠲积欠。时秦桧当政，不仅不采纳这一建议，反而变本加厉，加重盘剥，两浙州县合纳绵、绸、白米等物，皆以市价折钱，却别科米麦，有亩地纳四五斗者；京西根括隐田，增添租米，加重于旧；湖南有土户钱、折绳钱、醋息钱、曲引钱，名色不一。秦桧的爪牙曹泳督责荆南

---

① 《文献通考》卷九《钱币考二》。
② 《文献通考》卷一二《职役考一·按》。
③ 《文献通考》卷三《田赋考三·按》。
④ 《文献通考》卷四《田赋考四·按》。

已蠲口赋二十余万缗甚急，为虎作伥，穷凶极恶。秦桧还密令诸路暗增民赋七八，公开扬言："国家经费，惟仰二税，间乞蠲免，理宜禁绝。"严禁变通张弛，使"民力重困，饥死者众"，这些罪恶，"皆桧之为也！"[①]秦桧在高宗纵容下诬杀忠良，大肆兼并土地，阻止任何变通张弛之政的推行。马端临进行了口诛笔伐。此外对蔡京的误国，亦多所论述；对曾怀这类"刻剥小人"[②]作了揭发或斥责。这些败类不清除，即难以变通张弛以利民。

四、寻觅变通张弛要旨。宋代财政方面最沉重的负担是军费。宝元（1038—1040）中，陕西用兵，调度百出，费用宜广，"一岁之入，仅能充期月之用，三分之二在军旅，一在冗食。"[③]古代以兵农结合的办法解决军费，"无事则驱之为农而力稼穑，有事则调之为兵而任征战。"马端临称之为"尤为良法"。但自府兵之法既坏，"兵农判而为二，不特农疲于养兵，且耻于为农。"这种现象在宋代极为普遍，因此，马端临慨叹："然则国力如之何而不敝于饷军也哉！"[④]宋儒为国力敝于饷军之事探寻变通张弛的办法，苏轼说："广取以给用，不如节用以廉取之为易也。"节用廉取，必须去欲戒贪，所谓"富而愈贪，求愈多，而财愈不供"；要有储备，三年耕必有一年之蓄，这是"万世之计"；不可量出以为入，而应量入以为出。曾巩的意见与苏轼完全一致，他也同样强调节用，他说："用之有

---

① 《文献能考》卷五《田赋考五》。

② 《文献通考》卷二七《国用考五 · 按》。

③ 《文献通考》卷二四《国用考二 · 引贾昌期（应作朝）上言》。

④ 《文献通考》卷七《田赋考七 · 按》。

节，则天下虽贫，其富易致也。”相反，“用之无节，则天下虽富，其贫亦易致也。”他举了一些例证。马端临非常欣赏苏、曾二人之见，推崇为解决宋代财政问题之要旨。曾巩所谓“其浮者，必求其所以浮之自而杜之；其约者，必本其所以约之由而从之”。马端临认为这确实是至理名言[①]。浮，即“无节”；约，即“有节”。有节与无节的后果完全两样，一富一贫，这是历代统治经验的总结。

“爱民重农”当为变通张弛的根本准则。

第四节 完成明备精审之著

马端临立志要把《文献通考》写成明备精审之著，为此他认真向历史名著学习。在他心目中足以作为其蓝本的有三。

一为《史记》。司马迁《史记》，“纪传以述理乱兴衰，八书以述典章经制”，其所创纪传体为后世所沿袭；其包罗万象、融会贯通，“通古今之变，究天人之际”的旨趣，为后人所乐道；“其文直，其事核，不虚美，不隐恶”[②]的实事求是精神，成为治史守则。马端临认为“后之执笔操简牍者卒不易其体”，这既表达了他对《史记》的无比尊崇，又透露了他奉《史记》为圭臬的决心。

二为《资治通鉴》。马端临论及司马光《资治通鉴》时曰：“至司马温公作《通鉴》，取千三百余年之事迹、十七史之纪

① 《文献通考》卷二四《国用考二·按》。

② 裴骃《史记集解序》及张守节《史记正义序》（见《史记》第十册，中华书局，1982年。）。

述，萃为一书，然后学者开卷之余，古今咸在。”他把“古今咸在”作为《通鉴》一大特色加以肯定，悬为自己写书的借鉴。《通鉴》有所不足，即“详于理乱兴衰，而略于典章经制”。马端临并未因此而苛求司马光，只说：“编简浩如烟埃，著述自有体要，其势不能以两得也。”接着解释“理乱兴衰，不相因者也”；“典章经制，实相因者也。”他决心为弥补《通鉴》之不足，以“详于典章经制”来写《文献通考》。

三为《通典》。杜佑《通典》的优点是“凡历代因革之故，粲然可考”，还有“纲领宏大，考订该洽”。但有不足之处，“然时有古今，述有详略，则夫节目之间未为明备，而去取之际颇欠精审。”《通典》的问题不少：

> 盖古者因田制赋，赋乃米粟之属，非可析之于田制之外也；古者任土作贡，贡乃包篚之属，非可杂之于税法之中也。乃若叙选举则秀、孝与铨选不分，叙典礼则经文与传注相汩，叙兵则尽遗赋调之规，而姑及成败之迹，诸如此类，宁免小疵。至于天文、五行、艺文，历代各有志，而《通典》无述焉；马、班二史各有诸侯、王、列侯表，范晔《东汉书》以后无之，然历代封建王侯未尝废也。王溥作唐及五代会要，首立帝系一门以叙各帝历年之久近，传授之始末；次及后妃、皇子、公主之名氏、封爵，后之编会要者仿之，而唐以前则无其书；凡是二者，盖历代之统纪典章系焉，而杜书亦复不及，则亦未为集著述之大成也。①

① 《文献通考·自序》。

杜佑《通典》存在着大量问题,主要是节目未为明备,去取颇欠精审。这就为马端临提出了亟需完成的任务,即要写成一部明备精审之著,他要将杜佑未完成的使命完成,《通典》"未为集著述之大成",马端临要使《通考》成为"集著述之大成"。

马端临借鉴《史记》、《资治通鉴》、《通典》来编写《文献通考》,主要是以《通典》为蓝本,取其长补其短,力求超越《通典》,其具体措施是:"自天宝以前,则增益其事迹之所未备,离析其门类之所未详;自天宝以后,至宋嘉定之末,则续而成之;曰《经籍》、曰《帝系》、曰《封建》、曰《象纬》、曰《物异》,则《通典》元未有论述,而采摭诸书以成之者也。"①凡《通典》未备、未详、未有论述之处,《通考》皆进行增益、离析、续而成之。学有目的,赶有标准,超有尺度,马端临在明备精审方面所做出的成绩,炳炳凿凿,历历落落。《通典》有云:"夏之贡,殷之助,周之彻,皆十而取一,盖因地而税。秦则不然,舍地而税人,故地数未盈,其税必备,是以贫者避赋役而逃逸,富者务兼并而自若。"马端临根据"始皇三十一年,使黔首自实田"指出:"《通典》所言,其是年以前所行欤?"②对《通典》所记载的,必反复推敲,如证其非,则纠正之;如证其是,始采用之;如难辨是非,则姑存疑。对《通典》以外各书的记载,亦莫不如此。如租庸调征科之数:"凡授田,丁岁输粟二石,谓之租。丁随乡所出,岁输绢、绫、絁各二丈,布加五之一,绵二两;输布者,麻三斤,谓之调。用人之力,岁二十日,闰加二日;不役者,日为绢三

① 《文献通考·自序》。

② 《文献通考》卷一《田赋考一·按》。

尺,谓之庸。"[①]马端临以之与《通典》、《唐会要》及《资治通鉴》进行核对,大致相同。但与《新唐书》所载出入较大[②]。马端临说:"疑太重,今不取。"[③]有疑则不取,力求明备精审。

《文献通考》卷六《田赋考六》辟有水利田专栏,首论魏襄王时,史起为邺令,引漳水溉邺,民歌之曰:"邺有贤令兮为史公,决漳水兮灌邺旁,终古舄卤兮生稻粱。"次记秦开郑国渠,"溉舄卤之地四万余顷,收皆亩一钟,于是关中为沃野,无凶年,秦以富强。"继述秦李冰开蜀渠,以通舟船,以灌溉诸郡,于是"蜀沃野千里,号为陆海"。将水利的重要性作了说明,但马端临发现重要史书有重要疏失,包括《史记》在内,汉初庐州舒城(今安徽舒城县)的七门三堰,溉田二万顷,这一项重大水利工程竟被遗漏。马端临深不以为然,他说:"此汉初之事,史所不载。然溉田二万顷,则其功岂下于李冰、文翁邪?愚读《公非集》,表而出之,以补遗轶。"[④]这一"遗轶"的增补,充分说明马端临在编撰《文献通考》中专心致志于明备精审。更足以反映其明备精审功力的,是他从水利之说的兴起,言及

---

① 《通典》卷六《食货六·赋税下》,叙述租调庸,有"布则二丈五尺"、"绵三两",与《通考》所载有异。

② 《资治通鉴》卷一九〇《唐高祖武德七年(624)》:"调随土地所宜,绫、绢、絁、布",无"各二丈"及"布加五之一"记载。《新唐书》卷五一《食货志》:"每丁输粟二斛、稻三斛,调则岁输绢二疋,绫、絁各二丈,布加五之一,绵三两,麻三斤;非蚕乡则输银十四两。"

③ 《文献通考》卷二《田赋考二·右(小结)》。

④ 《文献通考》卷六《田赋考六·按》。《公非集》,刘攽著,其《七门庙记》介绍七门三堰,谓"汉羹颉侯信始基,而魏扬州刺史刘馥实修其废"。羹颉侯,指刘信,见《史记》卷五〇《楚元王世家》。文翁,汉文帝时蜀郡太守,其功在"煎洩口溉灌繁田千七百顷,人获其饶。"

治水的两大举措：

> 自秦人开阡陌、废井田，任民所耕，不计多少，而沟洫之制大坏，后之智者遂因川泽之势，引水以溉田，而水利之说兴焉。魏起、郑、白之徒以此为功。然水就下者也，陂而遏之，利于旱岁；不幸霪潦，则其害有不可胜言者。此翟子威、杜元凯所以决坏堤防以纾水患也。①

治水不外“陂而遏之”与“决坏堤防”两大举措。或“遏”或“决”，不是一个简单的战术问题，而是一个复杂的战略问题。同样是“决”，有的地方合宜，有的地方不合宜，因此有人赞扬，有人咒诅。翟子威的“决”，有人骂他：“坏陂谁？翟子威。饭我豆食羹芋魁。反乎覆，陂当复，谁云者？两黄鹄。”②杜元凯的“决”却得到歌颂：“后世无叛由杜翁，熟识智名与勇功。”③“遏”而利于旱，“决”而利于潦，各有利弊，因时因地不同而出现利弊，因时制宜，因地制宜，不可只知其一，而不知其二；不可只知其利而不知其弊。

特别值得注意的是，马端临在详述宋代的一些重大的水利措施之后，说明了“水利田”实为“水害田”。宋代与水争田

---

① 《文献通考》卷六《田赋考六·按》。魏起即史起。郑、白指郑国、白公，为兴修郑渠、白渠之功臣。翟子威，指翟方进，《汉书》卷 84 有传。杜元凯，指杜预，《晋书》卷三四有传。

② 《汉书》卷八四《翟方进传》。

③ 《晋书》卷三四《杜预传》。

有圩田、围田、湖田之类,“江东水乡,堤河两涯,田其中,谓之圩,农家云:‘圩者,围也。’内以围田,外以围水,盖河高而田在水下,沿堤通斗门,每门疏港以溉田。故有丰年而无水患。”这是孤立地就圩田论圩田,但它对其周围的田地却为害无穷,旱则难得灌溉,涝则无法排泄,旱涝皆深受其灾。马端临举永丰圩为例,“此圩初是百姓请佃,后以赐蔡京,又以赐秦桧。”秦桧既得永丰圩,大修堤岸,自此水患及于宣(今安徽宣州市)、池(今安徽贵池市)、太平(今安徽当涂县,宋之太平州辖当涂、芜湖、繁昌三县)、建康(今江苏南京市)四州,四州年年水灾,损失民租远远超出永丰圩所收,“假令岁收尽及元数,不过米二万余石;而四州岁有水患,所失民租何啻十倍。”这是说,永丰圩的存在,是得不偿失。这类田地甚多,著名的有会稽(今浙江绍兴市)之鉴湖、鄞(今浙江宁波市)之广德湖、萧山(今浙江萧山市)之湘湖等处的湖田。以余姚(今浙江余姚市)、上虞(今浙江上虞市)两地为例,“自废湖以来,每县所得租课不过数千斛,而所失民田常赋动以万计。”再如太湖周围自出现长堤弥远的“坝田”之后,“旱则据之以溉,而民田不沾其利;水则远近泛滥,不得入湖,而民田尽没。”根据这些情节,马端临说:

> 圩田、湖田多起于政和以来,其在浙间者隶应奉局;其在江东者,蔡京、秦桧相继得之。大概今之田,昔之湖,徒知湖中之水可涸以垦田,而不知湖外之田将胥而为水也。主其事者皆近倖权臣,是以委邻为壑,利己困民,皆不复问。①

① 《文献通考》卷六《田赋考六·按》。

圩田、湖田的大量出现，肇端于宋徽宗政治腐败的政和(1111—1118)年间，是"近倖权臣"操纵的结果。他们"委邻为壑，利己困民"，置严重的后果于不顾。充分反映其深刻的启示意义：违背自然规律、破坏生态平衡，不仅会遭受自然界报复与经济上的损失，而且还会受到政治上的惩罚。北宋的灭亡就是实证。这是《文献通考》明备精审的又一体现。

《文献通考·职役考》对宋代役法的论述，也不失为明备精审一个强有力的例证。宋神宗即位，认识到"州县差役仍重，劳役不均"，下诏征求对策。在此以前，三司使韩绛言："害农之弊，无甚差役之法，重者衙前多致破产，次则州役亦须重费。"他举出两个骇人听闻的民间惨剧，一是京东父子二丁，将为衙前，父告其子云："吾当求死，使汝曹免冻馁"，自经而死。二是江南有嫁其祖母及与母析居以避役者。另外，有鬻田产于官户，田归不役之家，而役并增于本等户。其余"戕贼农民，未易遽数"。极力反对免役法的司马光，在英宗时任谏官，即主张改革役法，认为"置乡户衙前以来，民益困乏，不敢营生，富者反不如贫，贫者不敢求富"。据他在农村所见所闻，农民不敢营生的原因在："今欲多种一桑，多置一牛，蓄二年之粮，藏十疋之帛，邻里已目为富室，指抉以为衙前矣。况敢益田畴、葺间舍乎？"因此神宗即位不久(熙宁二年，1069)，即"考合众论，悉以使民出钱雇役为便"。这一调查结论促使朝廷决心实施免役法，其宗旨："所宽优者皆村乡朴惷不能自达之穷氓，所裁取者乃仕宦兼并能致人言之豪右"，宽优穷氓，裁取豪右，在缓和阶级矛盾，受到百姓的普遍欢迎，"盖虽令出钱，而复其身役，无追呼刑责之虞，人自情愿故也。"这是免役法最明显的社会效果。当免役法开始施行时，"募者执役，被差者得散去。"开封一府罢衙前830人,畿县放乡役数千。让这许多劳动力回到农业生产中去,其有利于农业生产的恢复和发展不言而喻。实施免役法,大大减轻百姓负担,畿内上等户,尽罢昔日衙前之役,故今所输钱比旧受役时,其费十减四五;中等人户,旧充弓手、手力、承符、户长之类,今使上等及坊郭、寺观、单丁、官户出钱以助之,故其费十减六七;下等人户,尽除前日冗役,而专免壮丁,且不输一钱,故其费十减八九。总之,“大抵上户所减之费少,下户所减之费多。”这样明显的效果,被许多人抹煞。

王安石新法中的免役法,存在一些弊病,如征收免役宽剩钱,“有司率务多敛”,役钱不用于募役,改作他用等。马端临分析:“盖荆公新法,大概主于理财,所以内而条例司,外而常平使者,所用皆苛刻小民,虽助役良法,亦不免以聚敛亟疾之意行之,故不能无弊。”助役良法,行法不得其人,故不能无弊。马端临说:

> 熙宁之征免役钱也,非专为供乡户募人充役之用而已。官府之需用,吏胥之廪给,皆出于此。及其久也,则官吏可以破用,而役人未尝支给,是假免役之名以取之,而复他作名色以役之也。①

这里所谓“是假免役之名以取之”,进一步说明免役法诸种弊病与免役法本身无关。变法与反变法之争激烈,免役钱收现钱一事,曾布辩解曰:“免役或输现钱,或纳斛斗,皆从民便,为法至此,亦已周矣。”免役法在实施过程中,有一个从不周到

① 《文献通考》卷一二《职役考一·按》。

"周"的过程。再如定州(今河北定州市)有拆卖屋木以纳免役钱者,王安石辩解曰:"百姓卖屋纳役钱,臣不能保其无此。然论事有权,须考问从前差役卖屋陪填,与今卖屋纳役,孰多孰少,即于役法利害灼然可见。"王安石对免役法充满信心,认为免役法优于差役法毫无疑问。马端临是倾向王安石的,他说:"当时各州县所征雇役钱,除募人应役之外,又以其余者充典吏俸给之用,又有宽剩钱可以备凶旱赈救,可以见当时充役之费本不甚重,故雇役之钱可以备此三项支用也。"正由于"充役之费本不甚重","此法所以行之熙、丰而民便之,元祐诸君子皆以为善者,亦当时执役之费本少故也。"但政治腐败,官吏贪污,堪称为"良"、"便"、"善"的免役法引起不可调和的矛盾:"礼义消亡,贪饕成俗,为吏者以狐兔视其民,睥睨朵颐,惟恐堕井之不早;为民者以寇戎视其吏,潜形匿影,日虞怀璧之为殃。上下狙伺,巧相计度。州县专以役户之贫富为宦况之丰杀,百姓亦专以役籍之蒸否验家道之兴衰。"①马端临运用他所搜集到的丰富史料加上自己的判断,对免役法进行了较全面而系统的叙述,其明备精审,罕有能出其右者。

《文献通考》全书皆可谓明备精审,如论盐政,除陈述制盐业发展的情况外,更着重突出东汉献帝建安(196—220)初,置使者监卖盐,"以其直益市犁牛,百姓归者以供给之,劝耕积粟,以丰实关中。"流人果还,关中丰实。这是历史上处理盐政最好的范例,取之于民,用之于民。马端临引致堂胡氏曰:"尽捐之民,则纵末作,资游惰;尽属之官,则夺民日用,而公室有近宝之害。"胡寅认为既不可将盐利尽捐之民,又不可尽属之

① 《文献通考》卷一三《职役考二·按》。

官；最好的办法是“官为厉禁，俾民取之，而裁入其税，则政平而害息矣。”①为“政平而害息”拓宽思路，提供借鉴，为明备精审别开生面。

马端临《文献通考》之所以能多角度、多方位地做到明备精审，主要是占有较丰富的史料。许多典型史料一大段一大段照录，尽力保存其原貌，不轻易删削，避免断章取义之嫌；互相对立的意见，亦兼容并蓄；对一些难点疑点，多作出判断，在是非取舍上，颇富通裁别识。其次，善于学习。中国古籍丰富，所谓汗牛充栋，浩如烟海，其中名著如《史记》、《资治通鉴》成为其学习的重要典籍，学习其内容、体例，更学习其写作方法。特别是杜佑《通典》的优缺点，为马端临提供经验教训。马端临善于学习，善于取长补短，以杜佑为师，青出于蓝而胜于蓝；在《通典》的基础上，超越《通典》。再次，视野广阔。马端临知识广博，史学造诣较高，思路清晰，视野广阔，对一些问题多能高瞻远瞩，考虑周密，如对王安石变法中的免役法的由来，实施的步骤，精神实质，利弊所在，争论的焦点，最后说：“盖以事体之便民者观之，雇便于差，义便于雇，至于义而复有弊，则末如之何也已。”②善于综合分析，善于作出总体的解剖，把握精神实质，因此，往往能取其精华，去其糟粕，集著述之大成，完成明备精审之作。

《文献通考》是马氏父子两代人心血的结晶。其明备精审的广度与深度，超越杜佑《通典》，超越许多典章经制之作，是中国传统文化结出的硕果。

---

① 《文献通考》卷一五《征榷考二》。
② 《文献通考》卷一三《职役考二·按》。

第九章 《文献通考》评论与研究

马端临“知前代之典章，识当世之体要”，所著《文献通考》可谓“济世之儒，有用之学”。但《四库全书总目提要》多所指责，以“不载”、“一概略之”、“不及征引”等来指责马端临，这是片面的。从全书而言，《通考》比《通典》内容丰富得多，所引史料极为详尽；在史料取舍上，不能只论其“舍”而不顾其“取”。马端临在《通典》的基础上，增其所应增，损其所宜损，其“详赡”超过《通典》，《通志》亦不可望其项背。章学诚《文史通义》认为《通考》“无别识通裁”，“实为类书之学”，只是比《通典》多分了一些门类。金毓黻《中国史学史》对章学诚的意见进行驳斥说：“《通典》之详于典礼未必是”；“《通考》之详于记载未必非”。专门研究典章制度的人，“无不以《通考》为宝藏”。轻视《通考》，实由章学诚开其端，原因是：“清儒之治史学者，多自经学入，以治经之法治史”，故扬《通典》而抑《通考》。评议《通考》较透辟者当推白寿彝，他肯定马端临对杜佑、郑樵史学思想的继承和发展，肯定马端临史学思想的进步性、科学因素和一定程度的“人民性”。

白寿彝说：“马端临在《通考》的浩翰篇幅中，有时通过历史的记载，有时通过自己的议论，表达出一定的人民性的倾向。”其根据是：马端临认为经过改革之后的保甲法“非取其堪为兵也，特以其稍有资力，堪充污吏之殊求耳”。这里埋藏了马端临高贵的民族正义感。马端临在指出封建政权腐朽性的同时，揭露人民所受的沉重剥削，官民对立激化，可导致政权危亡。马端临史学思想的人民性倾向，表现在对进步事物的肯定上。而张孟伦却认为马端临是一个只顾自己生命财产安全，“毫没爱国思想、民族意识的胆小鬼。”因此只能将《通考》写至南宋嘉定五年为止。其后蒙古贵族南侵的残暴、反蒙古贵族悲壮的事迹都不敢写了。马端临尽力散布消极因素，如主张“三年之丧”以涣散人民的斗志，反对王安石变法以讨好蒙古统治者。张孟伦的商榷意见多有牵强附会之嫌，马端临认为短丧由来已久，并无“三年之丧”的主张；对王安石变法，对新法本身多持肯定态度，种种弊端出于行法不得其人。白寿彝说马端临《通考》具有“一定的人民性的倾向”，有根有据，无夸大渲染之处。

王瑞明主编《文献通考研究》一书，肯定《文献通考》史料详赡、贯穿古今、条分缕析、考订精审，并非“无别识通裁”的史料汇编。全书以典章经制为重点，兼顾理乱兴衰。其《田赋考》以宋代田赋为重点，宋代赋税繁重，苛捐杂税，支移折变，引起严重后果，解救百姓疾苦的有效途径就是轻徭薄赋，这正是马端临所竭力寻求的治国安民之一术。《文献通考研究》着重对《通考》与《通典》进行比较,说明《通考》以《通典》为基础而超越《通典》,体例改进,篇目创新,内容充实,取材审慎,重点突出。《通考》反映了马端临生活的那个时代的特色,是一部记述中国古代典章制度的集大成之作。《文献通考研究》认真地研究了马端临的会通思想,他比前人更前进了一步,郑樵强调"类",要从复杂的事例中依类找出头绪;马端临则强调"故",即从历代典章经制的变通张弛中找出原因。会通思想贯彻于《通考》全书,成为一大特色,体现得最为具体、最为直接的是其《选举考》。此外,《文献通考研究》对《通考》的缺点失误,进行了一些校正,如《田赋考六·水利田》上"兴修水利"四字后漏一"田"字,这是一个重要发现。

马端临《文献通考》虽节目明备、去取精审,实为集大成之作,但夹杂着一些缺点失误,突出反映于对五行之说与天人感应的理解与运用上。马端临反五行、灾祥说,但有局限,不彻底。他认为五行说虽不可信,但用以警戒统治者还是必要的。马端临把天象与人事联系,他还相信"天命",这不能不算是一个缺失。马端临受时代局限与阶级局限,对一些重大问题认识不够明朗,他以公私划分历史阶段,未能认识到公私之分决定于所有制;他所划分的历史阶段,与现在所公认的社会形态有较大差距;他以官职为准则,由治天事转变为治民事,没有意识到由没有阶级的社会到阶级社会的转变;他以智愚为区别,忽略分工的社会的进步,所谓"才益乏而智益劣",把人抽象化,欠妥。马端临在史事考察中接触到一些现象,多未能找出其内在的联系,不免带来遗憾。最多的遗憾是《文献通考》各种版本都不同程度地存在讹、脱、舛、衍,尤其是一些节本,去取不当,精要多失,使《通考》面目全非。

第一节 《文献通考》评议

马端临"行履端纯，词章雅丽，家传鼎鼐之谱，幼缁馆阁之储，知前代之典章，识当世之体要，以所见闻，著为成书，名曰《文献通考》"。"凡于治道有关者，无不彪分汇列，井井有条，治国安民，特举而措之耳，此可谓济世之儒，有用之学。"①这一评议，极为允当。但《四库全书总目提要》卷八一《史部·政书类一》对《文献通考》颇多指责：

> 其书以杜佑《通典》为蓝本，《田赋》等十九门，皆因《通典》而离析之。《经籍》、《帝系》、《封建》、《象纬》、《物异》五门，则广《通典》所未及也。《自序》谓：引古经史谓之文，参以唐宋以来诸臣之奏疏、诸儒之议论谓之献，故名曰《文献通考》。中如《田赋考》载唐租庸调之制，而据《唐会要》，则自开元十六年以后，其法屡改；载五代田赋之制，而据《五代会要》，尚有天成四年户部奏定三京诸府夏秋税法一事，乃一概略之；杨炎定两税法奏疏，最关沿革，亦佚不载。《职役考》载口算之制，而《汉书》永建四年除三辅三年逋租、过更、口算、刍藁，诏书不载。《征榷考》详载盐铁，而《五代会要》后唐长兴四年诸盐铁转运使奏

① 《文献通考》元英宗至治二年(1322 年)六月饶州路达鲁花赤总管府抄白，马端临经过 20 余年(约为 1280—1307 年)写成《文献通考》。参阅《乐平县志·人物·马端临》，上海古籍出版社，1987 年版。

定盐铁条例不载；又《杂税》载果菜之税，而《汉书》(应为《后汉书》)永元六年流民贩卖勿出租税诏不载。《国用门》载漕兴废，而《后汉书》建武七年罢护漕都尉、建初三年罢常山诸处河漕不载；其载唐代东都及郑州诸处漕运措置，亦不及《唐会要》之详；历代赈恤，于汉既载本始四年之诏，而略三年郡国伤旱甚者民毋出租赋之诏。《选举考》详载两汉之选举，而《汉书》元封四年诏举茂才异等、始元元年遣廷尉持节行郡国举贤良、永光元年诏举朴质敦厚逊让有行者、光禄岁以此科第郎从官俱不载。《学校考》辨先圣先师之分，而《唐会要》贞观二十一年诏以孔子为先圣、颜回等为先师之制不载。至《职官考》则全录杜佑《通典》；五代建置，尤叙述寥寥，核以王溥《五代会要》、孙逢吉《职官分纪》，仅得其十之一二。《郊社考》多引经典，而《尚书》之"肆类于上帝"不载；《逸周书》、《白虎通》、《三辅黄图》所载周明堂之制最详，亦不及征引；又载历代明堂之制，而梁武帝改作明堂，详于《隋书·礼仪志》者不载；地祇之祭，只引《周官》及《礼记·郊特牲》，而《礼运》祭地瘗缯及《考工记》玉人两圭五寸祀地之文不载；汉祀后土之制，只载《汉旧仪》祭地河东，而《汉官仪》北郊坛在城西北诸制不载；又雩祭引《左传》、《周礼》注疏，而《礼记·祭法》"雩宗，祭水旱也"，《尔雅》"舞号，雩也"，皆不载；祭日月，只引《礼记》、《周礼》，而《大戴礼》天子春朝、朝日秋暮夕月，及《尚书大传》古者帝王以正月朝，迎日于东郊，皆不载；于汉制既载宣帝时成山祠日、莱山祠月，而建始时罢此祠，复立于长安城事又不载。《社稷门》引各经注疏所论社制，而《周书·作雒篇》建社之制，及蔡邕《独断》所载天子大社之制，皆不载；祀山川亦引经传，而《仪礼·觐礼》“祭山丘陵升、祭川沈”，《尔雅》“祭山曰汎县，祭川曰浮沈”，皆不载；又分代详载，而独略北齐天保元年分遣使人致祭于五岳四渎。《宗庙考》载后魏七庙之制，只引《礼志》改七庙之诏，不知兴建沿革，详于《孙惠蔚本传》；又唐初建七庙，《新唐书·礼乐志》多略，而不参用《旧唐书·礼仪志》。《王礼考》载周之朝仪，而不引《周书·王会解》；又详载历代朝仪，而不载《史记·秦本纪》始皇三十五年营作朝宫；载汉代朝仪，而不载《续汉书·礼仪志》所载常朝之制。又舆服之载于史志者，必详叙卿士大夫，如汉制二千石车朱两轓之类，所以明差等也，而一概从略。《乐考》载五代庙乐，不如《五代会要》之详。《兵考》载晋兵制，至悼公四年而止，其后治兵邾南甲车四千乘不载；载鲁兵制，自昭公蒐红始，而成公元年作丘甲，襄公十一年作三军，昭公五年舍中军，俱不载。《经籍考》卷帙虽繁，然但据晁、陈二家之目，参以诸家著录，遗漏宏多。《舆地考》亦本欧阳忞《舆地广记》，罕所订补。大抵门类既多，卷繁帙重，未免取彼失此。

从上述指责来看，共约 1 400 字，关于《郊社》、《宗庙》、《王礼》的部分占去 500 字。这正是马端临着力压缩的部分，他将《通典·礼》一百卷压缩为《文献通考》的《郊社》廿三卷、《宗庙》

十五卷、《王礼》廿二卷,共计六十卷,这种大刀阔斧地压缩是高明的。历来视“礼”为“人道之极”。士族出身的杜佑,对维护封建等级特权的“礼”视若命根,使之喧宾夺主,使之在《通典》中占全书的一半。马端临的压缩,并非简单地是减少篇幅,而是对“礼”在历史长河中的重新定位。以“不载”、“一概略之”、“不及征引”来指责《文献通考》,是片面的。从全书而言,《通考》比《通典》内容丰富得多,所引史料极为详尽,如《王礼考三》后所附《合班图》等七图,保存了原来上朝班位,极为珍贵,为《通典》所失载。马端临《文献通考》以《通典》为基础,增其所应增,损其所宜损,充分显示其史学造诣之深。

《四库全书总目提要》对《文献通考》大肆求全责备之余,最后肯定了其价值所在:“然其条分缕析,使稽古者可以按类而考;又其所载宋制最详,多《宋史》各志所未备;按语亦多能贯穿古今,折衷至当。虽稍逊《通典》之简严,而详赡实为过之,非郑樵《通志》所及也。”肯定《文献通考》详赡超过《通典》,《通志》亦难以望其项背,这是平心之论。

章学诚《文史通义》卷四《内篇四·释通》有小字注文评《文献通考》:“虽仿《通典》,而分析次比,实为类书之学。书无别识通裁,便于对策敷陈之用。”同书卷五《答客问》中还说:“马贵与无独断之学,而《通考》不足以成比次之功,谓其智既无所取,而愚之为道又有未尽也。且其就《通典》而多分其门类,取便翻检耳;因史志而裒集其论议,易于折衷耳;此乃经生决科之策括,不敢抒一独得之见,标一法外之意,而奄然媚世为乡愿。至于古人著书之意旨,不可得闻也。”认为《通考》“无别识通裁”,只是史料汇编,“实为类书之学”,比《通典》多分了一些门类,便于翻检而已。而“乡愿”的比附,更是极其无理的贬抑。

金毓黻《中国史学史》第七章《唐宋以来之私修诸史》四《属于典志之通史专史》对章学诚的意见,深不以为然。他先将《通典》与《通考》加以比较:"《通典》一书,长于言礼,多存古训,极有稗于治经;而《通考》则否,此专经之彦所取资也。《通典》之文,简而不俚,首尾一贯,极有助于文章;而《通考》则否,此又缀文之士所乐道也。若夫研史之士则不然,典礼贵明其因革,而不必多录旧说;文章贵详其原委,而不必过为修饰。以体例言,《通典》之详于典礼未必是;以事实言,《通考》之详于记载未必非。虽《通典》所载魏晋六朝议礼之文,别有其可贵之价值,乃应划入经学范围,自为专书;混而为一,未见其可。清儒之治史学者,多自经学入,以治经之法治史,故盛称《通典》。不悟总览全编,窥其大略,固以简严为贵,若专取某一门而探讨之,详如《通考》,犹病其略,况《通典》乎?此又治史之术之不同于治经者矣。且吾观究心典章制度之人,无不以《通考》为宝藏,而恣其撷取,犹高语于人曰:'吾取君卿,而鄙贵与',滔滔者皆是,又奚足责哉!"

金毓黻继将《通志》与《通考》进行对照,"若乃郑氏《通志》之二十略,太半钞自《通典》,而无所增补,以视马书更远不如。且马书所载宋制最详,多为《宋史》各志所未备,所下按语,亦能贯穿古今,折衷至当,是又《通考》之长,非《通志》之所能尽具也。章学诚讥《通考》无别识通裁,实为类书,便于对策敷陈之用,此殊不然。章氏尝许《通志》一书有别识通裁矣,而二十略多钞自《通典》,不易一字,不识所谓别识通裁者果何在?而《通考》之于《通典》,则无是也。"他还说:"善治史者,主以《通典》之精简,辅以《通考》之详赡,则能兼取其长,而折衷至当矣。”金毓黻既称：“《通典》之美善，可比《通鉴》”；又盛赞：“《通考》之可取者，亦在宁繁勿略”，“且吾观究心典章制度之人，无不以《通考》为宝藏”。还指出“其轻视《通考》，实由章氏启之”。章学诚之所以扬《通典》而抑《通考》，由于“清儒之治史学者，多自经学入，以治经之法治史，故盛称《通典》。”①

白寿彝在《马端临的史学思想》一文中，肯定《文献通考》是中国中古仅见的历史巨制，肯定马端临对杜佑、郑樵史学传统的发展。杜佑著《通典》是为“将施有政”，是要“参古今之宜，穷终始之要”。马端临著《通考》，其目的在研究历代典章制度“变通张弛之故”，即在历史重大问题的研究上要求更向前迈进。更值得注意的是，马端临继郑樵之后，大大发展“会通”思想。郑樵的会通说，在于使人们从断代史中解放出来，从断代史走到通史，从复杂事例中依类找出头绪，这是寻找历史规律的初步要求。马端临不但将郑樵提出来的“会通”，运用于历史编纂学、文献学问题的处理上，而且运用于历史问题的研究上，注意历史变革阶段的研究，特别注意推寻“变通张弛之故”。马端临所要推寻的“故”，是要研究历史发展的客观形势，是要根据历史发展的客观条件来分析史事。这是他那个时代对他提出的要求，因此使他的史学思想，具有进步的倾向性，也具有一定的科学因素和一定程度的人民性②。

① 金毓黻《中国史学史》，商务印书馆，1957 年版，页 198—199。

② 白寿彝《马端临的史学思想》，载《中国思想通史》第四卷下册，人民出版社 1960 年版。《学步集》（三联书店 1962 年版）亦收录此文。

第二节　关于《文献通考》“人民性”的争论

白寿彝《马端临的史学思想》第三部分专论马端临史论的人民性。他说:“马端临在《通考》的浩翰篇幅中,有时通过历史的记载,有时通过自己的议论,表达出一定的人民性的倾向。”其根据很充实,具体而言有以下三点:

其一,关于熙宁保甲法,有两大问题,一为田亩之民不习战斗,不可以代募兵;二为贪污之吏并缘渔猎,足以困百姓。经过改革之后,“所取必五等以上与田及二十亩者”,马端临认为这个办法“非取其堪为兵也,特以其稍有资力,堪充污吏之诛求耳”①。白寿彝据此断言:“这里埋藏了他的高贵的民族正义感。”又说:“在《通考》卷一五四《兵考六》,他更沉痛地论述宋朝养兵,只能祸国殃民而不能对外。”马端临将兵事的腐朽说成是政权腐朽的集中反映,打中了两宋政权腐朽的要害。

其二,马端临历举秦以后统治集团内部的倾轧,而归结为由于没有公心,接触到了统治集团之阶级本能。在指出封建政权腐朽性的同时,马端临很注意揭露人民受封建专制主义剥削的沉重,并且也指出了政权的存亡乃系于民心的向背。对于人民的封建负担,马端临再三指出其名色日多,设词日巧,人民日困。马端临认为官民对立激化的结果,可以导致政权的危亡。

其三,马端临史学思想的人民性倾向,表现在对进步事物

① 《文献通考》卷一五三《兵考五·按》。

的肯定上。商鞅变法一向为儒者所非议,马端临则肯定其积极作用,“数年之间,国富兵强,天下无敌。”杨炎的两税法,为“君子所羞称”,马端临则称之为“不易之法”,“今两税之法,人无丁中,以贫富为差,尤为的当。”白寿彝指出马端临的可贵处在他“认为两税法可以改变一些过去富人薄赋而穷人厚赋的情况,从而肯定两税法的实际价值,这里面就有为广大人民利益打算的成分在内的”。马端临明确肯定王安石新法中的免役法为“良法”。对一般人所反对的人物和历史事件,只要这个事件或这个人所作的事情对于社会生产有利,对于老百姓有利,他每每是吸收正确的看法,或是独排众议,而加以肯定。

最后,白寿彝说:“马端临的进步的史学思想,在当时是一种思潮,他不是孤立的。”他将马端临与胡三省进行了比较,“以胡三省的历史条件而言,他的民族思想是可以和当时广大汉族人民的思想情感联系的,所以在他的思想中同时也可发现人民性的倾向。但因为胡三省对于封建伦理的观念远比马端临来得浓厚,他的人民性倾向就不像马端临的比较显著。”马端临史学思想的人民性倾向之所以形成,白寿彝有一个概括:“马端临在学术上的凭借,无论从先行者的学术遗产或家学来说,都相当雄厚。他以南宋宰相的故家子弟处在宋元之际,对历史变化的感受要特别深刻。同时,宋亡之痛也使他和广大汉族人民有密切的情感上的联系。”①

白寿彝对马端临史学思想具有“一定的人民性的倾向”的论断,非常注意分寸,有根有据。张孟伦《关于马端临〈文献通

① 白寿彝《马端临的史学思想》,载《中国思想通史》第四卷下册,人民出版社,1960年版。《学步集》(三联书店1962年版)亦收录此文。

考〉人民性的问题》一文提出了商榷意见，其文分为四部分：

一、人民性、民族正义感的问题。在宋灭亡后，马端临用心二十余年，写成《文献通考》，理应写到宋亡为止，使宋代的典章经制有一个完整的体系，只因马端临是个被敌人吓得腿软胆破的人，为了保护自家生命财产的安全，因而只编修到嘉定五年(1212)为止，再不敢继续下去了，打破历代以来修史的义法，抹掉元兵攻打、灭亡宋朝的史事不载，并以元的顺民自居，从而给他是个没有民族观念的人，提供了决定性的证据。

以马端临《通考》与胡三省《资治通鉴音注》比较，胡三省重视讲伦理，具有一定的人民性和民族意识，如讲八王之乱，诚然是司马氏统治阶级内部的事，如能讲封建伦理，则何至会把统一的中国，闹得四分五裂，而给广大人民带来严重灾难！胡三省在宋亡后，与政治断绝关系，谢绝人事，专心注释《通鉴》，以文天祥、谢枋得"守节伏死"自励。不能说胡三省的人民倾向性不及马端临。他注晋向契丹上降表，说是"亡国之耻，言之者痛心，矧见之者乎"，以寄托他对宋奉表向元称臣的深切隐痛！通过杜重威的被磔于市，市人争食其肉，而说是"怨杜重威卖国，引虏入汴，而都人被其毒也"。用此痛骂刘整等之引敌兵残害自己的种族，覆灭自己的宋朝之罪该万死！这种借古讽今，在马端临这个只顾生命财产安全，毫没爱国思想、民族意识的胆小鬼，固然是不敢做的。

二、尽力散布消极因素。马端临修《通考》，完全是从个人利己主义和大贵族官僚地主阶级观念出发。一面回避现实，对宋朝覆灭，民族危亡的惨痛事实一字不提。一面无视现实，尽力散布消极的因素，而要守三年之丧，隐居匿处，养生全年，不要领导人民起义，不可以奇取胜，而要对残暴凶恶的元统治者,好整以暇,堂堂正正地在杀人的战场上去讲礼。以免触犯元朝统治者的震怒,而保全他自己的生命和家产的安全。这都和人民性与民族正义,是极不相容的。

三、反对王安石变法。马端临主张地主经济永远不能改变,该向农民残酷剥削;门阀世族的政权,永远不可开放,而该向广大人民压迫。官吏是该享乐安逸,人民是应辛苦劳役的。这都充分暴露了他的大官僚地主阶级的本性。他坚决反对王安石变法,是有深厚的阶级根源的,而他是否有人民性,也都容易明白了。在《通考》里,凡提及王安石,直呼其名,骂他任性孤行、凶恶残忍。指斥免役法"不能熟议缓行",而意在"聚敛",遂至"征利毒民"。青苗法是"专为谋利取息"而"误天下"。免役法"亦不免以聚敛亟疾之意行之,故不能无弊"。马端临一意指责免役病民,在马端临身上,还能找出人民性来吗?马端临认为,保甲是一种"无益而有害"的"厉民"之法。这是不敢在元朝统治下改革兵制,以抵抗异族南侵,而惹起对自己不利的缘故。他还有啥民族正义感、人民性呢。

四、简短的结论。在蒙古贵族南侵,灭亡宋朝,全国人民处于水深火热之中,反抗斗争的火种在全国燃烧。马端临完全站在大官僚地主阶级的反动立场,故意阉割当时惊天动地、悲壮淋漓的历史现实不载。为了避免元统治阶级的忌刻,将金灭亡北宋统治北中国的痛史,也都割断不载,而撰修到五代时的鞑靼即行辍笔。反过来却对抗金的民族英雄岳飞等,加以抑评、指责;对号召人民起义的于吉,深表不满。在《通考》里,没有半点民族意识、丝毫爱国主义。刘文忠、张文谦、窦默、姚枢、刘整、吕文焕、陈奕、范文虎等奸人,背叛祖朝,为他们的蒙古贵族主子效劳。不幸马端临紧紧步着他们的后尘,而给元统治者提供一部统治全国人民的极可参考的历代典章经制的巨著。

马端临《通考》提供了许多珍贵史料,且给历史考证学起了一个先导作用。将历代的典章经制,首尾贯通,条分缕析,而得粲然明备。这种重大的功绩,应该肯定①。

张孟伦否定马端临《通考》的人民性,斥马端临是"只顾生命财产安全,毫没爱国思想、民族意识的胆小鬼",斥马端临"出身于大官僚地主阶级的家庭,为了维护他的阶级利益,也就没有民族正义感、人民性,以至迁怒反对变法图强以抵抗异族侵略的王安石了"。事实上,马端临对王安石既未全盘肯定,也未全盘否定。他认为免役法之必行,虽"不免以聚敛亟疾之意行之,故不能无弊,然遂指其法为不可行则过矣"②。还说:"介甫之行新法,其意勇于任怨,而不为毁誉所动。"③这是对王安石勇于有为的肯定。新法之所以出现许多弊端,在行法不得其人,原因是多方面的,王安石也有责任,"介甫狠愎,不能熟议缓行;而当时诸贤又以决不可行之说激之;群憸因得以行其附会谋进之计,推波助澜,无所不至。"④新法之所以"征利毒民",是介甫、诸贤、群憸共同造成的。"诸贤"主要指反对新法的人物。青苗法有三弊,征钱、取息、抑配,但原来的规定,对此三弊皆有所防范,马端临说:"今观条例司所请,曰:随租纳斗斛,如以价贵愿纳钱者听,则未尝专欲征钱也;曰:凡以

① 张孟伦《关于马端临〈文献通考〉人民性的问题》,载《兰州大学学报》(哲学社会科学)1980 年第 1 期。

② 《文献通考》卷一二《职役考一·按》。

③ 《文献通考》卷一二《职役考一·按》。

④ 《文献通考》卷二一《市籴考二·按》。

为民，公家无利其入，则未尝取息也；曰：愿给者听，则未尝抑配也。”① 马端临多方说明新法本身无弊。诬马端临迁怒王安石，有牵强附会之嫌。在指责马端临尽力散布消极因素时，以其主张“三年之丧”以涣散广大人民反元统治斗争的激烈的情绪为一大罪恶。《通考》卷一二一《王礼考十六·按》，马端临说：“后之儒者，皆以为短丧自孝文遗诏始，以为深讥。然愚考之，三年之丧，自春秋战国以来，未有能行者矣。”这是为“短丧”辩解，短丧并非始于汉文帝的“出临三日皆释服”之诏，其由来久矣。张孟伦将司马光主张三年之丧的话“‘三年之丧’是‘自天子达于庶人，百世不易者也’！‘如其变古坏礼’便是‘绝父子之恩，亏君臣之义’”，作为是马端临的思想，似属移花接木、张冠李戴。但张孟伦为胡三省的辩护，指出胡三省的人民性倾向不在马端临之下，则是可取的。

第三节 《文献通考研究》论文集的出版

王瑞明主编《文献通考研究》一书，中州古籍出版社 1994 年出版，全书 32 万字，对 24 考逐考进行了研究。参加这一工作的共计 17 人，通过各自探讨的问题，都异口同声地肯定《文献通考》史料详赡、贯穿古今、条分缕析、考订精审，并非“无别识通裁”的史料汇编。其《学校考》是中国古代教育史的长编，《经籍考》是中国目录学史上的重要里程碑，《象纬考》是中国

① 《文献通考》卷二一《市籴考二·按》，继而解释曰：“盖建请之初，姑为此美言以惑上听而厌众论，而施行之际，实则不然也。”行法之人未按新法办事，这是确凿的事实。“惑上听而厌众论”之说，属马端临主观判断，无关宏旨。

古代天文学的文献实录。全书以典章经制为重点，兼顾理乱兴衰，其目的有二：一为会通因仍之道，即探讨历代典章制度的演变过程；二为变通张弛之故，即寻求历代治乱兴衰的原因，总结历史经验教训。

长期困扰中国古代农民的是赋役问题。《文献通考研究》首先对这个重要问题进行了探讨。《田赋考一》引《通典》之文，秦代"舍地而税人"，使"贫者避赋役而逃逸，富者务兼并而自若。加以内兴工作，外攘夷狄，收大半之赋，发闾左之戍，竭天下之资财以奉其政，犹未足以赡其欲也。二世承之不变，海内溃叛"。大半之赋与闾左之戍引起"海内溃叛"，为统治者敲响了警钟。汉兴，接受秦亡教训，高祖约法省禁，轻田租，十五而税一。"文景之治"恢复和发展生产的一项重要措施，就是减轻赋税。这是特别引起马端临父子重视的，"文帝除民田租税后十三年，至景帝二年，始令民再出田租，三十而税一。文帝恭俭节用，而民租不收者至十余年，此岂后世可及。"①

中国赋税制度随着时代的前进而相应地发生着变革。夏、商、周三代之贡、助、彻，视田而赋，别无户口之赋；两汉时，二十始傅，人出一算，这是较轻的口赋；自魏至唐中叶，实行均田制和租庸调法，"因授田之名，而重其户赋"，重为民病。随着生产力的发展，为保证税源，出现两税法，改变征税标准，扭转贫富不均之弊，马端临说："今两税之法，人无丁中，以贫富为差，尤为的当。"其所以"输一者过二，重为民困，此乃掊刻之吏所为，非法之不善也"。政治腐败，官吏贪污，任何"的

① 《文献通考》卷一《田赋考一·先公曰》。

当”之法也会弊端丛生。赋税问题,长期引起许多连锁反应,最突出的是人口、垦田数的隐漏,人口逃亡,土地抛荒。北宋,“贫弱之民,困于赋敛,岁伐桑枣,鬻而为薪。”①产去税存,以至贫之民,纳至重之赋。南宋,经兵燹之灾,原有文籍散失,所有苗税,元额不登,兼并之家与保正、乡司通同作弊,以极其残酷的手段催租督赋,纠纷迭起,牒诉丘山,阶级矛盾激化,农民起义连绵不断,此起彼伏。马端临在《田赋考》中所展示的这种严重局面与因果关系,抓住了问题的要害,两宋阶级矛盾的焦点就是赋役问题。

解除百姓疾苦的有效途径就是轻徭薄赋。如宋代赵尚宽、高赋为唐州守,流民归业者多,凡百亩起税四亩,税轻而民乐输,境内无旷土。可见要解决旷土抛荒的问题,一定要轻税。陆游清醒地认识到:“今日之患,莫大于民贫。救民之贫,莫先于轻赋。”②这是较普遍的认识,真德秀看到“荒田逃户,所在相望”的现象后,也认为“救民之贫,莫先于轻赋”。他所主张的“轻赋”是指抛荒的不收“秋苗”;种杂粮的不可作为熟田收“苗米”。其轻赋的程度极其有限,但他认为由此可收到很大的效果:“一则征敛既宽,逃亡必少,所在田亩,不至抛荒,公家租赋,亦免失陷;二则农人肯行布种,自救其饥,不至大段缺食,全仰官司粜济;三则穷窭之民,粗有生理,何苦轻捐其身,而为盗贼。”③这是针对赋役问题所引发的严重社会矛盾而提出的切中时弊的救治之方。《田赋考》以宋代赋税

① 范仲淹《范文正公政府奏议》卷上《答手诏条陈十事之六·厚农桑》。

② 陆游《渭南文集》卷四《上殿札子之七》。

③ 真德秀《真文忠公文集》卷六《奏乞蠲阁夏税秋苗》。

为重点，说明宋代赋税问题的严重程度：赋税搜刮，巨细无遗；苛捐杂税，其类不一；支移折变，科敷烦重；甚至出现"预借"。有如此严重之因，其严重的后果，势必难以避免。马端临《文献通考》为寻求治乱兴衰的原因，所作的努力是有成效的，他通过比较，认为真宗咸平二年(999)所规定的"应从来无田税者，方许请射系官荒土及远年落业荒田。候及五年，官中依前敕于十分内定税二分为永额"，可以收劝农之效。他还推崇后唐明宗、后周世宗"粗为有志于爱民重农者"[①]。从而可知他是以轻徭薄赋为救民疾苦的重要药方的。

《通考》与《通典》的比较。《文献通考研究·前言》说明：《通考》超越《通典》有五：一、体例有所改进；二、篇目大为创新；三、内容更加充实；四、取材特别审慎；五、重点非常突出。《通考》是一部记述中国古代典章制度的、内容比较完备的集大成之作。在《文献通考研究》的《试论〈户口考〉、〈职役考〉》一文中，将《通考》与《通典》的相应篇目作比较，展示《通考》对《通典》继承发展的脉络：

> 马端临继承了杜佑的食货在国家政治生活中具有重要的地位的认识，并且有所发展。杜佑把凡属经济方面的内容均纳入《食货典》，与《选举》、《职官》诸典并列。而马端临则将属经济范围的内容分列为《田赋》、《钱币》、《户口》、《职役》、《征榷》、《市籴》、《土贡》、《国用》八考，与其它诸考并列。这样做不是为了标新立异，而恰恰是反映了经过五百年的历史发

① 《文献通考》卷四《田赋考四·按》。

展,封建国家对经济剥削更趋严重的事实。

《通考》以《通典》为基础,有较大的发展,反映了马端临所生活的那个时代的特色,这是不可忽视的。《通考·征榷考》内容有二,一为山泽茶盐坑冶,二为关市酒酤征商。这些内容在《通典》卷十的盐铁目以及卷十一杂税目中都有反映,但记载简略,因为“盐铁始于齐,榷酤始于汉,榷茶始于唐”,这些项目在杜佑生活的那个时代的社会经济中,尚未形成格局,更难以产生举足轻重的影响。到了宋代,《征榷考》所包括的内容如盐酒等业则有了较大发展,已成为宋代经济支柱的组成部分。这是说,随着时代的前进,社会的发展,一些典章制度在演变中,由不成熟到成熟,由不完备到完备,这就为《通考》超越《通典》提供了历史条件。

在《通考》与《通典》的比较中,《通考》在材料取舍方面,变动的幅度较大。《通考·户口考》将《通典·食货典》的“历代盛衰户口”中有关各代户口数全部照录,而舍掉其中所占相当篇幅的有关汉文帝、刘宋二帝以及隋文帝克俭资用,结果仓库盈溢、天下富庶、国泰民安的材料。还删去唐玄宗时,姚崇反对以蝗灾附会人事,力主灭蝗的记载。而增加了按人收税的内容。与《通典·食货典》的分目有较大区别。[①] 再如《通考·职官考》与《通典·职官典》相比,马端临极为重视融会贯通,总是从历史发展的长河中考察历代职官;杜佑则大有逊色。《职官考》补充《职官典》中的缺漏,马端临指出:“右翰苑经筵在近代

① 曾贻芬《试论〈户口考〉、〈职役考〉》,载《文献通考研究》,中州古籍出版社1994年版,36—37页。

为至清要显美之官,而杜歧公《通典》叙职官独阙焉。”他补了《通典·职官典》之所缺。凡《通典·职官典》叙述不够精审之处,《通考·职官考》多有所辨证,如汉武帝时,中书尚书是合而为一,抑或分而为二?杜佑以为“中书尚书只是一所”,马端临不以为然,他释曰:“尚书在汉时乃御前管文书之所”,继曰:“武帝虽令宦者典其事,然其末年以霍光出入禁闼,谨慎可属大事,辅少主则以光领之;光薨,而山继领其事。盖既以大臣之秉政者领之,则其事始在外庭矣。然则所谓上书者为二封,意正本则彻中书,而人主阅之;副封则彻尚书,而大将军阅之;自此始判而为二,而有内外之分。”至唐初,“始定制以三省为宰相之司存,以三省长官为宰相之职任。然省分为三,各有所掌,而其官亦复不一。相职既尊,无所不统,则不容拘从一职,于是始有同中书门下三品同平章事、参知机务、参预政事之名焉。”所谓“同平章事”,唐初虽以称宰相,乃以处资浅之人,在参知政事之下,宋代则独为真宰相之官①。马端临对这一问题的解决是较圆满的。

《文献通考研究》的作者对马端临的会通思想极为重视。马端临继承孔子、司马迁所开创的传统精神,在《通典》、《通志》的基础上,大大前进了一步。郑樵《通志·总序》指出“会通之义大矣哉!”善于运用“会通”以治史的司马迁“世司典籍,工于制作,故能上稽仲尼之意,会《诗》、《书》、《左传》、《国语》、《世本》、《战国策》、《楚汉春秋》之言,通黄帝、尧、舜

① 《文献通考》卷四九《职官考三·按》,参阅庞天佑《〈通典·职官典〉与〈文献通考·职官考〉比较研究》,载《文献通考研究》,中州古籍出版社,1994 年版,126—130 页。

至于秦汉之世，勒成一书，分为五体。"郑樵所谓的"会"是指史料的综合；所谓"通"是指史事记载连贯一气。郑樵强调一个类字，他推崇司马迁的"书以类事"，即要从复杂的事例中依类找出头绪来。马端临在"类"的概念之外，更上一层楼，提出了"故"的概念，即历代典章经制变通张弛之故。马端临多以历史发展形势来解说史事①，使史事的出现有其必然性，这成为《文献通考》突出的特点。

会通，在《文献通考》中体现得最为具体、最为直接的是《选举考》。马端临在《选举考》中分举士与举官两条线索加以概括，弥补了杜佑"秀孝与铨选不分"的不足，而叙举士和举官都是从上古讲到南宋，一脉相承。在举士中，除了从三代的举贤才、汉代的察举制、魏晋南北朝的九品中正制、隋唐至宋的科举制因仍发展的这条主线外，还从古到今分线叙述举贤良方正（制举），举秀才、任子、武举、童子科、吏道、赀献进纳、方伎等举士制度。有主有从，互相配合，因仍发展，构成一整套举士制度，会通思想体现得非常直接。又如在举官中，从唐尧举贤授官，到宋宁宗时期的选人改官，将选官制度一以贯之地连串起来；此外，还将有关举官的辟举、考课制度也从三代至宋代分几条支线，一一叙明，会通思想体现得极为明显②。

《文献通考研究》对《文献通考》进行宏观地研究的同时，对其中的缺点失误，采取了微观的手段，作了校补。如《田赋考六·水利田》上"兴修水利"四字后漏一"田"字，这是一个重

① 白寿彝《马端临的史学思想》，载《学步集》，三联书店 1962 年版，221—227 页。

② 来可泓《读〈选举考〉》，载《文献通考研究》，中州古籍出版社 1994 年版，96—97 页。

要发现，根据这个发现，充分说明“水利田”实为“水害田”，纠正了有关王安石变法的一些论著中以“兴修水利田”为“兴修水利设施”的错误[①]。再如《钱币考》对中国古代货币的出现未作出完整的交代，根据考古发掘所作的补充，也是很重要的[②]。《文献通考研究》做了大量的文字校勘工作，工作认真细致，成绩显著。马端临在《象纬考》指责郑樵《通志·天文略》所记日食有较多“疏略”，不考宋、齐之事云云，但所“疏略”的，可见于《通志·灾祥略》。马端临《文献通考》存在不少缺点失误，亟待认真整理。

在《文献通考研究》的诸文中，多肯定马端临是支持改革、赞同变法的，但也有异议，仁者见仁，智者见智，不必强求其一致，这是对《文献通考》研究的一个提倡、一个推动。

第四节 《文献通考》的缺失

马端临《文献通考》节目明备，去取精审，议论精辟，内容丰富，详于典章经制，兼及理乱兴衰，以“会通因仍之道”与“变通张弛之故”为宗旨，可谓集大成之作。但夹杂着一些缺点失误，突出反映于对五行之说与天人感应的理解与运用上。杜佑《通典》干脆去掉五行志，郑樵《通志·灾祥略》指出：“天地之间，灾祥万种。人间祸福，冥不可知。奈何以一虫之妖，一气之戾，而一一质之祸福之应？其愚甚矣。”他认为“仲尼既没，先儒驾以妖妄之说而欺后世。后世相承，罔敢失坠者，有两种

① 王瑞明《从〈田赋考〉看宋代田制与赋税问题》，载《文献通考研究》3—4 页。
② 王瑞明《〈钱币考〉初学记》，载《文献通考研究》28—29 页。

学,一种妄学,务以欺人;一种妖学,务以欺天。”所谓“欺天”指五行说;所谓“欺人”指好恶任情的褒贬说。马端临知所抉择,既不像杜佑全盘否定五行说,也不像郑樵以偏激论五行。他以反常现象解释“物异”,否定符瑞;以“物异”代替灾祥,把一切灾祥都归之于不常见的自然现象。他把《五行志》《灾祥志》改称《物异考》,这不仅是简单的名称改变,而是史学创新与思想进步的表现,马端临比郑樵前进了一步,因为郑樵虽否认五行的征应,但还笼统地承认灾祥,即所谓“和气致祥,乖气致异”。但马端临反五行、灾祥说是有局限的,他说:“然郑论一归之妖妄,而以为本无其事应,则矫而至于过正矣,是谓天变不足畏也。”① 这是说,五行说虽不可信,用以警戒统治者还是不可少,“天变足畏”就是让统治者知所检点,不敢胡作非为。这与其说是其思想认识不彻底,不如说是其政治幻想在作祟。马端临反五行说不彻底。在《物异考》中夹杂有一些反常现象的资料,这是作为史料保留的;《物异考》中,没有把征应部分删去,如董仲舒、刘向根据异象附会人事的一些无稽之谈等,足以反映当时的思想意识形态,既非多余,也不可等同于马端临的思想。

马端临的思想,蒙有一层天人感应的迷雾,不可否认。他把天象与人事联系,他认为:“诸星中所谓轩辕、社稷、造父、奚仲、王良,皆古人之名也,盖在天为星辰,在人为圣贤,于理有之。”② 他还认为人间祸福必见于天象,所谓“春秋降而战国七雄竞角,争城争地,斩芟其民,伏尸百万。以至于始皇二世,

---

① 《文献通考》卷二九五《物异考一·按》。

② 《文献通考》卷二七九《象纬考二·按》。

生民之祸烈矣,世道之变极矣,乖气所致,谪见于天,宜不胜书,而此二三百年之间,日食仅六七见焉。”他认为“祸烈”、“变极”,日食必频繁,所记仅六七,这是由于“史失其官,不书于册”①。他视“乖气致异”为“理所当然”。他还相信“天命”,他说:“晋之创业不以道,而垂统非其人,故天命不祐。”②他肯定天命保佑有道之人,肯定天命。他揭露“告天”之诬:“自魏晋以来之君,受禅即帝位,皆有燔燎告天之事,册文大概称述天命人心以自负,而其实则欺孤弱寡以取天下,而矫诬其词耳。”③这是说“告天”之所以称述“天命人心”实为矫情饰诈,利用“天命”来伪装自己、吓唬别人,“欺孤弱寡以取天下”。这是为“天命”的真伪虚实作注解。马端临相信“天命”,不能不算是一个缺失。

马端临因受时代局限和阶级局限,对一些重大问题的认识不够明朗。他把中国历史分成唐虞以前,为公天下,人皆才智;唐以前设官治天事,虞始设官治民事。夏、商、周三代是家天下,人皆愚劣,原来治天事的官变为治民事的官。秦灭六国以后,“尺土一民,始皆视为己有。”这一时期的“私”比三代之“私”更严重。他以公私划分历史阶段,未能认识到公私之分决定于所有制;他所划分的历史阶段,与现在所认识到的原始社会、奴隶社会、封建社会三种形态差距较大;以官职为准则,由治天事转变为治民事,他没有意识到由没有阶级的社会转变为阶级社会;以智愚为区别,忽略分工是

① 《文献通考》卷二八二《象纬考五·按》。

② 《文献通考》卷二七一《封建考十二·按》。

③ 《文献通考》卷八九《郊社考二十二·按》。

社会进步的现象,马端临认为随着时代的进步,"才益乏而智益劣",把人抽象化,欠妥。但他认识到由于社会的发展,有了"士拘于文墨"与"农安于犁锄"的现象。马端临接触到一些现象,往往凭现象下判断,未能找出其内在的联系、本质、规律,因此《文献通考》被误为是一部史料汇编式的类书,事出有因。

《文献通考》长期未受到应有的重视。据杭州大学古籍研究所、宋史研究室编《宋辽夏金史研究论著索引》(1900—1982年,未刊稿),关于马端临与《文献通考》的文章,只收录有十篇,而且其中半数属于简介性质。1996年10月,洪皓、马端临国际学术研讨会暨中国历史文献研究会第17届年会在江西乐平举行,会后中国青年出版社出版了《洪皓、马端临与传统文化》一书,其中编入有关马端临的文章有八篇之多,汪圣铎《读〈通考·钱币考〉》,杨寄林《〈文献通考·经籍考〉分类体系发覆》,张承宗《〈文献通考·经籍考〉的学术价值》等文,除分别肯定其史料价值、学术价值外,也指出其疏漏。汪圣铎一文指出《钱币考》对北宋初的四川铁钱、北宋后期的夹锡钱记述简略,文字的讹误较多,"绍兴"误作"绍熙","川峡"误作"川陕"。这类问题大量存在于《文献通考》中。中华书局1986年据商务印书馆万有文库十通本影印的《文献通考》,有很多显而易见的讹误,如《田赋考四》"朝耕尺寸之田,幕入差徭之籍","幕"显然是"暮"之误;《征榷考二》"皇甫鎛","鎛"应为"鏄";《征榷考四》"義和"应作"羲和";"五均赊货"应作"五均赊贷"。汉武帝元狩四年(前119)初算缗钱,《汉书》卷二四下《食货》有"率缗钱二千而算一"及"率缗钱四千算一"。《征榷考六》将"二千"、"四千"误作"二十"、"四十"。有的引文与原文有出入,今以《国用考二》所引叶适应诏条奏与《叶适集·水心别集》卷十一《财总论》(中华书局 1961 年版)相对照,出现的差异如下表:

编号	《国用考二》引文	《叶适集·财总论》原文	备　注
1	九州之贡入贡于今世	九州之贡入较于今世	引文误
2	亦不租税其田	亦不租税其国	
3	大鬻天下之官爵以致之	又鬻天下之官爵以致之	
4	譬若慵夫浅人	譬若惰夫浅人	
5	舞小文而谓之有能	舞役小吏而谓之有能	引文误
6	陛下回顾而加圣思	陛下回顾而加圣虑	
7	内之蓄藏稍以空尽	内之蓄藏稍已空尽	
8	皆甘心于不能	皆安其心于不能	
9	亦深自藏	亦深自藏抑	引文脱“抑”字
10	划刷攗挐	划刷攗絮	“挐”通“拏”
11	然善为国者	然则善为国者	引文脱“则”字
12	朝令而少改矣	朝令而夕改矣	引文误

以上 12 例,其中属显然错误的虽只占 1/4,但从全书而言,这类错误也就不算少了。如《国用考四》“散利薄征”,“薄”,多处误作“簿”。《选举考二》引《资治通鉴》卷 215,唐玄宗天宝六年(747),“上欲广求天下之士,命通一艺以上皆诣京师”,“委尚书覆试”。“覆”误作“覈”。《郊社考六》“明堂”误作“明当”。这些错误的发生,多与马端临无关,是刊刻者之误。

这在各种版本中都不同程度的存在，无一例外。徐光烈《〈文献通考·征榷考〉校勘试探》(《上海师范学院学报》(社科版)1979 年增刊)制有一表，颇能说明问题：

各本互校发现谬误统计表(《征榷考一》至《征榷考六》)

版本＼谬误	人名	年号	称号	制度		地名			数字				名物			词语			总计	备注
	讹	讹	讹	讹	脱	讹	脱	舛	讹	脱	舛	衍	讹	脱	舛	讹	脱	衍		
元本	3	6		35	1	33	2	1	13	2		1	13	1	1	44	1	1	158	五条有空格，共 44 字。另挖版二块未补，共 23 字。
慎本	3	3	1	47	1	29	2		18	1			11	2	1	48	1		168	六条有空格，共 12 字。
冯本	3			33	19	28	2	1	22	1	1		4	2	2	25	2		145	七条有空格，共 13 字。
殿本		2	1	23	2	10	1	1	9	1			5	1		17			73	二条有空格，共 8 字。
局本		2	1	21	2	10	1	1	8	2			5	1		15	1		70	二条有空格，共 6 字。
备注	脱文、衍文以字数计算，空格与坏字未列入表内。																			

统计表中“元本”指元正元又五年余谦补修本，“慎本”指明正德十六年慎独斋刘洪刊小字本，“冯本”指明嘉靖四年冯天驭刊小字本，“殿本”指清乾隆十三年武英殿刊三通合刻本，“局本”指清光绪二十二年浙江书局刊本。在这五种版本中，讹误总计在 145—168 的有三种版本，70—73 的有二种版本，这仅是就《征榷考》一至六而言，其总字数约为 73 000，如将五种版本讹误的平均数定为 127，其讹误的百分比为 0.173，即为万分之 17.3。《文献通考》各种版本的讹误甚多，以元正元又五年余谦补修本与明正德十六年慎独斋刘洪刊小字本比较，其讹误超标达 20 倍以上。

《文献通考》善本有北京图书馆收藏的元泰定元年(1324)官刻本,美国国会图书馆所收藏的明正德年间(1506—1521)刻本、明嘉靖间(1522—1566)司礼监刻本。清代学者一再刊印《通考》,较常见的有乾隆十二年(1747)校刊本、咸丰九年(1859)崇仁谢氏仿刊殿本、光绪(1875—1908)点石斋石印本。清代大量出现节抄本,如《文献通考钞》22卷,史以遇抄,康熙美延堂刊本;郎星等的《文献通考纂》,康熙三年(1664)刊本;严虞惇辑《文献通考详节》二四卷,一再刊印,计有乾隆二十九年(1764)刊本及光绪元年(1875)重刊本。删削压缩最多的则有《文献通考纪要》二卷(不著编者)及《文献通考纂要》一卷,彭蕴章撰,嘉庆二十四年(1819)刻本。这类节本的出现,是沿袭南宋人所为《通典》详节之意。其特点是驭繁于简,对初学者了解其梗概有利。但存在不少问题,去取不当,精要多失,清代汤寿潜在他所编的《文献通考辑要》自序中指出:“康熙初,郎星、叶大纬、吴农祥、宋维祺为《正续文献通考纂》,瑕颣百出。正纂如《王礼考》,谥法之目,讹作山陵;而山陵之目,缠见续纂。如《帝系考》道统之文,系十九卷,而目系二十卷。《封建考》中,其二十卷中氏族之目反不列入。”其讹、脱、舛、衍,俯拾皆是,“如《田赋考》匠人为沟洫条,按语‘而后可行贡法’,倒作‘而后贡法可行’;‘遂人辨其野之上’条,三‘莱’字均误作‘菜’字;鲁宣公初税亩,讹作哀公;汉武元狩元年,遣谒者劝种宿麦,讹作三年。”后周计口定亩,隋之永业露田,属田赋大沿革,应详不详。节本的问题很多,《文献通考》原有的许多优点皆被消除。胡震甲、震亨有《通考抄》,专抄论说,都凡源流,付之或缺,使《通考》面目全非。

小 结：马端临的人生追求

马端临继承家学衣钵，在儒家传统文化的熏陶下成长，奉儒家经典为智慧的源泉与道德的典范。以孔子为至圣，他尊称之为"孔圣"，孔子所培养的弟子，则称为"哲"、"贤"。马端临说："夫圣，作之者也；师，述之者也，述夫子之道。以亲炙言之，则莫如十哲、七十二贤；以传授言之，则莫如子思、孟子。必是而后可以言先师，可以继先圣。"他严格区分"经师"与"人师"之别，唐贞观（627—649）时，以左丘明以下至贾逵二十二人为先师，马端临评曰：

> 姑以二十二子言之，独子夏无以议为。左丘明、公羊高、谷梁赤，犹日受经于圣人而得其大义，至于高堂生以下则谓之经师可矣，非人师也。如毛、郑之释经于名物，固为该洽，而义理间有差舛，至王辅嗣之宗旨老、

> 庄，贾景伯之附会谶纬，则其所学已非圣人之学矣。又况戴圣、马融之贪鄙，则其素履固当见摈于洙泗。①

这是说专门训诂者，不可视为人师；附会谶纬之人、贪鄙之人，其所学非圣人之学，不可列为儒家之列，只有十哲、七十二贤足为师表②。马端临尊儒，视儒家传统为神圣不可侵犯，借朱熹之言指斥破坏仁义礼法的老氏、佛氏曰：

> 仁义礼法者，圣贤之说也。老氏以为不足为而立于清静；清静无为者，老氏之说也，佛氏以为不足为而主于寂灭。盖清静者求以超出乎仁义礼法；而寂灭者又求以超出乎清静无为者也。然曰寂灭而已，则不足以垂世立教。于是缘业之说、因果之说、六根六尘四大十二缘生之说，层见叠出，宏远微妙。然推其所自，实本老子高虚元妙之旨，增而高之，凿而深之，遂自成一家之言。③

老子以清静无为企图超出乎仁义礼法，佛氏以寂灭企图超出乎清静无为。朱熹以“不足以垂世立教”对佛氏、老子之说加以否定。朱熹认为“佛家偷得老子好处，后来道家只偷得佛

---

① 《文献通考》卷四三《学校考四·按》。贾景伯，即贾逵（30—101），贾谊九世孙。戴圣，字次君，删定《礼记》49 篇，即今《礼记》，世称小戴。马融（79—166），字季长，著有《三传异同说》，注《孝经》、《论语》、《诗》、《易》、《三礼》、《尚书》等。洙泗，两水名，因孔子居洙泗之间，教授生徒，后世因以洙泗代称儒家教泽。

② 《文献通考》卷四三《学校考四》有名单，有考证。

③ 《文献通考》卷二二五《经籍考五十二·引朱文公言》。

家不好处”。又说：“佛袭老之精微，侜而上之，其说愈精微；道袭佛之粗浅，沿而下之，其说愈粗浅矣。”朱熹指出：“二教所谓济拔幽途者俱妄也。”马端临在这一至理名言的基础上，心平气和地评道家之说：

> 道家之术，杂而多端，先儒之论备矣。盖清净一说也，炼养一说也，服食又一说也，符箓又一说也，经典科教又一说也。黄帝、老子、列御寇、庄周之书，所言者清净无为，而略及炼养之事，服食以下所不道也；至赤松子、魏伯阳之徒，则言炼养而不言清静；卢生、李少君、栾大之徒，则言服食而不言炼养；张道陵、寇谦之之徒，则言符箓而俱不言炼养、服食；至杜光庭而下，以及近世黄冠师之徒，则专言经典科教。所谓符箓者，特其教中一事，于是不惟清静无为之说，略不能知其旨趣，虽所谓炼养、服食之书，亦未尝过而问焉矣。然俱欲冒以老氏为之宗主而行其教。盖尝即是数说者而详其是非，如清净无为之言，曹相国、李文靖师其意而不扰，则足以致治；何晏、王衍乐其诞而自肆，则足以致乱，盖得失相半者也。①

马端临对道家“杂而多端”之说，逐一剖析，并未加以全盘否定，以清净无为而论，既“足以致治”，又“足以致乱”；以炼养之说而论，“山林独善之士，以此养生全年，固未尝得罪于名教也”。但他指出“独服食、符箓二家，其说本邪僻谬悠，而惑

① 《文献通考》卷二二五《经籍考五十二·按》。

之者罹祸不浅”。相形之下，儒家思想在马端临心目中则是完美无缺的，他论程颐之《易》时说：

> 伊川之《易》，精于义理，而略于卜筮象数，此固先儒之说。然愚尝以为《易》之象数卜筮，岂出于义理之外，盖有此理，则有此象，有此数。而卜筮之说，其所谓趋吉避凶，惠迪从逆云者，又未尝不一出于义理。平时本诸践履，则观象玩辞，此义理也；一旦谋及卜筮，则观变玩占，亦此义理也，初不必歧而二之。然言出圣贤之口，则单辞片语，皆有妙理；假借旁通，悉为至教。往往多借《易》以明理，初不拘于说《易》也，自夫子而然矣，何也？“君子学以聚之，问以辨之，宽以居之，仁以行之”，为《乾》九二而言也；而《乾》之九二，岂有学、问、宽、仁之义乎？“日往则月来，月往则日来，日月相推而明生焉；寒往则暑来，暑往则寒来，寒暑相推而岁成焉”，为《咸》九四而言也，而《咸》之九四，岂有岁时代谢之义乎？盖其初因讲《易》，遂借《易》以言理，言理虽精，而于《易》此卦此爻之旨则远矣。①

马端临对儒家信仰弥笃，其儒家思想极为坚定，以至认为“言出圣贤之口，则单辞片语，皆有妙理”。他认为《诗》、《易》、《礼》皆富于“义理”，皆精于“义理”，与“义理”难分难解，“盖《诗》者，有义理之歌曲也，后世狭邪之乐府，则无义理之歌曲也；《易》者，有义理之卜筮也，后世俗师之占书，则无义理之卜筮

① 《文献通考》卷一七六《经籍考三 · 按》。

也;《礼》者,有义理之品节也,秦汉而后之典章,则无义理之品节也。"[①]马端临之所以强调"义理",因为"义理"即"道","道者,五常百行之总名,而义者,当然之正理也。""道以体言,义以用言。"[②]儒家以"义理"为其教育思想的核心,"古之圣贤所以教人,不过使之讲明天下之义理,以开发其心之知识,然后力行固守,以终其身。"[③]"义理"就是仁、义、礼、智、信。

马端临自幼受到"义理"的深刻教育,由此起步而知"义利之辨"。"义利之辨"是"圣学"入门的先决条件,是治国平天下的要务[④],也是马端临据以完成《文献通考》的指导思想,以此评品人物,议论是非。他指出粜籴敛散之法有二,一主于富国,一主于济民,他说:"敛而不复散,而资以富国"是错误的;而"制其轻重,时其敛散",乃"仁者之用心"[⑤]。这里充分流露出其忠于"仁"的儒家本色。儒家以民为邦本,"百姓足,君孰与不足?百姓不足,君孰与足?"口诵心维,见诸行动,恤民疾苦,轻徭薄赋,赈饥济贫,敬老爱幼,勤俭自持,廉洁奉公,这些不失为儒家思想的具体体现。儒家思想中有精华也有糟粕,如"敬天法祖"、"天不变道亦不变"、男尊女卑以及等级观念、人治思想等。这些腐朽的、落后的甚至反动的观念,在马端临身上很少有所体现。他以"通儒"为自己毕生的追求,"考制度,审宪章,博闻而强识之,固通儒事也。"[⑥]他所强调的

① 《文献通考》卷一四一《乐考十四·按》。
② 真德秀《真文忠公文集》卷三三《杨端义字说》,四部丛刊本。
③ 朱熹《朱文公文集》卷六四《答巩仲至》,四部丛刊本。
④ 参阅王瑞明《宋儒风采》,岳麓书社 1997 年版,页 215。
⑤ 《文献通考》卷二一《市籴考二·按》。
⑥ 《文献通考·自序》。

“通”，一为“会通”，将历代典章制度加以联通，展示其演变过程，找出其成败得失，从而得悉何去何从，此即会通因仍之道；二为“变通”，从历代治乱兴衰的原因中，明确前进的方向与道路，由明“故”而知时识势，由识势而知变，借鉴历史的经验教训，少犯错误，少走弯路，此即变通张弛之故。马端临《文献通考》体现了“会通”与“变通”的精神，知时识变，“时不唐虞，君不尧舜，终不可复行封建。谓郡县之法出于秦，而必欲易之者，则书生不识变之论也。”[①] 马端临堪称“通儒”，对参加唐末农民大起义的张全义，他敢于肯定其“劝农力本、生聚教诲”之功，“观其规画，虽五季之君，号为有志于民者，所不如也，贤哉！”[②] 将封建统治阶级诬为“盗贼”的人物，奉为“贤”，这不是标新立异，而是通情达理，这不仅是思想上的通达，学术上的通达，而且是政治上的通达，道德上的通达。反映其所追求的“通儒”的内容，不仅在独善其身，“非礼勿视，非礼勿听，非礼勿言，非礼勿动”，“己所不欲，勿施于人”等个人身心修养是重要的，而更重要的是目的，即由独善其身而兼善天下，通治国安民之术以宣扬“仁”，通轻徭薄赋以恤民疾苦，通革新进取以纠谬除弊，通量入为出而节其用度，通广开门路以网罗人才，种种理想和期待，种种志愿和希望，构筑成马端临色彩绚丽、精神饱满的人生追求。称其为“遗民”也罢，称其为“顺民”也罢，听其言，观其行，马端临从未改变其人生追求，并无背叛“义理”的过失，一生可谓功德圆满，其功德集中体现于异彩纷呈的《文献通考》巨著中。

---

① 《文献通考》卷二六五《封建考六》。

② 《文献通考》卷三《田赋考三·按》。

索　引

人名索引

K

L

T

W

X

Y

Z

书名索引

M

N

O

P

Q

R

S

T

W

X

Y

Z

词语索引

图书在版编目(CIP)数据

马端临评传／王瑞明著．—南京：南京大学出版社，2001．12(2009．12 重印)

(中国思想家评传丛书/匡亚明主编)

ISBN 978－7－305－03757－3

Ⅰ．马...　Ⅱ．王...　Ⅲ．马端临(1254～1323)—评传　Ⅳ．K825．81

中国版本图书馆 CIP 数据核字(2001)第 076124 号

中国思想家评传丛书

马端临评传

王瑞明　著

南京大学出版社出版发行

社址：南京市汉口路 22 号　邮编：210093

电话：025－83596923　025－83592317　传真：025－83328362

网址：http://www.NjupCo.com

电子邮箱　Press@NjupCo.com

Sales@NjupCo.com(市场部)

南京爱德印刷有限公司

开本 850×1168　1/32　印张 14．25　字数 308 千

2001 年 12 月第 1 版　2009 年 12 月第 3 次印刷

印数　3001—4000

ISBN 978－7－305－03757－3

定价：43．00 元